口述史学与心灵考古

——论文与演讲集

陈墨 著

人民出版社

目　录

口述史学：假说与实证
（代序）

各位同行：大家好！

我叫陈墨，来自中国电影资料馆。我要报告的题目是《口述史学：假说与实证》。这题目很大，我知道时间有限，只能长话短说。

对口述史学有两种理解，一种理解是对"口述历史"和"口述史学"不加区分，用同一个英文概念：oral history，即"口述的史学"。这是基于口述史料的学问，要回答的问题是：如何利用口述资源去完成历史学研究或历史叙述？基于口述的学问，还可以扩展成钟少华先生所说的口述的社会学、口述的民族学、口述的民俗学等等。另一种理解是"口述史之学"，即关于口述历史的学问。要回答的问题是：口述历史是什么？它有什么价值？有哪些问题需要研究？如何研究？唐纳德·里奇的《大家来做口述历史》、保尔·汤普逊的《过去的声音：口述史》、定宜庄老师主编的《口述史读本》等等，就是关于口述历史的重要著作。

基于口述历史的学问和关于口述历史的学问，是两种不同的学问。我所说的口述史学，是指关于口述历史的学问，包括它的理论假说和实证研究。

一

假如把口述历史当作本体，应有一个共识，即口述历史工作是对个人记忆的采集和利用。以个人记忆的价值作为研究起点，可建立若干相关的假说——

假说一，一切人类个体的记忆都是有价值的信息资源。理由是每个人的记忆都是一份独特的生命档案，个人的经历见闻、感受和思考，有其个体独特性。这一理由已被口述历史的实际进程所证实：早期美国口述历史采访社会要人和名人，继而欧洲口述历史采访社会底层人士，人类学家和民俗学家采访那些与其专业有关的对象，在抽象层面说，口述历史能够覆盖一切人类个体，如此即可证明：一切人类个体记忆都有其独特价值。这一假说的意义，不仅能够让我们找到口述历史工作的真正源头，也是各不同专业口述历史工作的对话基础。

假说二，人类个体的一切记忆都是有价值的信息资源。理由是，个人记忆丰富多彩，如人生的百科全书，其中不仅有个人的专业经验、社会经验和历史经验，还有个体生命的奥秘，也即人性奥秘的一块拼图。弗罗姆说，"一个个体代表着人性。他是人类的一个特殊范例，他即是他，而又是全部；他以其特殊性而是一个个体，在此意义上他独一无二；同时，他又是人类一切特征的代表。"所以，个人的一切记忆，哪怕是一些我们现在尚不懂得的信息，都是有价值的。这一假说的意义，是让我们在"人学"的终极目标下思考问题，打破既有专业成见，开拓视野，不忘人文和社会科学的"究天人之际"和"认识你自己"的初心。

假说三，人类个体记忆不仅具有史料价值，还具有极为广泛的社会科学资源价值。这一假说实际上是假说二的具体化：个人是完整的精神个体，但在既有的科学格局中，不得不分为历史的人、社会的人、经济人、心理人、语言人、传播人、伦理人和专业人等诸多侧面，以便科学研究。个人记忆的价值，自然也就包含了历史价值和社会科学资源价值。这一假说的意义，是帮助口述史学在多学科边缘，建立独立工作领域。

假说四，建立"人类个体记忆库"，推动大数据时代的社会科学变革和进步。理由是，既然一切个人的一切记忆都有史学和社会科学资源价值，那么，建立人类个体记忆库的意义也就不言而喻。过去的社会科学中的人，是复数的人、假设的人、标准化的人，而非实际生命个体。通常的社会科学调查，也大多是把个人当作信息提供者，而其自身却较少受到真切关注。口述历史工作，是人类有史以来第一次全面调查认知并评估研究一切个体记忆。建立"人类个体记忆库"，真正的意义不仅在于记忆，更在于它是个体记忆形成的大数据，借助数据科学，人文和社会科学有可能在真实个体有效信息的基础之上，创建出人文和社会科学领域的"量子化"工作模型。这一假说的意义，在于提醒口述历史工作者，应该逐步做到：其一，所有做口述历史的人，能将其口述历史录音、录像及相关文件作为档案保存。不仅是为了有案可查，也是为了档案资源的重复利用。其二，如口述史家唐纳德·里奇先生所呼吁：做口述历史，须问得更多、问得更广，并尽可能问得更深，以丰富我们的个体记忆档案。其三，努力将更多的个人记忆采集归档，即让更多人从事口述历史工作，并让口述历史工作更为普及。

信息时代不仅有国际化的数据分享，更有国家间数据竞争。建立大规模的"人类个体记忆库"，也是应对数据竞争所需，这样的数据竞争，有助于整个人类的自我认知。未来学提出"现在的未来在现在"这一重要假说，让我们知道，现在就是为未来科学变革做好充分准备的时候。

二

上述假说如能成立，即构成口述史学的理论基础。要把美好愿景，变成实际科学理论，需要大胆假设，更需小心求证。如何开发、保藏、研究、利用人类个体记忆，还存在一系列问题。在口述历史采访工作中，有几个误区。其一，是假定口述历史采访如进图书馆借书，只要提出索引，就能够获得答案，实际当然不是如此。其二，以为口述历史采访工作中的问题都不过是技术问题。研究关于口述的学问即口述史学，固然要利用已有的经验和技术，更要超越经验和技术的层面，要知其然而且知其所以然，这就要涉及跨学科问题了。

具体说，口述历史采访中有谁在说、对谁说、说什么和如何说等问题，这些问题就不是通常的经验和技术能够解决，它们涉及学理层面，而且涉及多个学科。具体说，谁在说，是社会学和心理学问题，因为个体是社会化产物，而每个人又都有自己的心智能力和记忆方式。对谁说，是社会学、传播学和心理学问题，因为采访人和被采访人之间是一种社会关系、传播关系，不同社会关系和传播关系中有不同的传播心理。说什么，是社会学、传播学和心理学问题，因为它涉及社会压力和社会禁忌、传播导向、传播心理把关人、"约哈尔窗口"假设等等。如何说，是语言学、传播学和心理学问题，因为它涉及遣词造句、语音语调、社会方言、自我传播的有效性、心智的特征及水准等等。

口述史学研究者，必须掌握相关科学知识，是不言而喻的。但也有一个误区，那就是以为相关学科的专家随时能够给出答案。我有一个同事，就问过这样的问题：已经有心理学、语言学、传播学等学科，口述史家还要掺和什么？实际上，在口述历史采访和研究中出现的一些问题，相关科学没有、甚至也不能直接给出答案，例如不同的年龄、职业、性别、教育程度的记忆能力、记忆方式有何不同？在心理学著作中你就找不到直接的答案。心理学家当然也研究记忆问题，如著名的艾宾浩斯遗忘曲线，只不过研究了6天的记忆规律而已，且只是针对记忆的生理特性，而口述历史所涉及的个人记忆，年龄、职业、性别、教育程度、精神活力、心理惯性等因素所组成的复杂函数关系，是心理学家暂时还无法解决的问题。在实际工作中我们也知道，记忆力因人而异，年龄大小只是一个参考因素而非绝对的因素，有些老人仍记忆力超群，而且编目清晰，让人惊叹；而有些年轻人则记忆力较差，缺乏编目能力，甚至没有历史感。我曾专门请教过中国科学院心理学研究所的著名心理学家，所得回答是："凡不能做科学实验的问题，不予考虑。"这是科学家诚实的回答。诺贝尔奖获奖者皮特·梅达沃说过：科学是"关于可解决的问题的艺术"。也就是说，每门科学都受到其相关研究条件或技术限制，有其可操作性边界，对那些"不可解决的问题"，相关科学就无能为力。也即，口述历史采访工作中遭遇的传播学、语言学、社会学、心理学诸多问题，不能指望相关专家给出现成的答案，口述史学必须自寻研究路径。

口述史学能找到哪些有效的研究路径？在我看来，我们至少可以找到实境研究、实验采访、样本比较研究、统计分析和大数据科学研究等多种研究路径。

实境研究，也就是在做口述历史采访过程中的研究。做口述历史采访固然可以照本宣科、例行公事；但对有志于口述史学研究者，采访过程其实是最重要的研究路径。实境研究可以分为三个环节：采访前研究，你应该知道受访人的年龄、职业、性别、教育背景、身心状况、个性倾向等基本信息，这是实境研究的基础；采访环节也是最重要的研究环节，在了解受访人的记忆能力和心智特点后，可就一些选定的问题进行质性研究访谈。第三是采访后研究，这一研究基于两点，一是基于口述人所说都是出自其个人记忆，因而所说信息的内容与形式都与其个人精神特性相关；一是口述人所说的社会活动及其历史情境，也正是口述人个性形成的具体情境。每一份实境研究，都应该有工作笔记。

实验研究，这是所有科学都通行的研究路径，口述史学自然也不例外。例如，加州大学伯克利分校有人做过实验，让4个人整理同一份10钟的录音，所得抄本大不相同。例如，英国心理学家巴特利特说：每次回忆都是不同的，完美回忆如棒球本垒打，可遇而不可求，是真的吗？美国人类学家玛乔丽·肖斯塔克说，她和昆人妇女尼萨的对话，不仅因人而异，且因时而异，这是真的吗？我把它称为巴特利特猜想和肖斯塔克猜想，口述史学家可以通过实验去证实或证伪这两个猜想。例如，用普通话采访和用方言采访会有不同吗？在双语环境中，使用哪一种语言采访效果更好？对这样的问题，也同样需要提出假设，设计实验。在口述历史工作中，有无数的问题，包括许多看似非常简单的问题，都无确切答案，因而都需要研究者进行专题实验研究。

样本比较研究，即取得足够样本，从比较中归纳和总结口述史学相关的某些规律。时间有限，这里只能长话短说，"中国电影人口述历史"团队设计了"常规问题200问"，每个受访人都要回答，其目的就是要积累足够的样本，以便分析研究年龄、职业、性别、教育程度、心智活力等因素对记忆力的影响。至于统计分析、大数据研究，超出了我的知识技能，期待有关专家做出典范研究。

总之，口述史学需要理论构想，也需实证研究，前程光明，任重道远。

[作者按：这篇短文，是笔者2015年12月12日在中国传媒大学崔永元口述历史研究中心主办的口述历史国际研讨会上的发言稿，放在篇首，代序。]

中国电影人口述历史：实践与理论

摘要：口述历史有广义、狭义，有古典型、现代型，有一般性口述历史、专业性的口述史学。口述史学有人民性、专业性、规范性特征。人民个人主体讲述不仅是口述历史的特点，也是口述史学独立或自立的依据。口述历史不仅是一种会话叙事，更是一种独特模式的心灵考古。

关键词：口述历史　口述史学　人民个人主体　心灵考古

在电影频道的资助下，中国电影资料馆于 2008 年初展开了"中国电影人口述历史"采集工作。至 2009 年底，两年采访了 205 人，录音、录像超过 1185 小时。① 我作为采访人参与了这一工作，两年间，采访了 47 人，时长 774 小时。②

2010 年 1 月 7 日下午，中国电影资料馆和电影频道联合举行了口述历

---

① 我们的采访是录音、录像同时进行。有极个别的受访人由于个人原因不愿录像，只能录音。上述时间数是按照录像带的盘数统计的。我们的高清录像带每盘满录能达到 65 分钟，在采访早期，每盘的录像带都超过 60 分钟，数月后才统一标准，开头打彩条，结尾适当留空，保持平均每盘 1 小时。录音时间实际上远远超过录像时间，因为在录像开始前，以及中间换录像带期间，录音笔还能录下采访人与受访人的交谈。

② 许多同事对笔者的采访提供了宝贵的帮助。首先要感谢担任采访摄像、录音工作的檀秋文、赵晶、王家祥三位，他们为采访付出了极大辛劳。皇甫宜川、杜伟、彭琨为笔者提供了技术支持和后勤保障；崔冀中先生，以及王天竞、郑建军、李鸿、张安、谢玉清、于达等同事为笔者提供了采访线索及许多实际帮助；研究室同事吴迪、李镇、黎煜等多次商讨切磋，对采访工作多有裨益，在此一并表示衷心感谢！

史阶段性总结汇报会。我在会上的发言标题为《我们来晚了，但还是来了，且要继续下去》。开头是感叹也是陈述，中间是汇报也是总结，最后是希望也是思索。这一工作肯定要进行下去，幸运的是我们有望继续得到电影频道的资助从而能够进行下去。剩下的问题就是：我们将如何继续下去？如何把工作做得更好？

要把口述历史工作做得更好，必须对前一阶段工作中的经验和教训进行更加深入的思考和总结。借助具体的案例分析，希望能够探索到理论层面：争取对口述历史、电影口述史，尤其是中国电影人口述史的观念、原则和方法有所贡献。

一、采访调查与口述史学

在思索或讨论口述历史这一问题时，我们所遇到的第一个问题是：什么是口述历史？或者说：什么才是真正的口述历史？

这不是老调重弹，而是我们要面临的实际问题。其一，中国的口述史学开始于何时？对新中国初期即经常开展的大型社会（历史）调查、"口碑史料"的收集应如何界定？其二，是现在从事口述历史调查的人很多，在口述历史同一旗号之下的工作目标、工作方法、工作规范形形色色且莫衷一是，如何界定与评述？

吉林大学历史系口述历史学家杨祥银先生早在 10 年前就曾发表过论文《当代中国口述史学透视》，[①] 对有关史实进行了梳理。如 1954 年开始的"太平天国起义调查"大型活动；1960 年广西壮族自治区通志馆组织的对太平天国史料的大型调查；1960 年山东大学历史系组织部分师生对义和团运动的调查；1958—1960 年，南开大学历史系与天津历史博物馆合作，展开对义和团骨干及支持者的调查；1961 年华中师范学院历史系对辛亥革命中的一个学会的历史调查；1957 年扬州师范学院历史系组织师生调查队进行乡

---

① 杨祥银：《当代中国口述史学透视》，《当代中国史研究》2000 年第 3 期，第 47—58 页。

土历史资料的收集调查；全国政协文史资料委员会专门组织的历史资料收集活动等等。杨先生没有说及的，还有更早的 1951 年由中宣部组织、由袁水拍、钟惦棐、李进（江青）等 13 人组成的调查团进行的"武训历史调查"；①还有新时期出现的遍及全国各部委机关及所有省、市、县的"中共党史征集办公室"及其口述史料征集工作。以上种种，是否都应该归入中国口述历史？对这一问题，我们必须给出回答。

实际上，电影界还有更早的例子。如早在 20 世纪 30 年代，记者沙基就曾在《申报》1933 年 9 月 22 日至 1934 年 2 月 18 日的"本埠增刊"上发表了一系列《中国电影艺人访问记》，采访报道了卜万苍、郑正秋、裘芑香、邵醉翁、程步高、孙瑜、费穆、张石川、李萍倩、蔡楚生、洪深、姜起凤、吴村、史东山、应云卫、陈铿然等 16 位电影导演的生平事迹，其史料价值无可置疑。

若真的要追根究源，我们会看到中国及人类的口述历史活动远比我们想象的要早得多——人类最早的历史记忆和历史讲述，无不是口述历史，在文字书写发明及使用之前，一切人类历史记忆、讲述或记录都只能是口述史。我们民族先祖黄帝，儒家所推崇的三代之治的圣贤尧、舜、禹，都是口述历史中的人物。中国史家典范司马迁的《游侠列传》等篇的资料来源，也应该是口述历史，因为官方史料中记述那些草莽英雄的可能性应该比较小。当然，西方也同样如此，《荷马史诗》就是古希腊先民口述历史的一个经典范式。

没有任何理由说上述种种并非口述历史，因为它们都符合口述历史最基本的条件：有人口述、有人记录、内容涉及历史。问题是：黄帝及尧舜禹故事、《游侠列传》及沙基先生的访问算不算是"口述历史"？如果算，那它就要比公认的口述历史专业诞生的标志，即 1948 年哥伦比亚大学口述历史研究室成立，还要早 15 年至数千年。如果不算，那么上述口述历史又该如

---

① 这个调查团由中央宣传部、山东省委宣传部、山东聊城地委宣传部、临清县委宣传部等多层次干部共同组成，调查进行了两个多月，访问了 160 多人，由袁水拍、钟惦棐、李进执笔完成了《武训历史调查记》，在 1951 年 7 月 23 日至 31 日的《人民日报》上连载。

何界定呢？

对于上述问题，我们似可从以下几个方面加以分析和解答。一是初民口述历史和古典口述历史与现代口述历史须加以区别；二是广义的口述历史与狭义的口述历史须加以区别；三是口述史料调查与口述史学须加以区别。

初民的口述历史和古典的口述历史与现代口述历史的区别是相对容易的。初民的口述历史中虽然有历史的信息，但也有神话、想象、传奇、演绎、缺漏的成分，甄别与辨析的难度通常较大；而现代口述历史的内容中历史信息的含量及纯度显然较高，且可以参考的文献资料及甄别手段也显然要比过去丰富得多。

广义口述历史与狭义口述历史的区分应该也不太难。所谓广义的口述历史，指的是一切通过采访调查手段即口述实录形式所取得的有关历史信息，都可以归入口述历史资料范围内，例如前面所说的沙基先生对16位中国电影导演所做的采访报道，也包括现在的电视台、电台、专业或非专业杂志、报纸、网络等传播媒体所开设的"口述历史"专栏或类似栏目及其作品，大都是广义的口述历史。虽然，其中的大部分只不过是新闻或新闻背景，有些甚至不过是娱乐或娱乐背景，但其中确是包含了历史信息，所以没理由将这些作品排除在口述历史的大门之外。因为，口述历史并非任何组织或个人的专利。当然，我们也不能把新闻采访或节目调查中的口述形式与狭义的即专业性的口述历史工作混为一谈。毕竟，在口述历史调查中，在工作目标、工作规范等方面，都有专业与非专业之分。

比较困难但又更为重要的是，把口碑史料调查与狭义口述历史加以分别。我不认为上述20世纪的诸多社会历史调查是真正意义上的口述历史。理由分别是：

1. 有一些调查活动是由一些未经专业训练、专业培训的业余人员进行的，其调查取证工作也缺乏严格的学术规范，例如"武训历史调查团"中，袁水拍、江青等人肯定算不上是专业人士，对他们工作的专业水准难以置信。

2. 即使有专业人士参与，但有许多调查都是出自政治目的，且在调查之前就已经确定了调查采访目标，即为政治目的而非历史学术。例如"武训历史调查"，武训已被判有罪，调查不过是事后取证。在对太平天国、义和团运动等历史的调查中，也有类似情况，有关调查资料恐需经过严格的学术质疑与评估。

3. 除开非专业人士、非学术目的不说，当年的许多调查，在调查取证的工作程序、工作方法、工作规范等方面还存在这样或那样的问题。以群众运动的方式搞历史调查，虽说人多力量大，但却容易在法律、道德、学术、技术等方面出问题。心理暗示乃至公开动员而得的口述史料，如何能真正让人置信？

4. 最关键的一点是，过去的疑似口述历史活动被称为"社会调查"或"口碑史料调查（收集）"是有道理的，它只不过是历史（有时候甚至是政治）的一种辅助手段，而不是历史研究的一个独立且可以自立的分支。

综上所述，我觉得应该能够得出一些结论。即：社会调查仍然是社会调查，与真正意义上的口述历史仍然有所不同。进一步说，若说社会调查也具有口述历史的（资料、史料）价值，那么真正的口述历史就应该有一个能够与之区分的概念，例如叫作口述史学。

这也就是说，中国的口述历史或口述史学，应该是 20 世纪 80 年代后期或 90 年代初期才出现的。北京市社科院历史研究所的钟少华先生对 100 多位科技界的老人（70 岁及以上）的采访，贵州省社科院民族文化研究所的张晓先生对贵州西江苗族妇女所做的口述历史采访研究，以及当时在北京电影学院任教的陆弘石先生对王为一、何非光、汤晓丹、桑弧等十几位电影老人的采访，才算得上是真正自觉的口述历史，具有口述史学的价值。①

----

① 钟少华先生曾出版过《早年留日者谈日本》（1996 年）。张晓先生出版了《西江苗族妇女口述史研究》（贵州人民出版社 1997 年版）。陆弘石先生采访的电影人包括导演何非光、王为一、汤晓丹、桑弧、张骏祥、徐昌霖，演员黎莉莉、顾也鲁、张瑞芳，摄影师黄绍芬、吴蔚云，录音师何兆璋，编剧及影评人舒湮、于伶、柯灵等，结集发表于陆弘石著《中国电影史 1905—1949——早期中国电影的叙述与记忆》一书中（文化艺术出版社 2005 年版），其中对张骏祥先生的采访只有几分钟，张先生说"你来晚了"，给人留下深刻记忆，也成为后来的口述历史工作者的一种重要动力或鞭策。

为了把什么是口述历史或什么是口述史学这个问题说清楚，应该对此做一个界定。口述历史当然离不开口述，离不开对话，离不开历史，但并非所有关于历史的对话或口述都可以成为口述历史。谁在提问以及如何提问，谁在口述以及如何口述，如何记录以及如何呈现，是区分纪实采访、社会调查、口述历史的重要标尺。真正的口述历史，应该具有人民性、专业性、规范性等重要特征。

人民性。口述历史的最重要的特征，也可以说是它在历史学界最突出的革命性的贡献，即在于它的人民性。用英国口述史大家保尔·汤普逊的话说，即"口述历史用人民自己的语言把历史交还给了人民。它在展现过去的同时，也帮助人民自己动手建构自己的将来。"① 人民是口述历史的主体，而不仅仅是采访或社会调查的对象。只有充分领会这一点，才能真正领会口述历史的实质。

专业性。口述历史是一项专门的工作，自然要有专业性的要求及专业性的标准。它不仅要求历史学的专业性，且还要求具有口述历史或口述史学的专业性。口述史学的专业性，不仅要求采访人对采访领域具有专业知识（历史及相关知识），且要求采访人具有采访者所必需的采访技能、会话与交流技能、现场阅读及把握能力，必须懂得心理学以及人情世故。

规范性。口述历史的采访是一种专业性田野调查工作，当然需要有必要的专业规范。用录音机、摄像机还是用电脑笔记并非最重要，关键是与口述历史工作相关的法律、道德、伦理、工作程序规范、相关技术规范。② 不

---

① Paul Thompson：The Voice of The Past：Oral History，p.265. 转引自杨祥银《口述史学：理论与方法：介绍几本英文口述史学读本》，原载《史学理论研究》，见作者主页：http：// oralhistory. netfirms. Com。

② 法律规范包括对个人权益、个人职责和义务方面的规范。我们的做法是，要获得受访人的授权，正式签署（口述史料使用方面的）授权文件；要与采访团队成员签署保密协定等。在道德和伦理方面，我们的做法是要求所有采访者尊重并关爱受访人，无论是否有受访人授权都不发表涉及个人隐私、人事纠纷方面的口述史内容。在工作程序上，我们的做法是，对采访人进行严格的选择，采取"采访人资格认证制度"，要求候选采访人要做出一份完整的作业，包括选择受访人、受访人及其相关领域知识背景调查、对受访人的预访、写出详细的采访提纲，以便考察采访人的工作态度和工作能力。在实际采访过

同的采访人或采访工作团队的工作规范或许有所不同，但肯定都要有具体规范。

如此，对于什么是口述历史，什么不是，应该基本清楚了。

二、口述史学的自立依据

对于口述历史，我们是后来者。晚到让我们永远失去了数不胜数的重要采访对象，如最近刚刚离世的孙道临、谢晋等大师级人物，这当然是一个巨大的遗憾。另一方面，后来者也有后来者的方便之处，那就是可以借鉴前人的经验教训，可以在专业与规范方面少走弯路，使我们的工作更富成效。甚而，对于真正理解并热爱这项工作的人，因能够站在前人的肩膀上，只要努力工作，或许还能够对口述历史工作进行新的尝试和探索，对口述史学做出新的贡献。

在开始进行口述历史的准备工作的时候，不能不想这样一些问题：我们为什么要做这项工作？我们做这项工作要达到的预期目的是什么？对我，对我们的工作团队而言，口述历史的真正意义、价值、目标是什么？

对上述问题，我和我的同事们进行了深入思考和细致讨论。结论是：我们要做的口述历史应该包括电影从业经历、社会经历、个人生活这样三个维度，简单说就是要在口述历史采访中探索并建立专业史、社会史、心灵史的三维空间。

这就是为什么我们的课题名称并不是中国"电影"口述历史，而叫作中国"电影人"的口述历史的原因。之所以会有这样的选择，主要是希望体现历史学者的一种专业特征，即希望具有比现实功利追求更为长久的历史视

程中，我们要求每个采访人都要按照选择受访人、准备背景知识、预访受访人、写出采访提纲征求意见稿、与受访人交流讨论之后再确定正式采访时间、频率、方式等。在采访中，我们同时使用摄像机、录音笔、工作笔记，在技术规范方面也有一系列的规定，包括要求采访人在采访结束后要写"采访手记"，并就采访过程、对话主题、对话形式等写出具体的"采访提要"。

野。我们的口述历史不是、更不该是一种简单的一窝蜂的时尚工作，而应该是一个具有长远目标的工作。这就是说，我们要考虑到，我们是在为 50 年后或 100 年后乃至更长时间之后的历史学者积累素材，因而应该为未来的历史学研究预留下足够的发展空间，这需要我们有一些远见，而不能急功近利、鼠目寸光。

需要说明的是，在我们确定电影专业史、社会经历史、个人心灵史这样的三维采访计划时，我们商定，这一真正的工作目标和工作计划暂时只能在团队内部实行，而不应向团队之外公开。对工作团队之外的人，我们只需说：是在做电影专业的口述历史即可。之所以如此，是因为害怕不被理解。而今，我们的口述历史第一阶段的工作已经告一段落，为了以后的口述史学的发展，我觉得有必要将我们的工作目标及其具体要求说出来，让大家讨论或质疑。

上述所谓三维，也可以说是我们的口述历史工作的三层次目标。下面将具体讨论：为什么我们要提出这样的工作目标。

做中国电影人口述历史，最基本的目标，当然是要为中国电影史研究积累史料。我们是中国电影资料馆的工作人员，为中国电影史研究收集口述史资料，是我们的本职工作。对此，我们不必做任何解释，就能够得到所有人的认同。当然也还有误解，那就是误认为我们做口述历史采访，仅仅是为了（我们自己）要"重写中国电影史"。实际上并非如此，无论中国电影史何时重写、由谁重写，我们都会认真做好口述历史工作。

之所以要把受访人的社会经历作为我们更深远的目标，原因之一，每个人的专业工作经历都是与其社会背景、社会地位、社会经历密不可分的。若不了解和理解特定的社会背景及经历，我们对受访人专业工作的历史就很难做出真正深入的了解和理解。典型的例子如"不求艺术有功，但求政治无过"这一想法或说法，从根本上说是不符合艺术家的基本特征的，甚至不符合人性，只有在特定的历史背景下、特定的社会环境中、特定的政治气候下，才能真正被解读。原因之二，我们选定的采访对象，是 80 岁以上的老电影人。这一代人的经历，几乎是人类历史上旷古未有的，甚至是

（我希望）是空前绝后的。他们经历了抗日战争、国共内战、镇反、批《武训传》、三反、五反、肃反、批胡适、批胡风反党集团、反右、大跃进、反右倾、反官僚主义、三年困难时期、"四清"、不止一次的整风，以及长达十年之久的"文化大革命"。也就是说，在他们的青少年时期，遇到的是十年之久的战乱，而在他们中壮年时期则遇到了几乎接连不断的政治运动及其他社会灾难事件。在 1949 至 1979 这 30 年间，中国电影人从事专业工作的时间肯定大大低于 50%。若不让他们说这些，仅仅说其业务工作，那势必会有巨大的缺漏，而且也无法解释清楚他们业务工作的特殊环境，无法建立业务业绩评价标准。原因之三，是希望我们的口述历史工作，不仅可以为未来的电影史家提供丰富的口述史资料，且希望能够为未来的政治史、社会史、文化史、文明史甚至经济史、城市史、风俗史、社区史、妇女史等不同专业史家提供信息资源。为此，我们讨论研究出了一套社会经历问题模式。①

最困难、也最重要的还是第三维度即个人生活经历与心灵史的维度。在专业史、社会史、心灵史这三维之中，个人生活经历及其心灵史这一维度其实是最为重要也最为关键的维度，只有这一维度彰显，才能将受访人真正区分开来，并充分体现或实现其参与口述历史的真正价值。对这一问题，需详加讨论。

上一节中提及口述历史的价值在其"人民性"，对此应该没有任何不同看法。问题是，人民性如何体现？如何操作？唯一的途径或方法，就是落实到个体，并进一步落实到个体的生活经历及其心路历程上。否则，人民性就很容易成为空谈。因为人民只是一个抽象的概念，很容易被无名化。

---

① 所谓问题模式，是指我们要求采访人对所有的受访人都要提问的一系列问题，诸如：对卢沟桥事变的记忆、对战争与逃难的记忆、对战争背景下的中小学教育的记忆、对大后方或根据地或敌占区日常生活的记忆、对抗战胜利日的记忆、对开国大典的记忆、对镇反、反右、"文革"等一系列政治运动的记忆、对大跃进及三年困难时期的记忆等。这一套问题模式，笔者提出了一个框架，笔者的年轻同事李镇加以补充并进行了系统化，参与口述历史采访的所有同事对此都或多或少有所贡献。

　　前述大多数社会调查，并不是真正的人民性的体现，因为人民并没有成为调查活动的主体，而只是一个调查对象即咨询对象，只是提供无名的群众记忆。他们并非受邀讲述自己的故事，而是受邀讲述他人的故事，甚至是英雄或反英雄（如太平天国的领袖、义和团领袖、武训等）的故事。这也就是为什么我坚持认为社会调查并不是真正的口述历史的原因。这也就是说，真正的口述历史，应该是以个体性特征体现其人民性的。进一步说，真正的口述历史应该确立个人本位，要让个人的生活经历及其心路历程成为口述历史的重要维度。

　　如此，我们就开始接近有关口述历史讨论和思考的核心问题：口述史学为何以及如何能够在历史学领域中独立或自立起来？答案应该就是：口述历史关注人民／个人的生活经历、生活经验、心路历程及其心灵特征。只有这样，才能找到它独立存在的真正理由，而不仅是作为历史研究的手段或附庸。其实我们都知道，任何有关民族、国家或人类历史的正规书写，都不大可能实现真正的人民性，普通百姓不可能真正出现在史书的正文之中。甚至行业史或其他专业史，也仍然只能以其中的精英代表人物作为叙述结构的主体。而口述历史对此却大有作为，因为"口述历史是围绕人民所建构的历史。它给历史本身带来了活力，拓宽了其范围。它不仅允许英雄来自领袖，而且还允许英雄来自不被人知晓的多数平民"①。如此，口述历史中的人民主体即使不能掺和大历史的正文，也没有必要自甘成为大历史的注脚，而是可以通过自身特有的方式自成章节，只要完成与历史书写的"网络链接"，就能够拥有一片广阔的自立及自主空间。

　　结论是：对人民个体历史信息的关注和记录，是口述史学存在与独立的根本依据。当然，与此同时，口述历史还照样可以为常规历史研究及书写提供丰富的信息资源，通过有效链接亦照样可以进入常规历史研究与书写的注释，乃至出现在其正文之中。中国电影人口述历史的采访，不仅可以

---

① Paul Thompson，The Voice of The Past：Oral History，p.21. 转引自杨祥银《口述史学：理论与方法：介绍几本英文口述史学读本》，原载《史学理论研究》，见作者主页：http：//oralhistory. netfirms. Com。

找到自立于史界的依据，可以为未来历史学家的人文历史研究的信息资源，还可以为未来的社会史研究、电影史研究和书写提供丰富的宝贵历史信息资源。

通过对人民个体历史信息的收集而让口述历史蔚为大观，在目前还只能是一个战略性的愿景。中国虽然是一个具有悠久的历史记载传统的国家，通过族谱、家谱、地方志、墓志铭、个人年谱等多种不同形式保存了大量个人历史信息资料，但我们的历史观念与方法上存在一个巨大的缺陷，那就是重视"事"而相对忽略"人"。即便是在个人信息资料如个人年谱中，我们也只能看到某个人做过什么、经历过什么，但却没有或极少有这个人的心灵信息，更缺乏对个人的批评性研究。我们的个人历史信息中缺乏具体的人生经验与教训，缺乏真正的人性研究资料。中国的历史人物传记汗牛充栋，但却少有历史人物传记能够作为人性研究的公共资源。即使是胡适这样的民国文化精英，虽深谙个人自传及回忆录的文化历史价值，其《四十自述》也仍不过是就事论事，而少深入的自我认知、反省和分析。《胡适口述自传》之所以成为名作，是来自口述史大家唐德刚先生的研究性批注。所谓"七分唐批，三分胡说"乃至要"先看唐德刚，再看胡适之"，就是最好的证明。这个例子，当然也是口述历史领域的一个崇高典范。

对个体价值的忽略，和对个人、个性及人性的无知，必将会成为阻碍中国文化、艺术、学术乃至社会、政治、经济进一步发展的最大障碍。在艺术领域，我们与陀思妥耶夫斯基、司汤达、福楼拜这样的深谙人性、解剖人性的大作家的差距之远，不必细说，而这些大家全都是百年多以前的古人。我们的电影中，概念化与公式化（即神圣化或妖魔化）痼疾之所以难以痊愈，原因恰在我们的艺术家缺少解剖人性的经验，也缺乏人性解剖的信息资源。

在我们的口述历史工作中，预约受访人时听到最多的话，多半是"别采访我，我不是什么重要人物"，或"不要，我又没做什么大事"。可见在许多人心里，做口述历史受访人，必须是大人物或至少是做过大事的人。对此误解，我们只好反复解释：任何一个电影人都可以是口述历史的主角。我们的口述历史受访人的选择，遍及电影事业的各个领域、各个岗位，其中包括大人物、名人，也包括许多普通人或平凡人。对口述历史的人民性，我们坚定不移。

我相信我们做对了。在采访过程中，我们发现了许多原本不被人重视、甚至不被人知晓的英雄。我采访的对象中，有些是业内知名人士，有些则不被人知晓，无论有名或无名，其中的绝大多数都在各自不同的工作岗位上做出了力所能及的贡献，他们的工作成绩是中国电影事业的重要组成部分，全都应该被铭记。而他们所亲历和见证的战争烟云、政治运动、社会变迁，及其个人人生经历、心路历程，不仅包含了丰富的社会历史信息、人文情感和心灵活动资源，甚至还包含了丰富的道德文化资源。他们都是中国电影事业的英雄，值得我们衷心礼敬。遗憾的是我不能在这里将他们的故事全部复述一遍，甚至不能一一列举他们的名字，好在我们有完整的录像、录音，它们将永久保藏在中国电影资料馆。

为了说明问题，我还是要举两个例子，一个是中国电影资料馆的田云汗老师，另一个是中国电影发行放映公司的詹沙浪老师。资料馆和中影公司这两个单位本身就是过去的电影史家视野难及的边缘地带，而上述两位老人在其各自单位中也都属于默默奉献型人物，知者稀少，是非常典型的不被知晓的英雄。

田云汗老师 1949 年毕业于清华大学政治系，北平解放后即参加干部培训，随后参加新中国电影工作，先后在电影局发行科、电影经理公司、电影资料馆担任拷贝储运、技术、短片发行、秘书、电影文图资料管理及编目等多种工作。新时期曾采访了孙瑜、柳和清、张翼、黄绍芬、石凌鹤等老电影人，并征得孙瑜先生的《大路》创作手稿（笔记本）交由中国电影资料馆保存。离休后继续发挥余热，作为业务骨干参加了电影资料馆《大事记》编写等重要工作。田先生在任何岗位上都能很快成为业务骨干，他经手的文图资料登录、管理工作的效率、合理性、规范性、责任心、使命感有口皆碑。在中国电影资料馆，他不仅是业务标兵、劳动模范，也是道德表率。然而，他在 1956 年就成为中共预备党员，却直到 1979 年才得以转正，预备期长达

23 年之久。①

　　詹沙浪新中国成立不久就加入电影发行业，从中南电影经理公司走向中国电影发行总公司。曾长期编辑、主编《中国放映》杂志，是对中国电影放映，尤其是农村电影放映最熟悉的人。他喜欢拍照，几十年间拍摄了大量电影发行放映人的珍贵照片，其中许多被中国电影资料馆、中国电影博物馆珍藏。詹老师还是《中国电影编年纪事》之《发行放映卷》中国电影发行放映部分的主笔。詹老师的青少年时期经历可谓非凡。抗战初期被"战时儿童保育会"收留，其后加入抗日战地服务团，进而成为抗日战地记者，亲历过"当阳之战"，并采访过美国航空飞虎队。新中国成立前夕还帮助过地下党。但这些光荣的经历并未给他带来荣耀，反而成为一片阴云长期笼罩在他的天空，阴晴莫测。②

---

① 笔者是从 2008 年 5 月 12 日至 5 月 29 日采访田先生的。每周 2 次，每次 2 小时，共 12 小时。摄像工作由谭秋文担任。皇甫宜川、黎煜等同事曾见证采访现场。田老师待人亲切温和，做事细致周到，在每次正式采访之前，都会对采访提纲中所提出的问题进行认真准备。在采访过程中对所有的问题都会做出准确周到的回答。但他个性谨慎内敛，不肯多说一句话。若提问未及，即不肯多说一句。需要说明的是，正文中对他的工作评介，并非来自他本人的口述，而是来自笔者对资料馆有关人员的采访。他的认真和规范，在采访中几乎每时每刻都表现出来。田老师成长于日据时期的北平，毕业于旧中国清华大学政治系，这成了他的"原罪"。进入新中国后他虽一直积极要求进步，全心全意跟党走，但由于他的书生意气和艺术家的痴性（田老师是京剧迷，擅长书法、绘画），在本质上是一个性情中人，因而不会说假话，只会说真话。这种天性给他的生活带来了巨大的灾难。党员预备期 23 年只不过是其中一例。1958 年他被下放到河北昌黎渤海公社朱建坨大队一年，所得是别人将他的名字"田云汉"写成了"田云汗"，从此被改名，人生也彻底被时代和社会改写了。真正的灾难开始于"文革"，他成了特务嫌疑人，在干校待了 4 年，被迫害至患癌病；其后回城到北京 85 中担任后勤组保管员多年，直至 1979 年 3 月才回到中国电影资料馆。无论在何种意义上，田老师都是一个君子。他的故事，是一段极富社会意义和人性价值且富有戏剧性的传奇。这一传奇保存在他的口述历史录像中，若有人专心研究田老师的生平及社会历史，这将是宝贵的资源。顺便提醒一句，在田老师的口述过程中，偶有停顿乃至哽咽，其表情苍凉高古，胜过万千言说。

② 采访詹沙浪老师，是中国电影发行放映公司宣传处处长苏丽瑛老师推荐的。苏老师也是笔者的受访人。笔者在 2008 年 10 月 10 日至 10 月 16 日对詹沙浪老师进行了采访，一连 7 天，每天 4 小时，共 27 小时。之所以如此集中，是应詹老师本人的要求，因为他17 日要出门远游。好在詹老师虽年逾 80，但身体健康，每天受访 4 小时，几无疲倦之

三、会话叙事与心灵考古

拿破仑留给儿子雷希施塔特公爵的遗言中有一句话值得铭记："希望我儿子能学习历史，因为它是唯一真实的心理学和哲学。"① 这话心理学家和哲学家多半不爱听，从事历史工作，尤其是从事口述史学工作的人，则应谨记并三思。没有心理内涵的历史并非真正的历史，而不过是些历史的材料；没有哲学内涵的历史学也算不上是真正的历史学，而不过是历史的纪实编年。

口述历史工作不仅要从历史中寻找心理学的真知，更要从采访人与受访人的心理撞击和交流中获得历史的蛛丝马迹。口述史学是一种艰难的工作，甚至是一种高风险的工作，因为它的工作对象实际上是个人的心灵。调查与选点、勘测与评估、挖掘或打捞、清点与鉴定、维护现场……与考古学有甚多相似之处。所以，我将口述史学称为"心灵考古"，重点是对人类心灵的探索。

口述史学总要面临诸多心理难题。我们的中国电影人口述历史所面临的心理难题就更多，这是因为我们的受访人大多是 80 岁以上的老人，首先要面临的就是老年人记忆力的衰退乃至记忆丧失的难题；其次是因为这一代电影老人经历了无数政治运动，他们的思维模式、记忆模式、表述模式在不

态。当然，这种超高密度的采访，不足为训。赵晶担任摄影、录音工作。詹老师曾发表过百万字以上的新闻、文学、纪实作品，但不大善于言表，湖北口音明显，思想速度超过言语速度，以至于上一句还没有结束下一句就开始形成，有些表述不免显得有点跳跃。好在詹老师的记忆力十分惊人，平生经历丰富，受访前的准备认真且充分，因而 27 小时的采访内容丰实。詹老师聪慧内秀，性格外圆内方，虽然因在另册而长期未受重用，在"文革"时在牛棚中更惨遭毒打，主编《中国放映》多年却有其实而无其名（不享受主编级别待遇），这些都没有真正降低他的工作热情和生活情趣。坚韧守拙，乐观厚道，至今如是。他的口述中不仅有大量的电影发行放映业的历史信息，更有丰富的战争历史、政治运动、个人经历和心灵秘密的人文资源。

① 转引自〔美〕威尔·杜兰特《历史上最伟大的思想》，王琴译，中信出版社 2009 年版，第 179 页。

同程度上都会受格式化的影响，在长期的冲洗和挤压下，难免会有伤口甚或变形。因而，在口述历史采访即所谓心灵考古工作中，我们至少要面对下列四大主要难题：1. 记忆衰退与遗忘；2. 选择性遗忘、伤痛与隐私的自我保护；3. 选择性记忆、记忆被改写与不自觉的套话；4. 不知从何说起。下面具体说。

因为我们的采访对象大多是 80 岁以上的老人，我们的口述历史采访中要经常面对的头号难题自然是老人的记忆力衰退和某些记忆的空白或遗忘。随着年龄的增长，人的记忆力衰退，这是一种普遍现象。在我们的采访中，经常会听到老人说"我忘了……"这句话。在我的采访经历中，最典型的例证是申伸老师，老人家虽然通情达理且和蔼亲切，无奈年届九旬，实在精力不济，许多往事都不记得了。我们来晚了！所以，在采访 7 小时后，我对老人的三个年龄在 50—60 岁左右的子女进行了采访，让他们对其父（成荫）母往事进行回忆补充。[1] 值得庆幸的是，并非所有的老人都记忆力不好。在我的采访对象中，也有一些老人记忆力惊人，最突出的例子如前述之詹沙浪老师，再就是 80 岁的翻译家富澜老师。[2] 年逾九旬的表演艺术家黄素影老师的记忆力也给我留下了深刻印象。[3] 关于记忆力、记忆和遗忘的生理 / 心理奥妙，有待于心理学家或生理学家进一步揭开。

另一种情况是因为心灵伤痛或隐私保护而关闭心扉。这种情况让我经

---

① 申伸老师曾在电影局人事处、科影工作过，在北京电影学院党委副书记任上离休。她是成荫导演夫人，1938 年就参加了八路军。笔者是 2009 年 1 月 18 日及 3 月 18、19、20 日对申伸老师进行过共 7 小时采访。随后对她的三子成征、长子成果、次女成捷分别进行了采访，三人总共受访 11 小时。

② 富澜老师是资深俄文翻译家、出版家，曾在中央编译局工作，在中国电影出版社总编辑任上离休。其间因被错划右派，在东北、山西等地下放 22 年。老人的口述，情景栩栩如生，细节纤毫毕现，令人惊叹。笔者于 2009 年 2 月 9 日至 2 月 28 日对富澜老师进行了 31 小时采访。赵晶担任摄像、录音。

③ 笔者于 2009 年 4 月 21 日至 6 月 9 日对黄素影老师进行了长达 21 小时的采访，王家祥担任摄像、录音。黄老师是抗战时期入党的老共产党员，也是北影的老演员，因出演《世界上最爱我的人去了》中的母亲而广为人知。她的记忆力虽然没有富澜老师那么好，但要比申伸老师好得多。老人家至今还经常演戏，据说闲暇时还经常在电脑上"冲浪"。

历了太多的失败，且失败的原因及形式多种多样。一种是干脆拒绝接受采访，如北影表演艺术家凌元老师，我通过她的熟人向她请求过多次，但她老人家始终不愿接受采访；另一种是孙师毅夫人张丽敏老师，她虽接受了我的采访，但她只愿谈孙师毅，谈父亲张云乔，却不愿意谈她自己，且拒不接受录像。① 第三种情况是虽然接受采访、也同意录像，但对一些关键问题却自觉或不自觉地加以回避，这是一种比较典型的"选择性遗忘"。我所遇到的最遗憾的例子，是 2008 年对邵功勋老先生的采访——邵老已于 2009 年 10 月 10 日仙逝，终年 94 岁。②

再一种情况是与"选择性遗忘"相对，即"选择性记忆"，或记忆被无意识改写，甚而被有意识歪曲。这种现象在人类口述中如此普遍，以至于许多严谨的历史学家对口述历史难以置信。人类学家克洛德·列维－斯特劳斯说："即使说故事的人再诚实也无法提供真实的东西……为了使我们可以

① 张丽敏老师是中央音乐学院附中老师，其父亲张云乔是著名画家、电影美术家，其夫孙师毅是电影编剧、电影歌词作家、红色间谍。笔者于 2008 年 5 月 8 日对张丽敏老师做了 6 小时录音采访，她是笔者的受访人中唯一拒绝录像者。檀秋文担任此次采访的录音。

② 邵功勋先生曾在"满映"宣传科担任过 8 年美术设计。新中国成立后在东北影片经理公司、中国电影公司、中国电影资料馆工作。退休后接受中影公司宣传处返聘，继续工作 10 年。笔者于 2008 年 5 月 30 日及 6 月 3、5、6 日对邵先生进行了采访，共 8 小时。檀秋文担任摄像、录音。老人去世后，其长女邵彩晨老师看了采访录像，给笔者写过一封长达 7 页的信，主题是我们的采访进行得太晚，以至于老人有许多往事都记不起来了。在录像采访过程中，老人确实有多次说"我忘了"，且有多次无语停顿。老人 90 多岁，耳朵聋、记忆力衰退当是正常现象。不过，笔者知道，邵老先生的"遗忘"至少有一部分是出于谨慎的自我保护。曾在"满映"工作过 8 年，一直是他的心理阴影；"三反五反"时的磨难，是他的隐痛；而在"文革"中所受到的身心摧残和人格侮辱，更是他长久挥之不去的梦魇。笔者说邵老不完全是遗忘，而是出于谨慎和自我保护，根据是，在预访之后、正式采访开始之前，邵老夫人有次突然给笔者打电话，说邵老半夜起来转圈子，对将要接受的采访非常紧张，以为这又是一次"审查"。笔者当即前往邵老家，对老人说：这不是审查，而是采访和记录历史；并且对他说"任何您不想说的，您都可以不说"，老人才平静下来，同意接受正式采访。另一个证据是，笔者在采访邵老之后，紧接着对邵老夫人进行了简短采访，其中有部分邵老不愿谈及的隐秘和痛苦的线索。邵老多才多艺，精于书法、绘画，尤精篆刻。老人家一生勤勉，心地单纯善良，为人谦逊厚道，温和亲切有儒者之风，可是过去的灾难历史使他成了惊弓之鸟。2009 年 10 月 14 日邵老的遗体告别仪式上，笔者向老人鞠躬，心里充满了遗憾和悲伤。

接受，记忆都得经过整理选择；这种过程在最诚实无欺的作者身上，在无意识的层面进行，把真实的经验用现成的套语、既有的成见加以取代。"① 话稍感绝对，但这类现象肯定是存在的。而且，存在的情形还五花八门。在笔者的采访中，就遇到过以下各种情形。一是充分的意识形态化，充满套话官腔，如文件或报纸，几乎听不到受访人自己的声音。极端情况下，有受访人对着镜头朗读正式出版的官修史书或杂志上的他人文章。二是有自己的声音，但仅限于正常工作，尤其是工作的成就方面，而对于自己的工作失误乃至人生错误及个性缺陷，则自觉或不自觉地加以掩饰。其中有一部分或许是因为选择性遗忘，而有些则是由于口述者不愿或不敢面对。三是对自己的政治立场、道德风貌、工作成绩、人际关系、个人品行等等进行有意无意地美化，小则夸大其词，大则（极少数）甚至无中生有。四是情绪记忆，或称记忆的情绪化和公式化，即对他人的介绍和评价全凭自己的印象好恶，好者什么都好，恶者什么都恶，不加理性分析，甚至也不用常识加以鉴别。

　　在实际采访中，我们所遭遇的情况可能还不止上述这些。肯定还有比上述更多、也更复杂的情况出现。对于上述种种情况，应该如何理解、如何面对？这也是我们所要思考、讨论并加以实践检验的重要问题。

　　在笔者看来，有这样几点值得注意。首先，不能把上述种种情况简单地视为道德问题、个人品质问题，而应该视为心理问题。我们对生理性的记忆力衰退现象能够加以同情地理解，对上述心理性的记忆形式衰变也同样要加以同情地理解。在我的实际采访经验中，并没有发现任何一个采访对象对着摄像机、录音笔进行有意地欺骗（这属于道德范畴），而最多不过是程度不同的言不由衷或与真实不符（这属于心理范畴）。其次，若要对这些现象加以深入探讨，我们应该想到，无论是哪一种情况，其实都不能简单地判为虚假，而应该视为另一种"真实"，即并非存在或历史的真

---

① ［法］克洛德·列维–斯特劳斯：《忧郁的热带》，王志明译，中国人民大学出版社2009年版，第32页。

实，而是一种心理与愿望的真实。空洞的套话，来自我们社会的集体无意识及集体意识形态的真实；不愿面对自我的失误或缺陷以及自觉或不自觉地自我修饰或自我美化，来自个人心理潜意识及自我提升愿望的真实（尽管这不过是一种想象的情形，却反映了心理的真实）；而个人的情绪记忆偏差，则更是一种心理存在的真实状况。总而言之，种种"虚言"无不是心理真实的反映。当然，那是一种有缺陷的、甚至不无病态的心理真实。据此对口述历史的真实性提出根本性质疑，多少有些简单偏狭，若我们能够有意识地通过口述历史中的种种"虚言"而对建立一个有关过去历史真实影响产物的"心理病历档案库"，对人类的知识谱系同样是一种重要的贡献。

　　真正的关键是，对于上述种种现象，我们要有分辨能力、正确理解能力、妥善处置的能力。口述历史的主要目标，当然还是采集人类记忆中的历史信息，而不是要专门建立社会心理学的病理档案。但我们既然要采集人类的记忆，就要面对人类的真实心理，包括因时代与社会或教育与个性所造成的种种心理衰变。对此，我们不仅要有广阔温厚的人道情怀，对每个人及其每一种心理状态都保持应有的尊重、敬意和关怀，还要有深刻的理解力和敏锐的洞察力，即能够准确分辨出不同对象的不同个性及其不同的心理状态，包括或多或少的生理性记忆力衰退和心理性记忆衰变。最后，当然要做出自己的选择，包括：1.终止采访；2.缩短采访时间；3.用恰当的方式对受访人做出提示，以便能够适当改变谈话的方式及其谈话的内容，使得口述采访工作有更好的成效。

　　面对这些问题的时候，美国哥伦比亚大学口述历史研究室前主任罗纳德·J.格雷尔教授的《声音外壳：口述历史的艺术》一书值得参考。作者将口述历史定义为一种"会话叙事"，即"它探讨了会话叙事的形成、理解和解释以及历史学家在口述历史访谈中扮演的角色。口述历史的重要性不在于保存了过去发生的事情，而是今天的我们对于过去的理解与解释"。进而具体到"探求访谈中展现的特定的历史视野、概述访谈的结构、思索这种视野的结果和结构，并且向我们说明口述历史如何帮助我们理解受访者以及他们的历史视野；如何理解访谈作为一种历史叙事和这种叙事的深层次含义"。① 需要注意的是，1. 这本书的主旨，是针对将口述历史当成纯粹的历史档案而来，从而它特别强调会话叙事本身的重要性及其意义，而我们的中国电影人口述历史采访的基本目标之一是要为中国电影留下宝贵的口述历史档案。2. 作者的理论及其方法是否完全适合中国特定的历史背景下生活过来的各种个体心理记忆衰变和表述症候？这也需要实践的检验。比较实际的做法，是参考他人的经验，进行自己的探索。

口述历史当然是一种会话叙事，但仅仅停留在语言会话与叙事交流层面显然是不够的。口述历史的会话叙事，说到底是来自于记忆，来自于人的心灵。前面笔者列举了与心理状况有关的记忆力衰退和心理性记忆衰变的几种现象，这里还要讨论最后一种情况，也是最为常见但又最为复杂的一种，即：要在记忆的大海里捞针，不知道从何说起。即使是最正常的心智，也不可能将自己 80 年以上的漫长人生中的工作、社会、生活经历完整清晰地记忆下来、讲述出来。根据我们自己的经验也知道，人的记忆活动与遗忘活动如同孪生，记忆开始时也许正是遗忘开始时，没有遗忘很可能就没有真正的记忆。困难的是，人类大脑或可通过现代化的机器扫描，但人的心智活动却是我们无法真正知晓的世界，如深深的海洋世界，甚至如广袤无边的宇宙星空。生物科学、生命科学、智能科学、心理学、生理学、病理学、遗传学对人类心灵活动的研究虽然成果丰富，但总体上依然是所知甚微；即使是每个学科都有进展，目前也没有一门学科可以将各学科的研究成果进行汇总、鉴别和消化。更何况，个人的记忆与心理还与遗传密码、社会压力、个体创伤有密切关联。也就是说，即使我们有了某些心灵活动的知识，也还需要为每一个采访对象建立独特的理解模型。

在这意义上，口述历史工作就不仅仅是一种会话叙事，而是一种在会

---

① Ronald J. Grele，Envelopes of Sound：The Art of Oral History. Second Edition，New York Praeger Publishers，1991. 上述引言，分别见第二版序言第 15 页，以及正文第 213 页。转引自杨祥银《口述史学：理论与方法：介绍几本英文口述史学读本》，原载《史学理论研究》，见作者主页：http://oralhistory.netfirms.Com。

话叙事基础上的"心灵考古"。根据心理学的常识和我们自己的经验，遗忘并不是真正的消失，至少不是完全彻底的消失。如同太空中的星，有些确实是爆炸并燃烧成了无法再见的碎片，大部分却还存在于不为人知的无际黑暗中。大部分的遗忘，其实不过是被新的记忆活动所覆盖，或被活跃的认知与思维活动所排挤，它们依然存在于人的脑宇宙的某个深处，昏厥或休眠。这，也就是笔者提出心灵考古的依据。所谓心灵考古，就是要在人类心灵深海或人脑神经宇宙的广袤星空中探寻、打捞、发掘并激活某些重要的个体生命记忆信息。

心灵考古的想法，来自笔者对自己第一个采访案例的总结和思索。笔者第一个口述历史采访对象，是电影理论家罗艺军先生。① 选择罗老师做第一个采访对象，是因为：1. 罗老师是一个理论家，博学而具睿智，肯定懂得口述历史的非凡价值；且他明理而能坦诚，具有历史反省和历史批判能力，是一个难得的采访对象。2. 笔者和罗老师早就认识并有过多次交谈，读过他许多文章、著作，对他的学术思想与方法比较了解。这可以确保罗老师愿意接受采访，也可以保证采访的深度与质量。结果如笔者预期，对罗老师的采访非常顺利，也很成功。但，这只是一次成功的采访，而不是一次完美的采访——说它成功，是指在专业史层面、社会经历与反思层面，成绩突出，资料宝贵；说它不完美，是指在个人经历及其心路历程层面，在罗老师个人传记资料方面，欠缺太多。之所以如此，表面的原因是罗老师对生活细节方面的记忆力很不好，在采访中经常要向他夫人徐虹老师求证，有时甚至会要徐老师提醒才会想起。真正的原因，其实还是笔者对口述历史采访经验不足、准备不够。首先是笔者的程序错误，没有先预访再写采访提纲征求意见稿，而是先写好了采访提纲的征求意见稿，再进行预访。更重要的，是笔者当时没有意识到，自己的口述历史采访工作不仅要完成现场提问和倾听，更要与受访人一起进行个体生命记忆的心灵考古工作。当然，在当

---

① 笔者对罗老师的正式采访是从 2008 年 4 月 11 日开始，5 月 5 日结束，共计 27 小时。皇甫宜川、檀秋文先后担任摄像、录音工作。

时，笔者也完全没有能力，更没有具体的方法，去探寻、发掘、打捞并激活受访人不知沉睡何处的记忆。这次不完美的采访，一直是我的一个心结。在此后的采访中，我坚持先做功课、再预访、再写采访提纲征求意见稿的工作程序，并构想出一套有关个人生命信息的问题模型，进而有了心灵考古的意识，且逐渐从模糊到清晰。①

关于口述历史的心灵考古工作，无论是在实践方面还是在理论探讨方面，目前都还处在摸索阶段，远未成型，显然还有很长、很艰苦的路要走。

四、简短的结语

在广义上说，一个老祖母给自己的儿孙子女讲述家庭往事，就是一种原生态的口述历史。而在专业的层面上，真正的口述史学是建立在会话叙事形式的心灵考古。在此两个极端之间，当有很多层次。最好的情况是：每个层次都有人做。

中国的当代学术，呈现繁荣景象，但也有老病沉疴：一是坐井观天、自以为是，土法炼钢不遵法度；二是顶礼西潮、俯仰随之，洋文满纸而鲜有主见。这一篇文章是否也有病菌感染，期待学者同行批评质疑。我希望，口述历史工作不可无知更不可无志，电影人口述历史应有高远的工作目标和独创性的方法模式。当然，这需要我们长期的学习和实践，更需要我们不断深入

---

① 所谓心灵考古工作的问题模型，其实不过是口述历史的一部分基础工作。问题包括：个人身世提问，家庭与父母，家风与家教，小学、中学教育的记忆，个人爱好与兴趣，年轻时的个人志向与理想，喜欢阅读的书籍杂志，个人意识的开端，恋爱与婚姻信息，婚姻与家庭生活，与子女的关系，社交生活，对自己人生经历的总结，等等。这些远非心灵考古工作的全部，对口述历史工作而言，如何取得受访人的信任，如何创造合适于激发记忆的环境，以及如何敏锐地抓住谈话中的一些有重大发掘价值的蛛丝马迹，都是不可缺少的。所谓取得信任，不仅指一般性的信任，而是指要让受访人真正敞开心扉的那种深度信任。所谓适合激发记忆的环境，则更是一个难题，在摄像机、录音笔前，一本正经地问答，肯定不是最好的环境，最好的环境是漫步、闲聊（但如何录像、录音又成了问题）。至于抓住采访中的"话头"，那就更是如兵法所云：运用之妙、存乎一心，需要专心致志且敏锐如雷达。当然，所有这些，都需要更多的经验积累。

思索和研讨。我们的工作才刚刚开始，我们的思索也是。一切都会成为历史，并经受时间的严格考验。

[作者按：本文系国家社会科学基金艺术学项目——"中国电影口述历史研究"（批准号 09BC031）阶段性成果。发表于《当代电影》2010 年第 3 期。]

心灵考古：口述历史的方法与模式探索

摘要： 口述历史是通过采访人与受访人的对话，通过受访人的回忆与陈述，重建过去专业经历、社会生活、个人心灵的历史。口述历史工作者需要掌握专业知识，包括专业历史知识及专业的心理学知识——采访过程中需涉及对记忆与遗忘机制的了解，对个人心理"约哈里窗口"的探索，以及对受访人自我运作机制与个性与心理测评等多项心理学知识。在一定的意义上说，口述历史工作是一项需要采访人与受访人密切合作的心理工程，此工程可称"心灵考古"。通过对心理学的学习和借鉴，对口述历史工作实践的总结和思考，对口述历史方法模式的探索，本文尝试从心灵考古角度对口述历史工作进行理论思考与构想。

关键词： 心灵考古　约哈里窗口　记忆之谜　多重自我　个性测评　心理工程

在《中国电影人口述历史：实践与理论》（《当代电影》2010 年第 3 期）一文发表之前，笔者曾将它发给几个专家征求意见，所得反馈中对"心灵考古"这一概念的使用，或赞成，或质疑。① 赞成或质疑，对笔者都有重要的

---

① 电影史家吴迪先生为那篇论文写了一篇相当正式的审读意见，对此文的价值、文中的疑点、文字表述问题等提出了宝贵意见和建议，他赞同"心灵考古'"说。老友李承磊先生是历史学专业科班出身，在给笔者的回信中对"心灵考古"一词的使用心存疑虑，担心此说会让受访人产生误解和不快。

启发意义，即从不同方向推动或促进笔者对这一问题的继续思考和研究。

英国考古学家彼特里说：考古学的全部事业，就是重建已经消失的生活。[①] 这正是中国电影人口述历史工作的目标，即通过受访人的生平陈述，重建其业已消失的生活与心灵历史档案。不同在于：专业考古家的工作场所是在大地上或深水下，口述历史工作的目标是针对人的"心田"；专业考古家是要利用考古发掘出的物质证据进行历史拼图，而口述历史则有赖于人的记忆陈述、对话及精神状貌。正因如此，口述历史可称一种特殊形态的考古，即心灵考古。

本文的目的，是试图建立一种心灵考古的理论模型，以便从心理学角度对我们的工作程序和问题模式进行说明与评估，探讨在实际采访过程中所遭遇的由不同心理机制所产生的有关问题，思考并总结口述历史工作经验与教训。

心灵考古之说能否真正成立，尚待批评、讨论和进一步实践检验。

一、心灵窗口与记忆之谜

有人以为口述历史的采访不过是拿着采访提纲与受访人进行问答而已，若如此简单，当然没有"心灵考古"的必要性可言。问题是"访谈者必须认清记忆的特性，熟悉处理记忆的技巧，意识到它的局限性，从而开掘出其中的宝藏"[②]。口述历史工作的第一个要点及难点在于：如何对受访人的记忆进行有效发掘？

老子说，知人者智，自知者明。口述历史／心灵考古的理论构想，正是从这里开始。具体说即需口述历史工作者有知人之智，能启发受访人的自知之明，通过知人者与自知者的合作，对受访人生平历史记忆做有效勘探、发掘、重建。心理学中有所谓"约哈里窗口"（Johari Window），即从沟通双

---

① 参见张忠培《中国考古学：实践、理论、方法》，中州古籍出版社1994年版。

② [美]唐纳德·里奇：《大家来做口述历史》（实务指南），王芝芝、姚力译，当代中国出版社2006年版，第20页。

方已知和未知两个方面构建出人类心灵的四个窗口：1. 公开窗口：自我和他人都已知的，是公开的信息窗口；2. 秘密窗口：自我已知，但他人未知，是秘密的信息窗口；3. 盲目窗口：自我未知，但他人已知，是（本人）盲目的信息窗口；4. 潜在窗口：自我和他人都未知，是潜在的信息窗口。① 约哈里窗口理论可以为口述历史 / 心灵考古理论构想提供具体的基础模型，即口述历史工作是要以公开窗口作为工作基地和起点，尽可能了解受访人的盲目窗口知识信息，以便能够打开私密的窗口，最后共同勘查发掘潜在的窗口知识即记忆信息。约哈里窗口是一种交流与沟通理论，口述历史的基本方法，正是通过采访人与受访人的不断对话，实现有目的且有效能的沟通交流，最后共同完成工作任务。

　　采访人作为口述历史的主导者，在选定受访人之后，即面临寻求合作者及引导受访人进行有效合作的重任。引导或"培训"受访合作者，也有一套工作程序。中国电影人口述历史的工作程序即联络、预访、提纲交流、正式采访等四个基本步骤，固然是对采访人的工作程序要求，同时也是针对受访人的必要程序。实践证明，上述程序，对如何让一个受访人成为一个合格的合作者即一个合格的陈述人，有明显作用。原理非常简单，即不断刺激受访人的回忆热情，并逐渐让其回忆系统化，不断深入且扩张。具体说，当我们与受访人联络，提出采访合作邀请，实际上是发出一个刺激信号，让受访人开始打开尘封往事之门，主动搜寻自己的生平记忆。进而，当我们进行预访，通过对口述历史工作的目标与方法的陈述，继而提出一系列具体问题，使得受访人的回忆变得系统化。进而，通过采访提纲征求意见稿的交流，尤其是通过其中的一般问题模式，使得受访人的回忆开始进一步的系统化扩

---

① 有关约哈里窗口，参见陈学军、林志红、陈先建、赵晶锦编著《管理心理学》的"个性怎样影响我们的沟通——经验开放与沟通效果的实验研究"一章，浙江教育出版社 2009 年版，第 3—7 页。书中使用的概念是公开的我、秘密的我、盲目的我、潜在的我，这里改"我"为"信息"。该书总结的"实验应用"如：1. 在沟通过程中保持开放的自我；2. 灵活运用沟通媒体；3. 培养良好的沟通技巧及其努力喜欢对方、保持良好情绪等，值得口述历史工作者学习借鉴。

张。最后，在正式采访过程中，通过系统陈述和有效会话，陈述人的记忆会获得更多更细更深的刺激、兴奋和启发，从而记忆变得更加活跃且深入。综合起来看，上述四个步骤，连续四次发出回忆刺激信号，且刺激信号越来越强，使得受访人的回忆在这一段时间内有四次螺旋式推进。通常情况是，从联络开始到正式访谈结束，受访人的回忆不会间断。而经过电话联络、预访、书面提纲交流、正式访谈等几个阶段的会话，其回忆的方式逐渐系统化（现场会话刺激记忆的效果更为明显）。实践表明，受访人的回忆，不仅仅是个人独自回忆，而是包括查阅日记、信件、过去作品、公共文献，并电话咨询知情人、访问老友、与家人共同回忆等多种工作方式，以启发、丰富或校准自己的记忆。

通过与受访人联络与预访，我们通常能够很容易打开受访人的公共窗口，获得受访人生平的一些基本信息。进而，通过采访人的文献档案资料查询、对他人的访问咨询、对受访人的预访观察和提问会话，往往能找到其盲目窗口，从而获得受访人自己也不知道或无从回忆的信息。通过正式采访的现场会话及情感与信息交流，我们或许还能够让受访人主动打开其个人生平的私密窗口。最后，最大的难题出现了：我们如何探测并打开采访人与受访人都不知情的潜在窗口？这需要我们了解人的记忆 / 遗忘心理机制。由于中国电影人口述历史采访的主要对象是 80 岁以上的老电影人，我们还必须了解老年人的超长期记忆 / 遗忘机制，进而了解老年人记忆的生理 / 心理损伤的有关知识。

记忆 / 遗忘虽是心理学中的热门课题，研究文献汗牛充栋。但，心理学家对记忆的研究，大多注重短程记忆以寻找记忆的心理机制并评估个人理解事情的精确程度，而较少研究生命的长程记忆。即使研究长期记忆，如被称为揭开遗忘秘密的第一人的德国心理学家艾宾浩斯的"记忆遗忘曲线"及"保持与遗忘是时间的函数"定律，虽然开创之功不可没，但他的实验以无意义音节为材料研究记忆，很难具备生态效度，难免会遭到心理学同行的批评。更重要的是，艾宾浩斯的曲线（时间越长忘记的就越多），与老年人对眼前事记忆模糊而对久远事记忆清晰的普遍经验恰好背道而驰。英国心理学家巴特雷特《记忆》的研究与艾宾浩斯大相径庭，指出回忆的过程包含了重构的成分，是对记忆材料的一种建构；而在建构过程中，难免会发生一些改变、加工、简化甚至变形。但心理学界所谓"长时记忆"不过是指保持时间在1分钟以上的记忆，[①] 这与口述历史所要面对的长达70—80年之久的生命记忆能有多少共同之处，其中肯定会有疑问。上述两例，证明了科学研究不过是卡尔·波普尔所说（一切现有科学知识框架是科学家对自然世界的）"猜想与反驳"，至少在心理学领域，离终极真理尚有遥远距离。实际上，心理学为其"科学"头衔，不得不采取科学的实证研究方法，所得固然不少，所失也难以估量。虽也有社会心理学家重视"现场研究"，但那毕竟非心理学主流，且其中仍然问题多多。[②]

　　近年来，对于认知神经科学的研究彻底改变了对人类记忆本质的理解。心理学家证实，长期记忆由两个主要的系统构成，根据其功能和神经科学划分为陈述性记忆和非陈述性记忆。陈述性记忆包括情景记忆（指对以前事件具体细节的有意识回忆）和语义记忆（指对获得的有关知识的记忆，语义系统伴随抽象意识）。非陈述性记忆又称程序性记忆，包括启动、单向刺激—反映联结、技能（例如学会骑车便永不会忘，即属程序性记忆）。进而，神经科学法（neuroscience approach）、信息处理法（information-processing approach）、关系法（contextual approach）等重要研究方法，对与年龄有关的记忆衰退问题的研究，各有非常重要的贡献。这些研究表明，记忆衰退有生理性衰退与心理性衰退；而心理性衰退又有假性记忆衰退与实质性性记忆衰退。口述历史的工作对象，应该是陈述性记忆；挑战的目标，则应是老年人的心理性记忆衰退，尤其是假性记忆衰退；具体工作方法则是利用记忆的

---

① 有关艾宾浩斯、巴特雷特的实验与研究，参见边玉芳等编著《教育心理学》中的"遗忘的秘密——艾宾浩斯的记忆遗忘曲线实验"及"笔者们记住什么——巴特雷特的长时记忆存储实验"两章，浙江教育出版社2009年版，第49—53、58—62页。书中共介绍了10类有关记忆的实验研究。

② 有关现场研究，笔者因视野局限，很少看到这方面的材料。［美］J.L. 弗里德曼、D.O. 西尔斯、J.M. 卡尔史密斯的《社会心理学》（该书为高地、高佳等译，周先庚校，黑龙江人民出版社1985年版）中虽有提及，但只是笼而统之，语焉不详。

信息处理法和关系法。根据信息处理法，知道记忆的编码、储存、提取等方面都存在年龄差异，老年人存在编码衰退（encoding deficit）即有助于记忆的有组织的、详细的想象处理中的能力衰退，同时存在提取衰退（retrieval deficit）即较难发现可以帮助其找到已储存信息的策略。口述历史工作者可结合关系法，即通过理解记忆任务的特征和实施任务的人的特征之间的关系，通过影响记忆的特征如态度、兴趣、健康状况、智能和学习方式等测试具体情况，研究受访人的记忆编码模型、与他们一起探测其失落的编码，进而采用具体的刺激信号，帮助老人获得提取策略并找到已储存的信息。① 具体手段，最常用的当然还是合适的问题，诸如提出与之生平有关的日期、人物、地点、事件乃至技能咨询等方面具体的细节，这些"问题可能勾起深埋在心底的往事"；进而还有"用家庭照片、剪报、信件来唤醒原本已经遗忘的记忆，有些访谈者甚至还以嗅觉为试验，研究不同的味道所能诱发出的记忆"。②

老年人记忆衰退，似是不言而喻的常识，心理学实验也获得了诸多验证。但在笔者的口述历史工作实践中，这一常识及实验结论却不时受到挑战。就口述历史的生平讲述要求言，老年人记忆衰退并不是一个普遍的事实。在笔者的受访人中，就情景记忆及生平讲述的细节丰富性、编码系统性、提取速率、准确程度等方面说，富澜、于洋、赵素行、詹沙浪等记忆力具有超常水准，让年轻人汗颜；而徐虹、田云汗、张凤奎、徐庄、龚涟、伊明、张清、李少白、胡健、郑雪来、黄素影、奚姗姗、李洪琛、胡明、高汉、吴青、陈燕嬉等人的记忆力水准，与50岁乃至40岁人相比亦不遑多让。

---

① 这一段所涉及知识概念，参见 ［美］威廉·J.霍耶、保罗·A.路丁《成人发展与老龄化》第七章"记忆、注意和学习"，黄辛隐等译，吴晓园审校，凤凰出版传媒集团、江苏教育出版社 2008 年版，第 246—278 页。这部书在美国出到第五版，其学术参考价值自不待言。其中关于记忆及老年记忆特征的诸多知识与观点，如源记忆、闪光灯记忆和记忆恢复高潮、错误记忆、原始和隐性记忆、作为对象的记忆和作为工具的记忆、隐性记忆与年龄差异、注意研究等等，均值得口述历史工作者学习与参考。

② ［美］唐纳德·里奇：《大家来做口述历史》，第 92 页。

其他受访人的情况则各有不同。① 国外口述历史工作者也经常发现"老耄的受访者，当下会忘记自己亲手安排的这次访谈，然而谈起往事却如数家珍、有凭有据"的神奇事例。②

　　口述历史工作基于对人类记忆的发掘，记忆力衰退问题不是我们遇到的唯一问题，甚至不是最关键的难题。真正的难题在于记忆的类型分别及其准确性评估，例如"公众记忆"即关于过去的社会集体观念，包括象征符号和故事，它们帮助一个社会定义和解释现实条件下如何记忆过去。政治运动、集体学习、报纸广播电视等大众传媒都会影响乃至塑造公众记忆。又如"有组织的结构性遗忘"，如在德国和意大利的口述史家经常会遇到对"法西斯主义"和"犹太大屠杀"患有健忘症的情况。③ 集群心理及其集体无意识现象，在我们的工作中尤其值得注意。在集体政治化与组织化时代，"自觉的个性的消失，以及情感和思想转向一个不同的方向，是就要变成组织化群体的人所表现出的首要特征"④。在我们的口述历史实践中，不难发现，公众记忆、集体无意识仍以不同程度和不同表现形式存在。而程度与表现形式的差异，却正是口述历史工作所要面临的更大且更复杂的挑战。

---

① 迄今为止笔者采访的总人数为51人，其中包括孙师毅、钟惦棐、成荫、何非光、罗明佑、丽尼、郑学玄等已逝世电影人的亲属或后人共15人，年龄从50岁到80岁，但没有要求他们做生平讲述，只要求他们讲述与其亲人或父辈有关的内容，因而无法与其他受访人进行同样的记忆力评估。罗艺军、邵功游、邵功勋、戴桂媛、刘静贞、苏丽瑛、马玉印、刘作述、石梅音、吴永芬、王秀媛、张子芳、俞虹、申伸、杨静等15人，除申伸等少数几人的确存在明显的记忆力衰退情况外，其他人则需按照具体情况进行重新分类统计和分析。如罗艺军先生的情景记忆力虽不算好，但其语义记忆力却正常。其余人或因心理防御而非记忆损伤，或因健康原因，或因采访沟通不好，不能简单说是记忆力衰退。

② [美] 唐纳德·里奇：《大家来做口述历史》，第16—17页。

③ 关于"公众记忆"和"结构性遗忘"，参见 [美] 唐纳德·里奇《大家来做口述历史》第一章、第三章的有关部分，第22—23、98—99页。

④ [法] 古斯塔夫·勒庞：《乌合之众：大众心理研究》之"群体心理的一般特征"，冯克利译，中央编译出版社2005年版，第12页。书中许多观点都值得借鉴。如："从事实角度看，世上的一切伟人，一切宗教和帝国的建立者，一切信仰的使徒和杰出的政治家，甚至再说得平庸一点，一伙人里的小头目，都是不自觉的心理学家，他们对于群体性格有着出自本能但往往十分可靠的了解。"

二、多重自我与个性测评

口述历史／心灵考古不仅要面临未知的"潜在窗口"及心理性记忆衰退，尤其是假性记忆衰退的挑战，更要面临谁在说、是怎么说的、说了什么、是公众记忆还是个人记忆、是历史真实还是仅有心理真实等一系列问题。而针对这一系列问题，都要我们去寻找心理机制，进而建立有效的测评方法及其工作模型。所谓心灵考古，不仅针对记忆缺损、衰退、遗忘、压抑、潜在窗口进行考察测评工作，更要针对人格多重自我、个性开放程度、文化程度、教育背景、智能水平、健康状况、自尊与自知程度评估、心理防御机制、语言心理机制、肢体语言证据等一系列问题进行考察、测评、记录、阐释。

其中，"谁在说"的问题是首要问题。心理学家提出的多重自我理论，可为这一问题提供部分答案。美国心理学家威廉·詹姆斯在其名著《心理学原理》中首先提出自我的多重性构想，即将人类自我区分为两个方面：主动的自我（I）与客观的自我（me）；在客观的自我中又包含了经验的自我（empirical self）与纯粹的自我（pure ego）；而经验的自我则由物质的自我（material self）、社会的自我（social self）和精神的自我（spiritual self）这样三部分组成。此后百余年间，有关个性与自我的讨论一直是心理学，尤其是社会心理学中讨论的重要课题。其中最著名的如弗洛伊德提出本我、自我、超我理论构想。其他如"Westen（1985）则分辨文化熏陶所带给人的是一个理想的自我，是不自私的，是'道德的'。而个体在处理日常生活时，凭自身经验所体会出来的自我为'经验的'自我。这与 Strube（1990）所建立的'好的'及'真的'自我有相似之处。Jones 和 Gerard（1967）则叫那个经验自我为'现象的'自我（phenomenon self），它是指对自己的价值、态度、信念，它们之间关系，及它们与自己行为关系的认识。其他的学者，也有分辨'公我'及'私我'的（例如，Baumeister，1986）。而 Markus 和 Wurf（1987）则认为，个体对自己的信念是储存在一个大的资料库中，当他在面临一个具体情境时，依据其对当时情境的解释，以及其当时的动机及情感状态，只有一部分的有关自我的信念会被提取出来，形成一个叫'运作的'自我（working self）的东西。"① 上面所述，远不是心理学界对自我研究和命名的全部。这些说法足以证明，心理学家对自我的多重性与复杂性认识是一致的。

　　多重自我问题，在中国社会、文化、历史背景下，显得更加突出。一方面，是因为中国自古至今都强调"做人"。做人之说，原本应来自儒家礼教，指示一种诚心与修身目标，如克己复礼之类；但在实际运作中，"做人"常常容易失去目标，而变为一套简单世俗方法；最坏的情况甚至导致自我的内外不一致（最典型的表现是"见人说人话、见鬼说鬼话"现象，因而中国人常被指为虚伪）。另一方面，在改革开放之前的30年间，强调"思想改造"，每个人都面临强大的社会压力；严峻之际，几乎时时刻刻都要生活在别人（政治审查、社会监督）的目光之中。如此，"做（集团政治）人"变成了生命存在的唯一方式，结果是，或彻底失去自我，或是自我内外不一致达到矛盾张力的极限。经过近30年的改革开放，社会政治压力大大缓解；再经历20年左右的离退休自由生活，接受口述历史采访的老人们的个性得以解放并逐步回归自我常态。但，因每个人个性、意志、教育背景、智能状况、身心健康状况等各有不同，自我恢复情况也各不一样。古人说"唯大英雄能本色"，指自我表现无论有意无意都会表里如一或心口如一，这种状况比较罕见。我们的口述历史是真实的凡人事业，对多重自我及其矛盾现象必须有足够的意识和警惕。鉴于人的自我表现是一种动态系统，笔者试图在心理学研究成果中挑选出公我、私我、运作自我三个概念，组成一个简明扼要的工作说明模式。即每个人都有公我（理想自我）和私我（现实自我），不同的人在不同的情境之下的运作自我也各有不同。所谓不同，是指公我内化程度、公我表现程度及公我与私我的关系协调或张力程度差异。如：每个人

---

① （港）杨中芳：《如何理解中国人——文化与个人论文集》之"自笔者的多重性"，载"本土心理研究丛书之四"，（台湾）远流出版事业股份有限公司2001年版，第167页。

在公共会场、他人客厅、自家客厅、自己卧室等不同场合，自我表现的形式不同。

自我有可见部分与不可见部分，当然也就有可知与不可知、自知与不自知部分。根据可见及可知部分，人类早已学会用"个性"对人进行分辨或认知。个性在心理学中的界说是：一个人所具有的倾向性（兴趣爱好、需要动机、欲望理想）及其与他人之间在能力、气质、性格等方面的差异。荣格等人的个性理论，按个体的社交倾向（内向或外向）、知觉方式（领悟或直觉）、判断方式（思维或情感）和对外部关系的处理方式（判断或感知）区分人与人。后来心理学家如托普斯和克里斯特（Tupes，Christal，1961）在研究中发现 5 个相对稳定因素即"大 5 个性"，包括：外向交往程度、情绪稳定性、协同相容性、责任意识、经验类型等。①

口述历史工作者，有必要根据心理学的有关知识并结合其具体实践经验，建立一套口述历史合作者（受访人／陈述人）个性测评模式。这一测评模式中，应包括更多的项目。如：1. 职业身份；2. 受教育程度及受教方式；3. 自尊与自信程度；4. 精神生活状态；5. 身体健康状态；6. 社交倾向；7. 知觉方式与经验类型；8. 情感类型及情绪稳定性；9. 智力水准；10. 心理开放程度及协同相容性；11. 思考与对话能力；12. 记忆方式及水准，13. 语言表述方式与能力；14. 自知程度及运作自我类型……② 之所以要在个性测评模

---

① 这一段陈述，参见陈学军等编著《管理心理学》之"个性怎样影响我们的沟通——经验开放与沟通效果的实验研究"及"认知风格与数据查询能力——MBTI 与计算机检索能力的实验研究"两章，第 3—11 页。需要说明的是，对"大 5 个性"，心理学家有不尽相同的命名。上述概念，有笔者个人的理解和表述修订。《管理心理学》中的表述是：外向交往、情绪稳定、协同相容、责任意识和经验开放。其中，经验开放包括观念、幻想、行动等智力因子和美感、情感、价值等情绪因子。

② 这一测评模型不是为心理学研究目的，而是为（中国电影人）口述历史目的而设立的。上述测评项目列举分类，是根据笔者自己的实践经验和学习思考而得，尚未与笔者的同事或同行进行商讨，因而不是一个规范模型。上述诸项，自当接受理论逻辑合理性与具体工作实践的多重检验。在实际工作中，口述历史工作者可以根据自己的经验或思考列出自己的测评项目模型，大家相互交流、取长补短、集思广益，而后有望能够建立一个较好的稳定测评模式。

式中列入上述内容，是对我们所从事的中国电影人口述历史的具体实践经验的总结，也是从口述历史工程的现实要求出发。例如，将职业身份列入，是因为我们的采访对象大都是 80 岁以上的老人，毕生从事职业会对其个性产生影响。不同职业习惯作风会影响人的个性，官员惯说官话，演员记忆训练好、角色意识强，技术人员惯于精细准确，学术人员语义记忆优于情景记忆。将受教育程度及受教方式列入，除了已知的因不同程度的知识与技能训练会产生不同的人生视野和经验类型外，还要考虑受教方式中不仅有小、中、大学，还有速成教育、党校和各式各样干部短训班对人的世界观和人生观的影响。列入自尊与自信程度，是因为心理学研究发现，与高自尊者相比，低自尊者对于自己的特征更不确定，造成认知上的缺陷，从而对环境反馈更具敏感性。[①] 列入精神生活状态，是因为老年受访人的精神生活方式、精神活力及其具体精神状态会直接影响对口述历史工作的理解，并涉及具体的合作方式与工作效果。身体健康状态看起来似与个性无关，但却与口述历史工作直接相关；实际上身体的疾病如高血压、高血糖、心血管病乃至耳聋、视力衰退常见病等对人的心理与个性未必就没有影响。了解受访人的社交倾向，理由不必多说。了解对方的知觉方式及经验类型，即了解对方如何知觉把握经验与知识，才能针对其智力因子和情绪因子寻求正确有效的提问方式，提高合作效率。了解对方的情感类型及情绪稳定性，是因为情感是心理机制与活动的"燃料、原材料及其过程的最终结果"，[②] 情感类型及情绪稳定性是个性的重要基础。了解心理开放程度及协同相容性，才能确定合作的边界线应该如何划定，确定在实际合作中打开"约哈里窗口"中的私人窗口及潜在窗口的方式与时机。了解智力水准，可以应用并验证"汤宁

---

① 上述观点来自心理学家坎贝尔（1990）的发现。斯蒂尔（1988）的"自笔者确定理论"（self-affirmation theory）也证实：低自尊的人相信他们比高自尊的人更缺少积极品质，当他们遭遇失败并因此承受了更大的情绪压力时，他们没有能力去唤醒那些能够确定自我的认知资源。参见刘华《社会心理学》第四章"我们什么时候感到丢脸了——乔纳森·布朗等关于自我价值的实验"，第 40—55 页。

② ［美］乔恩·埃尔斯特：《心灵的炼金术：理性与情感》第 1 页"前言与致谢"，郭忠华、潘华凌译，中国人民大学出版社 2009 年版。

效应"。① 对思考与对话能力、记忆方式及水准、语言表述方式与能力的了解与评估重要性不言而喻，口述历史工作就是要根据不同情况，选择不同策略、制定不同方案。自知程度及运作自我类型，是要综合多因素，评估个性心理特征。

口述历史工作的真谛，最表面形式是访谈问答，深一层则是心灵会话，最深层次则需心灵考古。确知"谁在说"，并不是我们的工作目标，我们的目标是要引导对方勇敢、坦然、诚实、细致且自然地说出个人生平和社会经历、专业历练及心路历程。但，并不是每个受访人都能够做到勇敢，而勇敢者又未必知道如何坦然与诚实，进而诚实者又未必知道如何细致与自然。这些都需要采访人做大量细致艰辛的工作。让我们回到前面提及的"乔哈里窗口"，每一个窗口中都可能遭遇心理难题的挑战：在公开窗口内，个人信息很可能被公众记忆所改写，或本能的自我美化即"平均以上效应"；② 在私密窗口内，通常会遇到习惯性心理自我防御机制，或者是出自情感的隐瞒或掩饰，或者是出自智性的自我认知失调，结果导致心口不一；在盲目窗口内，采访人很可能会遭遇所得信息的变形或曲解，或会遭遇到受访人无知无畏的强烈抵抗；③ 在潜在窗口内，则有生理性的机能衰退、心理性遗忘、假性心理遗忘，或干脆不知从何说起。更重要的是，不同的人，自我认知的水平与习惯不同，其心灵窗口的大小、位置、途径、开启难度也不同。更不必说，每个人的注意力、兴奋点、思维和表达能力都不一样。面对这些情况，采访人的工作难度可想而知。

---

① "汤宁效应"是由心理学家汤宁（C.L. Downing）在关于感知智力的跨文化研究中发现并总结出来的，是指智商中等以下的人倾向于高估自己的智力，而那些智商高于中等水平的人则倾向于低估自己的智力。相应地，智商越低的人越不能正确评价和欣赏别人的能力，智商越高的人则能够很好地评价和欣赏别人的智力水平。参见刘华《社会心理学》，第16页。

② 平均以上效应，亦即"超平均水平效应"，或称"无比刚湖效应"，指人们倾向于高估自己的成绩、能力等。其实，人们更容易高估自己的道德水准和公众形象。

③ 有关隐瞒、掩饰、变形、曲解，可参 [美] 乔恩·埃尔斯特的《心灵的炼金术：理性与情感》；有关心理防御机制、认知失调及心口不一等，可参阅刘华《社会心理学》一书中所介绍的有关问题心理实验。

　　上述问题能够解决到什么程度，取决于采访人的工作态度和工作方法。采访人的首要任务，是与受访人建立合作伙伴关系，即要让对方交心，必先令其安心。下列信息须及早告诉对方：1. 您的记忆是历史的宝贵财富；2. 您的讲述是否发表、发表多少，由您自己决定（我们备有相关法律文书）；3. 无论受访人是否同意，有关于个人隐私、人际关系、政治观点等内容都不会公开发表；4. 为保护受访人，采访人及其助手都要签署保密协定，遵守职业道德；5. 西方心理医学中有"怀旧疗法"，口述历史具有心灵的"洗涤效应"。① 总之必须事先向受访人说清楚口述历史采访的价值、安全性、效用。至于采访人的工作方法，除做好先期功课即尽可能多熟悉受访人及其专业历史背景外，更重要的是要通过当面会话创造氛围、了解对方、寻求窗口、追踪信息。在会话 / 提问中，问题须由远而近、由一般到具体、由粗到细——细节提问不仅可以唤醒记忆，还可以突破心理防御，又可以检验真伪。在一定意义上说，细节决定采访质量、深浅，甚至成败。

三、心理工程及合作程序

　　对心灵考古说的最大质疑，是以为要把活着的人当成考古对象，不免会引起受访者的误解。实际上，在口述历史或心灵考古过程中，工作对象是受访人的生平记忆，工作方法是采访人的提问会话与受访人的陈述，受访人是采访者的合作者。在正式采访开始前，采访人是主导者，受访人是协作者；一旦开始正式采访，二者关系还会有一次重要的角色转换：受访人作为陈述者，变成工作主导；采访人此时则成为对话者，即（主动）协作者。可

---

① 关于怀旧疗法，参见［英］保尔·汤普生《过去的声音——口述史》："缅怀过去成为老人在变幻不定的世界里保持自我感受的一种重要方式，这种方式日益为研究老龄问题的专家所承认。更重要的是，怀旧可以被用来唤起极度陷入孤独和抑郁的人的精神，甚至可以作为治疗精神病和癫狂症的手段。"覃方明、渠东、张旅平译，辽宁教育出版社、牛津大学出版社 2000 年版，第 20 页。关于"洗涤效应"，［美］唐纳德·里奇《大家来做口述历史》第 99 页："某些受访者在面对深埋内心的痛苦记忆时，会发生'洗涤效应'（cathartic effect）。在这种案例里，访谈不仅仅是一种正确的记录，同时也是一种治疗了。"

借用英文单词来说明：he 或 she 是受访人即陈述人，是心灵考古 / 口述历史的合作者；his 或 her 个人历史记忆与反思及其个性心理表达，才是心灵考古 / 口述历史的对象。

美国著名社会心理学家理查德·尼斯贝特（R. Nisbett）等人于 1977 年进行了一个复杂的有关"自我关涉"（self referenced）性质的心理学实验，证实我们对自己的内在过程实际上知之甚少，同样地，别人对我们也并不真正了解——心理学家和有经验的智者自又当别论。① 在口述历史工作中，受访人对自己具有熟识的知识，而采访人具有专业的知识，两相结合并通过一定程序的对话交流，才能获得丰富且有效的有关历史信息。之所以要提出心灵考古概念，是要把问题推进一步，即要说明，为做好口述历史工作，采访人不仅要具备电影、历史方面的专业知识，同时还要具备必要的心理学方面的专业知识。因为口述历史从头到尾都是与人打交道（实际上是与人的心理打交道），始终在心理层面作业。也就是说，口述历史采访工作是一项复杂的心理工程。口述历史采访人须有足够的注意力、洞察力和思考能力，须随时观测和处理口述历史各个程序中存在的诸多心理课题。心理工程及心理课题，正是"心灵考古"这一构想的理论依据。

下面结合我们的中国电影人口述历史采访工作实际，对口述历史的心灵考古理论进行自我检测。在长期的工作中，我们摸索出一套口述历史的基本程序，具体包括：1. 选择对象及准备工作并开始联络（这道工序也可以分为几道小工序）；2. 定期预访；3. 写作访问提纲征求意见稿并与对方及时（或多次）交流；4. 正式采访（录像、录音）；5. 采访总结。② 以上每一程序，

---

① 有关尼斯贝特实验的详细设计、过程、原理及结果分析，见刘华《社会心理学》第一章"他人比我们更了解自己吗——尼斯贝特关于'方便理论'的实验"，第 1—12 页。

② 上面所列的五道程序，其实只是口述历史工作的前半段，即采访记录阶段。口述历史工作的真正完成，还需在采访完成后继续工作，包括校对、整理、阐释、编辑及多媒体出版与展示等程序。中国电影口述历史项目的特殊性在于，我们的首要目的是采集与收藏，供历史研究者使用，而不是自己开发利用。当然我们也会进行整理和出版工作，但那不是当务之急。所以，有关口述历史后半阶段工作的实践与理论问题，还有待于未来的经验总结。又，口述历史采访的准备工作，并非一个单独的程序，而是从选定受访人直到正式采访结束，全过程都需要采访人随时"做功课"，采访人需要不断研究采访对象。

都是心灵工作，需采访人专心工作，诚心交流，细心测评，用心勘探。

从采访人角度看，选择对象及准备工作的阶段，不仅要对受访人的年龄、职业及工作经历、身体与精神状况进行评估和选择，同时还要尽可能设法了解其个性、心理状态、合作的可能性，这就开始了对受访人的心理评估。首次联络的目的是确认对方同意接受口述历史采访，进而商定预访时间和地点，看似小节，但也不可轻忽。信息加工中及心理现象中都存在"首因效应"，即最初接触到的信息所形成的印象对人们以后的行为活动和评价产生重大影响。[①] 口述历史工作首次联络所造成的第一印象，会影响到受访人的合作意愿、态度、情绪乃至合作方式。我与受访人开始正式联络的方式，共有三种。一是让熟人引荐，他们事先电话征得受访人同意，我才进一步联络；有些人还带我上门，当面把我介绍给受访人；这一方式所占比例约为50%。[②] 二是请已经完成采访的受访人引荐，比例约占35%。[③] 三是直接联络，前提是对方认识我并了解我，如罗艺军、于洋、张凤奎、马玉印先生等，我直接联系的不过寥寥数人，占全部受访人比例约为15%。这三种（初次）联络方式相比较，是受访人的引荐最好，请人引荐效果次之。因为受访人的推介，不仅介绍口述历史采访的事由和意义，还介绍采访人及其工作态度和工作方法，让新的受访人更容易认同，从而有利于工作开展。

对受访人进行预访是一道非常重要的程序。缺乏经验的采访人通常并不真正了解预访的重要意义，以为对受访人进行预访仅仅是要向对方说明自己的工作方式与工作程序，进而详细了解受访的生活经历及其工作事业的历

---

① 参见边玉芳等编著《教育心理学》第295—298页，"人际互动中的'首因效应'——洛钦斯的'第一印象'效应实验"。

② 除上篇论文提及的崔冀中、王天竞及老干部处诸同事等当过笔者的引荐人外，方桂琴、刘桂清、彭坤、张建勇等都曾帮助笔者联络受访人，介绍笔者和笔者的工作；崔冀中、姜蕾、朱天纬、张震钦、饶曙光等则不仅电话引荐，且还抽出时间亲自将笔者带到受访人面前。在此谨对这些同事表示衷心感谢！

③ 例如笔者采访的罗艺军先生将笔者引荐给张清老师，张清老师又将笔者引荐给李洪琛、石梅音老师；田云汗先生将笔者引荐给赵素行先生；李少白先生将笔者引荐给俞虹老师……在此感谢这些前辈的帮助！

史，记录一些线索并提出一些问题——这些在电话、电子邮件中就可以完成。实际上，预访还有两个更重要的任务或目标。一方面，是要借此机会对受访人的个性特征及心灵状况进行现场了解和测评；另一方面，也让受访人了解采访人，增进相互了解，获得对方信任与认同，奠定合作基础。因此，预访面谈不可省略。心理学中将交往者之间的关系距离分为亲密的距离、私人的距离、社会的距离和公众的距离。① 按采访实践中，采访人与受访人的最佳关系距离，应在公众距离与私人距离的边界线附近。因为，若采访人彬彬有礼地保持公众距离，公事公办，则受访人很难对他人吐露心曲，口述历史也就达不到应有的热度和深度；而若初次见面即想贸然闯过私人距离的黄线，一是非常难能，二是容易使采访人的对话与评判身份及其客观性受到削弱。要建立并保持良好的合作关系，采访人必须迅速找到公众距离与私人距离的交界处，既要作为采访人与对方交流受访人的法律权利及采访人的道德义务、交流合作方式及工作期待与要求，保持公众关系距离；又要作为晚辈与受访前辈自然地交流思想感情，确保能够审视或触及老人的私人边界，尽快接近受访人的私密窗口，以便共同探索其记忆的潜在窗口信息。这种关系的建立，当然不能莽撞行事，须意识到，对象是 80 岁以上的老人，饱经沧桑，几乎无人没有伤痛，有些甚至伤痕累累，他们的记忆力、智力、心态、勇气、生活观念和状态都不一样，需要尊重与敬意，更需诚心和关怀。采访人不仅要准时到达、衣着得体、态度诚恳、举止大方、言语亲切、礼貌周到，还要不带助手、不录音、更不摄像，以便预访现场呈现"半公半私"氛围。②

下一程序是写作采访提纲的征求意见稿。提纲由特殊问题系列和普通问

---

① 有关个人和文化空间及交往距离，参见 [苏] B.B. 波果斯洛夫斯基等《普通心理学》第八章"交际、言语及个性的言语特点"及译者注释，人民教育出版社 1979 年版，第 132—134 页。

② 半公半私氛围，符合中国社会及中国人文化心理特点，这也正是将合作关系建立在公众距离与私人距离的交界处的主要依据。至于预访时是否要录音，有不同看法。有人建议在预访时最好是悄悄打开录音机，以防遗漏某些重要信息，这当然不无道理。但笔者仍认为，为了确保"半公半私"合作关系的建立，即使是遗漏一些信息也是值得的，因为在后面的访谈中会因关系融洽而获得更多信息。

题系列组成，特殊问题系列是专门针对具体采访对象的专业经历及实际生平提出的，是由预访所得信息、有关文献资料信息、对受访人的个性心理测评综合而成；普通问题系列是针对所有采访对象的问题模型，包括社会生活经历与记忆、个人生活与心灵信息两个部分。问题模型的产生，是中国电影人口述历史工作的一个重要成就，使得我们的采访更具科学性，且更有利于口述历史的比较研究及后期开发利用。① 提纲写作，还有几个值得注意的问题。首先是提纲开头要以书信形式，礼貌地问候受访人，并对其毕生工作的重要意义进行简要评价，说明其个人口述的不可替代的历史价值，不能让采访提纲呈现纯粹公文的形式，而应继续保持半公文半私信形式。其次，每一份提纲征求意见稿中都要声明：1.其中若有任何不便、不想回答的问题，可拒绝回答；2.若有任何错误信息，请悉心指教，（采访人）将随时改正；3.若有任何重要问题没有涉及，请随时提出、随时补充；4.若觉问题顺序不符合回忆思路，可按照本人回忆及表述习惯进行调整。这样声明不仅尊重受访人，也是对未来的（合作）工作方法和程序进行沟通探索。又次，一定要注意，提纲中的提问模式，要依据预访中对受访人的了解和测评，不能随意照抄模型问题，以防出现刺激性的问题会无意间挫伤受访人的自尊或热情，甚至引发其心灵伤痛。在我的采访中，就曾出现过普通问题如"请谈谈你的家庭……"而引起受访人的伤感和焦虑的例子。② 最后，一定要诚意虚心地征求对方意见，在正式采访之前，要不断沟通，随时准备修订问题及提问方式，尽可能使采访提纲得到完善，最重要的是要让对方感到体贴周到且方便可行。

如前所说，正式采访开始，采访人与受访人需同时进行角色转换。此

---

① 我们的口述历史问题模型是在采访过程中逐渐摸索成熟起来的。笔者在访谈提纲中积累了一些"常规问题"，并建议后来参加口述历史工作的边静博士也采用这一模式；边静觉得这一模式值得推广，希望笔者将这些常规问题转发给所有参与口述历史的同事。后来，李镇在此基础上扩充发展，拟成《口述历史常规提问200问》，使得这一问题模型更加细致成熟。可参见李镇《与电影史对话——"中国电影人·口述历史工程"》，[美] 罗伯特·C.艾伦、道格拉斯·戈梅里《电影史：理论与实践》（插图修订版），李迅译，世界图书出版公司2010年版，第369—379页。

② 笔者在《中国电影人口述历史：实践与理论》一文中提及邵功勋老人的例子。

时的受访人转成陈述者，是口述历史的主角；而采访人则要转成倾听者、提示者、会话人，即口述历史的配角。在正式采访中，最好是让受访陈述人自由地、自然地叙说，而采访人此时应是一个好的倾听者。一般情况下，不宜打断陈述，除非我们确知陈述者的思维和记忆失去条理，才可做适当、温和而尽可能不露痕迹的提示，将话题引到焦点上来。经验表明，"一个好的口述历史，不论计划的目标是什么，总是会预留空间让受访者说出心里的话，而不是想办法把受访者的问答挤进预设的问题和思考模式里"①。为确保陈述人的回忆和讲述顺利进行，会话人从态度到声调均要注意适度，尤须抑制乃至彻底消解强势企图或权威姿态。会话人若过于强势，或导向过多，或插话过密，轻则会因为打断陈述人的讲述而破坏其情绪、阻遏记忆的流动，进而会招致陈述人的反感及不自觉的情绪抵触；重则会因"较积极活跃的访谈者会把个人的文化主张和政治观点穿插到访谈里，以至于扭曲了访谈的本质"②；或因为会话暗示及权威效应而使得陈述人不知不觉地失去主动性，从而改变陈述方向与陈述方式，使口述历史的可信度大大减少③。当然这并不是说让会话人完全放弃提示与会话的职责，而专事倾听。在实际采访中会遇到各种各样的人、各种各样的情境，会话人必须相机行事：对弱势陈述人要进行有效提示，而对强势陈述人则需要以会话进行话题方向的调整。倾听、提示、会话（语气或方式），要根据实际情境而定。

采访总结是口述历史前期工作的最后一道工序。我们的工作规范是，

---

① ［美］唐纳德·里奇：《大家来做口述历史》，第 18 页。

② 这是"杜克大学口述历史计划"共同督导人劳伦斯·古德温的警告。古德温并不主张访谈人中立被动，但对过于积极的主导也心存警惕。见［美］唐纳德·里奇《大家来做口述历史》第 13 页。

③ 中外心理学家做过许多实验，证实权威暗示及权威效应的存在。由于受安全心理的作用，人们总是倾向于正确信息，并通常把权威看成是真理的代表，对他们产生一种内在服从心理。与权威相一致可能是安全的。参见陈学军等编著《管理心理学》中"暗示改变着人的行为——权威暗示、群体暗示和判断行为的实验研究"一章，第 74—78 页。在口述历史采访中，采访人的"权威性"不言自明，由采访人操控的采访现场也很容易变成暗示情境，对一些容易接受心理暗示的受访人来说，采访人的过度主导就会变成一种权威暗示。不恰当的主导随时有可能变成对受访人的"诱导"。这样，口述历史的真实性就会受到更多质疑。

在完成一个采访之后，采访人必须写出总结即《采访手记》，要有常规项目诸如采访时间、地点、频率、时间长度、协作者姓名，还要有对受访人介绍评估，及对采访工作的思考总结。此外，我们还有一个规定，即采访录音整理稿中必须有细致的"会话提要"。此因采访现场会话，并非全按《采访提纲》顺序问答，而是灵活多样，既有陈述人的临时发挥，也有采访人的及时追问。会话提要能真实记录正式采访现场会话的多变性、丰富性和灵活性，与《采访提纲》两相比较，才能真正反映口述历史工作动态变化的全面情形。这对未来的研究工作将起到非常重要的作用，从中可以窥见口述历史工作的秘密与真相。

结语：口述历史与"知心"人

口述历史工作是从人的心灵记忆中勘探发掘历史的信息，这要求我们懂得心理学的知识及心理探寻的有关知识和方法。诸如：1. 记忆不是全息照相，而是心灵建构。2. 回忆是过去记忆的重构。3. 陈述则是对回忆的再重构。口述历史的采访，将面临受访人的至少三次主观（有意无意的）选择。4. 口述历史只能提供陈述人对专业和社会历史的感知和见证。5. 陈述人对个人的专业、社会和心灵经历的回顾和总结。6. 受访人的陈述具有各自不同特点，并受到其不同立场、身份、个性、心理品质的影响……所有这一切，全都与人的心灵有关。须做"知心"人，才知如何提问、如何工作、如何通过口述考古重建历史。

精神分析大师威尔弗雷德·比昂提出"终极现实、感知现实、心理现实"的区别，我们可以借鉴这三个概念，进而借鉴其一些有效方法。[①] 其他

① [美] Joan & Neville Symington：《思想等待思想者：比昂的临床思想》，苏晓波译，中国轻工业出版社 2008 年版，第 253 页："有三个轴心贯穿比昂的思想。它们是终极现实、感知现实、心理现实的区别和一个人得到知识的方式。"比昂的许多思想观念和方法都值得口述历史工作者参考借鉴，例如他认为终极现实是不可触及的，并以"0"为其表达符号，说"了解'0'的唯一途径，就是成为它"，这只能依靠人的直觉能力。此外，比昂也很重视将心比心，反对概念理论先入为主或生搬硬套。

可分享的经验是：第一，可从人本主义心理学中学习和借鉴一些重要的观念和方法，例如"有经验的个人位于注意力的中心而理论解释与外显行为均在其次"①。第二，是须学习并领悟"方法论个人主义"并以此作为了解人与认识人的研究出发点，因为个人是人类社会的细胞，因而当是一切社会科学的基础。切记"个人生活就是真实的历史经验载体"②。第三，是须淡化"规律"观念，学习寻找"机制"（mechanism）研究方法，寻找"那些经常发生和容易指认的因果模式，这种模式通常由我们没有认识到的条件或不确定的结果所引发"③。第四，我们一定要了解，心理学研究的现有成果，不能且不可能完全解决口述历史中存在的问题。进而，口述历史工作者不可不假思索地盲目信从心理学的实验与结论。古人"尽信书不如无书"之说，即道破天机。在口述历史工作中，学习心理学的专业知识固然重要，而从前人经验与常识中获得智慧与灵感也同样重要，甚至更重要。胡适之"科学的法则只是把常识上的法则纪律化而已"④，可谓见道者言。心理学的大部分实验假设，也是建立在经验与常识的基础之上，即以实验论证经验与常识的准确性。中国古人讲究知人论世，在知人即知心方面的经验与常识非常丰富，大可作为口述历史/心灵考古工作的重要资源。最后，更重要的是，口述历史工作者必须有自觉的心灵考古意识，把口述历史工作当作心灵考古的现场，要想重

---

① ［德］赫尔穆特·E.吕克：《心理学史》，吕娜、王文君、李秀青、翔西译，学林出版社2009年版，第203页。人本主义的研究法则有4条，上引是其中的第一条。其余3条是：把重点放在人类特有的一些特征上；在选择研究课题和研究方法时，注重考虑对个人和社会的意义；心理学主要应关心和重视人的尊严和价值，并关心每一个人先天潜能的发展。该书称人本主义心理学派与精神分析学派和行为组会议学派分道扬镳，形成心理学的第三势力或第三思潮。

② ［英］保尔·汤普逊：《过去的声音——口述史》，第290页。

③ ［美］乔恩·埃尔斯特：《心灵的炼金术：理性与情感》第1页，该书第一章"机制的诉求"详细解释了"机制"及"机制研究"的观点与方法。在作者看来，机制有两个反义词，其一是黑箱，其二是科学规律。作者并非反对科学规律，而是承认人类的知识有限，所探索到的因果关系不能覆盖一切即不能成为规律。这一点对个性测评工作具有重要启示作用。

④ 胡适：《胡适口述自传》，安徽教育出版社1999年版，第111页。

建过去的信息，必须首先对人的心灵现场有充分的了解。个性心理勘探和记忆信息发掘，贯穿于口述历史工作的每一环节。

[作者按：本文系国家社会科学基金艺术学项目——"中国电影口述历史研究"（批准号 09BC031）阶段性成果。发表于《当代电影》2010 年第 7 期。]

史学之谜：真实性、口述历史与人①

摘要： 口述历史的真实性问题，一直是一个问题。这一问题有多种表象，可在心理—社会—时间的多维结构中找出不同原因，口述历史工作者须针对这些表象与原因找出相应的矫正方法或补救措施。但，口述历史涉及个人记忆及对历史的反思与评价，必然会出现信息的虚实、正误交融现象。口述历史的最大弱点和困难源自个人口述，而口述历史的最大优势也正在于此。口述历史不仅提供客观事实，还能提供个性化及多样化的主观信息和心理真实，若善加利用，便能让后人能够窥见历史的堂奥，从而接近并揭示史学之谜。

关键词： 真实性　史学之谜　罗生门效应　主观信息　心理真实　人文维度

口述历史的真实性与可靠性，一直是一个问题。如法国历史学家马克·布洛克所说："就算最无知的警察也知道，不该尽信证人所说的话。同样的，人们也早已铭记在心，不能盲目接受所有的历史证据。"② 由于口述历史是要由受访人口述，很容易让人想到黑泽明电影《罗生门》，对共同参与或见证的一件事，每个人都有一套不同陈述。极端的说法也许是："即使说

①　本文系国家社会科学基金艺术学项目——"中国电影口述历史研究"（批准号09BC031）阶段性成果。

②　这是法国历史学家马克·布洛克（Marc Bloch）的话，转引自 [美] 唐纳德·里奇《大家来做口述历史》，王芝芝、姚力译，当代中国出版社 2006 年版，第 10 页。

故事的人再诚实也无法提供真实的东西……为了使我们可以接受，记忆都得经过整理选择；这种过程在最诚实无欺的作者身上，在无意识的层面进行，把真实的经验用现成的套语、既有的成见加以取代。"① 因此，主流历史学家对口述历史或根本不予采信，或即使采信也要有诸多疑惑与背书。眼下情况稍有好转，但问题仍然存在。

真实性与可靠性问题，对于口述历史工作者同样是一个重要的问题；因为它与我们的工作目标、工作方法、工作信念密切相关。口述历史工作者所要面对的问题包括：不真实与不可靠的陈述是由哪些原因造成的？口述历史工作中应该如何面对、如何处置？不真实或不可靠的陈述对口述历史而言是否会有别种意义或价值？我们应该如何理解并加以运用？口述历史中出现的"罗生门效应"对历史学的观念和方法会产生哪些影响？对此应有怎样的理解？

本文将依据笔者从事口述历史工作的经验，参照口述历史前辈同行的理论研究，对上述诸问题进行尽可能深入和系统的讨论。

——

口述历史能够给后人提供许多宝贵的真实信息，但由于记忆、陈述、个性与心理等各方面的原因，口述历史中也会存在一些不准确、不可靠甚或不真实的信息。这成了许多历史学家及一些具有历史知识的人拒绝采用乃至不相信口述历史的一个重要原因。历史学界通常更愿意相信和接受书面材料：书信、日记、公开出版的自传、报刊报道、公共档案、公共统计数据等。真实性是历史学建构的目标和依据，历史和历史学需要真实信息。在历史学领域，要求并质询材料及来源的真实性当然是天经地义。

但，历史出乎人为，凡人为之物总难免有这样或那样的差错或谬误。

---

① ［法］克洛德·列维－斯特劳斯：《忧郁的热带》，王志明译，中国人民大学出版社 2009
　　年版，第 32 页。

历史的见证与记录也是，历史资料如书信、日记、自传、报刊报道、公共档案、统计数据等也是。其中日记、书信、自传都是个人记录，与口述历史的个人陈述一样，难免会受到个人的立场与视野限制、偏见、个性及当时情绪的影响，从而会包含一部分不准确、不可靠或不真实的信息。思想家托克维尔甚至说："凡是当朋友的面对他所作的描述或当众为自己所作的描述都是虚伪的。只有不是为让他人观看而自制的肖像才是真实的。"① 再看公共信息：墓志铭是作为史料刻在石头上，但有时难免有"谀墓"之风；族谱和方志，或因"家丑不可外扬"，或因"面子问题重大"而出现故意隐瞒或故意夸大甚至故意发挥编造等信息差误；我们的报纸上，曾经发表过许多"亩产量过万斤"的报道，甚至还有现场图片，但最终被证明不过是弄虚作假；公共统计数据方面，有时因虚夸政绩等多种原因而使数据不实；档案方面，也会因政治、经济或其他的原因而出现差误。

对上述种种现象，历史学家早就有过深入研讨。如英国的保尔·汤普逊、美国的唐纳德·里奇等，在其有关口述历史的著作中都有专门的举证和讨论。保尔·汤普逊总结说："简而言之，社会统计资料并不比报纸报道、私人信件或者出版的自传更多地代表绝对真实。像记录下来的访谈资料一样，它们要么从个人的立场要么从集合体的立场，全部代表着对事实的社会感知；并且此外全都服从于获得它们的情境的社会压力。就这些形式的证据来说，我们所接受到的东西是社会意义，并且正是它必须予以评介。"② 唐纳德·里奇的结论是："口述历史和其他学科的研究资料一样，有可信的，也有不可信的。没有任何一种资料是绝对可以信赖的，任何资料都需要用其他资料加以比对。"③

很显然，没有理由因为口述历史存在某种程度的不准确、不可靠或不真实而对口述历史整体及其价值加以轻忽或拒绝。司马迁的《史记·高祖

① 《托克维尔回忆录》第一章，董果良译，商务印书馆 2004 年版，第 27 页，注释 2。
② [英] 保尔·汤普逊：《过去的声音——口述史》，覃方明、渠东、张旅平译，辽宁教育出版社、牛津大学出版社 2000 年版，第 131 页。
③ [美] 唐纳德·里奇：《大家来做口述历史》，第 10 页。

本纪》中有"其先刘媪尝息大泽之陂，梦与神遇。是时雷电晦冥，太公往视，则见蛟龙于其上。已而有身，遂产高祖"①。以今人的眼光看，说汉高祖刘邦是其母与蛟龙交配的产物，显然荒唐。但若以此原因而否定《史记》作为"史家之绝唱，无韵之离骚"（鲁迅语）的开拓性宝贵价值，那就更加荒唐了。

　　真正值得且必须探讨的问题，首先应该是：在口述历史中存在哪些不准确、不可靠、不真实的信息？产生这些不真实信息的主要原因有哪些？

　　在《中国电影人口述历史：实践与理论》一文中，笔者曾谈及过与受访人心理及记忆相关的一些常见现象。②有关历史信息的不准确、不可靠或不真实的问题，仅仅从心理与记忆角度是不能列举完全的，从心理—社会—时间等多种不同维度及其关联结构中，肯定要比单纯的心理维度观察和表述得更加丰富和周全。从他人的总结研究和笔者实践工作经验看，影响口述历史准确性及真实性的主要因素应包括下列几个方面。

　　首先当然是来自心理记忆方面的问题。一方面是人的记忆力的衰退。中国电影人口述历史的采访对象是老年人，老年人的记忆力衰退是我们经常要面对的问题。尤其是，老年人对往事中的诸如事件的日期、地点、参与事件的人物等具体细节的记忆和表述会经常出错，有时候会遗漏，而有时候则会不自觉地进行记忆错误的自我复制；另一方面，是记忆方式的不同，对记忆与陈述也会产生很大的影响。长于逻辑记忆的人常常会在一些具体细节的记忆方面出现错记、漏记、记忆扭曲等情况；而长于形象记忆的人则又可能因为缺乏大局观或整体感而致对事件的背景、整体性及其评价产生这样或那样的错漏。

　　其次，"罗生门现象"或"罗生门效应"：就像黑泽明的电影《罗生门》中所揭示的那样。一方面，是因为"不是每一个人都能清楚地全盘掌握所发

---

① 《史记》第2册卷8，中华书局1982年版，第341页。

② 陈墨：《中国电影人口述历史：实践与理论》，《当代电影》2010年第3期。其中涉及下列心理现象：1.记忆衰退与遗忘现象；2.选择性遗忘、伤痛与隐私的自我保护；3.选择性记忆、记忆被改写与不自觉的套话；4.不知从何说起。

生的事，了解其意义所在，并且有足够的认知，愿意担负起责任来"；另一方面，"受访者都是从自己的立场出发，很少有两个人会讲出完全一模一样的故事。"① 进而，在罗生门现象中，还有第三种因素，那就是人的自我利益及自我形象保护的本能。人们都喜欢回忆和讲述自己"过五关斩六将"的光荣历程，而没有多少人敢于或愿意经常面对"败走麦城"的不幸或不光彩的历史。这不仅有"选择性记忆"的问题，同时也有"选择性陈述"的问题，即不是不记得，只是不愿说。如此，在拼凑故事情节和历史图景的时候，就会出现这样或那样的信息缺损和信息扭曲。在笔者的采访经历中，还曾遇到第四种情况，那就是若共同参与其事的人群中有陈述者的矛盾对象（对手或对头），则通常很难在当事人的陈述中听到对彼人及其此事的客观公正的信息。极端的情况是"凡是敌人反对的，我们就要拥护；凡是敌人拥护的，我们就要反对"；即便是非极端的一般情况，也会出现由个人的情绪好恶决定回忆与陈述方向现象。遗憾的是，为了保护个人隐私，不能举真人真事为例。

第三，公共形象定位及不自觉的表演。人是社会生物，每个人都生活在社会群体中，都有自己的社会角色及对此角色的自我意识。在通常的情况下，人们在公共场合的表现要比在私密空间的表现更为优异，古人说君子慎独，即深谙其中三昧。尤其是在录音机和摄像机前，有些人很难做到本色真实，因而或多或少都会有按照某种公共角色的剧本和台词进行陈述表演的情况。进而，"人们越习惯于呈现出一种专业的公共形象，他们的个人回忆就越不可能是坦率的；因此政治家是特别困难的见证人。那些通过阅读已经固定了的一种惯于过去的观点的人也是如此，他们职业地宣传这一种观点——像历史学家和教师。他们可能是最有洞察力的信息来源，同时也可能是最为误导的信息来源。"② 在笔者的受访人中，有一部分是官员，其中就有些属于特别困难的见证人；有一部分是名人（包括名导演、名演员），对社会公共

---

① ［美］唐纳德·里奇：《大家来做口述历史》，第 18 页。
② ［英］保尔·汤普逊：《过去的声音——口述史》，第 157 页。

生活的剧本、角色及属于自己的台词烂熟于心，有时候很难分辨自我与角色的差异；即使有一部分属于默默无闻的电影工作者，也并非不可能出现按照某种无形剧本进行模仿表演的情况。当然，并非所有的人都是如此，并非所有的退休官员始终保持官腔，并非所有的演员或导演都会在回忆与陈述时表演做戏，更非所有的普通电影工作者都会掩盖自我本色。实际上，在口述历史过程中，也有许多相反的例子，即通过对过去生活的深入回忆和详细陈述，而找到自我回归之路，并由此重新界定自我，重新设计其未来生活。

第四，公众记忆及后见之明对个人记忆的影响与修订。"公众记忆指的是关于过去的社会集体观念。公众记忆包括象征符号和故事，他们帮助一个社区定义或解释在现实条件下如何记忆（或想要记住）过去。"① 这种状况，在一贯崇尚集体主义和爱国主义的中国社会中相当普遍。在笔者的采访过程中，经常会遇到这样的情况，笔者问及受访人的某一段历史经历时，不时会得到耳熟能详的回答。仔细一想，这些回答多来自诸如《中共中央关于建国以来若干问题的决议》等重要文件。进而，"人们惯于重新评估或解释自己过去所做的决定和行为。就像历史学者采用新材料、配合新理论，重新撰写历史一样；人们也会援用'后见之明'，赋予过去种种一层新的意义。"② 在我们的生活中，小部分人的后见之明来自个人的独立思考，大部分人则来自社会意识形态新观点及舆论新导向。也即，社会环境及社会舆论能够影响甚至塑造人们的个人记忆。许多个人的往事陈述，甚至会受到其主人公新近看到的一个会议文件、一篇文章、一本书、一则新闻消息、一部电影或电视剧的主题观念的影响，从而对其记忆进行不自觉的修订。这些受访人不见得是要故意扭曲信息，更不是要故意欺骗，只是因为"政治正确"的要求早已深入骨髓，因而用其以为"正确"的观点来牵引乃至取代真实的个人生活与生命记忆，从而让人哭笑不得。

第五，口述历史信息的丰富性与真实性取决于回忆，但人类的回

---

① ［美］唐纳德·里奇：《大家来做口述历史》，第22页。

② ［美］唐纳德·里奇：《大家来做口述历史》，第18页。

忆随着时间的延展，存在一种奇特现象即"回想增长律"（law of raising recollections），例如"口述史家访谈老年人有关他们的少年往事时，人们会因为不满现状而美化过去。又如劫后余生的人因为大难不死而觉得以往的艰苦岁月并不坏"①。又如："政治史学者发现政治家离开政坛越久，一般人对他的评价也就越高。"产生回想增长律的原因，不过是因为时间、心理的双重距离极容易产生审美冲动，以至于"那过去了的一切，都会变成亲切的怀念"（普希金语）。极端的情况如德国新纳粹，由于受到极端民族主义意识形态的影响蛊惑，而对当年作乱世界、罪恶滔天的希特勒及其法西斯统治顶礼膜拜。在我们的采访活动中，当然没有那么极端的情况出现。回想增长律的影响不但存在，有时还是很明显。也许是对过去的回忆很容易点燃青春峥嵘的激情，也许是沧桑岁月抹平了坎坷磨难的伤口，也许还有其他尚未知晓的原因，使得一些人的回忆与陈述如同抒情诗篇。即便曾遭受过后人难以想象的创痛，也很容易地在诸如"娘打孩子"等善意理论构想的安抚下忘却挨打的疼痛羞辱，而沉浸在母爱无边的温馨畅抒中，分不清是记忆还是想象。进而，回想增长律不仅是针对他人，更容易针对自己，往昔的光荣很容易被回想激情而充气膨胀，而过去的经历或经验则被时间岁月淘洗净化，个人故事变成高纯度的美感传奇。

第六，作为一项活动，在不同的环境背景、不同的心境及语境下，采访、回忆、对话、陈述，每次都会有所不同。正如行家所说，"回忆是一个动态的过程。巴特利特也许有些夸张地写道：'在一个环境经常变化的世界中，文字的回忆是非常不重要的。回忆就像是需要技巧的比赛中的一次击球，每一次我们做出了它，它都有着它自身的特征。'"②此说看起来有些不可思议，却并非没有道理。口述历史采访及其回忆与陈述活动虽然不至于像打棒球那样难以预测，但不同的采访人面对不同的采访对象，同一采访对象在不同的身体、心理条件下所能做出的回忆显然会有所不同。即使是一段早

---

① ［美］唐纳德·里奇：《大家来做口述历史》，第 20、21 页。
② ［英］保尔·汤普逊：《过去的声音——口述史》，第 140 页。

已滚瓜烂熟的台词，一个话剧演员在不同的舞台及观众面前的表演，也会有所不同。更何况口述历史所要探索的个人回忆不仅针对其烂熟于心的一般生平，还要针对并非熟悉而需进行考古勘探的"约哈里窗口"。① 不仅在不同的环境和氛围中受访人回忆内容的多少、深浅会有所不同，且在不同的提问及对话语境中其回忆的方向及事实要点也会有所不同，在不同心理情绪背景之下对自我认知与往事陈述甚至会大相径庭。对于这种情况，口述历史工作者一定要有所知觉、有所认识。

除上述种种情况，或许还有其他的原因，会影响到口述历史的客观性与真实性。对于那些目前尚无察觉的情况及其原因，口述历史工作者须保持清醒的警觉，以便能够及时注意到新的情况，并研究其形成的原因。

二

接下来要讨论的问题是：口述历史工作者有无可能针对这些情况采取相应对策，以便尽可能地减少差误？我们能够采取的有效对策或措施具体有哪些？

首先，是要做好"笨功夫"，即查阅有关史料，熟悉受访人所经历的时代、社会及一些重要事件的历史背景与相关细节。张学良将军请口述历史专家唐德刚做口述传记，唐先生受命后的第一件事就是"去台北'国立中央图书馆'，把该馆所藏有关张氏早年的书籍、档案、新闻纪录和单篇文章，编了个参考书目，再根据其中要件仔细清查"②。唐先生是历史学教授，又是哥伦比亚大学口述历史项目的执行者，他的做法，可为典范。当然，我们的中国电影人口述历史项目与唐先生从事的工作有所不同，第一是我们所采访的对象，并非全都是历史上的大人物，而是以普通人物为多，因而在图书馆等

---

① 关于"约哈里窗口"理论，请参阅陈墨《心灵考古：口述历史的方法与模式探索》，《当代电影》2010 年第 7 期。

② ［美］唐德刚：《张学良自述的是是非非（代序）》，张学良口述、唐德刚撰写《张学良口述历史》，中国档案出版社 2007 年版，第 15 页。

部门很难查找到有关这些人物的资料。第二是我们的口述历史采访工作不可能像哥伦比亚大学早期计划那样花好几年时间去完成对一个人物的采访及资料整理工作，而是每人每年要做十几个人、几十个人的正式采访。如此，我们的资料查证工作的目标及方法等就只能做相应的调整，一是受访人的主要生平信息资料只能在预访中获取，二是查找资料并写出采访提纲的征求意见稿及正式采访的时间要尽可能紧凑。尽管如此，对一些重要的历史事件，我们仍然要尽可能地查找资料信息，有备而来，以便在受访人遗忘、错记或一时想不起某些人或事的信息及相关细节时，能够及时做出准确的提示，以便采访工作能够顺利进行，同时能够留下比较可靠的历史信息。从对受访人的预访中获取对方的生平信息，虽然有种种局限，但也有一个好处，那就是我们在预访过程中能够相互了解、对受访人的个性等做出评估，从而能够更好地展开采访工作，并对采访工作中出现的错谬情况有所预警或注释。

进而，针对口述历史陈述中的"罗生门现象"，最好的对策就是让"众声喧哗"，亦即进行单位团体集中采访。我们在采访工作开始之前，诸位采访人就一起商讨过，尽可能地采取"分片承包"的办法，即一个采访人具体负责对一个或多个单位中的采访对象进行采访。例如，笔者就把采访的重点放在中国电影资料馆、中国电影发行放映公司、中国电影器材公司、北京科教电影制片厂、中国电影出版社外国电影编辑室（及其前身）等单位。①这样做的好处非常明显，即 1. 对需要采访的单位的历史进行专门修学之后，可以适用于同一单位的许多人。2. 对同一单位的人采访得越多，就会越了解这个单位的历史沿革、人事变动情况及其具体人事关系。3. 在进行先期采访准备和实习之后，对其中的"罗生门现象"就或多或少地有了分辨能力，甚至预判直觉，从而能够采取一些必要的措施与对策。此外，笔者和同事还曾

①　需要说明的是，我们的分工并不是绝对固定不变的。实际上，有时候也会出现相互交叉的情况，例如，边静博士也采访了中国电影发行放映公司的许多人，而笔者除上述单位外，也采访了北京电影制片厂、北京电影学院的许多前辈。这样做，可以避免先入为主、固执成见，有利于采访人之间相互交流。

认真设想和探讨过，进行"实验性团体采访"，即将当年属同一团体的老人请到一起，进行大会、小会、五人组、三人组、二人组及单独等多种形式的采访。这种形式，除了能够让老人们相互激发回忆的热情、相互比对校正对细节的记忆之外，还有一个重要的作用即能够仔细观察并深入探讨"罗生门现象"。之所以称为"实验性采访"，是希望能够在口述历史采访同时，还能够对采访实践本身加以社会科学、人文科学的实验研究。遗憾的是，这一计划至今仍未正式开始。①

　　进而，针对社会角色固化、公众记忆及回想增长律等现象，比较有效的对策是增强对话密度，尤其是增加细节话题。这也正是口述历史的最大优势所在，即可以用当面对话及探询的方式挑战社会角色固化、质疑公众历史记忆。这样做有一个基本前提，那就是相信我们的受访人不会故意捏造事实、编造谎言进行欺骗性陈述。口述历史并非法庭审讯，也不是什么专案调查，而只是两相情愿地合作探讨并记录当事人的历史记忆。在每一次预访及采访提纲征求意见稿中写给受访人的信中，笔者都会重复申明受访人的权利，其中重要的一条就是"提纲中凡是您不便或不愿回答的问题，您都可以不予回答"。到目前为止，笔者虽多次遇到不予回答的情况，甚至遭遇过多人多次拒绝接受采访，但却从未遇到过一个受访人有意欺骗。在采访中，当然会出现记忆与陈述的公式化、概念化，这种情况是基于普遍性的人性弱点及公众社会心理。对此，大而化之的对话非但不能解决问题，反而会巩固其公式与概念。但社会心理及其公众记忆的所有公式与概念，常常都经不住细节的质询，例如对衣食住行、人际关系、工作环境及工作细节方面的直接提问。具体说，与其问一个电影摄制组的政治环境如何，不如问这个摄制组每天什么时候开会、会议由谁主持、会议的话题是什么。与其问一个人对大跃进的记忆或观感，不如问在1958年是否将家里的铁器拿去炼钢、这一年他

---

① 笔者曾分别与吴迪、皇甫宜川、黎煜等同事进行过这方面的探讨、策划和设计，并拟对华北电影队、中电三厂、陕西省第一个女子放映队等团体的老人们进行实验性团队采访。之所以至今未能正式开始，部分原因是经费没有到位，另一大原因则是人员调配方面的问题。无论如何，笔者认为值得一试。

或她在家里住了多长时间、与家人写信或对话的话题是什么。与其问一个人对某件事的看法如何，不如问那件事有哪些人参与、事件发生时他本人当时在何处、事件处理过程中有哪些细节引起了他的注意，等等。任何角色固化、公众记忆、回想增长律的"剧本"都不会如此细致，不会涉及真正的细节层面，因此，细节的提问和讨论会很自然地将受访人的回忆和陈述带到真实的历史现场。细节的问题，一部分需在采访提纲中呈现出来，更多的部分则需在实际采访过程中详细追问。

进而，针对社会角色心理固化等情况，还有一个可取的方法，那就是对具体的受访人进行专门的个案研究，并制定采访提纲及采访会话的特殊对策。当然，富有口述历史采访经验的人，对每一个具体的采访对象都会这样做。原因是受访人的个性与习惯各有不同，必须进行准确的心理、个性评估，确定采访会话方式，再开始正式访谈。在实际工作中，总是有一些情况更为特殊，笔者对台湾大导演李行先生的采访就是一例。虽然李导慷慨答允接受采访，但笔者仍面临重重困难，一是以前与他不熟且没有充足时间预访。二是作为导演，接受采访是他的家常便饭；他甚至早已多次接受过口述历史采访，如林黛嫚的《李行的本事》就是口述历史采访的成果，而台湾电影资料馆的林盈志亦为他做过 20 多个小时的口述历史采访。三是李导虽然慈祥仁厚，但个性强势因而惯于主导局面，性情率直且弄不好会发火骂人。针对这些情况，不能不作认真的思考抉择，并构想特殊的采访预案。在对李导进行正式采访之初，笔者陈述三点企盼：一是原谅笔者对民国历史、台湾电影的知识积累不够；二是允许笔者提出任何"傻问题"（他可以回答、也可以不回答）；三是他若生气时可以发火、可以骂人（笔者），但不能拂袖而去。这几条，承蒙李导俯允。采访开始后，照采访提纲，询问了关于其父涵静老人（李玉阶）及"天帝教"的问题，李导滔滔不绝。其间，笔者插入了采访提纲中没有列出的具体问题，如：小时候挨打的经历与记忆、与父亲最亲密的身体接触、小时候最不愿告人的秘密或焦虑是什么，等等，使得口述历史在我问、他答的张力中顺利进行。第一次采访延续 6 小时之久，应该说是比较成功。①

　　进而，针对前述种种情况，还有一个可取的方法，那就是重复提问、重复对话及必要时的重复采访。在口述历史过程中出现不准确、不可靠、不真实信息，不一定是由一种原因造成，有时有多种原因，有时甚至原因不明。但不论何种情况及何种原因，大多能在有意识的重复提问及重复对话中得到暴露和修正。实际上，这一方法，并非来自笔者的主观构想，而是来自认真负责的受访人的言行启示。在口述历史采访工作中，笔者就曾多次遇到受访人对前次采访的某个问题或某几个问题进行"重述"的情况。其中最典型的例子，莫过于北京电影制片厂著名录音师陈燕嬉老师的口述过程：我们共进行 11 次、33 小时的访谈，除第一次外，后面的采访几乎每次开头都要花 15—30 分钟时间，对前次陈述进行部分重述修订，从而最大限度减少了错漏或差误。② 若受访人没有意识到自己陈述的信息有一些差误，而采访人心中存疑，最好的办法就是当场或在下次采访时进行重复提问并进行重复对话。所谓重复提问，并不是将同一个问题以同一种方式重复抛出，而是需要变换角度、变化形式对存疑的问题进行提问探讨，以便受访人进行有效的反

———————

① 在对李导进行正式采访之前，笔者没有时间进行预备采访。根据资料做出的采访提纲征求意见稿则曾修订过好几次。林黛嫚的《李行的本事》一书由台湾三民书局股份有限公司于 2009 年 2 月出版。林盈志的采访录像及录音，由台湾电影资料馆收藏。李行导演发火，笔者曾多次耳闻，且曾现场目睹二次。笔者于 2010 年 5 月 30 日在台北李行工作室对李导进行了 6 小时的采访。"约法"中的所谓"傻问题"是指一些当代人看起来似乎非常简单、但后来人不见得懂得的问题。笔者认为，在口述历史中，有一些基本问题，即使看起来很傻，也不能不问。实际上，有些基础性的问题能让受访人的回忆之门洞开。笔者在采访中向李行导演提出的那些问题，主旨在探询其性格形成的家庭环境成因。林盈志先生事后告诉笔者，他及台湾访谈人多"不敢问"这类问题。第一次访谈能够顺利进行，首先要感谢李导的宽宏大量与积极配合。访谈仍未结束，何时继续，需看李导的时间安排。采访得到了台湾电影资料馆李天礢馆长、林盈志先生及中国电影资料馆张建勇副馆长等多人的帮助和支持，在此表示感谢！

② 笔者从 2009 年 10 月 22 日至 11 月 20 日对陈燕嬉老师进行口述历史正式采访，王家祥担任摄像、录音。其时陈老师已 86 岁高龄，记忆力稍有减退，但她老人家极其认真负责、精益求精、务求准确无误，因而每次采访结束之后，她总要对当日的采访内容进行反思、查证，若发现其中有某些信息不准确，就要求在下次采访时予以纠正和说明。这一习惯，体现了老人家一生的工作作风，让笔者深受感动，获益良多。

思和重述。由于记忆的"动态特性",受到不同角度与形式的提问刺激,受访人的回忆和陈述都会有新鲜的收获。以此类推,由不同的采访人对同一采访对象进行重复采访,也应该会有某种效益。只是,这一形式目前还只是实验性计划构想,虽曾一度投入实施,但中途夭折。[①]

　　进而,还有一种不是办法的办法,那就是"存疑标识"或"存疑标签"的使用。尽管有上述种种对策与措施,受访人的回忆与陈述中出现不可靠、不真实或不准确信息的情况仍然在所难免。这有几个原因,首先当然是受访人的记忆有误、而采访人由于知识有限而没有察觉。其次是对某些错漏或谬误不能现场察觉,虽有存疑,但一时不知道到何处查证,或由于采访时间表的紧凑而无法抽出大量时间进行资料查证工作。再次,还有一种更无奈的情况,那就是受访人有时候会过分相信自己的记忆并固执己见;即使采访人察觉到其中的错漏或谬误,并且也或多或少已经掌握了一些依据,但仍然无法在采访现场说服胸有成见的受访人。原因很简单,采访人与受访人是合作关系,可以提问、对话、讨论甚至质询,但总不便将采访的讨论升级为论辩乃至争吵。尤其是,我们的采访对象是 80 岁乃至更加高龄的长辈,有些前辈还有高血压、心血管病等疾患,无论是礼节规范还是从关注老人身心健康愉悦的义务要求,采访人都必须小心翼翼,不可激怒对方。遇到需要质询乃至需要争辩的时候,采访人当然要尽可能试探对方可以容忍的论辩底线,但一旦接近这一底线,虽问题仍然不能解决,但采访人也必须迅速鸣金收兵,转换话题。对这类情况,即发现对方陈述与回忆有明显问题或严重疑虑,不能论辩而又不能无动于衷,笔者的建议是"插入存疑标识"。具体做法很简单,一是反复提问同一个问题;二是适当举出反证;三是适当提高自己的音量;四是——在上述三者都无效时——沉默15或20秒,故意间隔。这些"反常"

---

① 笔者曾与吴迪研究员商讨过"实验性重复采访"的有关问题,得到他的理解和支持,拟由笔者对他曾采访过的一个受访人进行重复采访。计划开始,当然也得到了受访人的同意,但当笔者将重复采访的提纲征求意见稿送达后,受访人对诸多问题心存疑虑,拒绝重复采访。实验虽然中途夭折,但笔者得到了教训,算起来仍是大有收获。这首先要感谢吴迪研究员的宽宏大度,同时也要感谢受访人给笔者上的这一课。

的举动，如同人为的标签，以期能引起使用录像、录音资料者注意。

进而，对口述历史采访中出现的错漏、谬误或其他形式的不可靠或不真实信息，还有最后一道关卡，那就是——针对公开发表的部分——有整理人的校正、编辑注释、采访人手记说明。历史学家唐德刚教授为哥伦比亚大学口述历史项目"中国口述历史学部"所做的工作，堪称史实求证严格精细的典范。如《李宗仁回忆录》的具体做法，是"最初我把他老人家十余小时的聊天记录，沙里淘金地'滤'成几页有条理的笔记。然后再用可靠的史籍、档案和当时的报章杂志的记载——那时尚没有《民国大事日志》一类的可靠的'工具书'——考据出确信不疑的历史背景；再用烘云托月的办法，把他'口述'的精彩而无误的部分烘托出来，写成一段信史"①。中国电影人口述历史计划虽然不能也不可能做到如此严格，我们对原始史料与公开历史文献的区别还是有清醒的认识。我们的口述历史的工作目标虽然主要是搜集历史信息作为原始史料档案保存，为了服务社会公众、促进电影史学繁荣发展，也会征得受访人同意后整理出部分访谈在《当代电影》《电影文学》等杂志上发表，进而会结集出版口述历史丛书。我们的具体做法是，先由整理人将可以公开发表的部分整理成文字稿，删除在口述历史陈述中常见的赘词、重复，修订某些不规则的口语表达方式，对其中的一些存疑部分做出详细的标示，向受访人不断求证。进而，我们也接受受访人对整理文字稿进行修订，有的受访人甚至对其中的一些重要段落进行了重新书写。② 为了尽可能减少公开发表部分的错谬或不实信息，我们的口述历史丛书不仅要求附录中发表采访人的"采访手记"，进而还要求采访人或丛书主编对其中某些特

---

① ［美］唐德刚：《撰写〈李宗仁回忆录〉的沧桑》，李宗仁口述、唐德刚撰写《李宗仁回忆录》下册，广西师范大学出版社 2005 年版，第 822 页。

② 关于整理人对口述历史录音进行整理的规则，曾有一段摸索过程，开始时我们要求文字稿绝对忠于录音，一字不差地记录整理。因《当代电影》主编张建勇先生提出"抗议"，要求公开发表的整理稿必须文通字顺、简明流畅，我们才改变操作规则，允许公开发表文稿与录音原始整理稿有所不同。于是有两个概念，一是原始史料，另一是公开发表的文章。进而，受访人的修订标准也就逐渐放松。好在，中国电影人口述历史的录像、录音及根据录音整理的原始史料仍以本来面目保存在中国电影资料馆中。

殊知识或存疑问题做出注释说明，以资读者参考。

三

有关历史事实的信息当然要尽可能追求准确、客观且真实。但历史事件及故事的准确、客观与真实，只不过是史学建构中的一个基本层面，而非它的全部。历史事件与故事的深处，是人的活动、思维及其表述。史学不仅要有客观真实的维度，也应该有人类主体及其主观心理的维度。从而在口述历史中，对那些不可避免的不太准确、不太客观、不大真实的信息，就不能、也不该一律排斥。

口述史家保尔·汤普逊说："正如每个有经验的口述史家所知道的，说因为这样或那样的目的，从这个或者那个个人那里获得的口述史资料可靠或者不可靠，真实或者虚假的简单断言和反驳模糊了真正有趣的问题。记忆的特性给粗心大意的人带来了许多陷阱，这经常可以解释那些对口述资料来源所知不多的人们的玩世不恭。但是这些资料也给准备欣赏这一复杂性的历史学家带来了意想不到的报答，由于这一复杂性，现实和神话，'客观'和'主观'，在人类对于世界的全部感觉——不论是个体的还是集体的——中不可分离地混合起来。"[1] 这表明，在口述历史中，"罗生门现象"及"罗生门效应"并不总是消极的，换一种眼光看，它具有另一层次的重大意义和价值。历史信息之外，还有受访人的主观信息与心理真实。因此，真实性、准确性、客观性并非口述历史唯一的追求目标和评价标准。口述史家要面对并处置更为复杂的史学资料信息，建构起更为宽广且更有深度的史学体系。"以这样一种眼光去看，就像波特利所说的，'不存在"假的"口头资料来源。一旦我们以所有已经确立的历史语言学批判标准——这些标准应用于每一种文献——来检查这些来源的实际可信性，那么口述史的歧义就基于这一事实："不真实"的陈述仍然是心理上"真实"的，并且这些以前的"谬

---

[1]　[英] 保尔·汤普逊：《过去的声音——口述史》，第 165—166 页。

误"有时比实际准确的描述揭示出更多的东西……口述资料来源的可信性是一种不同的可信性……口头见证的重要性经常并不基于它对事实的依附，而是基于它与事实的分歧，在这里，想象、象征、欲望破门而入。'简而言之，历史学不仅是有关事件，或者结构，或者行为模式的，而是有关这些东西如何被经历和在想象中如何被记住的。而历史学的一个组成部分，人民想象发生的东西，也是他们相信可能已经发生的东西——他们对于一个可供选择的过去，也是对于一个可供选择的现在的想象——可能与实际发生的东西同样至关重要。集体记忆的建立可能导致凭它本身的资料就具有巨大威力的历史力量。"①

在笔者的口述历史采访中，有许多例子可以说明上述观点。例如，围绕"丽尼与《中国电影发展史》"这一专题，许多受访人、当事者、批评家展开了一场"罗生门式"回忆、陈述与论争。事情的远因，是郑雪来先生在《电影艺术》2005 年第 3 期上发表一篇题为《丽尼，不应被遗忘》的文章，其中提及这本书的责任编辑曾给笔者看过他修改后的一些稿子，笔者看到上面净是他用红笔"他在审阅外国电影史论书籍译稿之余，还修改了《中国电影发展史》的著作稿。改过的文句，有的稿纸上可说是'满篇红'……据那位责任编辑说，他把原稿中那些'左'的东西作了不少改动，增添了不少重要的论述，更不用说他以优美的笔调为这本史书增光添彩了"②。事情的近因，是笔者于 2008 年 4 月 8 日至 5 月 6 日采访中国电影出版社原副总编辑徐虹老师，部分内容被整理成《徐虹访谈录》发表于《当代电影》2008 年

---

① ［英］保尔·汤普逊：《过去的声音——口述史》，第 170—171 页。

② 郑雪来：《丽尼，不该被遗忘》，收入郭梅尼编《忆丽尼》一书，第 84—92 页，引文见 87—88 页，人民文学出版社 2006 年版。丽尼，本名郭安仁（1909—1968），曾用笔名立尼，翻译家、散文家，湖北孝感人。20 世纪 30 年代中期步入文坛，译著有《贵族之家》《前夜》，散文集有《黄昏之献》《鹰之歌》《白夜》，曾任国民党军事机关翻译与文案工作，少将军衔，为共产党传递过极其重要的军事情报。新中国成立后曾任武汉大学教授、中南人民艺术出版社副社长兼总编辑，1957 年至 1964 年担任中国电影出版社外国电影编译室副主任，担任过《中国电影发展史》的责任编辑或责任审校（该书的署名责任编辑是杨志清，已去世），1964 年调至暨南大学任外国文学教授，"文革"中被迫害致死，1978 年暨南大学为其彻底平反昭雪。上述情况，均可参见《忆丽尼》一书。

第 7 期，其中有一段关于重版《中国电影发展史》，谈及丽尼，徐虹老师以郑雪来的文章为证，认为"《中国电影发展史》整个是他终审和修改的，他是最后的审读人，在《中国电影发展史》上费了很大力气"①。这一说引起了一些当事者、知情人的反响和讨论，笔者接着采访了文章作者郑雪来、《中国电影发展史》撰稿人之一李少白、责任校对胡明、丽尼的女儿郭梅尼等，并将"丽尼与《中国电影发展史》"作为口述历史访谈的重要话题之一。其中《郑雪来访谈录》和《李少白访谈录》已经发表。在访谈录发表前，李少白先生已就此问题另有专文发表；继而，《中国电影发展史》主编程季华先生接受刘小磊专访，就这部书事发表答客问；理论家罗艺军先生也发表专文参与讨论；继而郑雪来、郭梅尼老师又再次发表文章，分别对李少白、程先生的文章与答客问中的部分问题进行争辩与讨论。② 一时间众声喧哗，十分热闹。这些文章或口述访谈的相同点是：1. 大家或多或少都承认丽尼曾为《中国电影发展史》做过大量编审工作，并提出过不少有价值的修订意见或建议；2. 没有人否认，丽尼的贡献应被铭记，当年没有署名，且在很长一段时间内少有人提及，殊为遗憾。而对此事的绝对真相，即丽尼究竟为《中国电影发展史》做出过多大贡献？他修改过多少篇幅？写过多少（审校、修改）字数？提供过哪些修订意见或建议？则因当年的校样全部毁于"文革"期间，失去了确切物证，从而不可能有统一认识。进而，关于丽尼当年为何

---

① 徐虹口述、陈墨采访、檀秋文整理：《徐虹访谈录》，《当代电影》2008 年第 7 期。

② 《郑雪来访谈录》，载《当代电影》2009 年第 9 期；《李少白访谈录》，载《当代电影》2009 年第 10 期；胡明、郭梅尼的访谈录像、录音尚未整理发表，现存中国电影资料馆；李少白《关于〈中国电影发展史〉的一件事实》，载《电影艺术》2009 年第 2 期；程季华《病中答客问——有关〈中国电影发展史〉及其他》，由刘小磊采访并整理，载《电影艺术》2009 年第 5 期；罗艺军《一部书的是非和两个人的遭遇》，载《电影艺术》2009 年第 5 期；郑雪来《再谈丽尼修改〈中国电影发展史〉问题——兼答〈关于中国电影史的一件事实〉一文》，载《电影评介》2009 年第 12 期；郭梅尼《对程季华〈病中答客问〉中关于郭安仁部分的几点纠正与澄清》，载《电影艺术》2010 年第 1 期；罗艺军文章标题所说"两个人的遭遇"，一个人是丽尼，另一个人是王越，他为《中国电影发展史》资料搜集、查证、辨析、采访做出过重要贡献，同样不可磨灭。程季华在《病中答客问》中，对他的事迹也有所陈述。

没有在这部书上署名、后来 40 年间为何少有人提及丽尼的贡献，也只能听一些人陈述、一些人质疑、一些人猜测、一些人感叹，大家各执一词。在这里，笔者不想（实在也是不能）讨论各家之说的是非虚实，因为没有确切物证，仅靠逻辑分析或文章考据不可能恢复历史真相。但，这一场讨论仍然意义重大。这不仅是因为讨论让大家更多了解丽尼其人及其对《中国电影发展史》所做出的贡献，并为他的贡献找到若干碎片、能够完成一个历史拼图的大致轮廓；更因为这一观点差异、证据参差、论说纷纭的讨论中所呈现出的"罗生门效应"，能够让我们获得这些当事人、知情人及陈述者、写作者、论辩者的主观信息及其心理真实。笔者不认为有任何一个人故意编造事实或隐瞒真相、有意谎言骗人，只是由于不同的身份、立场、个性、价值观念、情感态度、记忆能力、陈述方式而使得他们以不同的方式和语调来讲述同一个"历史故事"的不同版本。这一众说纷纭的回忆、陈述、讨论与论辩中，显示了真正的历史之谜或史学之谜：历史不仅是由纯客观的事实组成，且包含主观性的记忆，及深浅不同的透视与评论。即我们"所记住的过去的历史价值基于三种力量。第一，正如我们已经表明的，它能够并且确实提供了来自过去的有意义的、并且有时独一无二的信息。第二，它同样能够传达个人和集体的意识，这恰恰是过去的重要组成部分。更有甚者，口头资料来源的活人属性赋予它们以独一无二的第三种力量。因为回顾的反思性洞察力绝不总是一个缺点。"①

有关丽尼的这一场讨论纷争，一方面是未能完整复制历史现场，亦未能让历史真相彻底显露，殊为遗憾；另一方面却又远远超出了"丽尼与《中国电影发展史》"这一主题，而是对丽尼其人、中国社会、当年历史、政治环境、学术规范、公共记忆及个人良知等进行了多主题、多角度、多声部的探讨。进而，若我们能够读书知人或能听话辨音，就不难从这些不同观点及不同角度的陈述、讨论、回忆、争辩中，看出不同人物个性及其身份立场如何影响或制约他们的回忆及言表。最后，也是最重要的一点，所有这些人的

---

① ［英］保尔·汤普逊：《过去的声音——口述史》，第 182 页。

言表纷争，本身就是活的历史。

从这一角度看，唐德刚先生的做法及哥伦比亚大学的标准（至少是早期标准）就有讨论的余地了。唐先生明明知道对话比讲课更有价值，"主要原因是'对话录'所记的往往都是些脱口而出的老实话，不像那些三思而后言的'讲学'、'说教'等的官腔官调也"。但他参与《胡适口述自传》工作时，"对各项问题的讨论，以及笔者访问胡氏时的问难与感想，均为正式录音记录所未收"，且"其他的例子还多着呢。可惜当时我未留意把它们全部记下来；以后大半也都忘记了"。① 好在他还在自己的笔记里记下了若干，再加上自己对胡氏观感和思考，作为注释写入《胡适口述自传》中，使得这部书呈现出生动人气。真正严重的是，为了观点正确及史实无误，唐先生对李宗仁的口述大加删改，即"他所说的大事，凡是与史实不符的地方，我就全给他'箍'掉了。再就可靠的史料，改写而补充之。最初我'箍'得太多了，他老人家多少有点怏怏然"。在文字上当然也是如此："……例如李氏专喜用'几希'二字，但是他老人家一辈子也未把这个词用对过，那我就非改不可了。"② 以至于我们在《李宗仁回忆录》中很少能够看到李宗仁在认知社会现实、谈论世界局势时所表现出来的个人思想与情绪特征，看不到他的认知和陈述中究竟有哪些不正确、不客观的个人信息，以至于我们很难判断这部《李宗仁回忆录》究竟有多少属于李宗仁、有多少属于唐德刚。少了李宗仁乱用"几希"的口语特点，也就少了这个历史人物的真实生命气息。从《胡适口述自传》《李宗仁回忆录》《张学良口述历史》等书的体例看，哥伦比亚大学口述历史项目的早期规范，是要求采访人与受访人成为不分彼此而浑然一体的口述历史共同作者。在这些口述历史的名著中，只看到受访人的长篇历史记忆陈述，看不到采访人的提问，也看不到受访人对一些具体问题有怎样的个性化的回应。③

---

① ［美］唐德刚：《胡适口述自传·写在书前的译后感》及《编译说明》，《胡适口述自传》，安徽教育出版社 1999 年版，第 7、12 页。

② ［美］唐德刚：《撰写〈李宗仁回忆录〉的沧桑》，《李宗仁回忆录》下册，第 822、825 页。

③ 唐德刚先生在口述历史领域中的筚路蓝缕之功不可没，他对胡适、李宗仁、顾维钧、张

　　这样的体例和规范，会带来下列问题。首先，口述历史的最终成果采取受访人直接长篇陈述的方式，而不采用采访人的提问、陈述人回答及其互动形式，不是一种活的口述历史形式，甚至也不能算是一种真的口述历史形式。这是因为，我们在这样的文本中无法看到采访人是如何工作的，也看不到采访人究竟做过哪些工作。从唐德刚先生的工作自述中看，他曾与受访人一起列出口述提纲、曾专门列出历史著作参考书目、曾一一查证核实受访人口述中所涉及的史实资料，更重要的是，他还曾修改受访人陈述的观点、语意、语句、字词。但，他究竟做了多少？哪些是他做的，哪些是受访人说的？除了当事人，谁也不清楚。其次，这样的做法固然能够提供一种准确率非常高的历史资料，但这样做有其重大缺陷，即把口述历史的受访人当作了历史信息的工具，而在有意无意中忽视和压抑了受访人的主体性。经过采访人的反复查证核实，受访人口述历史信息的正确率或准确性固然大大提高，但却也因此而无法看到受访人的真面目——其主观信息及心理真实。例如，就算李宗仁的一些观点或记忆有错，一些用词不当，但这些错误或不当都属于真实的李宗仁，甚至可能是李宗仁所特有；若将所有诸如此类的错谬或不当全部删除改正，我们又如何能感受并阅读真实的李宗仁呢？最后，口述历史并非"过去的声音"，而是采访过程中出现的（关于过去的）现在的声音；口述历史不仅关涉过去的历史信息，这一活动本身就是历史的正在进行时。在这一正在进行时的历史活动中，采访人与受访人固然需要密切合作，但作为提问者与陈述者之不同角色及其不同的工作目标与方式，应有明确的区分和记录，以便未来的历史学家识别、认知和评估。在这一意义上说，口述历史中出现的主观信息错谬、缺陷或扭曲，因其真实而具可贵价值；不恰当地改正或抹杀错谬信息，有时反而会让历史的深度真相变得模糊。

　　学良等人的口述历史采访，值得后人永远铭记。至于其观念、方法和技术上有这样或那样的问题或不足，也应该放到当时的历史情境中去加以讨论认知。这里举例分析的要点，并非批评唐德刚，而是对哥伦比亚大学口述历史记录、整理和出版的早期工作观念、方法、规章进行讨论研究，并吸取前辈的经验教训。

四

总之，客观真实性固然重要，主观信息及心理真实同样弥足珍贵从而不可忽视。历史是人类、环境、时间的复杂互动，千万种变量都可能影响其函数关系，乱象或规律、偶然或必然，不过是知识不足或数据不全的猜想与反驳。口述历史中的客观性、主观性与反思功能，若能集腋成裘，当能有助于揭示历史或史学之谜。其中要点，在于对人（尤其是个人）的重视与认知，建立史学的人文维度。仅仅懂得事实而不懂得人类心性及个体因素，恐难称真正优秀的历史学家。

口述历史的最大弱点或困难源自个人口述，而口述历史的最大优势也正在于此。口述历史不仅提供客观事实，还能提供个性化及多样化的主观信息和心理真实，若善加利用，便能让后人能够窥见历史的堂奥。只要我们能不断改进并完善历史观念及史学方法，就能够不断接近并揭露真正的史学之谜。"与此同时，口述史也表现出了某种潜在的趋向，趋向于更个人化、社会化和民主化的历史。"①

[作者按：本文系国家社会科学基金艺术学项目——"中国电影口述历史研究"（批准号 09BC031）阶段性成果，发表于《当代电影》2011 年第 3 期。]

---

① ［英］保尔·汤普逊：《过去的声音——口述史》，第 326 页。

再论口述历史与心灵考古

摘要：说口述历史是新史料，甚或新史学，都不错，也非全对。口述历史是对个人记忆的采访记录和开发利用，问口述历史"是"什么？不如问：个人记忆中"有"什么、采访人要"采"什么、受访人"说"什么。个人记忆里有生命知觉、成长经验、文化习得、专业知识和社会生活的百科全书，其中有史料或史学资讯，还有丰富的人文和社会科学信息资源。只不过，个人记忆的百科全书，通常是无分卷，无章节，无编目，内容混沌模糊，信息真伪难辨，且多断简残篇，加之口述人由于社会压力、文化禁忌、隐私顾虑、知识局限、叙事习惯等多种原因，或不说，或少说，或敷衍了事，甚至言不由衷，采访及其所得，都需做心灵考古研究。心灵考古需要心理学、传播学、语言学、叙事学、历史学、社会学、人类学及生理学知识技能，并回馈诸学科以丰富数据和信息，增进人性理解和人学（science of men）知识。口述历史之心灵考古，有巨大的探索空间。

关键词：口述历史　个体记忆　心灵考古　史料与史学　社会科学资源　人性拼图　人的科学　人类个体记忆库

几年前，笔者曾发表《心灵考古：口述历史的方法与模式探索》一文，从方法和程序角度讨论口述历史工作，即讨论采访人"如何做心灵考古"①。那篇文章中，没讨论"考什么古"，没回答"如何理解口述史的性质和意义"问题。

此次再论口述历史与心灵考古，原因之一，是日前有一家专业报纸记者就口述历史问题作采访，提出的第一个问题是：有些学者认为口述史是史料，也有学者认为口述史是史学，目前学界对口述史的性质尚无广泛的共识，您是如何理解口述史的性质和意义的？口述历史的性质和意义问题，确实值得一问。但这位记者的提问，似乎已经认定，口述历史要么是史料、要么是史学，未免限制了对"口述历史是什么"问题作更加深广的自由思考。另一个原因是，由于经常要面对有关口述历史的意义和价值、真实性和可靠性等提问质询，让笔者不得不对心灵考古问题作反复思考，久之，有些许心得，于是再作此论，以就教于方家。

一

口述历史是什么？说它可作史料，自然没有错。个人口述历史不仅能弥补官方档案和公共文献的空白，且"其他的史料都只能提供历史上的'人'（Who）、'事'（What）、'时'（When）、'地'（Where），但口述历史访谈却能在'为何'（Why）和'如何'（How）上提供更为丰富的见解和内涵"①。美国哥伦比亚大学口述历史研究室选择历史要人和社会名流作为口述历史采访对象，如聘请唐德刚先生采访胡适、李宗仁、顾维钧和张学良，就是基于这一信念。台湾"中央研究院"近代史研究所开展口述历史工作，继承了哥伦比亚大学的信念和方法。中国大陆口述历史先行者，如北京社科院

---

① 陈墨：《心灵考古：口述历史的方法与模式探索》，原载《当代电影》2010年第7期。全文收入启之主编《倾听心灵：中国电影人口述研究论文集》，三联书店2014年版，第21—45页。这篇文章分为三节：一是"心灵窗口与记忆之谜"；二是"多重自我与个性测评"；三是"心理工程及合作程序"。结语说，口述历史工作者必须懂得受访讲述人的心理，并与之在心理层面进行有效合作。

① [美] 唐纳德·里奇：《大家来做口述历史》，王芝芝、姚力译，当代中国出版社2006年版，第31页。

的钟少华先生等，也是这个路子。张锦总结说："我们可以视现代口述历史实践为一种有历史学家参加的档案运动。"①

说它是历史学的一个分支，也有理由。其一，现代口述历史主要是由一些具有学术远见历史学家开创的，例如哥伦比亚大学口述历史研究室，例如台湾"中央研究院"近代历史研究所口述历史项目，唐德刚教授和他的老师郭廷以教授，就是历史学家兼口述历史的开创者，口述历史人永远也不该忘记这些历史学界前辈的开创之功。其二，多数口述历史人继承了口述史学是历史学分支这个传统，继续在历史学的地盘上建设口述历史大厦，以历史学观念和方法营养着口述历史。国内的一些口述历史专家，就笔者所知，如钟少华、定宜庄、刘晓萌、左玉河、钱茂伟、杨祥银、王宇英等等，都具有历史学专业背景，这些历史学家对中国口述历史访谈和口述历史研究做出了贡献。其三，说口述历史是历史学的一个分支，有一个明显的好处，那就是无须再费心去论证它的合理性与合法性，只要说口述历史是历史学门下，申报课题经费、申请学术户口就相对容易。

说口述历史提供了史学的新方法，拓展了史学新维度，从而把它放在新史学范畴加以讨论，自然也不错。如英国口述历史家保尔·汤普逊说，通过口述历史"人们不仅拓宽了原有的领域，还要加上诸如工人阶级史、妇女史、家庭史、种族史、少数民族史以及穷人史和文盲史等这些更新的领域，这完全是一种崭新的历史维度。"进而："口述史用人民自己的语言把历史交还给了人民。它在展现过去的同时，也帮助人民自己动手去构建自己的未来。"② 中国大陆地区，也有人将口述历史与新史学的关系进行探讨，如口述史家定宜庄就说："新兴的口述史，几乎具有'新史学'的所有特征。"③ 再

---

① 张锦：《电影作为档案》，知识产权出版社 2011 年版，第 387 页。作者还说："现代口述历史运动诞生的最根本原因，还在于对档案纪录网络缺失的补充……尽管现代口述历史的兴起是档案工作者和历史学家或者还要加上新闻记者的'共谋'，但从此项社会实践的本质来看还是一项档案实践。"（第 384 页）

② ［英］保尔·汤普逊：《过去的声音——口述史》，覃方明、渠东、张旅平译，辽宁教育出版社 2000 年版，第 323—324、327 页。

③ 定宜庄、汪润主编：《口述史读本》导言，北京大学出版社 2011 年版，第 2 页。

如曾从事过口述历史工作的年轻史学家钱茂伟，是将口述历史纳入新兴"公众史学"的议题加以讨论。①

只不过，无论是把口述历史当作新史料，还是当作新史学，恐怕都不是"口述历史是什么"这一问题的完美答案。因为上述两种思路，都无法解释一个常见现象：各大洲举办的口述历史会议经常可以将历史学家、社会学家、人类学家、语言学家、纪录片制作人和教育家聚集在一起。他们分享方法论的相似之处，也从各自不同的兴趣与方法中相互学习。② 为什么口述历史会议能够吸引如此之多的不同专业学者？答案显而易见，即："口述历史涵盖多种学科。"③ 既然如此，为何只能在史学话题圈里转悠？说口述历史是新史料或新史学，不过是口述历史功能价值的部分答案而已，凭什么只能在史料或史学两个答案中二选一？

要探讨"口述历史是什么"的问题，必须对口述历史追根溯源，并找到思考口述历史学科建设的逻辑起点。假如我们不再黏着于口述历史概念中的"历史"二字，并对口述历史工作进行溯源探究，就不难发现，口述历史的唯一源头，是受访者的个人记忆。界说应是：口述历史是对个人记忆的采访记录及其开发利用。因此，如果要问口述历史"是"什么，必须先问：个体记忆中"有"什么。

个人记忆里有什么？这才是思考口述历史首先该问的问题。这问题，少有人仔细追问过，更少有人循此路深入探索。人是历史的创造者、亲历者和见证者，人的记忆中当然会有历史学的信息、资料和线索。与此同时，当口述历史涉及受访人的年龄、性别、种族、家庭、职业、阶级和宗教，这些全都属于社会范畴，个人是社会化产物，且成长于社会中，记忆中自然会包含社会学信息资源。进而，个人成长是身心发育、成熟、停滞、衰老、变化

---

① 见钱茂伟《中国公众史学通论》第八章"公众口述史学"，中国社会科学出版社 2015 年版，第 216—247 页。

② ［美］唐纳德·里奇：《口述历史的世界》，载杨祥银主编《口述史研究》第 1 辑，社会科学文献出版社 2014 年版，第 16 页。

③ ［美］唐纳德·里奇：《大家来做口述历史》，第 9 页。

的过程，个人记忆中自有心理学的信息资源，更何况，记忆本身属于心理学研究对象。最后，每个人都有其漫长的职业经历，亦必有对所从事职业的训练、学习、思考、领悟和创造的记忆。总之，个人记忆里有丰富的社会知识和生活信息。据说非洲有句谚语：一个老人死去，就相当于一座图书馆坍塌了。作家卡尔维诺则说："我们是什么？我们中的每一个人又是什么？是经历、信息、知识和幻想的一种组合。每一个人都是一本百科辞典，一个图书馆，一份物品清单，一本包括了各种风格的集锦。"①

假如个人记忆是人类生活的百科辞典或百科全书，那么，人们是怎样从事口述历史工作的呢？很显然，人们是按照各自不同的专业背景，按照各自不同的设计目标，或各自不同的工作专题去进行口述历史采访记录。例如，历史学家重视的是某个时期、某个行业或某个地域的史料；社会学家和人类学家有各自不同的提问对象和问题范围；外交家、音乐家、书法家、美术家、语言学家、电影人口述历史自然注重受访人的专业经历和专业思想调查；而云南彝族绣娘口述历史、抗战老兵口述历史或汶川大地震口述历史等等，则又是按照其采访专题需求，去寻找特定受访人，并向其提出特定的问题。总之，人们只是按照不同专业背景及既定工作目标，去采访选定对象，从个人记忆的百科辞典中搜寻并记录特定信息内容。要思索和回答"口述历史是什么"的问题，必须综合考虑上述所有情形。

既然口述历史是个人记忆的采访记录和开发利用，那么，采访记录谁的记忆和开发利用什么记忆，就成为两个突出的问题。针对这两个问题，口述历史的学科理论，须建立两条假说。假说一，一切人类个体的记忆都是有价值的信息资源，都值得采访记录和开发利用。理由是，每个人的记忆都是一份独特的生命档案，作为不同时期、地域、家庭、阶层、职业、性别及特定社会关系和历史坐标的独特结点，每个个人的成长心路、社会经历、工作经历、情感经历、历史见闻、生活感受和生命思考，都有其不可替代的个体

---

① ［意］伊塔洛·卡尔维诺：《美国讲稿》，萧天佑译，译林出版社 2012 年版，第 118—119 页。

独特性。因而，口述历史应该覆盖一切人类个体。这一假说的意义，不仅能够让我们找到口述历史工作的真正源头，也是各不同专业口述历史工作的对话基础。假说二，人类所有个体的一切生命记忆都是有价值的信息资源。理由是，个人记忆作为个体人生档案，不仅含有史料信息，也含有丰富的社会科学研究资源，更含有人性的个体差异奥秘。个人作为生物人、心理人、语言人、社会人、民族人、职业人、经济人、政治人、宗教人、传播人、文化人暨独特精神个性的多位一体，每种身份角色及其经历、体验和记忆信息，都有其科学资源价值。个人的记忆信息，即使其中有一部分我们现在还无法归类、分析，甚或无法理解，并不表明它没有价值。总之，口述历史采访记录个人记忆，其信息资源开发和研究价值，远非史料及史学两个概念可以涵纳。

二

口述历史应如何采访记录、如何开发利用？说个人记忆如同百科全书或百科辞典，比喻固然不错，却也容易产生误解。真实情况是，个人记忆中的百科信息，非但每个人的记忆都有不同内容，甚而同一受访人与不同采访者对话，采访记录也会呈现出不同版本。更不可忽视的是，人类记忆的"大百科"通常是无分卷，无章节，更无编目，且大多内容混沌模糊，信息真伪难辨，且是断简残篇。人类尚未对个体记忆的内容和价值进行过全面调查和科学评估，甚至对记忆本身也缺乏足够的知识。弗洛伊德说："若有人敢高估我们目前对人类精神世界的了解，那只要请他多想想有关记忆的解释，就能使他陡然谦虚起来了。迄今为止，还没有哪一种心理学理论可以成功地解释'记忆'和'遗忘'的根本现象。"① 口述历史访谈，决非简单问答记录即可，须做复杂而艰难的心灵考古。

---

① ［奥］西格蒙德·弗洛伊德：《日常生活的精神病理学》，彭丽新、李想、王威威、李红侠译，国际文化出版公司 2007 年版，第 131 页。

　　口述历史的心灵考古要面对的问题，不仅很多，且很复杂。诸如在个人记忆实况方面，记忆的语言传达及概念运用方面，采访中的角色扮演或社会压力方面，采访人与受访人的社会关系方面等，存在各种各样的问题，需要采访人及其研究者去面对，并设法予以解决。以下具体说。

　　首先，在个人记忆方面，口述历史工作者至少要面对以下相关问题。一是记忆缺失问题。主要是遗忘：包括暂时性遗忘、选择性遗忘和永久性遗忘等等。心理学家假设，人的自我（记忆）有所谓"约哈里之窗"（Johari Window）。① 口述历史采访人可在不同窗口间与受访人交换信息，并与受访人一起发掘被遗忘的记忆。二是记忆冗余和改写，个人记忆不是雕版印刷，而是活动的信息，会被自觉或不自觉地增删和改写。我们的个人记忆，有多少受集体记忆、公共记忆的影响，有多少是可靠的个人真实记忆？这就是一个非常复杂的问题。进而，个人记忆不仅会受"回想增长律"② 的影响，更会受个人想象和虚构的影响。电影大师费利尼曾接受过口述历史采访，有感而发："我不确定那些事情是不是真的发生过。有些记忆早在我有说话能力以前就进驻内心了，只不过是以图像的方式存在。现在，随着时光流逝，我

---

① "约哈里之窗"是心理学家约瑟夫·勒夫特（Joseph Luft）和哈里·英哈姆（Harry Ingham）共同创立的，这个名称是两个人名字的组合，即 Joe 和 Harry。约哈里之窗是口述历史心灵考古可循的路径，它包括四种类型的信息：1. 公共区（open area），是我们和他人都知道的信息；2. 盲区（blind area）是别人知道而我们不知道的关于我们的信息；3. 隐藏区（hidden area），由我们知道的但没有透露给大多数人的信息组成；4. 未知区（unknown area），是由无论是我们还是他人都不知道的关于我们自身的信息所组成。见〔美〕朱莉娅·伍德《生活中的传播》，董璐译，北京大学出版社 2009 年版，第 213—214 页。在中国心理学界，也有人将"约哈里之窗"译为"乔哈里窗口"，将公共区译解为"公开的笔者"、盲区译解为"盲目的笔者"、隐藏区译解为"秘密的笔者"、未知区译解为"潜在的笔者"，见陈学军等人编著《管理心理学》的《个性怎样影响笔者们的沟通——经验开放与沟通效果的实验研究》一章，浙江教育出版社 2009 年版，第 3—7 页。关于如何运用"约哈里之窗"于口述历史，请参见陈墨《心灵考古：口述历史的方法与模式探索》的有关小节，载《当代电影》2010 年第 7 期。

② 回想增长律（law of raising recollections）：政治史学者发现政治家离开政坛越久，一般人对他们的评价也就越高。这种现象被定名为"回想增长律"。见〔美〕唐纳德·里奇《大家来做口述历史》，第 21 页。

已无法确定它们到底是我自己的记忆，还是别人加在我身上的记忆，毕竟我对后者的印象也是同样深刻。我的梦对我来说都那么像真的，以至于过了这些年，我竟弄不清：那些是我的亲身经历，还是我的梦？我只知道，只要我一息尚存，那些记忆就都会说它们是我的。"① 三是个人记忆中的"信息错简"现象，即指一条正确信息被安错了位置（时间或空间）。这也可以称之为"信息错嵌"或"信息漂移"。在实际采访中，我们常常会遇到这样的情况，有些老人说及大饥荒，会将 1942 年的大饥荒和 1959—1961 年三年自然灾害的记忆错嵌。三是，记忆和记忆的表述，都会受到个人情感和立场偏见的影响。小的例子是，对自己喜欢的人评价很高，记得其正面的信息也更多；而对自己不喜欢的人则相反。大则如许多参加过抗战的革命老人，坚信"国民党反动派不抗日、专反共"，从而将当年八路军与皇协军的摩擦，以及皇协军的恶行，都记到国民党军队的账上。②

其次，口述历史采访人遭遇的更大难题，是受访人是否愿意说、说多少、说什么、怎么说等问题。原因很简单，每个人都有其"内在把关人"。具体说，一是社会压力。例如，40 年前，若有人采访国民党抗战老兵，会遇到什么情况？大家可想而知，那些老兵即使保存了完整的抗战记忆，也不敢轻易和人说。社会压力还包括伦理压力、习俗压力等等，在社会压力下，受访人会情不自禁地修订个人记忆及其真实感受，或粉饰虚构，或缄口不言。二是文化禁忌。不同民族有不同的价值观念和风俗习惯，不同地域、不同行业、不同社会阶层、不同性别、不同年龄的人，都有各自不同

---

① ［意］费德里科·费利尼语，见［美］夏洛特·钱德勒《我，费利尼：口述自传》，黄翠华译，广西师范大学出版社 2006 年版，第 4 页。

② 对此问题的详细分析，可参见陈墨《口述历史门径》，人民出版社 2013 年版，第 261—281 页。其中有"谎言问题：不真实信息的来源与对策"一章，主要是想提出问题、分类梳理、总结经验、设计对策及评估思路。其中，《生理—心理机能性失误》一节包括：记忆差错与失误、机能性言不由衷、自我保护本能及选择性遗忘、选择性陈述与记忆改写、回想增长律、记忆和表述的想当然等小节；"个人—社会关联性失误"一节包括：罗生门现象、个人立场及情绪偏向、意识形态与公众记忆、后见之明与政治正确、社会角色与表演形态等小节。

的文化心态，倘若因无知而冒犯，结果可想而知。① 三是隐私顾虑。这很容易理解。每个人都有隐私，那是个人的核心机密。但是口述历史探讨历史真相，有时不免要涉及个人隐私。真正问题是，每个人对隐私的理解不同，个人隐私的边界也就不同，有不少人将个人生活全都当成了隐私，严格把关，不可侵犯。四是知识局限。每个人都有其知识局限，口述历史的对话需要在采访人和受访人共有的知识层面上展开。在采访中，有不少受访人对采访人提出的诸多概念感到茫然，甚至也缺少使用新概念为事物命名的能力，作家严歌苓说，她在四川深山里及川藏交界处，就遇到过许多这样的女性："她们对许许多多的概念都不清楚，基本上是无概念的女人。"② 这样的人，对自家老人去世、邻家青年结婚、自己的孩子降生、本地的节日风俗或灾难经历，都能如数家珍，但对抗日战争、解放战争、开国大典、"三反五反"等政治运动缺乏概念，其记忆也并非镶嵌在社会变迁的历史框架中，从而会影响对话交流。五是角色扮演。社会学家认为，每个人在日常社会生活中都在自觉或不自觉地进行着某种社会角色扮演。用芝加哥社会学派的鼻祖罗伯特·E.帕克说："无论在何处，每个人总是或多或少地意识到自己在扮演一种角色。"③ 采访时，面对录音设备、摄像机，尤其是现场灯光照明，营造出一种舞台氛围，也刺激了受访人下意识的表演冲动。在有意识角色体验和下意识表演冲动之下，所说的生平故事大多是标准台词，也就是大量的时尚套话和空话。有人以为，面对摄像机，话一定要说得漂亮，而不在乎是不是自己的故事，更不在乎是不是用自己的语言说出自己的

① 在笔者的采访经历中，就曾因自己言语不当，冒犯了受访人的文化心理禁忌，而导致采访失败。另外，2016年暑期，笔者到西藏参与"翻身农奴口述历史"项目策划，这一项目的首要难题，是西藏群众全民信教，对其宗教领袖由衷崇拜，西藏民主改革与1959年西藏叛乱相关，在采访时若言语不当，很可能就会伤害受访人的宗教感情。笔者与项目组讨论，决定采用人类学方法，并立足于科学立场，淡化政治色彩。

② 王红旗：《爱与梦的讲述——著名女作家心灵对话》，社会科学文献出版社2010年版，第30页。

③ ［美］罗伯特·E.帕克：《种族与文化》，转引自［美］欧文·戈夫曼《日常生活中的自笔者呈现》，冯钢译，北京大学出版社2008年版，第17页。

心声。①

再次，口述历史采访，是采访人与受访人之间的会话叙事，这又有新问题。一是口述历史采访人与受访人之间的关系、采访的时机与场合、提问题的方式及问题本身，都会影响口述历史采访的效果和质量。美国人类学家玛乔丽·肖斯塔克，做过漂亮的口述历史采访，完成了《尼萨——一个昆人妇女的生活与诉说》，她声称这部田野民族志名著"反映了50岁的尼萨与24岁的肖斯塔克之间的限定性对照；任何其他的组合，都必然会导致不同的结果"，因为"访谈是两个人之间的互动，处于特定生命时段、具有独特人格特质和兴趣取向的一个人，回答由另一个处于特定生命时段、具有独特人格特征和兴趣取向的人所提的一组特殊的问题。"② 这一段话在提醒采访人，在口述历史工作中，受访人说什么、怎么说，不但与对谁说密切相关，且与什么时候采访、在什么地方采访、在采访中如何提出问题、提出怎样的问题等密切相关。在口述历史中，我们不能假定，受访人的个人记忆之门可以为任何人打开，且个人记忆的呈现对任何采访人都是一样的。即便是同一采访人面对同一受访人，在不同时间、不同地点、以不同方式、提出不同问题进行采访，所得也会很不一样。二是在会话交流过程中，受访人的语言表达能力及表达水平会影响口述历史的质量成色。因为"记忆要经由语言来表达，因为个人的原始经验往往处于模糊的状态，此一模糊的经验必须透过语言的陈述、命名、认定，才得以落实。然而此一透过语言叙说经验的过程，一方面已经脱离了原始经验的模糊与混沌，另一方面亦开始新的诠释与创造"③。用相对清晰的语言表达出相对模糊的记忆，即使是受过高等教育的受访人，

---

① 在摄像机前，话要说得漂亮，可能是出于某些受访者的自主发明，也可能是出于对某些新闻记录片中受访人的模仿。有从事过新闻记录片采访工作的人告诉笔者，在采访时，采访人有时会事先准备好台词，让受访人过目，有时候甚至由采访团队中人用大字写出台词置于摄像机后面，以便受访人能够看到，进而照本宣科：那些话都说得很漂亮。

② [美] 玛乔丽·肖斯塔克：《"什么不会随风而逝"：〈尼萨〉创作谈》，载定宜庄、汪润主编《口述史读本》，北京大学出版社2011年版，第224页。

③ 黄克武：《语言、记忆与认同：口述记录与历史生产》，载定宜庄、汪润主编《口述史读本》，北京大学出版社2011年版，第30页。

都不是一件轻松的工作。从人类学观点看，人们在面对不确定或含混不清的情况时，就不可避免地试图明晰或构造情境；他们所遵循的方式在其文化背景中得到正当化。因而，我们对世界的观察和解释大部分受到文化的建构，并由语言进行想象性的加工。① 这也就是说，口述历史工作者，须具备语言人类学知识，以便能鉴别文化叙述和个人记忆的微妙差异。在口述历史采访中，一些受访人会词不达意，或者是表达虽然清晰但却未必真实而准确，这是口述历史工作者要面对的大难题。② 三是在叙事过程中，受访人为了讲好故事，容易自觉或不自觉地加入想象、推理，以便补缺弥漏，从而形成言语冗余。日本著名作家村上春树有过口述历史采访经验，他明白："如一位精神科医生说的那样，人的记忆这东西已可以定义为'终究只是对于某一事件的个人解释'。例如，我们不时通过记忆这一装置将某项体验改编得浅显易懂，省去于己不利的部分，前后颠倒，补充不清晰的部分，将自己的记忆同他人的记忆混为一谈，并根据需要加以置换——有时候我们会自然而然地下意识地进行这样的作业。用个极端的说法，我们有可能或多或少将关于自身经历的记忆加以'物语化'。"③ 对受访人的叙事陈述，必须掂量并考据。

上述种种实际情况，是口述历史须做心灵考古的理由。未经标注、整理、研究和提炼的口述历史原料，不仅虚实难分，且芜杂缠绕，还多有错漏，以至于一些历史学家对口述历史的价值产生怀疑，甚至轻蔑。例如，澳大利亚历史学家帕特里克·弗雷尔就讽刺说："口述历史正在步入想象、个人记忆和完全主观的世界——它将把我们引向何处？那不是历史，而是神话。"美国历史学家芭芭拉·塔奇曼则有更为尖锐的批评，她认为："虽然口述历史或许会向学者们提供一些'宝贵的线索'，但是总的来说都是保存了

---

① ［美］威廉 A.哈维兰等：《文化人类学：人类的挑战》，陈相超、冯然等译，翟铁鹏、潘天舒审校，机械工业出版社 2014 年版，第 132 页。

② 对这一问题的详细讨论，请参见陈墨《口述历史与语言学》，载《西南大学学报》（社会科学版）2015 年第 4 期。

③ ［日］村上春树：《"没有标记的噩梦"——我们将要去哪里呢？》，林少华译，见《地下》，上海译文出版社 2011 年版，第 416 页。"物语"即故事，"物语化"即讲故事、故事化。

'一大堆废物'。"① 这二位优秀的历史学家，显然是误会了口述历史的性质和特征。面对历史学家的质疑，口述历史家曾做出精彩的辩解："正如每个有经验的口述史家所知道的，说因为这样或那样的目的，从这个或者那个个人那里获得的口述史资料可靠或者不可靠，真实或者虚假的简单断言和反驳模糊了真正有趣的问题。记忆的特性给粗心大意的人带来了许多陷阱，这经常可以解释那些对口述资料来源所知不多的人们的玩世不恭。但是这些资料也给准备欣赏这一复杂性的历史学家带来了意想不到的报答，由于这一复杂性，现实和神话，'客观'和'主观'，在人类对于世界的全部感觉——不论是个体的还是集体的——中不可分离地混合起来。"② 这一段辩说，实际上已说明了口述历史须作心灵考古的必要性。上述两位历史学家对口述历史的批评，是建立在一个错误的假设基础上，以为口述历史如井中取水，历史学家可以直接饮用，殊不知口述历史如开采石油，所得原油须经炼油环节，才能产出可用的汽油、煤油、柴油及其他化工原料。亦即，对个人记忆的采访记录，需进行必要的标注、整理、考据、甄别、提炼、选择，方可作实用史料或科学资源。

唐纳德·里奇指出，和记忆力打交道是有风险的事，也是访谈者责无旁贷的事业。③ 口述历史工作不仅是要与个人记忆打交道，还是人际交流，要与个人言语表达和叙事打交道，风险更大，挑战更多。举例说，傅光明著《口述历史下的老舍之死》，第一章第四节"是谁打捞起了老舍的尸体"④中，居然有3个人说自己单独打捞了老舍遗体，这是中国口述历史界的著名案例。根据常识判断，其中至少有两人说的话是不可信的，甚至可能3个人的话都是虚构，从单纯的史学角度看，其中有不真实信息，史料价值可疑。但若就此推论，说口述历史不靠谱或没价值，就会差之毫厘而失之千里，找

---

① 上述两段话，均转引自杨祥银《口述史学基本理论与当代美国口述史学》，载定宜庄、汪润主编《口述史读本》，北京大学出版社 2011 年版，第 46 页。

② [英] 保尔·汤普逊：《过去的声音——口述史》，第 165—166 页。

③ [美] 唐纳德·里奇：《大家来做口述历史》，第 16 页。

④ 傅光明：《口述历史下的老舍之死》，山东画报出版社 2007 年版，第 90—97 页。

不到口述历史之门。假如不仅仅是把受访人当作提供信息的工具，而是以知人为目标，对他们进行更加深入细致的采访，并对他们的社会身份、人生阅历、认知水平、记忆能力、表达习惯等进行细致的分析评估，不仅能找出历史真实的线索，还能在心理、社会、语言和人际传播等方面有所发现。提供虚假信息，或许由于知识有限，分不清打捞的老张老王还是老胡，于是随便安到老舍身上；或许是由于记忆出现了"错简"现象，将不同时间与场合打捞的尸体错记或错说成老舍的遗体；或许是由于渴望提升自己的人生价值，希望借打捞老舍遗体一事，在重大社会事件中扮演角色；或许是个人心智有限，跨越了本人想象虚构和真实历史事件的界线；当然，也可能纯粹是好大喜功，故意吹牛说谎。"只有将某一现象放入个体的整个生命历程中进行评估，我们才能真正理解它的本质作用。只有在确保个体的每一种外在表现都是他们总体行为模式的某一层面之后，我们才能深入考察人类的思考方式。"①

三

　　口述历史涉及记忆、言语、心理、实际生活等多个层面与向度。口述历史的心灵考古工作，至少有三个关键词：言语信息、心理信息、生活信息，或言语事实、心理事实、生活事实。言语事实指采访中的全部言语信息，被说出，即成言语事实。心理事实是口述人的真记忆及对此记忆的真实表述。生活事实就是口述历史—心灵考古要重建的过去生活场景。这里没用"历史事实"概念，是因为生活事实是一个更具包容性且更具丰富指向性的概念，其中包含了历史事实、社会环境和社会关系事实、个人行为事实、个人见闻和思考事实等多种因素。言语事实不等于心理事实，心理事实也不等于生活事实。受访人的言语，由于受到社会环境、角色定位、社会压力、情感偏向和立场偏见等多方面因素的影响，讲出的未必全都是心里话；人的记

---

① ［奥］阿尔弗雷德·阿德勒：《理解人性》，王心语译，新世界出版社 2016 年版，第 78 页。

忆存在遗忘和缺失、扭曲、改写、想象和推测等情况，记忆言说未必是完整真切的生活事实。在口述历史采访过程中，判别真假，进而要找出提供虚假信息的心理或社会原因，这事并非每一个历史学家都能胜任，它也超出了历史学的正常工作范围。心理学家或语言学家或社会学家是否能单独胜任这一工作？同样有困难。因为个人记忆及其言语传播、会话叙事，不仅有心理问题，还有语言学问题、传播学问题，甚至有社会学问题和人类学问题。在美国，口述历史并不是作为一门历史学的分支学科被研究的，它成为人皆用之的方法，已经广泛地应用于社会学、文学、民族学、灾难学、人类学、新闻学、种族学、艺术和医学等社会和自然科学领域，在推动跨学科研究中起到了非常重要的作用。① 历史学家仍然可以在口述历史的史料价值、史学性质方面继续探索，并做出其重要贡献，只不过，不能以此历史学的观念和方法拘束口述历史天性和生机。

假如我们都同意本文对口述历史的界说，即口述历史是对个人记忆的采访记录及开发利用，就可以此界说为逻辑起点，思考和讨论口述历史学术理论问题。提出心灵考古之说，就是为更好地理解口述历史、更好地做口述历史采访和研究，提供一条思路，或一种理论框架。通常的考古工作，须经历勘测、评估、发掘、标注、整理、研究等程序阶段，口述历史工作也是如此。只不过，与通常的考古相比，口述历史心灵考古工作有几点不同。一是，对个人记忆的心灵考古，没有实地，需在采访人和受访人的心灵信息交流中进行。二是，心灵考古对象并非静止固定，而是变化多端，因为"回忆是一个动态的过程。巴特利特也许有些夸张地写道：'在一个环境经常变化的世界中……回忆就像是需要技巧的比赛中的一次击球，每一次我们做出了它，它都有着它自身的特征。'"② 三是，心灵考古所得，并非文物，而是信息，包括言语会话叙事及手势、表情、动作、姿态等辅助信息。在极端情况

---

① 杨祥银：《口述史学基本理论与当代美国口述史学》，载定宜庄、汪润主编《口述史读本》，北京大学出版社 2011 年版，第 50 页。

② ［英］保尔·汤普逊：《过去的声音——口述史》，第 140 页。文中提及的巴特利特，即弗雷德里克·查尔斯·巴特利特，英国心理学家，著有心理学专著《回忆》。

下，即使受访人不敢或不愿回答某个问题，什么话也没说，仅仅是沉默，也同样是有价值的，有经验的心灵考古人能够从中发现社会压力、文化禁忌、隐私顾虑等重要信息，甚至能测量出普遍性社会压力与个人心理承受力的函数关系。① 这也是为什么保尔·汤普生说：重要的一课是去学习注意到没有说出来的东西，并且去学习思考沉默的意义。② 要之，口述历史工作，面对受访人记忆、言说、交流、叙事中存在各种各样的问题，只有懂得心灵考古价值和方法的人，才能在采访过程及其档案记录信息中，辨别真假虚实，进而查漏补缺，提炼出分门别类的知识。四是，心灵考古无弃物，即没有无用的信息。一般考古的要点是挖开浮土、剔除废物，找出文物，而心灵考古中的一切信息都有各自不同的价值——在口述历史中，不仅通过心灵考古重建的生活事实是有价值的，那些与生活事实不完全一致的心理事实，以及那些与生活事实、心理事实不完全一致的言语事实，也同样是有价值的：有关生活事实的真话，其历史学、社会学的价值，无须多说；套话是特定社会的规定台词，背后是社会语境及其文化心理；假话中包含心理学奥秘；错话或口误中，有语言学和语言心理学的原因；即便是废话，也体现了语言人的言语习惯、思维方式和心智特征；而任何言说的内容和方式，都有其语言人类学和文化人类学价值。假如有一个医学人类学家从事口述历史工作，就一定能从口述人的哼哼唧唧中，发现有价值的专业信息。辨别并研究这些信息，正是口述历史工作的关键部分。③

---

① 在口述历史访谈中，必须向受访人说明，他或她有权拒绝回答任何他或她不想或不能回答的问题；同时也要说明，采访人必须提问，若不提问，那是失职。所以，在采访中，有时会出现采访人提出问题，而受访人沉默以对的情形，这样的录像画面仍然包含了诸多无声的信息，值得研究者深入分析研究。

② ［英］保尔·汤普逊：《过去的声音——口述史》，第 191 页。

③ 如何对口述历史抄本进行心灵考古研究？笔者曾作过一些尝试。例如，笔者采访了自己的老师、著名文学评论家陈骏涛先生，并在口述历史编辑抄本每个章节后面，分别增加一段或数段《采编人杂记》，记述笔者对陈老师的经历、记忆、讲述的思索、分析和评说。陈老师的记忆力明显下降，采访中经常出错，对此笔者作了必要的追索和分析；对陈老师所经历的环境、事件，和他本人的心理与个性，也展开了分析和讨论。再次感谢老师的大度宽容，自愿成为心灵考古的研究对象，允许学生晚辈对其品头论足、说三道四。见陈骏涛口述、陈墨采编《陈骏涛口述历史》，人民文学出版社 2015 年版。

以心灵考古作为口述历史的中心议题，如上所说，是实践所需。在理论上，也有依据："如果说所有的人类文化、社会和文明有一个共同点的话，那就是，它们都是人类心灵的产物。"① 对个人记忆及其会话叙事做心灵考古，需借助多学科视野、知识和技能，有志于口述史学研究者，须向不同专业的口述历史工作者学习，以便逐步完善心灵考古的学术和技术规范。另一方面，口述历史采集记录的个人记忆，又会对有关人文和社会科学有丰厚的回馈，即能为相关人文和社会科学研究提供鲜活生动的研究资源。个人记忆资源与自然资源不同，一是未被开发的自然资源永远都在，而人类个体记忆若不及时采集收藏，会随着个体的逝世而永远消亡。二是它并非一次性消费品，而是可供不同专业重复开发利用。

与此同时，口述历史心灵考古，或许还能提供研究路径和方法的若干启示，从而改变各相关学科的现有研究格局。首先，心灵考古工作目的在知人，这也正是学者论世或论史的前提。亦即，人文和社会科学的最大关键，是理解人性。"理解人性是一个很大的课题，自古以来就已经成为我们的文化目标，但它并不是一门只允许少数专家研究的科学，其本质决定了人性必须由全人类共同探讨发现。"② 而口述历史工作，人人可做，且能集中全人类的记忆资源，有利于各个不同专业共同探讨发现。其次，心灵考古需融通多学科知识，有助于改变人文和社会科学各专业间相对封闭状态，认识到"必须将人类事务作为一个整体而非一堆杂乱无章的小木片来研究。当人类事务被历史、诗歌、宗教、心理学、人类学、社会学等等不透水的密封舱分裂成许多彼此隔绝的'准则'时，其研究就会有偏差"③。再次，心灵考古是针对个人记忆和讲述，针对实际生活中的具体个人，尤其是"沉默的大多数"中的个人。"一个个体代表着人性。他是人类的一个特殊范例，他即是他，而

---

① ［英］乔治·弗兰克尔：《心灵考古——潜意识的社会史》，褚振飞译，国际文化出版公司2007年版，第7页。

② ［奥］阿尔弗雷德·阿德勒：《理解人性》，王心语译，新世界出版社2016年版，第1页。

③ ［英］阿诺德·J.汤因比、G.R.厄本：《汤因比论汤因比——汤因比—厄本对话录》，胡益民、单坤琴译，商务印书馆2012年版，第36页。

又是全部；他以其特殊性而是一个个体，在此意义上他独一无二；同时，他又是人类一切特征的代表。"① 每个人的记忆、言语、心理和故事，都是人性的一块拼图，同时也正是司马迁"究天人之际，通古今之变"的最终边际和最后变量。让个人成为人文和社会科学的关键焦点，势必对其继续发展提出新的挑战，同时也提供新的思路。当个人记忆及其个人心性特点得到充分采集记录，人文和社会科学研究就能在"量子化"水平线上得以展开，获精细化真知，获得弗罗姆期望的科学人学（science of men）② 信息资源。心灵考古作为科学人学的具体研究路径，不仅能链接，且能提升所有相关人文和社会科学研究的地平线。又次，人类已经进入信息时代，"数据的激增，意味着人类的记录范围、测量范围和分析范围在不断扩大，知识的边界在不断延伸"③。采集并保藏个人记忆，建立"人类个体记忆库"④，以应对大数据时代的挑战，相关人文和社会科学，针对人类个体记忆库的大数据进行发掘和研究，将会是一场革命性学术变法。

　　我们为什么要做口述历史？口述历史有什么价值？这类问题，应该不断追问。对这些问题的不同回答，包含了人们对口述历史本性的理解，包含了对口述历史的价值取向，也规划出口述历史的不同疆域，还确立口述历史的不同方法，最终形塑口述历史的学科形态及专业风貌。认为口述历史具有史学价值，从口述历史中获得史料信息，是一种不错的答案，但不见得是最好的答案，更不可能是最终答案。因为社会学家、人类学家、心理学家等多

① ［美］埃里希·弗罗姆：《自为的人》，万俊人译，国际文化出版公司 1988 年版，第 33 页。

② 心理学家弗罗姆在《自为的人》中使用了"science of men"这一概念，并注释说："笔者用'人学'（science of men）所涉及的范围比习惯上的人类学（anthropology）概念更为宽广。林顿在一种类似的理解意义上已经使用了人学这一概念。"参见［美］埃里希·弗罗姆《自为的人》，载拉尔夫·林顿编《世界危机中的人学》，哥伦比亚出版社 1945 年版，第 17 页脚注。

③ 涂子沛：《大数据》（*The Big Data Revolution*），广西师范大学出版社 2012 年版，第 56 页。

④ "人类个体记忆库"的概念，是笔者于 2012 年提出的，旨在应对大数据时代的机遇和挑战。见陈墨《口述历史：个人记忆与人类个体记忆库》，《当代电影》2012 年第 11 期。这篇文章的修订版，发表于《口述史研究》第 1 辑，社会科学文献出版社 2014 年版，第 83—107 页。

个不同专业的学者，也在从事口述历史工作，并且各自积累了丰富的知识、技术和经验。更好的回答也许是，口述历史中含有丰富且宝贵的人文艺术、人文科学、社会科学乃至自然科学信息资源。① 总之，口述历史学是一个新兴学术专业，心灵考古的专业范畴、路径和方法，尚在逐步形成和摸索的过程中。对个体记忆做心灵考古，既要面对无尽的未知，也有巨大的可探索空间，需要有志者不断做大胆假设，小心求证。

[本文发表于《西南大学学报》（社科版）2017 年第 3 期。]

---

① 笔者在这方面做了一点工作，对口述历史与档案学、历史学、社会学、心理学、传播学、语言学和教育学做了初步的相关研究。见陈墨《口述史学研究：多学科视角》，人民出版社 2015 年版。

试说公众史学兼及口述史学

摘要：public history 变身中国化的公众史学，是中国史家的再发明。再发明的理想目标，是能兼顾原理性与本土性、公共性与大众性、专业性与跨学科性、学术性与实用性。公众史学开科不久，尚有诸多问题需思索和探讨。诸如，公众史学如何面对公共性问题，如何设计跨学科教程，如何定义公众、公众记忆及公众史学；如何面对大众讲史的热情与潜力，而又警惕基于集体无意识的大众迷思；大众参与历史知识生产，如何坚持学术原则和专业规范，等等。口述历史与公众历史关系密切，可相互借鉴，相互学习，相互促进，相互成全；但口述史学与公众史学却非从属关系，亦非同一关系，是性质不同的两个学科。

关键词：public history　公众史学　莫比乌斯环　公众　公众记忆　大众迷思　知识生产　口述历史　口述史学

public history 变身中国化公众史学，是中国史家的再发明。[①] 参与再发

[①] 创新扩散理论家将认知创新的知识分为：1. 知晓性知识，即知道创新存在的信息（例如我们听说了 public history）；2. 操作性知识，即包含了妥当运用创新的必要资讯（例如我们学会了怎样书写 public history）；3. 原理性知识，即决定创新如何运作的功能性原理；4. 再发明，许多案例证明，创新被推广的过程中不是一成不变，从接受者传到下一个接受者时，创新不断地修正和演化。所谓再发明，就是创新在接受和执行的过程中，被使用者改变和修正。见［美］E.M. 罗吉斯《创新的扩散》，唐锦超译，（台北）远流出版事业股份有限公司 2006 年版，第 186—192 页。

明竞争的，还有公共史学、大众史学、通俗史学等诸多概念与思路。① 原创性知识在传播扩散过程中，出现此类现象并不稀奇，逾淮之橘，风土殊异，实既不同，其名何妨有异？"公众史学"脱颖而出，是因为它洋为中用，试图兼顾原理性与本土性——即让 public history 中国化。其中，钱茂伟用功最深，劳绩卓著，他的《中国公众史学通论》，初步建立了学科体系；最近，又在此前设想的个人史、家族史、社区史、单位史之外，增设了专题史，②书写类型设计也渐趋完备。

笔者对 public history 及公众史学所知有限，颇想知道 public history 变身公众史学的究竟。笔者的学习思路是，比较二者基本理念和路径，提出一些认为重要的问题，若是力所能及，就尝试做点思考和解答。笔者的思路与想法，属于借题发挥，是否妥当，要请行家批评指点。本文提出的问题包括：公共性与大众性、专业性与跨学科、公众概念与大众迷思、学术性与实用性、公众史学与口述史学等。

———一———

中国史家将 public history 重命名为公众史学，是想兼顾公共性与大众性——既有"公"又有"众"。③ 从落实情况看，大众性十分明显，公共性却打了很大折扣，在一定程度上，甚至被忽视了。笔者想提出讨论的第一个问题，就是公众史学如何真正地兼顾公共性。罗伯特·凯利和韦斯利·约翰

① 有关 public history 的不同译法及与之相关的不同观点，钱茂伟教授作了很清晰的介绍和梳理，参见《中国公众史学通论》，中国社会科学出版社 2015 年版，第 1—8 页。
② 见钱茂伟《当代公众专题史建构的类型、路径及意义》，《浙江社会科学》2018 年第 2 期。
③ 关于公众史学概念，刘静贞将"公众"理解为"公"与"众"两层意思："一方面想与公共空间的讨论概念相联结，以回应中国既有的'公'概念的暧昧与模糊……另一方面则强调由人的角度着眼，尤其是众人彼此间，也就是人与人的关系。"（刘静贞：《政治史再思考：以公众史学为视角》，《史学月刊》2014 年第 3 期）钱茂伟解释说，如此，"公众"既有"公共"之意，又有"大众"之意，兼容了"公共史学""大众史学"，这样的"公众史学"定义自然更为理想。见钱茂伟《中国公众史学通论》，第 6 页。

逊实验创设 public history 新学科，是根据美国的实际情况。初始目的，无非是想借新学科的创设，让历史学专业的毕业生在社会上能找到用武之地，更好地为社会服务，说白了就是更容易找工作，以免历史系招生难继，教师下岗，恶性循环。当然，在实用目的之上，他们也有意义更为重大的宏伟目标，那就是，借新学科的创设，扩展历史学的工作领域，让 public history 学人从书斋走向历史实境（field），同时也促进公共领域历史意识加强，及公共历史书写水平的提升。公共史学家的用武之地，包括政府机构、商业机构、研究机构、传播机构、历史遗址保护机构、历史协会及博物馆等展览机构、档案机构、教学机构等等，几乎遍及社会公共空间，四面出击，八面威风。更重要的是，按凯利和约翰逊两大创始人的设想，public history 专业学者进入各公共机构，不仅是当历史的书记官，而是要参与实际公共事务决策，促进公共历史进程。这样一来，就将历史学的工作时态，由过去时和现在完成时，变为可兼顾现在完成进行时乃至将来完成进行时；历史家也由传统史学的后见之明，变为即时参与乃至事前干预，写史人也是创造历史的人。亦即：历史家从此不仅记录历史、书写历史，而且参与历史、创造历史。这一学术设想意义非凡，彻底改变了历史学观念，将历史等于过去的传统老套中解脱出来，让历史的过去、现在、未来真正贯通，与未来学家所说一致：过去的未来在未来，现在的未来在现在，未来的未来在过去。历史学和未来学，从此不再陌路。

　　这一前景，让人心潮澎湃，中国学人却颇为难：若照猫画虎，按美国公共历史学者路径，堂皇进军政府机构，且以专家身份参与城市规划、公共政策制定，显然是难得其门而入。原因很简单，中国社会的实际公共空间和大众的公共意识，与美国不可同日而语。简单说，中国是国家强而社会弱，而美国是小政府大社会，差异非常明显。正因如此，有中国学人提出，在我国，需"重新发现社会"——"任何试图否定改革开放或要求国家重新集权的人，都不可能从根本上推翻这样一个显而易见的事实：即近三十年来中国所取得的举世瞩目的成就，正是拜解放思想与解放社会所赐。今人所谓谋求'新新中国'，即是在中国实现'国家解放'后再谋求中国的'社会解放'，而中国若要'和平崛起'，就必定要请社会'和平出山'。"① 此宏图伟业，涉及文明转型，需要全社会参与，包括政治家和社会公众，当然也包括人文知识分子和社会科学家。全面参与社会公共事业，推动历史进程，拓展公共空间，正是 public history 的设计目标。然而中国公众史学论者孜孜于历史言说书写，对参与社会公共进程并不热衷，这恐怕是南橘北枳，即中国化公众史学与美国原生 public history 最重大的差异所在。

公共社会空间的存在方式，视国家与社会的关系而定。国家与社会的关系，其实并非一目了然，也非想象的那么简单僵固。按照东方传统观念，社会似乎永远是国家中的社会，必然要受国家掌控或管制；若换个角度看，或许是另一番风景，能看到"社会中的国家"，即，国家与社会不仅相互构成，而且相互改变："'社会中的国家'模型关注的正是国家的这一矛盾性；它要求学习'支配与变革'的学生在观察国家时能够具有双重视角。视角一应把国家视为一种强大的观念，它界定清晰，高度统一，且能够被单一的措辞所言说（例如一个标题性的说明，'以色列接受巴勒斯坦的要求'），就如同国家是一个单独、积极的演员在以高度集中的方式展示其在明确疆域上的统治术；视角二则是将国家视为一系列松散联系的实践碎片，在这里，国家与其他境内外组织之间的边界往往未能清晰界定，且后者常常会创制出相互冲突或直接与国家法律相冲突的规范。所有的理论，如果不能兼顾上述国家矛盾的两面性，则势必要么因将国家能力过度理想化而误将虚夸的言辞当作高效的政策，要么便是将国家视为一群以自我为中心的腐败官僚组织的混合体。"② 按此说，国家与社会的关系，像是神奇的莫比乌斯环。③ 从国家角度看，公众社会都是国家管辖的领域，所谓普天之下莫非王土；而在社会角度

① 熊培云：《重新发现社会》，新星出版社 2010 年版，第 6 页。

② ［美］乔尔·S. 米格代尔：《社会中的国家——国家与社会如何相互改变与相互构成》，李杨、郭一聪译，张长东校，江苏人民出版社 2013 年版，第 23 页。

③ 德国数学家莫比乌斯和约翰·李斯丁发现，将一张纸条扭转 180 度后，两头粘接起来，即成一个特殊的环，具有魔术般的性质，此环只有一个面（即单侧曲面），一只小虫子可以爬遍整个曲面而不必经过边缘。

看，国家／政治亦不过是种种文明社会组织中的一种而已，只是社会结构的一部分。国家与社会，看似两个圈，实为一个整体即可相互联通的单曲面。

人们只看到国家／政府与社会／民间的差异对立，而忽略二者间的互构与同一；只看到我国公共社会空间暧昧不明亦不确定，而忽略公共社会空间端赖社会公众需求与努力；只看到前者压抑后者，而忽略我们的国家在不断改革，社会亦在不断变化。如社会学家诺贝特·伊莱亚斯所说，社会其实是"变化的过程——过去它是一个变化的过程，现在它正在变化着，未来可能处于另一种变化之中"①。国家与社会种种变化，即实际历史过程，参与、研究、推动并书写国家与社会变革的历史进程，应是公众史学责无旁贷的工作。当此之际，公众史家若对公共空间、公共事务、公共进程等事退避三舍，罔顾公共性为 public history 第一要义，则公众史学的价值固然要打折扣，公众史学的理论基础怕也会因而受损。

笔者想提出讨论的第二个问题，是公众史学的跨学科问题。这一问题相对简单，钱茂伟教授的《中国公众史学通论》就开宗明义，说"公众史学的学科框架主要有六个分支：公众历史书写、公众口述史学、公众影像史学、公众历史档案、公众文化遗产、通俗普及史学。"② 其中已包含了跨学科信息。在公众史学培训课程方面，想必有更加详细周到的设计。公众史学是个新专业，这一专业之新，就在于它要跨学科，在系统的历史学课程之外，因为事关公共领域，还需要学习其他课程，如社会学、社会心理学、社会人类学（文化人类学）、社会史、公共管理学、传播学、统计学等等相关知识，须懂得社会结构与功能、社会分工与联结、社会冲突与变迁；懂得人类社会及文化的"大传统、小传统"，③ 懂得"每一个人不可能关心和参与所有的社

---

① 转引自［美］乔尔·S. 米格代尔《社会中的国家——国家与社会如何相互改变与相互构成》，第 24 页。

② 钱茂伟：《中国公众史学通论》，中国社会科学出版社 2015 年版，第 1 页。

③ 大传统、小传统是美国人类学家罗伯特·雷德菲尔德在 1956 年出版的《农民社会与文化》中提出的二元分析框架，大传统指城市中心文化，衍生出上层文化、精英文化、雅文化；小传统则指农村文化，可衍生出下层文化、大众文化及俗文化等概念。

会问题，每一个社会问题也不可能吸引所有的人来关心和参与。因此，公众必然是多元的群体存在，必然由复数的小公众（publics）构成，必然体现这些小公众的不断互动"①。此外，毕业生进入不同类型的社会机构，还需学习不同专业的相关知识，进入历史遗址，要懂得考古学；进入博物馆，要懂得博物馆学；进入经济企业，当然要懂得企业经济与管理，等等。

举例说。笔者所供职的中国电影资料馆，兼有两种属性：既是国家事业单位，隶属于国家电影局，是官方电影档案机构；同时，它也是社会服务机构，是服务公众的电影资料馆，即社会公共空间。其历史，也有两种写法。一是官方历史，例如《中国电影资料馆大事记》及《中国电影资料馆50年》之类，无非是上级领导视察，馆领导主持开会，外国同行访问本馆，本馆派员访问外国，以及历年来工作成绩，各部门优秀人物及先进事迹，等等。这类历史书写，科层等级森严，规范格式呆板，淹没了沉默的大多数，不可能涵纳中国电影资料馆所属东郊片库、西安片库、图书馆、档案部、艺术影院、杂志社、报社、研究生部、研究室等不同部门的业务工作、集体活动、社会服务，及由此而产生的公共关系。所以，我们需要另一种历史，即公共历史。笔者做口述历史十多年，曾采访过本馆许多老人，包括历任领导和各部门老职工，从他们的回忆中，能听到本单位历史的不同情节、不同人物、不同故事及不同主题。书写本馆公共历史，不仅需要不同的眼光和理念、不同的书写原则、不同的书写方式，还需要具备胶片管护、档案学、策展、传播、杂志编辑、新闻采访、学术研究乃至人力资源、财务管理等多方面的知识与技能。中国电影资料馆的历史该如何书写才好？老实说，笔者不知道。这就要请教公众史学家，因为这需要专门的知识技能，且需要专门参与式观察研究。我想，这正是 public history 专业创设的目的，也当是公众史学专业须面对的问题。

---

① 徐贲：《通往尊严的公共生活》，新星出版社2009年版，第5页。

二

笔者想提出讨论的第三个问题是，谈论公众史学，如何界定"公众"？这是理论思考和研讨的应有之义。有专家指出："公共生活的主体是'公众'（the public）。公众是在关心、讨论共同问题，参与共同事务中产生的。"① 按此定义，公众概念，与大众、群众、人民、老百姓概念显然有所不同，不能相互替代；而孤立个体的集合，可称大众、百姓，却不能说是公众。说个人集合即是公众，显然是忽略了公众与大众的区别。早在100多年前，民国之父孙中山先生，对一盘散沙、缺乏公心、缺乏凝聚力的中国社会和中国人头痛不已，其革命理想是要实现民权（democracy），以便中国人能够"结成很坚固的团体，像把士敏土参加到散沙里头，结成一块坚固石头一样"②。百年之后，一盘散沙及缺乏公心的情况虽然有所改变，但因公共空间暧昧，中国社会公众的数量与质量亦很暧昧。与此相关的问题是，个体记忆的集合，不等于公众记忆："与个人的记忆和经历相比，公众记忆指的是关于过去的社会集体观念。公众记忆包括象征符号和故事，它们帮助一个社区定义和解释在现实条件下如何记忆（或想要记住）过去。"③

笔者想提出讨论的第四个问题是，专业历史学者是否应该参与公众历史书写？看起来，这似是个完全不成问题的问题。张广智在《中国公众史学通论》序言中指出："不是说'大众创业，高手在民间'么，用到这里，我以为'高手'之发现与提升仍需要职业史家的'介入'与'引导'。"④ 但，中国化的公众史学，不但常被简化为"大众之学"，而且，公众历史似乎也

---

① 徐贲：《通往尊严的公共生活》，第5页。

② 孙中山：《民权主义》，《孙中山全集》卷9，中华书局1981年版，第281—282页。

③ [美] 唐纳德·里奇：《大家来做口述历史》，王芝芝、姚力译，当代中国出版社2006年版，第22页。

④ 张广智：《让克丽奥走向坊间——〈中国公众史学通论〉序》，《中国公众史学通论》，第3页。在这篇序文里，作者还引述了其他史家的意见，如：钱乘旦认为史家应"更多介入"；孟钟捷认为史家应"参与进去"；陈新认为史家要"成为公众史学的参与者或引导者。"

只能由大众书写，甚而排斥专业公众史学者，理由是，在专业公众史家和大众业余史家之间，存在鸿沟。① 罗伯特·凯利和韦斯利·约翰逊们听了，可能会大吃一惊。

对罗伯特·凯利和韦斯利·约翰逊等人而言，public history 专业史家当然要参与历史写作，当然要做主要书写者。实际上，这两位创始人恐怕压根儿就没想过公众主导历史写作之事。理由很简单，公共历史的书写是一种专业性工作，专业性工作当然离不开专业人员。进一步说，大学为新知生产基地，新学科专业创设，目的不仅在传授新知识，更在以新学科范式、新专业思想激发年轻学子创造性潜能，让年轻的硕士生和博士生参与新学科或新专业的知识创造，从而使新学科与新专业的工作范围更加明晰，专业知识更加丰富，专业基础更加牢靠，专业前景更加广阔。与此同时，新学科毕业生走向工作岗位，亦能利用所学新知，为社会贡献专业新思想、专业新技能，以活跃创新氛围，变革公众文化理念，不断提升社会文化水准。假如说，公众史学中当真没有专业公众史家立足容身之地，那么在大学里开设公共史学课程，创办公共史学专业，就会自相矛盾：这些毕业生到哪里去？为什么还要创设这个专业？总之，public history 倡导者，意在创设史学新学科，探讨新史学原理及具体操作规程，公众参与或许勉强可以接受，大众主宰历史书写则匪夷所思。

笔者想提出的第五个问题，是公众史学家应警惕大众迷思（myth）。今日史学和史学家，肯定懂得中西文化差异，也了解个人主义盛行的西方，对大众群体十分警惕，甚至不无蔑视和偏见，古斯塔夫·勒庞的《乌合之众》

---

① 钱茂伟认为："学院史家只有历史研究概念，没有历史书写概念……历史研究必然是'小众之学'，只有历史书写才可以成为'大众之学'。"见钱茂伟《中国公众史学通论》，第24页。这段话的意思是，所谓大众之学是指历史叙事，历史叙事是专业史家所不为或不屑为，因而是大众业余史家的用武之地。这段话多少有些武断，专业与业余固有分野，却未必只有对立、不能合作；说学院史家只有历史研究概念，没有与历史书写概念，也过于简单，各种专业通史当是典型的历史书写，大多出自学院专业史家之手。而业余史家要书写历史，恐怕也要先做些基础的学习和研究。因此，历史研究和历史书写并非冰炭不容，而是内在关联密切。

即是证明。而在以集体主义思想观念盛行的中国，则对大众群体十分崇尚，很容易形成大众迷思。大跃进中全民大炼钢铁，"十年动乱"岁月里全民写诗、全民写史、全民批林批孔、全民评《水浒》批宋江……都是大众迷思的证明。

大众迷思，基于集体无意识，体现为简化想当然。真相是，任何大众创造的奇迹，都离不开专业分工和个体协作。且看一例：人民出版社1977年出版的"读点鲁迅丛书"，包括《鲁迅论世界观改造》《鲁迅论假革命的反革命者》等，署名为"北京化工实验厂工人理论组"，工人参与鲁迅思想理论研讨，成果如斯，颇为让人惊叹，究其实，这些成果，其实由当时中国科学院文学研究所的研究人员捉刀。① 此事不奇怪，道理也很简单，无论是编书还是写史，是知识加工或是知识生产，都有其专业性。即使是在癫狂年代，编书还需读书人。

即使进入了改革开放的新时期，集体无意识的大众迷思，仍是有迹可循。美国口述历史专家唐纳德·里奇的专著《做口述历史》（*Doing Oral History*），中文译者将它改成了《大家来做口述历史》，没有人感到奇怪，笔者对这个译名也是十分赞赏。因为笔者希望大家来做口述历史，希望人人都做口述历史。过去几年间，笔者是不折不扣的"人人都做口述历史"理念的狂热推广者。笔者曾真心相信，口述历史人人都可做，人人都能做，人人都该去做。真实情况是，要做口述历史的，不用推广也会去做；不愿做口述历史的，有人推广也不会去做；即便有人受了启发而投入口述历史实践，通常也难以持久。于是笔者逐渐明白，希望人人做口述历史，不过是一厢情愿，是受潜意识大众迷思推动，想当然成分居多。

---

① 当年中科院文学研究所助理研究员陈骏涛先生曾参与其事，他晚年回忆说："当时这不是个别人，而是一个团队。我好像是跟王保生几个人在一起的。当时编辑这套书是为'批林批孔'……说不能我们自己关起门来搞，要跟工人阶级相结合。但工人师傅没读过鲁迅，怎么办？那我们就得辅导，找一些书让他们看，开讲习班讲鲁迅。后来要编'学点鲁迅'（引者按：指'读点鲁迅'）小丛书了，就请工人师傅也来参加，然后署名：北京维尼龙厂、北京化工实验厂、北京第一机床厂、中国科学院文学研究所集体编著。"见陈墨采编《陈骏涛口述历史》，人民文学出版社2015年版，第185页。

　　public history 被译为公众史学，实际上被当作大众史学，即被当成与专家史学及专业史学完全不同的新学科，以大众性排斥专业性，确实有些令人担忧。具体说，若对大众写史意愿和能力估计过高，把"人人都是他自己的历史学家"这一纯粹理论假说或美妙愿景，当作公众史学暨公众写史的立论基础，在实际操作层面上，恐怕会遭遇难题。恰当思路是，对大众，不能仅做整体的抽象性遐想，更要做现实的及具体性观察与评估。大众中的非（历史）专业人士讲史、编史、写史，当然可能，且能找到若干实例。问题是，大众中有意且能够讲史、写史的少数佼佼者，人数几何？占大众总数百分比多少？是万里挑一？或千里挑一？或百里挑一？笔者不知道。即便达到百里挑一比例，那意味着 99% 的大众没有做到，没有去做，抑或压根儿就没想去做。如果 99% 的大众做不到、没去做且无意做，公众史家寄希望于大众参与公众历史书写，未免过度乐观。

　　我想提出的第六个问题是，公众史学要健康发展，不仅要兼顾公共性与大众性，同时还要兼顾学术性与实用性。举例说。有一部书，叫《梦开始的地方——忆长春电影学院》。① 主编刘学，是当年长春电影学院导演系学生，后来长期担任中学语文教师。这部书，可看作是公众编史的典型案例。该书 528 页，分 4 辑。第一辑《长春电影学院概况》，是重要文献史料汇编。② 第二辑《珍藏的记忆》，由 45 篇回忆文章组成，亲历者现身说法，深情回顾，角度不同，长短不一；虽水平参差，但真诚讲述，秉笔直书，有细节，有质感，生动鲜活，是公众历史书写的主体部分。第三辑《难忘的三次校友会》，是长春电影学院师生 1982 年、2010 年和 2012 年三次聚会信息

---

① 刘学主编：《梦开始的地方——忆长春电影学院》，吉林人民出版社 2016 年版。按：长春电影学院是长春电影制片厂创办的。1960 年，中国兴起了电影厂办学校之风，北京电影制片厂办了中专，上海电影制片厂办了大专，长春电影制片厂雄心最大，创办了大学本科，即长春电影学院。该校 1960 年 5 月正式创办（当年招生），设有文学系、导演系、表演系、摄影系、美术系，1962 年 5 月即宣布停办，历时两年。

② 这部分包括长影党委写给吉林省委的三份办学报告，1960 招生计划、招生简章，学院 8 年规划，以及《长春电影学院领导、教师简历》及《部分同学的经历和业绩》，还摘录了《新中国电影摇篮》和《长春电影志》等史志中有关长春电影学院的记载。

汇集。① 特别值得注意的是，这一辑中还有两个电视专题片脚本，即何宗耀独自拍摄的《电影之梦》，讲述作者当年在长春电影学院学习和生活。另一是何宗耀、陈双、常淳合作的电视片脚本《穿越时空的回忆——长春电影学院》，是以三位作者口述历史形式，回顾并展示长春电影学院历史。第四辑《把光阴留住》，由数百幅新老照片组成，占 71 页。② 第三、第四两辑，融电视专题、口述历史、照片档案于一体，是以影像史学形式呈现。书的价值毋庸置疑，文献价值和历史价值兼备；形式上也丰富多彩。这书也有不足之处。其一，是没有收录关闭长春电影学院的相关文献档案，学院历史有头无尾，故事结局被有意无意淡化，如此，历史叙事就不完整。长春电影学院仅存在两年，固然是这些学子梦开始的地方，也是其中多数人电影梦破灭的地方。③ 缺了后者，即缺少历史记忆和历史叙述的一个维度。其二，是广罗文献和精编史料的矛盾没有完全解决，书中文章和图片，似并非都经过精挑细选，未免有些芜杂。其三，为该书撰文者虽然不少，但当年学子中仍有许多人既未发声、亦未现身（参加聚会），有沉默者，即有历史空白。其四，在感恩与怀念情绪下，历史往事更容易呈现明亮而温暖侧面，其他侧面很容易被淡化或遮蔽，乃至有意忽略。甚而，"历史会因为回顾与联想而膨胀失真"④。2017 年 5 月，笔者采访了该书主编刘学老先生。⑤ 在采访中，笔者了

---

① 包括倡议书、邀请函、申请报告、领导批复，教师代表讲话录、学生代表发言稿，还有大量现场图片。其中还包括两首诗作《相聚》（陈双）和《小路》（丁一民），以诗歌叙校史，亦有文献价值。

② 照片分为老师身影、学生时代、奉献社会、友谊长存、再聚首等 5 个序列，最宝贵的当属该书附录的《长春电影学院师生全体合影留念》（拍摄于 1962 年 7 月 23 日）。

③ 长春电影学院停办后，原电影文学系并入东北师范大学中文系，原表演系并入吉林省艺术专科学校表演系，导演、摄影、美术三系学生虽然留在了长影，但改为舞台导演、人像新闻摄影和舞台美术设计。参见李庆辉（长影集团总经理）：《梦开始的地方·序》，第 2 页。

④ ［美］唐纳德·里奇：《大家来做口述历史》，第 20 页。

⑤ 得知刘学先生要来北京，即邀请他接受我们的口述历史采访，属应急采访。采访时间是 2017 年 5 月 18 日下午及 5 月 19 日上午，共 6 小时。采访地点是北京中安宾馆，此次采访的摄像兼录音是中国电影艺术研究中心在读研究生黄民洋，采访录像及录音档案由中国电影资料馆收藏，暂未对外开放。

解到，刘老先生本人在上学期间就曾遭遇过严重冤屈，那一段求学经历，远不似童话般纯净美好。

以此为例，是想说：1. 公众历史书写编纂，方法与形式多种多样，可协商，可竞争，可批评，可不断修订。《梦开始的地方》的编纂水平已经很高，但仍有修订余地，这就需要公众史学家的专业指导。2. 公众历史势必汇集诸多个人记忆，编纂成人工的文化记忆。但"从生动的个人记忆到人工的文化记忆却可能产生问题，因为其中包含着回忆的扭曲、缩减和工具化的危险。这样的褊狭和僵化只能通过公共的跟踪批评、反思和讨论才能减少其负面影响"①。3. 更重要的是，公众历史既为历史，书写编纂，就要遵从史学基本规范，掌握史学基本方法技能，诸如：有一分证据说一分话，文献调查，史料考据，档案甄别，信息选择，历史观，历史感，历史洞察力，概括与分析能力，历史叙述能力，等等。因此，公众史家不仅应参与公众史学书写，还应担负公众历史推广、公众历史批评、公众历史写作培训等专业职责。4. 当下是信息时代，公众史学也要与时俱进。选题及内容方面，"公众号—粉丝群"的历史、微信朋友圈的历史，都可进入公众历史；方法与形式方面，公众历史大可网上经营，亦不妨采取"维基百科式"，即公众自由参与，使内容不断丰富，证据不断增加，叙述不断完善。

三

笔者想提出的第七个问题，是公众史学和口述史学的关系。我们都知道，口述历史与公众历史的关系十分密切。从公众历史角度说，1. 公众社会生活缺少常规的档案文献，相关历史信息须从公众个人记忆中搜寻，即要靠口述历史采访获取相关信息资料。2. 聚焦同一主题的个人口述历史汇集，本身常被当作公众历史的一种形式，如《一百个人的十年》②《中国知青口述

---

① ［德］阿莱达·阿斯曼：《回忆空间——文化记忆的形式和变迁》，潘璐译，北京大学出版社 2016 年版，第 6 页。

② 冯骥才：《一百个人的十年》，时代文艺出版社 2004 年版。

史》① 等。从口述历史角度说，1. "口述史用人民自己的语言把历史交还给了人民。它在展现过去的同时，也帮助人民自己动手去构建自己的未来。"② 这话也适用于公众历史。2. 口述历史从公众历史中能够获取采访线索，同时也向公众史学学习，以了解这一历史学新学科的新概念及新方法，拓展口述史学的思维空间，丰富其思想路径，提升其思想质量。总之，口述历史与公众历史不仅相互借鉴、相互促进、相互成全，而且可相互吸收、相互融化，就此看来，彼此确实难解难分。

因此，公众史家欲将口述史学正式收编，视口述历史——学名公众口述史学——为公众史学的组成部分，也就不难理解。更何况，苦于无法正式申报学术户籍的口述史家，对此慷慨之举，可能会心存感激，甚至欢欣鼓舞。若在公众史学门下找到合法存身之地，开设专门课程，培养专业学生，岂非好事一桩？

只不过，因有前车之鉴，口述历史人不敢盲目乐观。熟悉现代口述历史源头者都知道，现代口述历史本就是由历史学家原创发明，在历史学大家庭里长大，由历史学家教养成材，原以为能在历史学门下安身立命，孰料历史学门庭广大，人多嘴杂，总有些正经历史学家对口述历史横竖看不顺眼，以至于公开讥嘲詈骂，③ 非但不承认口述历史有历史学合法继承人资格，甚至有人根本否认口述历史价值。若部分史家的讥嘲是无中生有，那也就罢了；问题是，口述历史确有历史家难以驾驭亦难容忍的"根本弱点"：1. 个人记忆不像白纸黑字，更不像录像录音，很可能存在遗忘、错漏、扭曲、变形乃至增生等各式各样的误差，无法与史家熟悉的档案文献相比。2. 个人口

---

① 刘晓萌：《中国知青口述史》，中国社会科学出版社 2004 年版。

② ［英］保尔·汤普逊：《过去的声音——口述史》，覃方明、渠东、张旅平译，辽宁教育出版社 2000 年版，第 327 页。

③ 如澳大利亚历史学家帕特里克·弗雷尔就说："口述历史正在步入想象、个人记忆和完全主观的世界——它将我们引向何处？那不是历史，而是神话。"美国历史学家芭芭拉·塔奇曼更为尖锐刻薄："虽然口述历史或许向学者们提供了一些'宝贵的线索'，但是总的说来都是保存了'一大堆废物'。"以上均见杨祥银《口述史学基本理论与当代美国口述史学》，载定宜庄、汪润主编《口述史读本》，北京大学出版社 2011 年版，第 46 页。

述不是公证文书，也不见得实话实说或直话直说，或多或少会有各自立场偏见、情感偏见和认知偏见。也就是说，口述历史不入部分历史家法眼，并非空穴来风。谁能保证所有公众史学家都能明智大度？

公众史家对口述历史做特别命名，曰公众口述史学，其意当是专指与公众相关的口述历史。也就是说，是将"非公众口述历史"排除在外。所谓非公众口述历史，包括两个方面。一是重要政治历史人物的口述历史，如唐德刚先生早年所做胡适、李宗仁、顾维钧、张学良等历史名人的口述历史，及美国总统口述历史、美国国会议员口述历史。在中国大陆，此类口述历史尚未展开；另一方面，公众口述历史，当不包括口述历史的私人生活面向——即使是针对平民大众的口述历史，也有两个不同面向，即公共生活面向和私人生活面向——诸如家庭隐秘、私人情感、内心生活等等。例如，笔者采访《梦开始的地方——忆长春电影学院》一书主编刘学先生，虽也问及他的成长经历，但重点是他在长春电影学院两年的记忆，以及编纂这部书的因由及过程，而很少涉及受访人的情感、婚姻、家庭生活等主题。亦即，只采访了公共生活信息，而忽略私人生活信息。在常规的生平讲述式口述历史采访中，则会在不同程度上涉及受访人的非公共性生活内容。这就出现了问题：若公众历史只注重口述历史的公共面向，那就不能将口述历史全都囊括在其学术门户之内；若公众历史将口述历史的所有面向都囊括在内，那么公众历史的公共性就会名不副实。合理的解释是，公众历史与口述历史间的合作协同性，并不等于同一性。

只不过，口述历史和口述史学，是两个概念，很容易被混淆，也经常被混淆。实际上，二者不能混淆，更不能相互替换，口述历史是采访人与受访人的会话记录，但口述史学并非口述—史学，而是口述史—学，即口述史学乃是"关于口述历史的学问"。口述历史作为获取有用信息的方法，毫无疑问具有工具性，但这一工具不但可以被历史学家（包括公众史学家）所用，也能被其他人文及社会科学家如人类学家、社会学家、心理学家、语言学家、传播学家所用。也就是说，口述历史并非历史家的专属工具。口述史学，即关于口述历史的学问，是要思考口述历史本质，要回答的问题是：口述历史是什么？它有什么用？如何用？如果追根究源，就不难给出口述历史的真确定义：口述历史是对个人记忆的采集、收藏及开发、利用。这一定义的基本假设是：人类个体记忆中存在人性及人类生活与文明历史的百科信息，因而值得——通过口述历史——采集收藏及开发利用。既然与个人记忆有关，而"记忆是任何一个学科都不可能独占的现象"，"记忆现象的表现形式繁复多样，从跨学科的角度讲它不能被某一专业完全有效地确切了解"，①则口述史学不属于公众历史学或任何其他既有学科，当不言自明。

　　口述历史的两大弱点，即个人记忆的芜杂性、缺漏性、混乱性，和个人立场、情感、认知偏见，具有普遍性，可谓口述历史的基本特征，当然是口述史学要解决的问题。笔者提出"心灵考古"概念，就是针对这一问题提出的解决方案。要点是：其一，记忆的错漏芜杂、口述的与偏见随性，是真实存在。其二，既是真实存在，就有其存在的价值和意义，即使是所谓"垃圾信息"，亦有心灵／人性考古价值，正如任何史前人类生活垃圾都是考古学家的至宝。其三，口述即言语事实，言语事实中包含记忆（心理）事实，记忆（心理）事实中包含历史（生活）事实，鉴定并区分言语事实、记忆事实、历史事实，即心灵考古的目标和任务。其四，要实现目标、完成任务，研究者不仅需具备历史学和社会学知识，更需具备记忆心理学、语言学、传播学知识。其五，个人记忆中包含百科信息资源，经过提炼加工，即能为百科所用。其六，针对口述历史做心灵考古，需要有效的理论模型和相关规范程序，要在实际工作中加以检验，还要经过同行批判与竞争。②

　　以上论述是想说明，口述史学和公众史学有相关性，而非同一性，也没有从属关系。笔者更想说的是，每一门新学科从创意到独立，都要经历长短不一的成长过程，蹒跚学步，牙牙学语，试错纠错，证实证伪，历尽艰辛。口述史学的成长，就经历过曲折而漫长的历程，从精英主义档案实践，

---

① ［德］阿莱达·阿斯曼：《回忆空间——文化记忆的形式和变迁》，第 8 页。

② 有关口述历史与心灵考古的详细论证、工作模型和细节说明，请参见笔者的两篇论文，即《心灵考古：口述历史的方法与模式探索》，《当代电影》2010 年第 7 期；《叙事迷踪：再论口述历史与心灵考古》，《西南大学学报》（社科版）2017 年第 3 期。

到第一次转向即"新社会史转向"（从历史要人和名人口述历史转向平民大众口述历史），到第二次转向即"记忆转向"（亦即心理学转向，因为口述历史出于个人记忆），到第三次转向即"叙事转向"（亦即语言学转向，因为口述历史是受访者口述，也是采访人与受访人的会话叙事）。[①] 现代口述史学诞生，至今已整整70年，犹未真正自立门户。口述史家如散兵游勇，分散于档案学、历史学、人类学、社会学、心理学、传播学乃至新闻机构等不同领域，各自为政，或要等集大成者如传播学领域的威尔伯·施拉姆那样人物出现，才有望一统版图，更好地繁衍生息。

Public History诞生，迄今不过区区40年，公众史学作为中国化再发明，出生时日更短，显然不能奢望公众史学理论及其实践规范就已经圆熟。公众史学尚在成长过程中，每一种理论构想都应受到欢迎和鼓励，同时接受质疑和挑战。

[①] 有关口述史学的三次转向，请参见杨祥银《美国现代口述史学研究》第四章"美国口述史学与'新社会史转向'"、第五章"美国口述史学的理论转向与反思"的第一节"记忆转向"和第二节"叙事转向"，中国社会科学出版社2016年版，第128—180、193—225页。

口述历史与人类学及民族社区研究

　　摘要：口述历史是对人类个体记忆和思想的采集、保藏、研究及开发利用。基本假设是，个人记忆中包含生命、生计、生活、社会、文化、历史等人类活动的百科信息。人类学家擅长访谈，个人生活史采集和编纂也早有经典案例，其访谈的知识、经验、方法和技术，值得口述史家学习和借鉴。玛乔丽·肖斯塔克有关《尼萨》的访谈实践和理论思考，尤其值得口述史家总结并分享。另一方面，人类学亦能从口述史学的发展中获益，口述史学对言语事实、心理事实、历史事实的区分，及基于语言、心理、社会、文化、传播等知识的跨学科"心灵考古"，其方法与理念，与人类学理路相通。口述史学的人学维度，近乎爱德华·萨丕尔的文化观念，"个体人类学"视角，是对人类学常规提出挑战，也是对人类学的反馈和启示。在民族社区研究中，口述历史有独特功能价值。可真实而完整地记录地方性知识，记录本地人的声音与诉求，直达地方社会与民族文化的问题症结。通过口述历史采集，对已经逝去、正在逝去及即将逝去的民族社区文化多样性进行抢救性采集保护，作永久性公共历史档案。口述历史采访及回馈活动，可活跃民族社区的文化气氛，增强民族社区居民的族群认同及社区凝聚力。

　　关键词：口述历史　口述史学　人类学　社群小气候　个体人类学　民族社区　地方性知识　抢救性采集　社区档案

口述史学不是口述—史学，而是口述史—学，即关于口述历史的学问。口述历史也不是口述—历史，而是个人记忆和思想的口述实录。口述历史是什么？有什么用？如何用？这些问题，不宜简单论定。相关答案，需由口述历史实践者不断探索，由口述史学理论家不断思考论证，由理论与范式相互比较及竞争中产生。

本文想要探讨口述历史特性及其与文化／社会人类学的关联，分为三节。第一节探讨人类学生活史访谈经验、路径、方法和技术，对口述历史工作有借鉴价值。第二节探讨口述史学的人学目标和"个体人类学"视角，对人类学提出的挑战和反馈。第三节探讨在民族社区研究中，口述历史的特殊功能、价值和意义。

一

对于口述历史与人类学的关系，笔者所见最直接的说法是："本来口述史就是史学家从人类学中借鉴来的，应该尽量多地吸纳人类学家的看法。"①此说颇为大胆，但却并非无稽。人类学家王铭铭证实："人类学本来的方法就是口述史。"② 在参与式观察研究的田野工作中，与调查合作人／信息提供人合作，对重点调查研究对象展开不同形式的访谈，是人类学家的日常功课。人类学已有 100 多年的历史，对合作人及研究对象做访谈，早已成为人类学家必备的看家本领。在民族志及有关研究文章中，人类学家利用口述历史的证据，俯拾即是。

说口述史借鉴了人类学的经验，口述历史应该多多吸纳人类学家的看法，还有进一步的理由。将近 100 年前，美国人类学家保罗·雷丁就开创了一种以个体经验为中心的生活史方法——与日后的口述历史类似（只不过当时没有录音机）——出版了一本关于温尼贝戈（Winnebago）印第安人的自

---

① 定宜庄、汪润主编：《口述历史读本》，北京大学出版社 2011 年版，第 84 页。

② 王铭铭：《范式与超越：人类学中国社会研究》，《广西民族学院学报》（哲学社会科学版）2006 年第 4 期。

传体作品。① 其后，美国人类学家奥斯卡·刘易斯 20 世纪 50 年代在墨西哥的一个贫民区做研究，有感于当地穷人不能够代表自己发言，遂把自己看成是穷人的"学生和代言人"，以西班牙文出版了对该地区"贫困文化"研究成果《桑切斯的孩子们》后，当地政府竟控告他侮辱了墨西哥人的文化。② 此书特点，是让桑切斯与他的孩子们讲述自己的生活困境和成长经历，以口述历史形式，让人类沉默的大多数发声。多年后，英国口述史家保尔·汤普生才提出："口述史用人民自己的语言把历史交还给了人民。它在展现过去的同时，也帮助人民自己动手去构建自己的未来。"③

进而，美国人类学家玛乔丽·肖斯塔克于 1969 年 8 月至 1971 年 3 月和 1975 年的 6 个月，共 25 个月，在博茨瓦纳西北部卡拉哈里沙漠北部边缘的昆桑人（Kung San）部落田野工作中，对该部落中 8 位妇女进行了大量生活史访谈，最终翻译并编纂出版的是老年妇女尼萨的个人故事，即《尼萨——一个昆人妇女的生活和诉说》。《尼萨》是非典型的民族志著作，必然要面对如此质询："个人叙述能用作民族志吗？既然任何个人都无法真正作为整体文化的代表，那么，我们该如何处理报道人的偏见以及个人叙述与统计学差距呢？"④ 作者的对策是，将对其他 7 位妇女的访谈作为比较，进而还将其他田野工作者的材料也纳入其视野中，作为更为宽广的叙事基础。《尼萨》的

① ［美］西德尔·西尔弗曼：《美国的人类学》，见 ［挪威］弗雷德里克·巴特、［奥］安德烈·金格里希、［英］罗伯特·帕金、［美］西德尔·西尔弗曼《人类学的四大传统——英国、德国、法国和美国的人类学》，高丙中、王晓燕、欧阳敏、王玉珏译，宋奕校，商务印书馆 2008 年版，第 315—316 页。

② ［英］凯蒂·加德纳、大卫·刘易斯：《人类学、发展与后现代挑战》，张有春译，中国人民大学出版社 2008 年版，第 43—44 页。译者将奥斯卡·刘易斯的书名译为《桑乔兹的孩子们》；本书有正式汉文译本，名为《桑切斯的孩子们》，李雪顺译，上海译文出版社 2014 年版。

③ ［英］保尔·汤普逊：《过去的声音——口述史》，覃方明、渠东、张旅平译，辽宁教育出版社 2000 年版，第 327 页。

④ ［美］玛乔丽·肖斯塔克：《"什么不会随风而逝"：〈尼萨〉创作谈》，见定宜庄、汪润主编《口述历史读本》，第 221—232 页。本文中涉及《尼萨》创作的引文，都来自这篇文章，不再专门注释。

人类学成绩，当由人类学家评说争讼。

《尼萨》可说是一部典型的口述历史。它的访谈话题，始终围绕受访人的早期记忆，对父母、兄弟姐妹、亲戚和朋友的感觉，童年游戏，婚姻，与丈夫和（或）情人的关系，分娩，养育子女，对逐渐变老的感觉，以及对死亡的想法。这些都是个人生活史的话题，生平讲述式口述历史采访，也大多会问及。肖斯塔克的工作思路和洞见，出于人类学家视野和经验，值得口述史家学习和借鉴。

首先，个人叙述在多大程度上依赖于特定的访谈关系？肖斯塔克的回答是："访谈是两个人之间的互动：处于特定生命阶段、具有独特人格特征和兴趣取向的一个人，回答由另一个处于特定生命时段、具有独特人格特征和兴趣取向的人所提的一组问题。"尼萨的叙述"便反映了 50 岁的尼萨和24 岁的肖斯塔克之间的限定性对照；任何其他的组合，都必然会导致不同的结果。"此说是经验之谈，前提是一个基本假设：受访人的记忆和口述不是自来水，不是任何人在任何时候打开水龙头，都能获得同样的信息。受访人在不同年龄段，身体状况不同，心境不同，记忆能力和记忆重点都会有所不同；而面对不同的采访人，情境不同，相互关系、互动方式和互动效果不同，受访人的兴奋程度和兴奋点都可能有所不同，能回忆起多少、愿意说出多少、说什么、如何说，势必也会有差异。因此，对同一受访人，不同的人去采访，所得可能会有所不同。实际上，同一采访人在不同时段去采访同一受访人，所得可能也会有所不同。采访人与受访人的不同组合势必导致不同的结果之论，可称为"肖斯塔克假说"，须经实验与实践检验。

其次，个人叙述能被当作是他的真实报告吗？或：受访人的个人叙述的真实性如何？对此，肖斯塔克也有深刻洞见："我让尼萨告诉我作为一个女人意味着什么；她以其叙述作答：那些能够最好地服务于其当前自我定义的、历经时间洗礼的选择性记忆——真实的，修饰的，想象的，或者是三者结合的。"这段话包含的深刻见解如下：其一，受访人的记忆是选择性的，因为时间洗礼，心智能力及心智结构随之变化，个人身心对自己的记忆会有所淘洗和选择。其二，受访人的应答与叙述也是选择性的，因为要服务于当前自我定义，即要顾及显在或隐藏的文化价值和社会压力，还要满足自我想象、本人自尊、显在或潜在的社会影响。其三，受访人的记忆和陈述，包含客观真实、对客观真实的修饰、主观想象以及三者的结合，不是全真，亦非全假，需做言语事实、心理事实、历史事实的区分。口述人所述即言语事实，言语事实不等于心理事实，很可能对心理事实（记忆或想象）有所取舍，并有所修饰。心理事实不等于历史事实，因为心理事实含有对历史事实的记忆、选择、解释乃至个人想象的补充。敏感且富洞察力的人类学家，不仅能分辨言语事实、心理事实和历史事实三者的差异，且能真正懂得并欣赏三者的混杂错综——自我的真实建构，是人性使然。

又次，《尼萨》创作谈中还有一句话，说尼萨"她陶醉于这样一种认知：她在教我生活的'真谛'，在她看来，其他人告诉我的，通常是'谎言'"。这话表达了作者的另一深刻洞见，口述人的陈述以自我为中心，往往会过分自信，不承认或根本就不知道每个人都有其知识或见识的局限性，每个人都有一定程度的个人立场偏见及情绪偏见。尼萨坦率且真诚，对他人的偏见也一目了然。这话对口述历史工作是一个关键性提示：个人口述中有真谛，也包含有意无意的谎言。

最后，《尼萨》编纂本中，呈现了三种不同的声音。第一种是尼萨的声音。这很容易理解，个人生活史讲述，自然要以口述人的话语为主体。第二种是"'权威'人类学家的声音，这种声音把尼萨的故事置于文化视觉之下：尼萨故事每章前面的提要，回顾了尼萨琐谈话题的民族志背景"。这也不难理解，既然要把尼萨生活史故事以民族志形式呈现，不能没有人类学的框架和背景知识介绍。值得注意的是第三种声音："在此我首先不是一个人类学家而是一个正在体验另一世界的年轻美国女子。这种声音夹在15章的个人叙述和民族志评注当中。"作者把自己的身份一分为二，既是专家，也是常人，这不仅体现了后现代主义的多声道追求，也体现了人文科学的工作要诀。人文科学的科学性，要求从业者具有专业技能和素养；而人文科学的人文性，则离不开常识以及常人的感知。做口述历史工作正是如此，成功的采访对话，固然需要冷静而敏锐的科学大脑，但也离不开常人的笑容与情怀，成功的采访需要保持专业思想与常人常情间的必要张力。

人类学家的访谈，有经验，当然也有教训。人类学史上最著名的公案，即德里克·弗里曼1983年出版的《玛格丽特·米德与萨摩亚：一个人类学神话的形成与破灭》，说米德的名著《萨摩亚的成年》"大大低估了文化、社会、历史和心理的复杂性"，天真地把萨摩亚幻想成了一个热带的伊甸园，最糟糕的是米德是带着事先就想好的意图去萨摩亚的，即要表明是文化而不是生物条件决定了人类对像青春期这样的生活转折的反应。弗里曼后来声称，这种假设使得米德倾向于毫无批判地接受萨摩亚女孩们在关于性关系评论中所设的骗局。① 此言是说，米德在性别差异方面的主要发现是建立在一些误导信息基础之上的，萨摩亚青少年给米德提供了一些不实的信息，因为他们觉得用虚构的有关性的故事误导人类学家是一件很有趣的事情。② 这一公案的关键，是对口述内容信以为真，即不加批判地相信当地口述人提供的信息，这是许多初次从事访谈工作的人很容易犯的错误。现代口述历史工作者都知道，对受访人所述必须加以考证和甄别。问题是，当年的萨摩亚没有任何文字档案可查，米德不可能像历史学家如唐德刚采访并编纂《李宗仁回忆录》所做的那样，大量使用档案及图书资料。假如弗里曼说得对，米德真的错了，那就不仅是人类学的一个教训，也是口述历史的教训。

口述历史不可全信。学者傅光明的《口述历史下的老舍之死》③ 中有一个颇为典型的例子：作者在采访老舍之死的过程中，竟有三个人分别说是自己（单独）打捞了老舍先生的遗体。根据常识，很容易做出判断，这三人中至少有二人所说不实，甚至三个人所说都不实。究竟是谁打捞了老舍遗体？只要深入调查，真相总能澄清。但留给口述史学的问题依然存在：为什么这几个人会提供不实信息？根据常理推测，无非三种情况：一是确实打捞过无名遗体，以为那是老舍；二是见人打捞过老舍遗体，谎称是自己打捞的；三

---

① 　见［美］杰里·D. 穆尔《人类学家的文化见解》，欧阳敏、邹乔、王晶晶译，李岩校，商务印书馆2009年版，第125页。

② 　见［英］凯蒂·加德纳、大卫·刘易斯《人类学、发展与后现代挑战》，第40页。

③ 　傅光明：《口述历史下的老舍之死》，山东画报出版社2007年版。

是既未打捞、也未见过打捞，只是听说过，谎称自己打捞过。三种情况如何会演变成肯定的陈述？需要借用人类学家维克多·特纳的"社会戏剧"概念,① 适当加以延伸，才能做出合理的解释：受访人声称如是，很可能是不假思索地脱口而出；所以如此，是把自己与文豪老舍联系在一起，即在社会戏剧中扮演重要角色，能体现自己的人生价值。在人们的意识和潜意识间，历史无非社会戏剧，正所谓：舞台小世界，世界大舞台。

上述解释是否真确？尚有待检验。毋庸置疑的是，人类学的经验和知识，大到对人性、社会、文化的理解，小到如何提出好问题、如何辨析受访人的声音与表情、如何对口述文本做出好解释，都值得口述史家学习和借鉴。

二

口述历史与人类学还有更为重要的深层关联。对口述史学的深入思索和研讨，可能要对文化人类学主流提出挑战，并以此反馈人类学，或能提供些启示。

口述史学的首要问题是：口述历史是什么？口述历史有什么价值？有人觉得，这已是不成问题的问题，因为大家已有共识：口述历史是历史学的一个分支，口述历史的价值，一是可作为历史学素材，弥补档案的不足，增加历史的细节与质感；二是可拓展史学视野，建构社会史、生活史、民间公共史等历史新领域。此说并不错，因为口述历史的初始目标确实如此，而大部分口述历史实践也正是向这一既定目标一路走来，并且取得了巨大的成就，有目共睹。

历史学是一个大学科，许多学科都与它有关联。在人类学发展过程中，也曾有过类似观点：早在1899年，法律史学家梅特兰就曾大胆地表示："未

---

① "社会戏剧"概念起源和要点，参见［美］杰里·D.穆尔《人类学家的文化见解》，第270—272 页。

来，人类学将在作为历史学或什么也不是之间，做一选择。"而埃文斯－普理查德在 1950 年也曾说过，基本上，"社会人类学是一种历史编纂"。① 前者的大胆假设，是人类学初始阶段的一个错误猜想；后者郑重声明，不过是针对拉德克里夫－布朗的反动，企图重新将社会人类学归于人文科学。事实证明，人类学仍是独立学科。只不过，以上两说也非全无道理，历史人类学的创设，即是证明。

口述史学不止于历史学的分支。现代口述历史的发源地美国哥伦比亚大学的口述历史文科硕士（Master of Arts in Oral History），就是 2008 年在该校社会与经济研究和政策研究所（Institute for Social and Economic Research and Policy）的主办，这个学位定义为社会与文化研究（social and cultural research）的一种跨学科形式，旨在深化艺术、人文和社会历史科学领域的研究。②

所以如此，是因为：一方面，历史学、人类学、社会学、心理学、新闻传播等领域都做口述历史；而艺术界、语言学界乃至自然科学界也都有人做口述历史，专门采集记录各界名家的专业思想精华——费孝通说："光是看我写的文章，我出的书，你能看出观点，找到根据，知道我的主张，你觉得看懂了，可能只懂了一部分。文字后面的东西你不知道。只有了解观点、根据、主张是怎么来的，看见了文字后面的东西，才能说得上真懂了，才会有真正深刻的理解。"③ 另一方面，口述历史所述，并非档案，而是个人记忆。个人记忆和思想陈述，含有真实信息，也含有大量修饰、取舍、想象和故事性建构；更不用说，个人记忆本身，还存在遗忘、残损、错嵌、增生和扭曲。我曾采访过一个拍摄过 1949 年开国大典纪录片的老电影人，竟说

---

① 梅特兰和埃文斯－普理查德的话，转引自 [丹麦] 克斯汀·海斯翠普编《他者的历史：社会人类学与历史制作·导论》，贾士蘅译，中国人民大学出版社 2010 年版，第 5、6 页。

② [美] 罗纳德·格里、柯里·罗比、玛丽·克拉克：《口述历史与档案馆：以哥伦比亚大学口述历史中心的经验为例》，载杨祥银主编《口述史研究》第 1 辑，社会科学文献出版社 2014 年版，第 40 页。

③ 张冠生：《田野里的大师——费孝通社会调查纪实·后记》，海豚出版社 2013 年版，第 232 页。

开国大典时间是当日上午 10 点而不是下午 3 点，原因匪夷所思，乃是因为他几年后看过国产影片《国庆十点钟》！开国大典时间有档案文献可查，对错易分。遇到三个人说自己单独打捞过老舍遗体，甚而将历史、传说、传奇、神话、谎言混为一谈，而又没有文献资料可查，想要辨析就十分困难。这工作显然超出了历史学的正常工作范围，也就难怪有历史学家对口述历史大为光火。① 鉴于"记忆是任何一个学科都不可能独占的现象"，"记忆现象的表现形式繁复多样，从跨学科的角度讲它不能被某一专业完全有效地确切了解"，② 由此可证：说口述历史是历史学的分支，虽然说对了开头，却未必符合口述历史的发展与结局，也不足以阐明口述历史的本性和潜质。

　　口述历史到底是什么？它到底有什么用？这类问题，不断追问之下，会有不同思路和答案。理论想要立足，都须提出正确问题，并给出可靠假设。笔者将口述历史定义为：通过录音、录像访谈，对人类个体记忆和思想加以收集、保藏、研究和开发利用。基本假设是，在人类个体记忆中，不仅含历史信息，也含生命、生计、生活、语言、心理、社会、文化等方面的丰富信息。在理论上说，相关学科都可从中获益。而口述史家的工作，是要在个人记忆陈述中寻找社会事实及历史踪迹，需在言语事实、心理事实、生活事实的错杂混沌中，做基于语言学、心理学、传播学、历史学、社会学和文化人类学的综合性"心灵考古"。③

---

① 如澳大利亚历史学家帕特里克·弗雷尔就说："口述历史正在步入想象、个人记忆和完全主观的世界——它将我们引向何处？那不是历史，而是神话。"美国历史学家芭芭拉·塔奇曼更为尖锐刻薄："虽然口述历史或许向学者们提供了一些'宝贵的线索'，但是总的说来都是保存了'一大堆废物'。"均见杨祥银《口述史学基本理论与当代美国口述史学》，载定宜庄、汪润主编《口述史读本》，第 46 页。

② [德] 阿莱达·阿斯曼：《回忆空间——文化记忆的形式和变迁》，潘璐译，北京大学出版社 2016 年版，第 8 页。

③ "心灵考古"是笔者提出的一个概念。有关这一概念的详细论证、工作模型和细节说明，请参见陈墨《心灵考古：口述历史的方法与模式探索》（《当代电影》2010 年第 7 期）以及陈墨《叙事迷踪：再论口述历史与心灵考古》（《西南大学学报》（社科版）2017 年第 3 期）。

　　个体记忆和思想的口述，有真有假，有深有浅，说到底，都是由访谈对话建构的个人故事。拙于言辞或话语滔滔，言不由衷或翩翩浮想，语言事实、心理事实、生活事实无非人类现象，是个体生活所需及所是，"心灵考古"的目标，说到底，是了解、分析和理解口述人。那么，为何不把个体的人学研究，当作口述史学的专业目标？作为新型的基于经验的科学人学，口述历史采集个体生平记忆和思想，分析其人生社会经历，梳理其心灵成长轨迹，探讨其心智奥秘、个性成因、文化思想及专业经验，寻找人类共性。如荣格论分析心理学："我们的实验室是这个世界。我们的实验关注于人类生活中现实的、日常的事件，而实验主体是我们的病人、亲戚、朋友，最后还有我们自己。命运扮演实验者角色……现实生活中的希望和恐惧、伤痛和欢乐、错误和成就为我们提供研究素材。"[1] 借弗洛姆的话说，是："我们能够在不同的个人和文化中观察它们。进一步的任务就是认识潜藏在人性中的规律，以及揭示人性发展的固有目标。"[2]

　　此说能否成立？须从意义、路径、方法和愿景等方面论证。科学人学的意义和价值毋庸置疑：知人才能论事、论世、论史，通过个人探索人性真相，其重要性不言而喻。一切人文和社会科学对象都是人类活动，人学知识每深入一层，都会让所有学科受益。只不过，迄今为止，对人性的认知和假设，都基于哲学层面的抽象和整体。真相却是：由于生物遗传、饮食卫生、微生物环境的多样性，加上社会制度、文化环境、家庭社会经济地位、受教育程度的多样性，加上个人天赋、自我觉知、自我期许、自我训练及勤奋程度的多样性，三重排列组合，使得现实中人的心智与个性千差万别。人类本性和潜质也许相同或相近（有基因为证），但潜质发掘和呈现却天差地远。而"社会和国家的特征来自个体的心理情况，因为它是由个体和个体的组织方式所组成"；且"一切生命都是个体生命，其本身就包含着值得追寻的终

---

① ［瑞士］卡尔·古斯塔夫·荣格：《人格的发展》，陈俊松、程心、胡文辉译，国际文化出版公司 2018 年版，第 91 页。

② ［美］埃里希·弗洛姆：《健全的社会》，王大庆、许旭虹、李延文、蒋重跃译，国际文化出版公司 2007 年版，第 20 页。

极意义。"① 人文与社会科学若不以个人的现实差异为基础，其科学品质必难达标。人文与社会科学不能建基于人类个性，是因为人类个体的多样性及其复杂性超出了现有科学技术能力，亦由于"方法中心论"② 沿袭成风：没有可行路径和可靠方法，如何研究？谈何科学？

　　口述历史人学研究，有前所未有的独特路径，即个人口述历史访谈。个体人生故事，由或真实或虚饰的人生经历，或完整或碎片的记忆，及或生动或枯燥的讲述组成。尽管言语事实不等于心理事实，而心理事实也不等于生活事实，无论怎样的经历、记忆和讲述，都是自觉或不自觉的自我表达，能反应一个人的自我觉知、自我建构和自我评价，进而反映讲述者的价值观念、个性特征、心智水平和道德风貌。因此，每一份访谈记录，不仅是个人生活史和心灵史档案，同时也是独一无二的人性样本。口述历史有独特方法，即基于访谈过程及访谈文本的"心灵考古"，利用既有的人文和社会科学知识，分析口述人的言语风格和心理特征，甄别言语事实、心理事实和生活事实，了解其社会环境、成长经历和职业习惯，探索其心智、人格及个性特征，追求人性新知。口述历史的独特愿景，是积累口述访谈，建立"人类个体记忆库"。③ 相信每个生命都独一无二，每个人的记忆和思想都有其无可替代的独特价值。人类个体记忆库不仅能供百科研究，且能通过大数据挖

---

① ［瑞士］卡尔·古斯塔夫·荣格：《文明的变迁》，周朗、石小竹译，国际文化出版公司 2018 年版，第 167、380 页。

② 方法中心论，是指"认为科学的本质在于它的仪器、技术、程序、设备以及方法，而非它的疑问、问题、功能或者目的……在思考的最高层次上，方法中心体现为将科学和科学方法混而一谈"，亦即"持方法中心论的科学家往往不由自主地使自己的问题适合于自己的技术而不是相反。他们往往这样发问：用笔者现在掌握的技术和设备可以攻克哪些问题呢？而不是像通常应该的那样向自己提问：我们可以为之奉献精力的最关键、最紧迫的问题是什么？"见［美］亚伯拉罕·马斯洛《动机与人格》，许金声等译，中国人民大学出版社 2012 年，第 239—240 页。

③ "人类个体记忆库"是笔者提出的一个概念。见陈墨《口述历史：个人记忆与人类个体记忆库》，载《当代电影》2012 年第 11 期。本文修订版发表于杨祥银主编《口述史研究》第 1 辑，社会科学文献出版社 2014 年版，第 83—107 页。另见陈墨《口述史学研究：多学科视角·绪论》，人民出版社 2015 年版，第 10—37 页。

掘，将人学研究推向精度量化。个体记忆库如"人类个性种质库"，通过资源采集，留待子孙后代开发利用——相信后人比我们更聪明。

在口述史学与人类学关系讨论中，或能将人学研究思路落到实处。根据标准定义，"人类学是研究人类所有方面的多学科科学和学识领域"①。这也是口述史科学人学的理论目标。但文化人类学的研究重点是文化，主张文化大于个人且先于个人。这一基本假设也许不无道理，但却存在一个问题：文化从何而来？心理学家乔治·弗兰克尔说："如果说所有的人类文化、社会和文明有一个共同点的话，那就是，它们都是人类心灵的产物。"②追溯到初民之始，可推想文化的产生，应源自人与自然、人与社会、人与人及人与自我的复杂互动，人是关键因素。若说初民之初的文化历史只能猜测，无法实证，那就换一个题目：儒家文化从何而来？显然离不开从古代巫、史、祝、卜分化出来的专司礼仪之儒，以及孔子、孟子、董仲舒、朱熹、王阳明这些无名或有名的个人。

个人的社会影响及对文化的能动作用，还可在现实中找到例证：同样的地理空间、文化传统、社会结构、时代风气，不同社区的风尚也有所不同。这一现象，不妨称其为"社群小气候"。《舒芜口述自传》中提及，在"文革"中，同一幢大楼里有两家出版社，一个出版社造反派打人风气很盛，而相邻出版社却无此习气："所以我很奇怪，隔得那么近……按理说，造反派之间可以互相'取经'嘛，互相也会有些感染嘛，可是没有。这是什么道理，我不知道……每一个小单位都有它的特殊情况，每一个特殊情况内涵都很丰富，都值得研究。"③确实。法国国家足球队在 2010 年南非世界杯赛期间，内讧不断；而在 2018 年俄罗斯世界杯中，不再内讧，最后夺得冠军：足球队建制结构没有变，法国足球文化也没变，只是换了教练和球员，社群小气候就截然不同。人类学家奥斯卡·刘易斯 1941 年对墨西哥泰普兹特朗村

① 见《美国人类学协会伦理律令》（2009 年版），定宜庄、汪润主编《口述历史读本》，第 87—96 页。
② ［英］乔治·弗兰克尔：《心灵考古》，褚振飞译，国际文化出版公司 2007 年版，第 7 页。
③ 许福芦：《舒芜口述自传》，中国社会科学出版社 2002 年版，第 311 页。

的观察结果，与罗伯特·雷德菲尔德 1926 年对同村的观察报告大相径庭，可能是由于二人研究思路及观察重点不同，[①] 也可能是 15 年星移斗转，人事更迭，社群小气候确有变化。《湘鄂西山居民族的社会与经济》文中提及："在双堰村，乡村干部似乎并没有将过多的精力放在农户的具体生产上，或者说没有统一的生产安排。但是，在捏车村，政府仍然特别关心农户的具体生产安排，并且希望通过政府的统一安排促使村民致富。"[②] 不难想象，这两个村的社群小气候，必会因此而有所不同。任何社群，所有群体成员都是潜在的影响源，[③] 每个人都能影响社区小气候，权力大、地位高、声望隆、能力强者，影响力更大。有时候，一个人也能影响一个社区的社会文化气候，证据是：庆父不死、鲁难未已。上述实例无不证明：个人不是文化的简单复制品。

　　人类学家的想法其实也不一致。爱德华·萨丕尔早就说过："存在着与人口总数中的个体数量一样多的文化。"且"在群体文化的概念和个体文化的概念之间不存在真正的对立，有也最多是分析层面上。这两者是相互依赖的，一种健康的族群文化从来不是一份被消极接受的来自过去的遗产，而显示了共同体成员的创造性参与……尽管如此，同样真实的是，如果没有一份可供加工的遗产，个人是无助的。"[④] 在田野调查中，对文化与人格问题的复杂性，人类学家也早有发现：同一文化内部的个人与个人的差别比他们与其他文化中的个人的差别还要大（卡普兰）；不同性格类型可能与相同社会制度相联系，而相同性格类型又可能与不同的社会制度相联系（梅尔福德·斯皮罗）。[⑤]

① 对这一公案的分析，可参见 ［美］罗伯特·F. 墨菲《文化与社会人类学引论》，王卓君译，商务印书馆 2009 年版，第 282 页。

② 邱泽奇：《湘鄂西山居民族的社会与经济——土家族社区发展调查》，载马戎、潘乃谷、周星主编《中国民族社区发展研究》，北京大学出版社 2001 年版，第 107—144 页。

③ ［澳］迈克尔·A. 豪格、［英］多米尼克·阿布拉姆斯：《社会认同过程》，高明华译，中国人民大学出版社 2011 年版，第 228—229 页。

④ 转引自 ［美］杰里·D. 穆尔《人类学家的文化见解》，欧阳敏、邹乔、王晶晶译，李岩校，商务印书馆 2009 年版，第 107、109 页。

⑤ ［美］理查德·施韦德：《道义地图，"第一世界"的自吹自擂及新福音传道者》，载 ［美］塞缪尔·亨廷顿、劳伦斯·哈里森主编《文化的重要作用：价值观如何影响人类进步》，程克雄译，新华出版社 2010 年版，第 214 页。

这就有一个问题：人类学家既已发现个人的主观能动性，为何没有产生"个体人类学"分支？答案或许仍是：找不到可行的路径与方法。口述历史访谈与研究，或正是可选方案。人类学是田野作业，即参与式观察研究；口述历史同样要在田野／实境中，通过采访即提问、倾听、对话，而后思索和研究。只不过，人类学的访谈，目标不在知人，而是把访谈对象作为消息提供者，了解当地的社会与文化信息。即便是生活史访谈，也同样是借个人生活经历和细节，说明当地社会文化特点。人类学访谈的对象，大多是匿名，大名鼎鼎的尼萨，也非真名。口述历史关注的重点是讲述人本身，但有假设前提：个人是社会化产物，个体心灵是由文化滋养而成。可见，口述史学与人类学有共同的工作领域，既相向而行，也相反相成。在这一意义上，口述历史打开了"个体人类学"的视角。

欧文·戈夫曼的《日常生活中的自我表现》中，也提及人性化自我和社会化自我的差异，[①] 留下个人选择空间。林黛玉初进贾府，不敢多说一句话，不敢多走一步路，然而时日一久，矛盾冲突渐多。所有社会剧本都很松散，所有文化角色也都有较大的表演发挥空间，即使是初民社会，也有人改变台词或动作，完全不按剧本表演的也不乏其人。文明愈发达，社会愈复杂，个人反弹的战线就愈长。将文化适应即按社会前台规定表演作为轴线中点，在其正、反两个方向上，都会有长长的延伸线。正向延伸线上，有跟风模仿者，冬烘先生，乐在其中者，灵活利用者，其尽头，是"大英雄能本色，真名士自风流"，即以自我实现促进社会变迁者。在反向延伸线上，有适应不良者，神经症患者，犯错或犯罪者，其尽头，是极端反社会人格。在这一轴线上，有无数细微刻度。文化的多样性，说到底，是来自不同地区／时代人类心智与个性的多样性竞争。口述历史的个体人类学视角，是观察和研究不同个体如何被文化所化，并对文化做出反馈和影响。与文化人类学的常规不同，口述历史聚焦于个体主观能动性：访谈录如个体民族志，访谈人

---

① ［美］欧文·戈夫曼：《日常生活中的自我呈现》，冯钢译，北京大学出版社 2008 年版，第 45 页。

的考据、分析、阐释和理论，就是个体人类学。

三

下面说口述历史与民族社区研究。民族社区，在中国，指的是汉族之外的兄弟民族居住的社区。民族社区既是自然地理／物理空间，也是民族／族群社会空间。民族社区最小单位，是民族聚居的村寨，或城市的民族街区。本文的民族社区研究，重点是农村社区。按人类学的理解，对农（牧）业社会的研究，是"对于社会变化本质的更普遍之研究的一个部分，成为理解民族文化的必由之路"[①]。

民族社区研究，是人类学的传统领域，也是人类学家的特长。无数民族志、民族学著作，即是证明。早在 20 世纪 30 年代，人类学家费孝通等人就开始了中国民族社区研究，并树立了专业典范。新时期以来，尤其是近 20 年，民族社区研究在更大规模上展开，以民族学派为代表的内涵研究、以旅游心理学派为代表的旅游影响研究、以地理学派和社会学派为代表的社区演变研究、以社会学派和民族学派及旅游学派为代表的民族社区发展研究，[②] 成就可观。其中当然也有问题。当下民族社区研究中，发展研究作为主流，政府导向的发展尤为突出，有人提出"'发展'重于'民族差别'"[③]。此说固然符合国情及当下意识形态，也有成功例证，及易获成功的理由，但缺少相关科学的论证、质疑或异见，总会令人不安。例如，《湘鄂西山居民族的社会与经济》中，作者记录了 1994 年 11 月 17 日下午随某乡"蚕桑指挥部"检查组人员下乡，见到当地干部强迫农民种桑养蚕，未完成任务者立

---

① ［美］罗伯特·F.墨菲：《文化与社会人类学引论》，第 264 页。

② 参见李亚娟、陈田、王开、王婧《国内外民族社区研究综述》，载《地理科学进展》2013 年第 10 期。

③ 于长江：《云南丽江县鸣音乡多民族社区调查》，其中第六节即"政府导向的发展"，第一段即"'发展'重于'民族差别'"，见马戎、潘乃谷、周星主编《中国民族社区发展研究》，北京大学出版社 2001 年版，第 411—457 页。

即罚款，当地干部声言"迫民致富，栽桑无罪"及"搞计划生育也是一样，'宁可亡家，不可亡国'"等等，①虽有观察记录，却没有专业性评论和分析。贫穷有多种，经济贫困只是其中之一，而社会资本匮乏、文化资本匮乏、个体精神贫困，问题更严重也更本质。从人类学角度说，贫困首先是一种社会关系，是不平等、边缘化与权利被剥夺的结果。②从心理学角度说，"所有的思考和关怀都是由上而下，所有的问题都有答案，所有的需求都能得到必要的供给。处于群体中的人这种极其幼稚的梦境状态是如此地脱离现实，他们甚至不会想一想，问一问是谁在为这个天堂埋单。"③对此，科学家如何面对？

在这样的背景下，口述历史或许能派上用场。当然，要讨论口述历史参与民族社区研究事，首先要面对这样两个相关问题：其一，在人类学的传统地盘上，口述历史为什么或凭什么要插一手？其二，口述历史能为民族社区研究做些什么？或，口述历史所为，哪些是人类学及其他学科不能替代？

对第一个问题的回答是：现代民族社区并非初民社会，由社区交流引起的涵化和濡化，使得其社会与文化的复杂性倍增；在经济全球化大背景下，现代民族社区普遍面临经济发展、社会变迁、文化转型、环境保护等多重压力，现代民族社区研究已成一个极其复杂的综合性课题，不仅需要人类学家参与，也需要生态学家、经济学家、社会学家、公共史家、生物学家、语言学家以及与当地环境及生产方式密切相关的科学与技术专业人士的参与。明智的地方政府官员，要借科学发展经济、社会和文化的综合生产力，相关专业的科学技术专家亦责无旁贷。在此情势下，口述史家或附骥尾，或单独行事，都有充足的理由。

对第二个问题的回答是，口述历史之于民族社区研究，确有独特路径

① 邱泽奇：《湘鄂西山居民族的社会与经济——土家族社区发展调查》，载马戎、潘乃谷、周星主编《中国民族社区发展研究》，第107—144页。下乡检查事，见130—133页。笔者很好奇：1. 在当地普遍种桑养蚕，是否经过实验？2. 假如可行，为何不先搞示范，成功后让人自由跟进？为何要强迫？

② ［英］凯蒂·加德纳、大卫·刘易斯：《人类学、发展与后现代挑战》，张有春译，中国人民大学出版社2008年版，第24页。

③ ［瑞士］卡尔·古斯塔夫·荣格：《文明的变迁》，第204页。

及方便法门，也有其他学科无法替代的功能。以下逐一说。

首先，口述历史在民族社区研究中的独特价值，是可真实而完整地记录地方性知识，记录本地人的声音与诉求，直达地方社会与民族文化的问题症结。人类学家需要考察人们基于自己的文化、经济、历史背景所创造话语的互动方式。[①] 克利福德·格尔茨进一步指出，人类学著述本身即是解释，"按照定义，只有'本地人'才做出第一等级的解释：因为这是他的文化"[②]。有些人类学家走便捷之道，让当地干部（尤其是有当地民族身份者）做主要的信息提供人。这样做固然有其道理，即当地干部提供该社区全面数据和信息，与研究者也容易沟通；问题是，若只找地方干部，其政治身份和民族身份的矛盾，可能导致看问题的立场偏差，影响信息的客观公正性。有人指出，我们也许会说人类学是关注于公正评价包括自身在内的众多人类制度的一门科学。[③] 口述历史能获得公正信息，因其访谈对象可覆盖社区各层面，包括不同身份、不同年龄和不同性别的人。

或问：个人口述历史是否能反映社区文化的普遍情况？答案是：可能。个人生平经历中，要涉及家庭构成、亲属关系、生计方式、生活方式、育儿传统、宗教体验、风俗习惯；涉及当地人口特征、社会结构、地理环境、生态特点等相关信息；深入追问下，还会涉及社区的经济资本、社会资本、文化资本的配置与消费实况，以及社区的文化小传统和社会小气候。有关民族文化及民族性问题，（美国）人类学中亦有以个体为中心做出抉择的假设，将族群身份看作是个人抉择，即个体是如何建构他们的民族身份的？[④] 按此

---

① ［英］凯蒂·加德纳、大卫·刘易斯：《人类学、发展与后现代挑战》，张有春译，中国人民大学出版社 2008 年版，第 69 页。

② ［美］克利福德·格尔茨：《文化的解释》，韩莉译，译林出版社 2014 年版，第 19 页。

③ ［美］威廉·A. 哈维兰等：《文化人类学：人类的挑战》，陈相超、冯然等译，机械工业出版社 2014 年版，第 4 页。

④ ［美］西德尔·西尔弗曼：《美国的人类学》，载［挪威］弗雷德里克·巴特、［奥］安德烈·金格里希、［英］罗伯特·帕金、［美］西德尔·西尔弗曼《人类学的四大传统——英国、德国、法国和美国的人类学》，高丙中、王晓燕、欧阳敏、王玉珏译，宋奕校，商务印书馆 2008 年版，第 305—418 页。

建构主义理论方法，不难推测，个人口述历史能够提供真实、丰富、生动且有效的民族文化动态信息。通过不同家庭、年龄、性别的个人访谈记录，既可相互证实或证伪，能消除个人立场与见识偏差，还能借此建构特定民族社区的社会关系及信息传播的真实网络。

口述历史工作的优势，是少有预设，专心于提问并倾听，对受访人的讲述保持较大的开放性和敏感度，能最大限度吸收受访人的经验、知识、思想和智慧，往往会有出乎意料的收获。作家严歌苓多次进藏采访，说川藏交界的深山里的女人"她们对许许多多的概念都不清楚，基本上是无概念的女人"[1]。意思是说，这些偏僻地方的民族居民，不了解国家主流文化，对新时期、改革开放、经济建设、文化转型等普通概念，可能不知所云。但说她们是"无概念的女人"，则显然是误解：她们熟悉父母、丈夫、儿女、结婚、生病、死亡等概念，说及山神、牛羊和青稞，词汇量更是惊人。现代人重视学历，把没上过学的人称为文盲即没知识、没文化的人，是同样的误解。在人类学家看来，没上过学的农牧民同样有其生计和生活的经验知识，谙熟本民族社区文化。对民族社区居民的文化水准及其知识有效性，须按文化相对论原则进行分类与评估。任何民族文化都是该民族智慧的结晶，每个民族社区中都有智者及有心人，关注并思索本民族社区的命运。口述史家能做到的是，倾听并记录当地智者的思路与见解。

进而，有经验的口述史家，不止于提问、倾听和记录，也能对民族社区文化做独立的思考、分析和研究。当地行政领导、宗教首领、族群长老、经济富户、文化精英、意见领袖是谁？以及当地社会结构及文化小传统，[2]可通过人类学与社会学调查获得。但头面人物的品行、个性、作风、见解及

---

① 王红旗：《爱与梦的讲述——著名女作家心灵对话》，社会科学文献出版社 2010 年版，第 30 页。

② 大传统、小传统概念系人类学家芮德菲尔德提出，大传统是指由社会上层少数善于思考的人创造的，小传统则是由多数底层农民所创造。见［美］罗伯特·芮德菲尔德《农民社会与文化：人类学对文明的一种诠释》，王莹译，中国社会科学出版社 2013 年版，第 95 页。又，芮德菲尔德，即前文提及的雷德菲尔德。

影响力如何？有哪些追随者和反对者？矛盾与博弈方式为何？互动方式及其效果如何？普通群众如何参与和评说？则只有通过深入的口述历史访谈才能获得。只有了解这些信息，分析出当地社群小气候的特点与成因，才算是深谙地方性知识。要做创新与发展主题研究，也要以此为基础。在此信息时代，创新资讯并不难得，问题是：哪些创新易被接受并能顺利扩散？这要看当地创新需求及学习能力，还要看当地文化小传统及社群小气候。社群不同，创新扩散的可能性、路径及规律也就不同。

进而，长期从事口述历史采访的人都了解，人们讲述自己的生平故事，往往有明显的长短、精粗之分。即便年龄与性别相同，分别讲述一段共同经历（如灾难），讲述长度和精度也有明显差异。有人三言两语，零碎紊乱，再问就会张口结舌；有人绘声绘色，背景清楚，情节完整，细节生动鲜活（不排除重构的修饰和想象）。记忆力和语言表达能力的不同，一般认为是天赋差异，实际上，这种天赋与记忆习惯、精神活力、内心生活丰富程度及心智水平密切相关。记忆研究专家指出，"有许多事情，我们对它们有多少回忆，取决于我们有多少机会对别人叙述它们……对这些回忆的记忆是通过重复而得到巩固的。"① 这说明，1. 生平故事的长度和精度，与个人心理习惯及精神活力有关；2. 与个人社交习惯及社交频次有关；3. 与社区内成员互动频次及社交氛围有关。其中二、三两项数据，可通过调查获得，据此可求社区居民心理习惯和精神活力的大致均值，这是更为隐秘的地方性知识，从中可提炼出情境类型及人性密码。

进而，口述历史工作有两条重要规则，一是凡口述历史采访，须录音或录像记录（没有录音或录像的访谈不合现代口述历史标准规范）。二是所有口述历史录音和／或录像档案，都必须长久保存（最好是提交给有条件的档案馆或图书馆保存）。这两条规则确保了口述历史具有非凡的功能价值，长久保存口述历史录音或录像，不仅可供质询者随时查证，且可供人文和社

---

① ［德］阿莱达·阿斯曼：《回忆有多真实？》，载［德］哈拉尔德·韦尔策《社会记忆：历史、回忆、传承》，北京大学出版社 2007 年版，第 57—74 页。

会科学研究同行长期共享资源；更重要的是，即通过口述历史采集，详细记录并保存民族社区居民的社会记忆，可作为该社区永久性公共历史档案，以便文化有心人对已经逝去、正在逝去、即将逝去和可能逝去的民族社区文化多样性进行抢救性采集保护。

这样做的理由是，民族社区的文化传统及其风俗特点，社会经济变迁情形，文化涵化和濡化踪迹，无疑都值得记录并研究。中国历史文化处于千年变局中，新中国近70年历史，从社会主义集体所有制暨计划经济，到社会主义市场经济，社会与文化变迁，纵非天翻地覆、沧海桑田，但也日积月累、不复旧观。国家政治革命和经济转型政策，对民族社区的社会结构和文化传统，对居民的生计方式、生活方式，有不同程度的影响，各地区自然及社会文化生态的多样性亦有不同程度的改变：山川在变，语言在变，习俗在变，社会认同民族心理也在变。历史潮流或无法阻挡，至少可以且应该记录存档。而口述历史记录民族文化，国外已有诸多先例，如美国"桃瑞斯·杜克美国印第安人口述历史项目"等等，① 可资借鉴。中国人也在急起直追，如《农民中国：江汉平原一个村落26位乡民的口述史》，② 以及"（浙江）缙云河阳农民口述史项目"等，③ 堪当范例。

口述历史活动，还有不可忽视的社会效应。口述历史访谈人到民族社

---

① "桃瑞斯·杜克美国印第安人口述历史项目"是由私人赞助的大型口述历史项目，开始于1966年，分别在加州大学洛杉矶分校、亚利桑那大学、伊利诺伊大学厄巴纳－香槟分校、新墨西哥大学、俄克拉荷马大学、南达科他大学、犹他大学和佛罗里达大学等多所大学建立专门的搜集与保护计划，该项目共搜集了将近5000份录音访谈资料。其后，美国出现了针对亚裔美国人、拉丁裔美国人、非裔美国人、犹太裔美国人、意大利裔美国人及美国穆斯林等多个专门口述历史项目。美国国会于2009年4月，通过了《2009年民权历史计划法案》，随即要求国会图书馆和史密森学会启动有关民权运动口述历史收藏的全国调查。见杨祥银《美国现代口述史学研究》，中国社会科学出版社2016年版，第149—166页。

② 曾维康：《农民中国：江汉平原一个村落26位乡民的口述史》，高等教育出版社2012年版。

③ 有关这一项目的具体情况，参见赵月枝、龚伟亮、白洪谭《农民口述史：急迫性、方法论与现实挑战——以河阳村为例》，载丁俊杰主编"口述历史在中国"丛书第一辑《口述历史在中国：多元化视角与应用》（本辑主编：林卉、刘英力），广西师范大学出版社2016年版，第264—285页。

区采访记录当地人的生活故事，不仅是当地人故事有意义、有价值的证明，也是当地人受到外界尊重和重视的证明。口述历史访谈在当地成为引人注目的社会事件，可活跃民族社区的文化气氛，增强社区成员的自信心与自豪感。口述历史还能以各种方式回馈社区，如口述历史档案、特别制作的视频或音频节目等。当地非物质文化遗产传承人故事，当地独有的文化风俗，当地名人传说及群众心声，乃至当地人共同的磨难经历，经过公众传播，即能增强民族社区居民的族群认同，增强民族社区的凝聚力和精神活力。美国华盛顿特区人文评议会赞助的"街灯计划"等成功先例，① 就值得借鉴。

　　最后还有几点提示。一是，口述历史采访人要进入民族社区做采访，须先经过人类学培训，掌握有关民族的基本知识，入乡先问俗。二是，要过语言关，须懂得当地民族语言，尽可能利用民族语言采访。即便是在那些居民会说且习惯说汉语、不常说乃至不会说本民族语言的社区，② 凡能用民族

---

① "街灯计划"是美国华盛顿特区人文评议会（D.C. Community Humanities Council）赞助的，起因是注意到住在同一社区的人彼此疏远，为增强社区凝聚力，邀请学者、说书人和其他表演者到公共住宅与年长居民谈论他们的共同文化和历史。在非洲裔美国人占多数的波托马克花园社区里，讨论的重点是宗教传统、由南方往城市的迁徙过程、家仆生涯、"大萧条"时期的日子等。"街灯计划"强调他们的经历的重要性，以及他们彼此间有多少共通性，于是波托马克花园的年长公民把有关自己奋斗和成就的故事搜集起来，做成记录留给后代。类似的例子还有：弗吉尼亚的艾文霍山区居民口述历史计划，及费城的坦普尔大学开展的"发现社群历史计划"，鼓励各个街坊邻里通过口述历史、手稿和照片来记录自己的过去。见［美］唐纳德·里奇《大家来做口述历史》，王芝芝、姚力译，当代中国出版社 2006 年版，第 229—231 页。

② 马戎《三访府村：一个北方半农半牧社区的跟踪调查》文中介绍，内蒙古赤峰市翁牛特旗府村蒙古族居民中，（1989 年）50 岁以上的尚能讲流利的蒙古语，40—50 岁之间的能够听懂且能不流利地讲一点蒙古语，40 岁以下的人基本上听不懂也不会讲蒙古语。另，邱泽奇《湘鄂西山居民族的社会与经济——土家族社区发展调查》文中介绍，湖南省湘西土家族苗族自治州龙山县兴隆乡双堰村，（1994 年）土家族和苗族村民已经基本上不会说自己民族语言了；湖北省恩施土家族苗族自治州来凤县百福司镇河东乡 80% 是土家族，10% 是苗族，但本地人即使在家里也都讲汉语，部分 60 岁以上的人才会讲土家语，50 岁左右的人都不会讲，45 岁以下都不懂了。河东乡已经没有人能在学校教授土家语和苗语了。这种情况显然不是孤例。这两篇文章均载马戎、潘乃谷、周星主编《中国民族社区发展研究》，第 39—70、107—144 页。

语言采访，就用民族语言采访。理想的情况是，让懂得民族语言的人类学家去做口述历史；若做口述历史的人类学家同时具有民族身份，效果必定更佳。本文要旨，在口述历史采访与人类学常规调查的路径分别，而非专业分殊与短长。三是，进入民族社区研究，交流不易，访谈更难，有时会遭遇冷遇和尴尬。如："帮助我们进行调查工作的小学教师古丽努儿，在一次和我们一起调查中，被他祖父和几位村里人在大路上看见，她祖父当即大声质问她，为什么和汉族男人走在一起。其实，她祖父早知道孙女在做这项工作，但在众人面前仍然要这么问一次，显然这和群体内部压力有关。"① 此虽特例，亦可推想普遍情形：外人进入社区，他者／我们之别一目了然，隔阂在所难免。口述史家须学习玛乔丽·肖斯塔克，明确求知目的，摆正求教姿态，强调"我们（都是女人／人）"，即建构平等而亲切的人际关系即时语境，让尼萨们欣然开口，讲述自己的人生故事。

---

① 李建新、蒋丽蕴：《新疆维汉关系研究——吐鲁番艾丁湖乡调查》，载马戎、潘乃谷、周星主编《中国民族社区发展研究》，第71—106页。

与北美图书馆培训班同仁谈口述历史

各位好!

我叫陈墨,是中国电影资料馆历史研究室的研究员,今天奉命来跟大家分享我们的口述历史工作经历和体会。从活动日程安排表上看,我们这个单元活动的时间是 1 小时。按照学术惯例,我先向大家报告,用时大约是半小时左右,剩下的半小时左右,请大家批评和讨论。

在各位面前讲我们的口述历史工作,有些班门弄斧。我知道美国许多档案馆、图书馆中有口述历史收藏,哥伦比亚大学巴特勒图书馆、加州大学伯克利图书馆、国会图书馆,都有大量宝贵的口述历史收藏。做口述历史,我们是后来者。比美国哥伦比亚大学晚了 60 年,比国内先行者如钟少华先生、冯骥才先生等人也晚了十几二十年。我们有啥可说的呢?

缘起:我们为什么要做口述历史

我所在的单位很有特色,一个单位,两块牌子。一是中国电影资料馆,一是中国电影艺术研究中心。在过去 30 年里,我们单位是中国电影艺术研究中心,括号中国电影资料馆;从最近开始,我们变成了中国电影资料馆,括号中国电影艺术研究中心。我说这些,是想说,由于是两块牌子,我们研究室属于电影艺术研究中心的编制,在电影资料馆的少数人看来,研究室并非必需,是资料馆的赘肉,干脆说就是肿瘤,不但是肿瘤,而且是恶性肿瘤。因为研究室这些人拿着高工资,而且不坐班,而且还有稿费,而且还趾高气扬，看着就让人生气。

我进入这个单位已经 27 年了，其中 25 年是在研究室。研究室经常面临生存危机，我们就不得不设法证明自己存在的价值，证明我们不是肿瘤，至少不是恶性肿瘤。也就是说，我们要证明，研究室这些人对电影资料馆有用。

如何证明呢？具体有三个路径。

路径之一，是具体介入电影档案清理工作。并不是去做常规的档案整理或登记归档，而是帮助做馆内档案文献普查。由于各种各样的原因，我们资料馆收藏的影像资料，还有一些没有整理，例如我们有 680 多个异型拷贝，即不是 8 毫米、16 毫米、35 毫米等标准化的拷贝，是些什么内容？因为没有整理过，所以没有人知道。又如，我们收藏了大量"满映"时期的电影拷贝，这个一直是禁区，问题是谁也不知道到底有些什么东西。又如，抗战新闻片、纪录片方面，我们有 900 个节目到 1000 个节目，到底有多少？由谁制作？具体有什么内容？没有人确切知道。因此，我们想帮忙做一做这方面的工作，而且还为每一份工作都创造一个可以申报国家专项资金的名目。从十几年前做的《总理奉安》影像档案调查，并成功申报国家档案遗产，到去年提出的抗战影像档案普查，我们提出过 N 多个申请报告，提供给电影资料馆领导研究。这样，我们不就有点用了？

路径之二，是学习、思考和研究档案学、图书馆学——这就与在座各位专家有些关联了，关联在于，电影资料馆是什么呢？一半是档案馆，一半是图书馆。我们思考的起点，是从根本上明确我们单位的功能性质，一方面是为国家收集影像档案及其相关文献，一方面是为社会提供影像作品及其相关图书报刊借阅服务。这两方面，都有自己的行业标准，按照行业标准，就可以检测我们的工作做得怎么样了。我们思考的目标，是中国电影资料馆如何主动应对现实的国家体制改革、如何迎接未来的挑战？这里有现实的功利性考虑，也有理想的学理性思考。现实功利性考虑是什么呢？那就是，大家知道，中国体制改革最大特色是等着顶层设计，专业单位只能等待有关政策，排排好、乖乖坐，等着阿姨发苹果；与此同时，另一大现实特色是：会哭的孩子有奶喝。我们就考虑：中国电影资料馆是不是可以哭一哭？我的同事张锦研究员有一部专著《电影作为档案》，这一论点如果能成立，按照逻辑，中国电影资料馆也可以成为中国国家历史档案馆影像部，也就是国家历史影像档案馆。那样，中国电影资料馆就能鸟枪换炮。我们不是只做表面文章，更不是只想投机取巧，而是要以此为改革与发展的契机。

路径之三，做口述历史。

因为这是工作任务，不得不说。我要报告四个问题：一，我们的口述历史工作概况；二，"中国电影人口述历史"的三维度问题设计；三，关于口述史学的思考；四，人类个体记忆库的概念：口述历史作为大数据时代的科学研究资源。

一、我们的口述历史工作概况

我们开始酝酿做口述历史，是在本世纪初，那时候多半还是几个同事私下交流，认为做口述历史，创制历史和社会记忆档案，丰富我们的馆藏。只不过，当时并不是所有人对口述历史都有清晰的认识，更缺乏经验，且时机不大成熟。

2006年，老馆长陈景亮退休，新馆长傅红星上任。2007年，由研究室主任皇甫宜川向傅红星馆长报告，要做口述历史，要申请项目资金。报告得到了傅红星馆长和新一届馆领导的理解和支持，由傅红星馆长出面，申请到了口述历史采访资金。我们商量决定，将我们的项目命名为"中国电影人口述历史"。2007年底，同事吴迪和李镇率先展开采访，2008年全面展开。2010年，我们完成了口述历史采访的第一期工作，紧接着我们又申请到了第二批采访资金，从2011年开始进入口述历史采访第二期，目前，第二期工程仍在进行中。

团队方面。口述历史工作，主要由研究室的同事担任，分为两个小组，一个是项目行政管理组，通常是由研究室负责人，创始负责人是皇甫宜川研究员——他现在是《当代电影》杂志社社长和总编辑，第二任是黎煜博士——她现在是研究生部的副主任；第三任是李镇，他也是我们历史研究室的现任副主任。管理组之外，还有一个业务咨询组，开始的时候是吴迪研究员和我一同担任，几年前吴迪退休了，我则继续工作，算是三朝元老。我们的团队是非常团结也很优秀的团队，吴迪、皇甫宜川、黎煜、李镇、张锦、边静、周夏，这些人到任何一个口述历史工作团队中都能够做咨询专家和工作骨干。实际上，我们还有培养更年轻专家的计划，蒙丽静、赵正阳、姚睿三位博士就是重点培养对象。只可惜，有一人退休，多人工作调动，我们这个团队已经不那么完整了。

采访方面。到目前为止，我们已经完成了350多人的采访，完成了高清录像将近4000盘，每盘65分钟，录音时长肯定要多些。我们还翻拍复制了电影人的照片10000多张。最近几年，我们的采访工作稍稍放缓，有多种原因，一是同事们还有其他的研究课题，二是我们还有口述历史研究课题和口述历史编纂出版课题。最近是资料馆内有关方面做课题审查。

出版方面。后几年的采访量有些减少，主要原因是我们还有口述历史编纂工作要做。2011年，我们编纂出版了"中国电影人口述历史丛书"四卷，民族出版社出版；2012年，我们和中国电影出版社合作，又申请到国家出版基金资助，要出版30卷"中国电影人口述历史"，分为单人卷、多人卷，其中多人卷又分为单位卷、行业卷、专题卷。这30卷正在陆续编纂和出版。

研究方面。我们还申请到国家社科基金的口述历史研究项目，第一次是2010年至2012年，课题是由我的同事吴迪（笔名启之）研究员主持的，这一课题的成果是一本论文集《倾听心灵》，三联书店2014年出版。第二次，有一个国家社科基金重点项目，还是口述历史研究，这次是由我主持的。我个人出版了几部书，一是《口述历史门径》（实务指南），人民出版社2013年版；一是《口述历史杂谈》，海豚出版社2014年版；还有一本《口述史学研究：多学科视角》，也是人民出版社约稿，已经交稿，大约几个月后就能出版。

交流方面。我把我的研究课题经费大多用来请口述历史方面的专家来我们这里讲课和交流，先后请了温州大学口述历史研究所所长杨祥银、澳门口述历史学会会长林发钦、山东大学张士闪教授、山西社科院丁东研究员、中国青年政治学院的邢小群教授、中国社科院的定宜庄研究员、大连大学李小江教授、中华女子学院刘梦教授、山西社科院的李卫民博士、中国传媒大学王宇英博士，以及美国加州大学的周锡瑞教授等专家学者。我的同事当然参与讨论。

二、电影人口述历史：三维度问题设计

前面说了，我们是口述历史工作的后来者。后来者有后来者的好处，是可以站在前人的肩膀上，可以学习前人的经验，少走弯路，或许还能有所创新。

在采访工作开始之前，我们就确定这个课题名称为"中国电影人口述历史"，不是"电影口述历史"，中间多了一个"人"字，有什么特别的呢？特别之处在于，我们是让受访电影人做自己的生平讲述，而不仅仅是讲述与电影工作有关的部分。实际上，我们提出了采访的三个维度，一是专业经历的维度，这当然是首要的、必不可少的，否则我们的课题就不能成立；第二是社会经历的维度，这是因为，我们知道，80岁以上的老一辈电影人大多是半路出家，前半辈子经历了抗日战争、内战，以及新中国成立后的历次政治运动，他们从事电影专业工作的时间非常有限，若是只讲与电影工作有关的故事，而放弃那些革命的和政治运动的经历，那就不仅浪费资源，十分可惜；实际上，如果不了解也不理解当年的战争经历和政治运动的经历，我们也就不可能理解他们的电影观念和电影活动。还有第三个维度，即个人成长的维度、个人心灵史的维度，缺少这一维度，我们就不大可能了解此人的口述历史是真是假、是深是浅，以及他为什么这么说。

摸索了一段时间之后，我们慢慢摸索出一些经验，并且形成了一些问题模式，也就是每人"必问题"，而后同事李镇将这些必问题总结为《基础信息200问》，供参与采访的同事参考。这200问，就包含了上述三个维度

中的普遍性的问题，例如会问每一个人：1937 年 7 月 7 日的经历和见闻，会问 1945 年 8 月 15 日的经历和见闻，以及有关新中国成立之后所经历的土改、镇压反革命、"三反五反"、肃反、反右、大跃进、反右倾、三年大饥荒、"四清"、"文化大革命"等等政治运动经历和见闻；同时还会问他们上小学、中学的经历、课程、爱好、文艺活动，以及他们的婚礼是怎么进行的，等等。总之，我们采集的不仅是电影史的信息，而是整个社会历史的丰富信息。我们有一个梦想，那就是，若干年后，人们研究近 100 年，尤其是新中国成立以后的中国历史、中国社会和中国人，都能在我们电影资料馆找到生动的记忆档案。

三、对"口述史学"的思考和研究

申请到国家社科研究基金，虽然课题名称是"中国电影人口述历史"，但我们的研究，当然不能仅仅局限于电影人口述历史方面。我们知道，电影人口述历史、音乐人口述历史或政治家口述历史，在性质和功能上不会有根本性不同。

口述史学是什么学？这是我们始终在思考、一直想弄明白的问题。有人不假思索地认为：口述史学这个概念中有"史学"两个字，因此毫无疑问是历史学的一个分支。我们不这么看。因为我们注意到，美国大学的口述历史课程，固然有在历史系开设的，但其他院系也开设口述历史课程，例如社会学系、传播学系，还有图书馆系。在逻辑上，口述史学其实并非"口述—史学"，而是"口述史—学"，也就是说，它是研究"口述历史"的学问，是新学科，也是跨学科。

接下来的问题就是：口述史学跨了哪些学科？我们将口述史学的问题分解为谁在说？对谁说？说什么？如何说？有什么意义和价值？这样就很好理解，谁在说、对谁说的问题，根本就不是历史学的问题，而是涉及传播学、社会学和心理学；说什么、如何说的问题，又涉及传播学、语言学，有什么意义的问题，还涉及历史学、档案学和教育学等方面。这些方面综合起来，才能回答口述史学是什么学的问题，或口述史学跨了哪些学科的问题。我本人近几年就这些方面，写了几篇论文，分别是《口述历史与档案学》《口述历史与历史学》《口述历史与社会学》《口述历史与心理学》《口述历史与传播学》《口述历史与教育学》和《口述历史与语言学》，分别在《当代电影》《晋阳学刊》《口述史研究》和《西南大学学报》上发表，这些论文，将汇集在即将出版的《口述史学研究》一书中。

四、关于"人类个体记忆库"这个概念

上面提及的那些论文，题目中间都有"人类个体记忆库"一说，例如前面说的档案学或传播学角度的论文，发表的题目是《口述历史：人类个体记忆库与档案学》及《口述历史：人类个体记忆库与传播学》，我有责任解释：这个"人类个体记忆库"是个什么东西？

这个概念的提出，主要是针对上面所提及的"口述历史有什么意义和价值"的问题而来，也许有人认为自己可以回答这个问题，但我不能，我是说，我还不完全清楚口述历史到底有什么意义和价值，准确地说，口述历史的意义和价值可能会远远超出了我们现在的理解或设想。

为什么这么说呢？非洲有一句谚语，大意是：一个老人死了，就相当于一座图书馆坍塌了。这句话提醒我们：谁知道一座图书馆里到底有多少知识信息？如果想知道，那就要清查这座图书馆的所有书籍报刊和影像资料清单。进一步的问题是：每座图书馆里的藏书都有所不同，因而必须清查所有的图书馆！

从这个谚语中，我们至少可以得出一个印象，那就是口述历史不仅有史学价值，而且有更为广泛的科学价值。非正式的说法是，口述历史相当于石油，可以练出汽油、煤油、柴油、煤气以及化工原料。我想说的是，采集和收藏人类的个体记忆，很可能有远远超出我们想象的意义和价值。过去，我们只能在"史料价值"或"社会价值"的纲目下才能谈论口述历史的价值，在未来——实际上已经到来了——的大数据时代，基于人类个体记忆

的口述历史将具有独立的价值，它包含所谓历史价值、社会学价值，但却远远不止于此。这从逻辑上也能说得通，因为个人口述历史中所包含的最大秘密，是人的信息——个人的信息，而人是所有人文和社会科学——其中当然包括历史学——的中心结点。过去，我们研究人、研究社会、研究历史，从未能够精细到普通个体的程度，有了口述历史，即所谓的"人类个体记忆库"，在大数据时代，或许就能够让我们的科学更加精细确切。

当然，在目前，还没有任何实证，只不过是我的一种前瞻性猜想。我本人的社会科学和大数据挖掘与分析的能力非常有限，因此，我并不能肯定这一猜想是否正确。它需要经过口述历史工作者及社会科学家批评、质询和挑战。

我想报告的就是这些。下面请大家提问、质疑、讨论。谢谢！谢谢大家！

[作者按：北美图书馆培训班，是在美国和加拿大图书馆（包括美国国会图书馆和美、加诸大学图书馆）工作的数十位华裔专家组成的回国参观访问团，取名培训班，是便于展开学术交流活动。2015 年 6 月 3 日，培训班成员来到中国电影资料馆，主要目的是参观中国电影资料馆北京（东郊）片库，有 1 小时学术交流时间。我受馆长指派，介绍我们的口述历史工作。]

口述历史与深圳及深圳人

大家好！我要讲的题目是《口述历史与深圳及深圳人》，也可以简化为《口述历史与深圳人》，目的是介绍口述历史，希望能在深圳推广口述历史。

我的演讲分为若干题目。

一、简单介绍：什么是口述历史

口述历史，也叫作口头历史，即个人口述的历史。现代口述历史起源于美国，20世纪80年代传入中国，是指用录音或录像工具记录的个人口述的历史。

人类实际上是口述历史养大的，人类是在口述历史的指导下成长起来的。人类文明的历史，有文字书写的历史，不过几千年而已。而我们的祖先从原始丛林中走出来，一直走到文明史阶段，经历了数十万年乃至数百万年的时间。那时候人类没有文字，部落的历史，种族的历史，都是靠部落中的长辈，如酋长或专门记忆历史的长老，他们口口相传，把三皇五帝的记忆传下来。三皇五帝的故事从哪来的？从口述历史来的。

口述历史在我们日常生活中，也是常见的。每一个人从小都听过爷爷、奶奶或者姥姥、姥爷、爸爸、妈妈，说过去的村庄或街道怎么回事，祖父母、外祖父母、父母经历过怎样的生活，家人在生活困难时期是怎么过来的，爸爸和妈妈小时候学习成绩如何，他们是怎样认识的……这些都是听老人说的，这些也都是口述历史。可以说，我们都是听长辈的口述历史长大的。无论长辈是否识字，他们都有自己的故事，自己的人生经验，他们讲出来的故事和经验，也就是口述历史。当然，上面所说的这些，都是广义的口述历史。

狭义的口述历史，也就是我今天要讲的口述历史，是指用现代的技术手段（录音、录像等）记录的口述历史。1948 年，美国哥伦比亚大学成立口述历史的办公室，被公认是现代口述历史的起源。华人历史学家唐德刚也参加了这个口述历史的项目，把李宗仁、胡适、顾维钧、张学良等中华民国史上一系列重要人物所亲历民国革命的历史记忆，全部记录下来。遗憾的是，这些原始的资料，都保存在哥伦比亚大学，我们以后要研究民国史，得去美国哥伦比亚大学，在那查中国史的资料。包括像张发奎将军的口述史料也是在哥伦比亚大学，包括中国历史名人的日记、文献材料，大多是在美国。蒋介石的日记在美国的斯坦福大学。

在现代口述历史的最初阶段，一般都是记录重要的历史人物的口述历史，例如上面所说的胡适、张学良、李宗仁、张发奎、顾维钧等。口述历史发展到了第二阶段，就不仅是记录要人和名人的口述历史，同时也记录普通人的口述历史，即可以记录所有人的口述历史。这就是说，口述历史与我们每个人都有关系——这是我今天这个讲座的第一个要点：人人都可以做口述历史讲述人。

我想要讲的第二个要点是，人人都可以做口述历史采访人。过去，我们对口述历史不了解，很自然地认为，只有经过专门训练的专家、学者，才可以做口述历史采访。例如历史学家、社会学家、人类学家，或博士、硕士，至少也是要这些专业的大学生，才有资格做口述历史采访。这当然并不错。但口述历史可以有各种各样的形式，也可以有各种各样的水平层次。这就像游泳，或打乒乓球，我们知道有市队、省队、国家队，这些都是专业队伍，都是需要的；但专业队的存在，并不意味着只有这些人可以游泳、可以打乒乓球，别的人都不能游泳、不能打乒乓球。我们每个人都可以游泳，每个人都可以打乒乓球，对不对？同理，每个人都可以做口述历史。美国有一个口述历史专家叫唐纳德·里奇，这个人写了一本书，原名是《做口述历史》，中文译者取名为《大家来做口述历史》，这也不算错，因为作者提出了一个重要想法，大意是：做口述历史，用不着要有历史学位的人才能做，每个人都可以做。这本书五六年前就有了中文译本，2007 年已经有中文版。这本书很好，很实用，有兴趣的话，不妨找来看看。

二、为什么讲《口述历史与深圳及深圳人》

来这里讲口述历史，若仅仅是介绍口述历史的一般知识，或介绍我们做口述历史的一般经验，那就意思不大。我想到，深圳这座城市，是中国改革开放最重要的城市，在中国经济上起着龙头的作用。深圳也是全国人口最年轻、平均文化水平最高的一座城市。我是希望深圳市也成为 21 世纪中国文化史的龙头城市，就像 20 世纪上半叶的上海一样，就想到《口述历史与深圳人》这个题目，与大家分享。

看起来，口述历史似乎跟大家没什么关系，那是因为我们没有意识到，个人也好、家庭也好、工作机构也好，我们的任何记忆都是有价值的。西班牙有一个电影大师，叫布努埃尔，他有一本书叫《我最后的叹息》，这本书第一篇题目就是《记忆》。其中一段话值得与大家分享："只有当记忆开始丧失，哪怕只是一点一点地丧失的时候，我们才意识到全部的生活都是由记忆构成的。没有记忆的生活不算生活……记忆是我们的内聚力，是我们的理性，我们的行动，我们的情感。失去它，我们什么都不是。"记忆，是个人成为个人的唯一证明。如果没有记忆的话，这个人的精神，他的自我，他过去存在的证明都消失了，我还是我吗？我们还是我们吗？我是谁？我们是谁？都会存在问题。

一座城市其实也是这样。一座城市如果要是没有自己的城市记忆，没有自己的城市历史的话，大家对自己这座城市的心理认同就会成为问题。我们凭什么认同一座城市？其中最重要的一点，就是我们有相应的共同记忆。对一座城市的共同记忆，把我们联系在一起，我们就有对一座城市的认同。

我讲《口述历史与深圳人》，一个重要理由是，希望大家能够建立有关深圳这座城市的共同记忆。城市的历史，也就是有关城市的记忆。城市的历史，有多种不同的写法，官方的《深圳历史》或《深圳市志》，是一种写法，而《深圳人口述历史》，是另一种完全不同的说法和写法。官方的历史是"大历史"，只写大人物、大事件、大线索、大时代，是政治、经济、贸易、科技和文化等领域的概述式的历史；而口述历史则是老百姓讲述自己的故事，讲述自己的奋斗史、移民史、工作史、生活史、情感史，而每个人的故事又与确定的行业、社区、整座城市的发展密切相关。个人的口述历史可以弥补官方历史的不足，更重要的是，可以有多种不同的角度、立场和观点，可以有多种不同的讲述方式，可以有更多的细节，更好的质感，更丰富的情感和更亲切的记忆。当然啦，关于深圳、深圳人的口述历史，需要有人来做，要有人采访，有地方出版或收藏。

深圳这座城市，有太多的理由，有人做关于它的口述历史采访和收藏。

第一个理由，深圳是中国新时期改革开放的缩影和象征，是近30年平地而起的现代化大都市，从小到大，从无到有，它的历史不长，意义重大。深圳的成长历史，在人类经济、社会、文化发展史上，也是一个非常重要的典型案例。这个案例，如果我们今天不记录下来，当年参与深圳早期建设的人，已经或正在逐渐老去，像最早1979年，70年代末，80年代初期，来参加深圳规划建设的老人，如果不把他们的记忆抢救下来，他就逐渐老了。如果不抓紧时间采访，他们参与深圳建设的记忆即深圳的活历史，就很可能随着老人去世而消亡，永远无法挽回。

深圳的每个行业，每个公司，每个单位，包括这座福田图书馆，都有自己创办和成长的经历，有其从无到有的历史。所有这些行业、公司、机构、单位历史创建者、参与者、亲历者、见证者的记忆，对各自行业机构、社区，对深圳城市，都是不可多得且不可替代的历史资料。这是深圳要做口述历史的理由之一。

深圳该做深圳人口述历史的理由之二是，深圳本来是个渔村，后来成了个与香港毗邻的边防小镇，这个村、镇在地理上已经消失了，它在历史上是否也会永远消失？在人们的心理上又如何？这取决于现在的深圳人，如果有人想要保留记忆，想要抢救史料，想要建构深圳这块土地的更久远的历史，也应做口述历史。

随着都市化的建设速度不断加快，都市生活节奏的不断加快，人类的时间感也在变化。30多年，已经是"很久很久之前"了。年份越久，大家对此前深圳小村、小镇的历史，也会逐渐模糊，甚至忘记。所以要有人去寻访历史的知情人，尽快去进行采访，以便保藏这一份不可多得的"改天换地"历史记忆。这是第二个理由。当然，我欣喜地知道，深圳大学南翔教授会带着他的研究生，去给深圳最后一个村做村史，做口述历史的研究。这是一个功德无量的好事。

理由之三，深圳人要做口述历史，还有一个更大且更重要的理由，是：我们都是来自五湖四海，大概全国各个省区的人都有。这些人是如何融入深圳这座城市的？这些人是如何相互接纳、相互竞争同时相互合作、相互帮助的？这样的人口来源对深圳这座城市有怎样的影响？由五湖四海人组成的深圳文化有怎样的特点？总之，深圳这座城市是怎样的一座城市？它与国内外其他城市有怎样的不同点？这些问题的答案，都可以从口述历史中寻找，有些甚至只能到口述历史中寻找。过来人都知道，深圳人可以说是当代中国最有勇气的人，敢于尝试，敢于冒险，敢于开拓自己新的人生和道路。这样一种人的历史，作为人类共同的精神财富，也应该保存下来。另外我们每一个人离开自己的家乡，我们其实有必要把自己来深圳创业和工作的历史记录下来，变成深圳历史的一部分。

理由之四，可分享的历史记忆，即我们共同的精神家园。因此，大家一定要有一点点前瞻性，考虑到我们未来的家园——生活家园和精神家园。我们的祖辈们，很多代都生活在同一代地方；从深圳开始出现以后，中国社会结构、城市人口组成，已经发生了巨大的变化。而且，这个变化还在继续，还在不断加速，肯定不会停息。这意味着，我们从各自家乡来到深圳，我们的下一代不仅不再是故乡人，还有可能又从深圳走向全国，甚至全世界的四面八方。那么，我们家乡在哪里？我们的故园在哪里？就会成为一个非常现实的问题。我们这一代人的地理家园还可以说出来，比如我的家是安徽省安庆地区望江县，但这只是我的家乡，不是我女儿的家乡。她对我的家乡，既不熟悉，也不见得认同。那么，她的家乡在哪里呢？进一步说，就地理的、物理的家乡而言，每个人都有自己的籍贯，自己的老家；但在一个人口高速流动的时代，每个人对家乡、对自己成长的地方有多少认同？那就是另外一回事了。也许爸爸妈妈认同的地方，儿女并不认同。那么，我们的家乡故园究竟在哪里？这个问题如何解决？就是一个值得我们去思索的问题。我说要有点前瞻性，是说，结合现代的科技发展，未来，我们的精神家园，也许在虚拟的世界中——在某一个我们自己开设的网站上。无论我们身在何处，我们都可以在某一个特定的网站里，找到我们的亲人，找到我们祖先的记忆——前提是，要收集并扫描他们的录像、录音、照片、手稿、书信，最重要的，当然还是要做他们的口述历史，让他们的记忆和他们的故事，他们的事迹和他们的音容笑貌，永远保存在我们家族网站上。那样，我们的祖先，无论在世还是去世，无论相隔多少代、多少年，都能随时与他们见面，即使已经逝世，也会永远不灭。那样的精神家园，如何？所以我说，我们的精神家园在哪里？有可能就在口述历史中，就在互联网上，在大家可以超越时空地聚会、交流和怀旧的地方

如果把爷爷、奶奶、姥姥、姥爷，其他亲戚、家乡前贤、老师长、老街坊、老邻居、老朋友……的记忆都采集下来，我们就随时能够听前辈讲述家庭的历史、家族的历史、街坊的历史、城市社区或村镇的历史、学校的历史、社交圈的历史。把照片、音频、视频、文字全都收集起来，放在网上，与之有关的人都来添砖加瓦，我们就可以在网络虚拟空间中建设永久性的精神家园。要知道，现在的技术条件不成问题，现在的经济条件也不成问题，录音笔才多少钱？照相机才多少钱？手机都可以拍照、录音、录像了。如果我们在家里，或回老家的时候，听听自家或邻居长辈讲述祖祖辈辈的生活故事，祖祖辈辈生活环境变化的故事——我们家乡的街区和村镇同样是日新月异的，几乎每年每月都在变化，所以我们有必要将所有这些记录下来，变成可以相互分享，且可以传之后世的珍贵历史信息。讲述自己的故事与记录长辈记忆，既是我们生活的组成部分，也是每一代人的责任。

一个人不能没有记忆，一个家庭不能没有记忆，一个城市也不能没有记忆。口述历史，就是最重要而又最方便的保存记忆方式。在中国，做口述历史的年头并不太长，只有 20 年时间。过去我们不懂得史料的重要性，当然是因为我们比较清寒，甚至比较贫穷，我们没有足够的经济条件、技术条件，把我们自己的故事、家庭的故事、故乡的故事、城市的故事记录下来。现在不同了，深圳人不仅在经济上富有，在精神上也要富有；要富有，就要有历史记忆积累，要有精神文化积累。做口述历史，就是积累文化资本的重要方式，不仅是为了过去，更是为了未来。深圳是最年轻、最有朝气的城市，不仅有美好的过去，有美好的现在，肯定还有美好的未来。大家一定懂得未来学有个重要定律："过去的未来在未来，现在的未来在现在，未来的未来在过去。"意思不难理解：第一句，在过去，对我们祖辈而言，未来只能是在未来，因为他们根本无法把握未来，只有边走边瞧边等，等着未来的到来。第二句，现在的未来在现在，"现在的未来"是什么意思？是未来怎么样，取决于现在，其实我们今天做的，就是为未来奠基铺路，找到未来前进的方向。这个话，不见得非要未来学家才懂得。后面还有一句，未来的未来在过去，这话听起来有点费解，但可以从佛家的一段话中得到一点启发："若问前世因，今生受者是；若问来世果，今生做者是。"未来的成果，取决于过去的起因。当然我不是在这里讲佛学，而是讲，时间和历史其实是一个整体，如一条长河，过去、现在、未来都只是相对的划分。时间和历史是一个整体，对它的奥妙和本质，不同时代的人有不同的认识，取决于不同时代人的认知技术、方法和认知水平。比如我们现在。我们现在的工作，不仅决定现在的未来，而且决定更久远的未来。例如，我们现在做口述历史，数量和质量，很可能影响到未来人类的自我认知，这不就是"未来的未来在过去"吗？

未来人类科学技术的发展，和人类社会科学、人类自我认知的科学，包括一个城市的共同记忆，或者共同的认知的技术手段、认知的方式都会发生极大的变化。我们做"中国电影人口述历史"，我提出一个概念，从口述历史到人类个体记忆库。人类个体记忆库，是一个比较有前瞻性的概念。我们正在思考和探索这一概念，在探索建设整个人类个体的记忆库可能性和可行性。所谓人类个体记忆库，就是包括在座的每一个人，每一个家庭，都把自己的人生经历和人生的记忆保留下来，变成未来人类精神财富，这是真正最宝贵的精神财富。

我们很幸运，赶上了这个大发展时代，我们有了这样一个条件，可以把自己的生活随时记录下来，在将来，它就变成了历史记忆档案。比如在座年轻的，你们有孩子，把孩子的成长经历记录下来，就会变成一份个人档案，也就是个人历史记忆。网上曾经有过一些走红的照片，一个父亲拍他女儿，从1岁拍到30岁，感动了很多人。这个事情，我们每个人都可以做到，从你的孩子会说话，会说爸爸妈妈开始，把他的声音录下来，到他上小学第一天的谈话，到期末，你要教训他的谈话，到他反对你的谈话，每年、每年记录下来，这也是一种口述历史。

这种口述历史，在美国有一个特别的词语，叫"生命日志"。若是自己记录，那就叫"自我追踪"。"生命日志"当然可以是长辈帮助晚辈建立的成长日志，一些最重大的成长关节，他上小学第一天，期末考试的时候，小学毕业考初中，初中毕业考高中，高中毕业上大学离开家，到恋爱、结婚，包括他青春期，包括他跟同学闹别扭，包括他第一次对异性有好感等等，他第一次离开家去远足，他第一次到远方看爷爷奶奶，这些都值得记录，因为这都是人类活动最基础的数据。生命日志过程和我们对长辈的采访，两相结合。"生命日志"的数据庞大，信息丰富，比对长辈的口述历史采访的体量要大得多。如果有心，每天都可以做，每一场谈话乃至每一次闲聊都可以记录下来，作为家人和家庭的历史档案。

家庭的历史，可以联结成为一个家族的历史；家族的历史，可以联结成一个社区的历史；社区的历史，可以联结成一个城市的历史。未来人类的社会学、政治学、经济学、法学、心理学、语言学、历史学……所有的人文学科和社会学科，都可以从中获益。未来的研究方式，不仅只是我们建立一个简单的想象的模型，来研究社会科学和人文科学，而是可以、甚至必然建立在数以亿计大的数据上。例如，1999年10月2号那一天，深圳的天气、气温，深圳人工作、深圳人休闲、深圳人着装、深圳人购物等等行为细节，都可以被记录。综合其他数据，把社会研究和历史研究，推向一个全新的量子化水准。

现在是信息时代。每个人都消费信息，也都生产信息，但我们有很多人对我们最重要的信息，即生活和生命记忆，却缺乏兴趣，缺乏关注，甚至没有概念。并不是每个人都知道，我们每一个人的记忆和故事，都有可能变成这个城市故事和城市历史的拼图，不仅是城市历史的重要证据，也是城市未来的基础数据。

口述历史有专业与业余之分，例如"中国电影人口述历史"，是相对专业性的口述历史，需要有专业团队，有专业规范，要有专业培训，你得对中国电影100年历史真的非常熟悉，得对不同的电影行当有所熟悉，还必须了解受访人上过什么学校、他有什么作品，得看过作品，这样才能提出好的问题来。还有防止一些受访人作"报告"，把口述历史变成报纸的社论。如果只有官话或套话，那样口述历史的价值就成问题了，因为那不是个人内心的声音。有些电影人背台词，接受采访多了以后，他很容易把想象当中的自我，或者是他愿意让社会人知道的那种比较光辉的自我，呈现在观众面前；而对他自己的真实经历，尤其是内心生活，他不愿意让别人知道。要对付这样受访的人，当然要有采访的专业技巧，功课也须做得很扎实。采访、档案著录、档案管理、口述历史编纂、进一步开放利用等等，都有专业性的原则和规范。

不过，今天讲的要点，并不是专业性口述历史，更不是讲只有专业人才可以做口述历史。而是讲，口述历史并不一定要专业人士才能做，我们每个人都可以做，只要你有心，只要你愿意。口述历史形式是多样的，谁都可以做，什么时候、什么场合都可以做。记录跟小孩谈话也可以，回老家探亲的时候记录老人的回忆也可以。在饭桌的时候，用个小录音笔放那，聊家常话题，若干年后，都会变成亲切的怀念。想想看，再过40年，在座的比较年轻的朋友，现在比如二三十岁，再过三四十年，自己也五六十、六七十岁，那时候父母亲可能不在人世了，把这个拿出来，变成音频，你的兄弟姐妹，表姐妹，所有的亲人，无论在世界的任何地方，都能在同一个地方看到这些老人音容笑貌，能够分享他们的经验，能够明白这个家族从哪里来，这个让整个家族的人都可以共享。

年轻时正在事业奋斗过程中，每天都要工作，下班都很累，可能想不到很多。但是一旦到了长出第一根白头发的时候，或者快临近退休的时候，你自己的儿女都去工作，没时间和机会理你的时候，就会知道与人分享回忆对每个人是多么重要。那个时候，我们会发现，自己年轻时冷落自己的祖父母、父母，是多么遗憾的事。我做"中国电影口述历史"采访，采访的对象多是80岁以上的老人，采访前或采访后，很多老人还跟我们聊，说我们给他的生命赋予了意义。这话怎么讲？我们的采访对象，有许多很平常的老人，退休二三十年，长时间都没什么人理他，社会把他忘了，原单位也不过是寄张生日卡，或老干部处的人过年来看看。平时呢，子女工作忙，没有时间陪伴老人，似乎也把他忘了。我们去，代表国家电影档案馆去采访他，收藏他的记忆、他的故事，因此非常兴奋，觉得这一辈子的经历、奋斗、奉献都是有价值的。当然，有些人一辈子中也曾有一些过错，过错也是一份资源。每个人都会犯错，特别是过去政治运动不断，每个人都可能是过错的受害者，也有可能是跟风犯错人。我们做口述历史，并不是要追究谁对谁错，更不是要对人做道德评判。口述历史有一个基本规则，只记录，不评判，目的是记录真实记忆与真实情感。我们为未来记录，记录人类的各种各样行为，各种各样心理，各种各样记忆，变成一个人类经验资源库。

为什么要在深圳推广口述历史概念？前面说过，是因为深圳经济、文化发达程度，超过国内其他城市。深圳人的精神生活，有比较高的水准，深圳人能够理解并且有可能实践"大家都做口述历史"这样一个理念。口述历史，就是把生活记忆，把我们人生故事记录并保存下来。

三、口述历史可以帮助孩子成长

上面所说的这些，有人可能觉得不切实际。下面就说点切合实际的，说孩子教育与口述历史的关系。有家庭有孩子的人，肯定关心孩子的教育，我想大家都会碰到这样的情况。我们的孩子长到一定年纪，尤其是青春期，多不太愿意听爸爸妈妈啰嗦。这是全人类共同的问题，不只是中国的问题，美国、欧洲，哪个国家都是这样的。大历史学家汤恩比，他也在他的书中真实地感叹——不光感叹自己的孩子——而是说：人类面临的一大危机，下一代不听我们的教训，怎么办？这是人类共同问题，应该共同思考。口述历史或许能够部分解决这个问题。

口述历史有多种方式，在学校里也可推广。例如小学生作文，也可换一个花样，《我的爸爸》和《我的妈妈》这类作文，不一定要写，可以让孩子回去问爸爸、妈妈几个问题。这些问题，不一定正儿八经，更不必千篇一律，可以自由发问。例如：问爸爸小时候挨不挨打？撒不撒谎？小时候成绩不好的时候，爷爷奶奶会不会责骂或责罚？妈妈小时候不小心丢了东西，姥姥姥爷会不会责骂或责罚？当然也可以问爸爸妈妈做什么工作？一个月多少工资？爸爸妈妈是如何认识的？等等，让孩子自己提问题，让孩子有创造性地去做。这些问答的录音或录像，即是口述历史小品，短短的三分钟或五分钟，让孩子记录下来，与大家分享。这样，孩子的兴趣会比较高，肯定要比写作文的兴趣大多了。更重要的是，这样做的好处也多，比他写一篇作文的好处多多了——

首先让小孩学会了采访，学会了跟爸爸妈妈交流；其次学会了解爸爸妈妈，学会了解人。还有一个好处，提醒我们年轻的爸爸妈妈，现在小孩所犯过的大部分毛病，我们年轻的时候也同样犯过。一旦我们当爸爸妈妈的时候，我们把我们犯的错全都忘了，我们教育孩子你要怎么样、怎么样，把小孩当成成人，甚至当成完人、圣人来培养，这样对孩子极其不公平。我们小时候也在课堂捣蛋，也在课堂上丢东西，也曾说过谎，为什么你的小孩不能说两句小谎？小孩连真实和想象边界都找不着，有时候会把自己的想象当作真实，这是一个人正常成长的过程，跟道德品质完全没有关系。如果对这种行为上纲上线，严加管教，对这个小孩只有伤害，而不会帮助他成长。像这样一些问题，都可以在小学生、中学生口述历史项目中加以解决，让孩子学会与父母交流，同时也让父母学会与孩子交流。这样，不仅孩子的成长会更顺利，父母也可以更有效地帮助孩子成长。

如果我们家长细心地去观察，就不难发现，孩子听家长的话，100句中能听进去多少句？百分比恐怕不会太高，孩子听老师的肯定超过家长；听同学的又要超过老师；如果他自己愿意在网上找到同道或知音，因为想听，或许就能进去80%、90%，甚至接近100%。总之，家长的话，孩子能听进去的百分比可能是最低的。我们自己也做过孩子，我们年轻的时候，其实也就是这样，我的爹妈跟我说话，大多数恐怕是左耳进、右耳出。我的孩子当她"溜号"的时候，我对她说话她还在做小动作的时候，尽管我N次想发火，但想想自己年轻时的经历，就不能发火，而只能理解她了。因为她对爹妈的啰嗦太熟了，就像《大话西游》里的唐僧一样，一天到晚哇哇地，一天到晚听，小孩以至于有生理性的反感，老师优于家长，同学优于老师，网上那些人生经验是他最需要知道的。如果我们每个人都把自己的经验传到网上，让他到网上寻找他同样处境的这些人，让他去寻找解决他同样问题的更好的答案，这个小孩成长就会更加健康。

我记得前年的《南方都市报》，有一篇大的报道，网上有一个小的部落叫"父母等于祸害"，有一个先后一万多人组成的网上部落。这些人大概都是20多岁，或稍大一点，在网上倾诉如何受到爹妈的"正确"的虐待。即使爹妈说的话100%都是正确的，也可能会变成小孩成长过程中的梦魇。在座的应该有人看过吧？《南方都市报》登出来一大版，作为一个重要新闻登出来，这个部落人的口号是"父母就等于祸害"，其中很多人的父母还是老师，是中小学的老师，天天让他们正确、正确，天天让他们做那些东西，每个家庭都会遇到这样的问题。一旦知道他有求知取向的时候，不见得要通过父母说才好。同样的话，让老师说，有效性就较高；让他同学说，有效性会更高；让他自己找答案，消化得最好，营养最大，效果自然也就最好，成长得最顺利。而且，在网上寻找经验的小孩，成长和成才及心理健康程度，比一天到晚在自己家里听长辈教训的小孩恐怕要好得多。

口述历史对家庭教育有什么帮助呢？首先当然需要人去做口述历史采

访，采访各种各样的家长，好的家长，合格的家长，不怎么好的家长，很不好的家长等等；同时也采访各种各样的孩子，学习成绩优异的孩子，学习顺利的孩子，学习不怎么顺利的孩子，身心健康的孩子，身体或心理不怎么健康的孩子……所有类型的孩子。然后把这些家长、孩子的采访汇集在一起——若不愿意公开自己的名字，也可以匿名发表。与此同时，家长和孩子也都可以做口述历史采访，做的人多了，"家庭教育·健康成长信息资源库"就丰富了，这样，家长和孩子都可以从中获得他人的经验或教训。

口述历史的作用，远远超出我们现在的想象。即它不仅作为历史的口碑资料，同时也是研究社会学，研究经济学……的重要资源。例如研究消费的历史情况，口述历史告诉我们：你结婚花了多少钱，你爹结婚花多少钱，你爷爷结婚花了多少钱。光采访结婚这件事，就可以了解当时人们的收入、消费、生产、社会风尚，很多信息。如果把这个变成网络资源，调查100家三代人的消费，调查不同地区、不同社会阶层的消费，就可以做一篇社会学的论文。仅仅研究结婚消费这一组数据，你只要做得足够，就可以。问题是，需要人记录下来，需要更多这样的数据，因为我们已经进入了一个"大数据"时代。

现在是信息时代。对年轻人来说，网络片刻离不了，离不了手机，离不了电脑，实际上这仅仅是"大数据"信息时代的一个开端而已。这种"大数据"信息时代，还没有真正让我们尝到威力。这个威力，就是我想要说的，未来——实际上是很近的未来——每个人每天的生活都产生数据，都有数据记录，每天邮件发给谁了，电话打给谁了，出门有摄像头盯着你，过海关盯着你，你上银行自动取款机取钱，你到商店刷信用卡，上医院看病，所有的数据，都变成你这一个人的历史信息。再这样下去，你自己注意记录家庭生活那部分的历史，和你自己心灵的历史，对自己的记忆和反思，这个数据库，能改变未来的教育方式和教育学的基本理念。到那一天，中学小学孩子，真有可能教育自己。

美国有一个人类学家叫玛格丽特·米德，写了一本书，叫《文化与承诺》，副标题是：人类代际关系研究。其中说到人类的经验传承，从"前喻文化"到"并喻文化"到"后喻文化"。是什么意思？非常简单，"前喻文化"，就是老子教育儿子，儿子教育孙子，即长辈教育晚辈；"并喻文化"，是老子和儿子、儿子和孙子，互相教育；"后喻文化"，是反过来，后代人教育前辈，即：儿子教育老子，孙子教育爷爷。这个现象，在我们生活中每时每刻发生，只不过我们没在意而已。我这个年纪以上的人，如果摆弄手机、电脑不灵，第一个反应就是喊自己的孩子"赶快过来，帮我一把"。在这方面，实际上就是年轻人教育长辈，年轻人的头脑更灵光，对新技术、新信息的掌握更快且更好，观念更新。他们在网络上创造一个词：out，我女儿小时候也会跟我说："爸爸，你 out 了！""Out"，就是你落伍了，出局了。

在我们这个时代，人类的教育方式跟我们传统生活经验，都面临很大挑战。信息时代到来，生活方式变了，教育方式能不变吗？小孩对网络更熟悉，对网络信息更敏感，如果他想学习，如果他遇到了、想解决任何问题，他自己都可以通过网络解决。小到从这里到珠海、中山市怎么走，到哪个商场买东西，哪些商品通过网购价格更合理；大到他自己内心的困惑、心理的问题、情感的问题、人生选择的问题，他自己都有办法上网找到解决答案。他们可以成立网上虚拟社会，虚拟部落。所有这些，都会被数字化，这些数字化的数据，变成信息，信息再提炼成知识，就变成人类宝贵的精神文化遗产。这些东西，我们恐怕都要向年轻人学习，这就是"后喻文化"。

当然，在任何时代，长辈的记忆和经验，都有不可取代的价值。现在，我们有责任把自己的生活经验记忆，当作一份真正的遗产，记录下来，传承下去。这份遗产，是不朽的遗产。不像我们留下存款、房子，是有形的，也是有限的。房子有一天会贬值，存款被通货膨胀给弄掉，记忆永不贬值，只会增值；而且不仅惠及自己的子女，也会惠及天下的子女后人。你不知道你的孩子这份经验和痛苦，或者有解决痛苦的一个良方，你不知道千里之外、万里之外的某一个孩子对他有启发。我们生活在一个大信息时代、大数据时代。想要跟上时代潮流，想要参与时代潮流，想要无愧于这个时代，有一个路径，那就是记录自己的口述历史，或是去采访他人的口述历史。

读书很重要，但读书并不是唯一重要的学习途径。其实，阅读人、阅读社会和阅读自己内心，对一个人，无论青年人、老年人，或许都更重要。关键是，要有阅读（现实）中人和阅读现实社会的习惯。好书无非是别人读世界的经验，经过自己的思考，并把它写下来。如果我们不去读世界、读人、读心灵的话，对别人书本当中所写的真正非常深刻的话，往往难以理解。这个话有点拗口，我说得简单一点，例如写书的那个人到深圳大梅沙，某一天夕阳西下，他把当时的景象和感觉写下来，写得非常之好。如果我们从来没去大梅沙之类的地方，对书中语言描写好到什么程度或者不好到什么程度，我们没法去真正评断它，不知道他这书写得有多好。只有也到类似的地方看过，我们也试图对这些地方做描写，发现这个人描写跟那个人描写差一大截的时候，你才能够真正领会好的描写、好的观察、好的感觉、好的思考，究竟有多好。

　　口述历史采访，就是听别人讲述自己的生活记忆和人生故事，这是一种直接的知识来源。听别人的回忆，也是阅读人、阅读世界、阅读社会，以及了解自己的重要学习途径。如果我们想过真正丰富的精神生活，想自己真正变得聪明，去做口述历史采访，或是阅读口述历史资料，也是一个比较好的途径。

　　深圳这个城市与其他地方不同，深圳人也与其他地方的人不同，更年轻、文化水平更高、更有活力、更有前瞻性，如果在口述历史方面有兴趣，有所行为，大可领导中国的文化新潮流。口述历史这个事情，做起来并不难，无非是拿着录音或录像设备，去记录自己或他人的人生和历史的记忆。做口述历史的人多了，会改变我们的文化氛围，甚至改变我们的生活方式。一个最简单的例子是，如果一个孩子天天问爸爸问题，并且把提问和回答记录下来，就不仅可能改变孩子，同时也可能改变爸爸。这个道理非常简单，一个人天天面临摄像头记录，天天面对录音机的时候，就会本能地把自己较好的一面表现出来，把自己较不好的一面修剪掉。如果时间够长，变成第二本能，他自己的道德心和精神健康水平就会慢慢提高，孩子当然也是。孩子每天面临的题目，脑子在转，心智水平不断提高，亲子关系也会越来越好。这比送到奥数班、逼着孩子学这、学那，要好得多。

如果要是讲教育学,世界上最聪明的人爱因斯坦,说过一句非常好的话:"热爱是最好的老师。"你要让你的孩子去做他真有兴趣的事,那他就会找到最好的老师。让他们暑假回老家去,听爷爷奶奶讲故事,录下来,这样的社会实践,第一很好玩;第二他有成就感;第三他了解爷爷奶奶,增加亲情;第四对他心智的成长、精神的成长,有着非常大的好处。让他自己能够找到自己热爱的东西,他吃再多的苦,自己都会认。当他不热爱的时候,让他吃苦,他就不太认。

让孩子记录爷爷、奶奶的记忆,家庭生活也会为之改变。当然不是每天都这样,一个月一次,乃至一个学期一次,效果和影响可能较好。只要坚持这样做,个人成长的历史、家庭的历史、家族的历史,就全都有了。推而广之,我们还能记录自己社区、行业、城市的历史。深圳这座城市是中国改革开放最大的一个硕果,每个参与深圳建设的人,有这份光荣,也有这份责任,记录下这座城市的历史。口述历史跟过去的官方历史不一样,不是由官方组织,选代表出来;每一个深圳人都可以做,只要我们打开一个小的录音笔,打开一个手机的录音系统或拍照系统,就是在记录历史。过多少年以后,就会变成一份珍贵的历史记忆档案。有很多档案不可再生,老人去世以后就没了,这就是独一无二的。

四、口述历史由谁来做

谁来做口述历史?大家都知道问题的答案,当然跟在座的各人有关,大家都可以做,大家都应该做。具体说,是社会力量、个人力量相结合。首先应该是地方史志部门、图书馆、博物馆、档案馆,大学里有关系科,由这些单位组织人员,申请资金来做。比如深圳蛇口的发展史,深圳某个行业如深圳粮食系统的历史;或做深圳哪个社区、哪个居民小区的历史,从盖楼的那一天,从建筑工人,到投资人,买房的售楼小姐,住户什么时候搬进来,每一个装修公司,这些不仅是经济学和经济史的信息资料,也是社会学、生活史的重要数据和信息。

国人过去因为物质生活困难，精神生活就过得比较粗放，否则他可能就难以生活下去。今天是有可能活得比较精致的时代，对数据的收集，应该精致一点。今天生活不仅品位更高，而且研究的科学含量也会更高。图书馆不仅面临数字化等技术问题，而且要面临功能本质及存在方式等多方面的变化。未来借书不一定跑到图书馆翻书，他能网上借走，图书馆也要收集档案文献，变成多媒体的节目或者多媒体著作。未来，著作的概念、节目的概念、图书的概念、档案的概念，统统要重新定义。在大数据时代，重新论证，重新建构。图书馆与档案馆、博物馆也会有业务重叠和业务竞争，所以说，图书馆也有一份责任，申请政府专项基金，牵头来做口述历史这件事。尤其是大规模的口述历史，比如《1979年的深圳历史》或《袁庚时代的深圳历史》，亲历者、知情人和见证人恐怕大都退休了，这要有专门的经费，专门的组织。否则，那些袁庚时代的老人，不一定见你，不一定接受你个人的采访。所以，最好是有个组织或团体牵头，带上《采访介绍函》，盖上深圳文化局，或深圳文化馆、深圳图书馆、深圳市委宣传部、福田区委宣传部的大印，他才有可能见你，答应跟你谈话，谈深圳当年的情况。

但是其他行业的历史，小区的历史，尤其是家族的历史，以及其他专题性的历史，如果在座的有年轻人愿意做专题性的历史，也不一定都要由组织或单位出面。口述历史，也可以作为一个商业性项目来运营。它不仅仅是一个花钱的项目，有可能也是一个挣钱的项目。你可以策划一些专题，把它做成专门的节目，在深圳建市多少周年之际，卖给电视台、杂志社、报社，这是可以经营的。关键是，你有心，有前瞻性，采访一批老深圳人，取得他们授权，等到多年以后，你的"记忆收藏"就会变成"人间孤本"，那时候的市场价值就能大大升值。现在经济条件好了，许多人都喜欢搞文物收藏，这当然很好；但若有一些人真正有眼光，做口述历史，搞"历史记忆收藏"，变成你的一种长期投资、长期经营的项目，岂不是更有文化意义？

前面说到过"父母等于祸害"那样一个部落，我就给人出过主意，采访并编辑《父母=?》口述历史系列丛书、系列视频、系列音频，孩子认为自己父母很好的，我们采访100个；孩子认为父母不好的，我们也采访100

个；不仅采访孩子，也要采访父母，孩子和父母各自讲各自的故事，各讲各的道理，编辑成一套著作、电视专题节目或视频、音频，我想中国每一个关心孩子成长的家庭，都会感兴趣。出成书也好，卖给电视台也好，卖给网站也好，甚至可以开设专门的网站，都可能有市场吧？因为教育孩子是永恒的主题。这一代人长大，他又有自己的孩子；自己孩子长大了，孩子又有孩子，每一代人面临的问题都大同小异。无非是：孩子长大，或者一开始不听话，或者是溺爱，让他有依赖性，让他做什么事都不愿意做，成为问题；要么跟你逆反，跟你对着干，你说东、他说西，成为另一种问题。实际上真正的问题是，每一个家庭都存在代沟，这是永远存在，一代接一代都存在。这不仅是我们这个时代的问题，也不仅是中国的问题，而是全人类普遍存在、长期存在的问题。我们采访孩子、孩子的家长、孩子的老师，不同的声音，不同的说法，不要做任何的修改，甚至也不需要太多的评点，就是实话实录，编成一套这样的书、这样的电视节目、这样的音频资料，让大家去看，去听。当然这里牵涉到一系列的问题，包括法律授权的问题，包括版权和使用权的问题，伦理问题。我待会儿再说。

总之，口述历史可以作为产品来生产和经营。昨天晚上我在中心图书城讲，如果有人有前瞻性，有文化发展的战略眼光，也有经济条件，他就可以收购"人类记忆"，自建一个民间记忆库。到某一天，哪个大的项目，国家民政局或者国家人口中心，它要数据的时候，它会要花钱买你的数据。到哪个城市庆祝城市诞辰的时候，它要买你的数据。如果采访的对象，在多少年后像郎朗那样得了音乐节大奖，像莫言得了诺贝尔奖，你有他 30 年前采访的数据，当年的采访，经济和社会价值有多大？前提是，我们要有这样一个文化视野，有经济条件，我们就可以做。谁来采访，这个问题的答案并不是固定的。谁都可以做，谁都可以去经营。我自己对商业懂得很少，在深圳人面前谈商业，实在是班门弄斧。我只是这样设想而已，口述历史，可以做成很多样的形式，有多种多样的主题，只要你有好的创意，你愿意去花时间收集别人的记忆，就会有所受益。而且，做口述历史可以丰富自己的精神生活，你实际上也是在做社会公益事业，在为城市的历史、人类的历史建立记忆档案库。这是一个了不起的事业。

关于谁来做的问题，我希望我说清楚了，国家事业单位应该做，社会集体单位也可以做，每个人都可以做。可以把它当作一个文化事业来做，也可以把它当作一项产品经营来做，更可以把它当作一个亲情项目来做。总之，是人人都可以做，希望大家都来做。

不知大家想过没有？过去的几十年，我们的经济建设发展迅猛，日新月异；但我们要重建生活模式，尤其是重建精神生活模式，仍然是任重而道远。中国人过去长期挣扎在生存线上，生活温饱都没解决，很难提升到人的精神水准，甚至很难说有多丰富的精神生活。经常有人责备中国人素质不高，其实情有可原。一个吃不饱肚子的人讲文明素质、精神面貌，不大现实。现代人，尤其深圳人，温饱不会有任何问题，可以逐渐地去建设精神生活，使得我们生活更有品质。做口述历史，是我们建设生活的一个小小组成部分，从这开始，给精神生活的殿堂，铺上几块砖，做这样的事。

五、如何做口述历史

简单地说，在技术上，就是用现代技术手段即录音或录像记录下人们的历史记忆、生命故事。有条件就录像、录音一起来，没录像条件就录音。录像和录音，是为了给口述历史留下证据。很早很早以前，也曾有过大规模社会历史调查，当年社会历史调查跟现代口述历史最重要的区别，是现代口述历史要有录音证据。如果没有录音证据，你编，那就不是口述历史了。口述历史有一个经典的笑话，美国纽约有个古尔德教授，人称"海欧教授"，他是最早倡导口述历史的人，他也发表了口述历史的文章，结果后来人们发现，口述历史故事都是他编的，他没有原始证据。所以要做口述历史，空口无凭，录音为证，一定要做到这一点。

在工作程序和方法上，专业性、专题性的口述历史，博物馆怎么做，图书馆怎么做，档案馆怎么做，大学社会学系怎么做，历史学系怎么做，各有不同的规范。由于不太了解在座各位的工作背景，单位团队的口述历史做法，我就不去多说了。个人怎么做？也可以做各种不同的专题，例如做爷爷、奶奶、爸爸、妈妈的个人生平口述史，或做一个家庭乃至一个家族的口述历史，或请别人来做自己的生平记忆记录及生命成长史，甚至也可以做孩子的生命日志（由父母口述并记录）。总之有多种不同的专题，也就有多种不同的方法。

需要注意的是，无论采取哪一种方法，都要注意口述历史的著作权，以及著作使用权。哪怕你是做你爸爸、妈妈或爷爷、奶奶的口述历史，最好也要让他们签署著作使用权的授权证明。这样做的好处是，在老人百年之后，有这份授权，使用起来也没问题。否则，万一以后要产生经济效益，而老人还有其他的子女或孙子、孙女，就会有遗产问题，还有其他的法律问题。

下一个问题，是伦理方面的问题。口述历史采访人、记录人、使用人，要遵守两个比较重要的伦理原则。第一个原则是，做口述历史，就像做律师一样，不能把当事人的案情告诉不相干的人，即不能把 A 的口述历史内容告诉 B，哪怕 A 和 B 有很亲近的关系，甚至是一家人，也不要告诉。如果 B 特别想知道，你就直言相告，说保密原则涉及口述历史工作伦理。我们经常碰到这种情况，要按保密原则来做。中国人都知道，生活长了，总是有各种各样的恩怨纠葛，恩怨纠葛中各有不同的立场和观点，如果没有这条守则，你把这个东西透露出来，会惹很大的麻烦。另一条伦理原则，是未经受访人授权的内容，不能公开发表，特别是涉及人事纠纷，或容易引起人事纠纷的那些内容。例如你爷爷口述历史中，提到 C，这个人有可能已经过世了，关于 C 的故事可能不太光彩，C 的家人一定会找到你的版权使用者，即公布信息的这个人。如果有老人授权，由他来决定这份口述历史发不发表，什么时候发表？这就比较好。一定要征求本人的意见，而且在做口述历史之前，就要事先讲清楚。如果受访人不是亲戚，更是要跟每一个人都要讲好授权，并且表示自己会遵守这个授权，可以签署授权协议，由当事人决定发表哪些内容、什么时候发表，这些限制与守则，要事先告诉被采访的人。

中国电影人口述历史采访中，授权限制发表的最长年限是 30 年。我采访一个 87 岁的老太太，她给我签授权书，我采访记录要等到 30 年之后才公开发表。你就得按照她的授权约定来做，等到她 117 岁那一年才能公开发表。那时候，她也可能不在，也有可能在，到那时候才发表。这是受访人的权益，做口述历史的人一定要明白，且要遵守。

还有一条，口述历史的伦理难题在哪？口述历史是想走入人的记忆和心灵世界的深处，这跟每个人的隐私和个人尊严有时候会有矛盾。一旦口述历史涉及这样的问题，也一定要取得对方的同意和谅解。这个话讲到多少就是多少，再往下去，就有可能损害别人的尊严，伤及别人的人格形象，或者涉及他不愿意暴露的隐私，造成心灵伤害。所以口述历史在人格尊严和个人隐私面前，要有尊重他人的意识，有双方沟通和妥协的方法，且要形成这方面的警觉习惯。虽然我们的工作是往深处走，但要按照与受访人的沟通约定来做。一定要跟对方达到一个协议，不能光顾记忆挖掘，不顾他人的自尊和隐私。

有些老人觉得自己活得坦荡，这辈子什么话都可以跟你说，那当然更好。我上个月采访了吴天明导演，他拍过电影《老井》和《人生》，在座年纪大一点的，可能看过《人生》吧？他是导演，也是第五代张艺谋、陈凯歌、黄建新、周晓文等人的恩师，曾当过西安电影制片厂的厂长。吴天明在接受采访时就说，可以说任何话，包括从来不会对任何人说的话都可以说。这样的对象，采访可以长驱直入，可以了解他一生经历的各种各样的事情，包括当厂长期间从来没有公开发表过的内容。即便是这样，我们仍然要注意以下几条：1. 只记录老人所允许记录的；2. 只发表老人允许发表的；3. 即使是老人完全开放，也还是要自觉保护对方的隐私和个人尊严。总之，大家都要注意口述历史的伦理规范，保护受访人的权益，尊重对方的人格和隐私，避免给我们自己带来麻烦。否则的话，不但会有很多这样的麻烦，同时也会损及口述历史的声誉。

做口述历史，除了技术上、基本操作方法外，还有一条，那就是你的工作态度要好。态度好，有时候比工作方法与技巧更重要。你人缘好，每个受访人都愿意跟你说话，愿意跟你说内心的话，那就事半功倍。否则，你多大的才能，多好的心理阅读的本领，人家不理你，你可能一点辙都没有。

很显然，要做口述历史，尤其是想做好口述历史，你要做的功课就比较多。你想要做某个专题的口述历史采访，打比方说，你想通过口述历史采访，再现深圳当年的难民潮的历史——1962 年前后，大批的大陆居民，由于三年大饥荒，饿得受不住，通过深圳游泳到香港，成千上万的人——你要做这个专题的采访，你就要熟悉那段历史，了解中国三年自然灾害，了解当地粮食情况、受访人家庭情况、生活观念，冒险念头从哪里来？甚至要了解当地的地形，水域有多宽……你做了这些功课，采访就会更加深入，也更加顺利。若你什么都不知道，什么都不了解，什么也不理解，那就不是个合格采访人。如果你对对方所说话题懵懂无知，没有及时做出应有的表情回应，你就不是一个好的对话对象。如果在采访时，你总是说外行话，人家不爱跟你谈了。作家莫言开过一个玩笑，他的老乡问他："北京生活好，是不是天天吃饺子？"若遇到这样的"采访人"，你就没办法有更深入的对话。总之，采访人需要做一些准备，然后才能够做采访。在采访之前，要做功课。我想，新闻采访，别的采访，也一样。

最后，口述历史还面临另外一个问题：它可信吗？这样的疑问，在座的可能都会提，至少会想。口述历史经常要面对这样的问题：这个人的讲话是不是可信？若不可信，那么口述历史有什么价值呢？

这样的问题，在理论上首先要解决。那就是把它当成记忆，不要直接当作历史资料。若作为历史史料，假就是假，假就没有价值了。而记忆呢？我们要知道，人的记忆有选择性，有自我保护性；有社会意识形态的洗涤作用；有身体的原因，即记忆力的自然衰退；还有个性的原因，喜欢表演或想象；还有跟采访人关系远近深浅的原因，见不同的人说不同程度的真话……总之，有 N 种原因，使得这个受访人说话选哪些说，哪些不说；对自己的形象有利的就说，对自己不利的不说……这是人之常情。还有，有些受访人不仅会说假话，还会说大话、空话、套话，这些都没有史料价值。但，这些，作为人类记忆和表述的原始档案，它有研究人类心理、个性、记忆和语言等多方面的价值。也就是说，历史价值，只是口述历史的价值的一种，除了历史价值之外，口述历史还有人文和社会科学研究多方面的价值。作为史料不是真的，但作为记忆、陈述，它是"真"的。因为受访人就是这么记忆、就是这么表述的。我们按照记忆的方式留存下来，它还是有非常丰富的价值，所以我们在研究，用"记忆库"的概念取代"口碑史料"，不再用史料真实性作为唯一标准来要求口述历史。

当然，这不意味着我们不去探求历史事实真相。做口述历史，除了了解这个人之外，当然还要探究历史事实真相。我们可以做两件事，第一件事，我们自己做好功课；第二件事，是在口述历史原始抄本上，尤其是在编纂抄本上，要对不真实信息做出注释和提示："此处记忆有误，真实情况是……"要让口述历史读者看到真实，看到这个人原来是怎么说的，让其他的研究者观察，为什么他记忆这里出现这么个情况？其中哪些情况是由于社会压力造成，哪些情况是由个人性格或心理造成？我相信，在未来，心理医生、脑神经医生，都可以从我们口述历史数据库中，获得关于人类心理和身体的某些有用的信息。现在已经有医疗人类学这门学科，是研究人的社会生活、精神生活对人身体的影响，研究病症跟人的行为和生活密切关联，包括他说谎的次数、说谎的原因、说谎的行为，与他的社会环境、个人身体、个人心理的复杂关联。现在我们不懂得其中奥妙，但我们可以把它注释出来，此处信息不真，真实情况是怎么样。

在实际采访工作中，若遇到受访人说假话，或所说信息不够真实时，可以采取以下几种方式。其一，如果对话气氛比较好，就直接对受访人说，自己所见的资料，所说信息不是这样的，请您再想想，您的记忆是否十分准确？这个受访人可能会说，自己记错了。当然，他也可能坚持说，自己没有错，是别人记错了。这没有关系，提出甄别信息，就等于做了一个注释。其二，如果受访人坚持自己的错误记忆及错误表述，那就再问：您确认吗？——口述历史不能跟受访人吵架，这是一条铁的纪律。你跟他吵架，那就没法继续采访了。口述历史采访，永远不要得罪受访人，但是你要探究真相，所以，只能问，你确认吗？他还说确认。如果问到三遍"您确认吗？"表明对他讲述的信息有严重的怀疑，只是你不能再问了。这样，你整理录音抄本的时候，在这个地方就会特别注意，采访人或整理人就要去查找真实信息，并在此处加以注释和说明。其三，若受访人坚持己见，而你又恰好知道真实信息是什么，那就在此处沉默 5 秒钟，故意不说话，这其实是一种"标注"方式，以后整理录音的时候，就知道这一信息是有问题的，需要做进一步的注释，有些还可能要做进一步的考据。

如何做口述历史？这个事情，其实是八仙过海，各显神通的事情。我相信，每一个人，只要想学会阅读人、阅读社会和这个世界，有兴趣探讨他人的社会记忆以及社会的历史，对口述历史真的有兴趣，就一定能想出各种各样的方法来。每个受访人的社会身份、从事行业、个性、身体状况、记忆能力、表述能力、知识水平……都是不一样的。所以没有一个放之四海而皆准的方法，去对付所有人。不可能。古代兵书说："阵而后战，兵法之常。运用之妙，存乎于心。"大概也就是这个意思吧，你要了解一般的知识和方法、原则，例如上面所说，重视法律、道德、伦理，准备功课，对不真实信息有所警惕，并懂得做出准确标注。但在具体的工作中，你必须根据实际情况，根据采访对象的不同，而设计出不同的方法来。诸如：采访多少时间，问多少问题，问什么问题，如何提问题。这些，固然可以向行家请教，但更重要的是要自己动脑子，自己积累经验。

我就讲到这里。下面的时间，请大家提问，我和大家讨论。（略）

[作者按：这是 2012 年 11 月 3 日在深圳市福田区图书馆报告厅的演讲（大家讲坛第 245 讲），当日演讲有些凌乱，因而对录音整理稿作了若干修订。当年 11 月 2 日，我在深圳市中心图书城也做过一场演讲，题目是《中国电影人口述历史》。在深圳的两场演讲，是应作家、深圳大学教授南翔兄邀约。这两场演讲，也是我就口述历史议题较早的公开演讲。感谢福田图书馆的录音整理人！]

口述历史实践与理论

各位好，我叫陈墨，是中国电影资料馆历史研究室的研究员，我们那个单位还有一个名字，叫中国电影艺术研究中心。我的主要工作是民国电影史研究，从 2007 年开始做口述历史，包括口述历史采访、口述历史访谈录编纂、口述史学研究。我的口述历史工作已经进行了 8 年，现在仍在进行中。我今天要讲的题目，是口述历史的实践与理论。这个题目也可以换成是"口述史学是什么学"，或者是"口述历史到底是什么、可以做什么"。

直到一周前，我才知道这次讲座的对象，才确定了这个题目，这是我 8 年来一直在实践、思考和研究的题目。口述史学是什么？口述历史是什么东西？这个问题可谓仁者见仁、智者见智，有不同的理解和思路。我想说的是：对这个问题，我不认为我们找到了确切答案，我们也许知道一些答案，但并不知道全部的答案。有的人不假思索地认为自己能够回答这个问题，我不这样想。所以，我今天来这里，是和大家分享我的一些思考，并与大家一起来继续探讨这一问题的答案。

在以下 3 小时的讲座中，我要讲下面几个问题：1. 口述历史有哪些形态和哪些不同的做法？ 2."中国电影人口述历史"的做法是什么？ 3. 口述史学是历史学的一个分支吗？ 4. 如何面对口述历史中的"罗生门现象"？ 5. 口述史学的基本问题是什么？ 6. 口述史学的核心问题是什么？ 7. 口述史学研究者是否需要"万事通"？ 8. 口述历史与自传、回忆录、传记有怎样的不同？ 9. 能不能把口述历史理解为一种"档案运动"？从档案学角度思考口述历史会有哪些收获？ 10."人类个体记忆库"与未来知识生产有怎样的关联？

在开始讲之前，我想先做一个小小的调查：对口述历史工作，在座的同学是否了解？我听说大家都没有做过口述历史工作，想问的是：是否有人准备将来尝试一下口述历史采访、编纂、研究？是否有人看过口述历史研究文章？如果有，进一步的问题是：看了口述历史的研究文章，你是怎么理解和思考口述历史的？

在上课之前，我曾打听了一下，问我们的课堂是否要预留提问和讨论的时间，回答是不用留，也就是说没有提问和讨论。我不知道，在我的讲述中，是不是会让一些同学产生疑问？如果对我的讲述有疑问，或者对我提出的问题有自己的想法，请大家提出来。有两种提问方式，一种方式，如果觉得是重要而且紧急的问题，请直接提出来，可以打断我的讲述；另一种方式，是如果觉得有疑问或有问题，可以传递纸条给我，我根据纸条多少预留提问和讨论时间，这样好不好？

口述历史有哪些不同形态和不同做法？

1. 不同形态：口耳相传、口传笔记、口传录音、口传录像与录音。
2. 不同做法：研究型口述历史、传播型口述历史、学习型口述历史、档案型口述历史。此外还有纪念性口述历史、经营性口述历史，后二者就不一定是形态方法的"型"有何不同，而只是功能性质有所不同。

中国电影人口述历史是怎么做的？

我所从事的工作是"中国电影人口述历史"，应属于档案型口述历史。请大家注意我们的课题名称，比同类型口述历史课题名称多了一个"人"字。同类型口述历史，比如中国音乐口述历史、中国铁路口述历史，不出现"人"。

我们的做法，是采访并收集中国电影人的专业经历、社会经历和个人成长经历，有时候我们将这三者简称为专业史、社会史、心灵史。这不一定准确。真正准确的说法，是我们让每个受访人做详细的生平讲述，问得较广也较深。

我们的做法有一个好处，那就是与其他各种类型的口述历史都能相融，我们理解各种口述历史，并且希望各种口述历史都能成为档案收藏。

口述史学是历史学的一个分支吗？

对这个问题，恐怕多数从事口述历史工作的人都不见得认真思考过，因为他们觉得：那还用说吗？口述历史当然是历史学的一个分支。证据是，最早从事口述历史工作的就是一些历史学家，例如美国哥伦比亚大学口述历史工作室中文部的唐德刚教授，例如唐德刚教授的老师、台湾"中央研究院"近代史研究所首任所长郭廷以教授，等等。美国早期口述历史是按照历史学的标准进行的，而欧洲口述历史的变革，也不过是从过去的标准历史进化为社会史、生活史，还是历史。更重要的也许是，口述—历史，口述—史学，这个概念本身就说明了问题。

这个问题实在有进一步讨论的余地。我承认，历史学对口述历史有莫大的恩惠，可以说，历史学是口述历史的养父母，甚至可以说，历史学就是口述历史的生父。问题是，如果我们把 1948 年美国哥伦比亚大学口述历史办公室成立算是口述历史的生日，那么它已经有 67 岁了，应该是自立门户的时候了。自立门户有一个很好的先例，那就是档案学从历史学门下独立出来。在今天，已经没有人会认为档案学是历史学的一个分支，而只是说档案学与历史学有重要关联。

非洲有句谚语，说一个老人死去，相当于一座图书馆坍塌。我们都知道，一座图书馆里，不可能只有历史书，它还有百科知识，口述历史的性质和功能，也是如此。为什么说口述历史及口述史学要自立门户？有两个重要原因，一个是非常具体、实践上的原因，一个是抽象的、理论的原因。下面分别讨论。

如何面对口述历史中的"罗生门现象"?

口述史学要自立门户,迫切的实际原因是,在口述历史中,经常会,甚至必然会出现"罗生门现象",也就是对同一件事,大家各执一词,说法不一。

文学家傅光明教授有一本书,《口述历史下的老舍之死》,其中说到他在寻访老舍之死的知情人过程中,获得了三个不同的见证人,提供了三种不同的说法。

我自己也遇到过这种情况,最近的例子是,我在编一本《天明故事》,此前采访过吴天明导演本人,今年又采访了吴天明的二弟、三弟,这三兄弟在讲述他们的父亲在"文革"中的一段经历,居然有三个不同的版本!

正是因为口述历史中存在这种现象,口述历史在历史学门下的日子很不好过,一些正宗的历史学家对口述历史长期不屑一顾,原因很简单,那就是认为口述历史不可靠,既然不可靠,那还有什么价值? 我们都知道,唐德刚先生采访了李宗仁,出版了《李宗仁回忆录》,他说其中只有 40% 的内容来自李宗仁口述,60% 的内容来自他本人的查证和叙述。唐德刚先生这样做,做得理直气壮。

由此可见,"罗生门现象",是口述历史工作中的一大难题,可以说是口述史学需要考虑的头号问题。这一问题的症结,其实在于我们自己的"所知障":如果人们不是先入为主,不把口述历史当作历史学的附庸,这个问题其实很容易解决:即 1."罗生门现象"不能用历史学的方法解决,但可以用社会科学的方法来解决;2."罗生门现象"不具备历史学价值,但却具备社会科学价值,它是心理学、传播学以及社会心理学的宝贵资料。进而,我们不难推导出:唐德刚先生是一个好的历史学家,但不是一个真正的口述史学家——因为他从来都是从历史学的角度思考问题,而从来不曾从口述史学角度思考问题。

若不自立门户,在历史学门下的日子很不好过。

口述史学的基本问题是什么？

下面我们要从抽象层面来思考。我要证明，口述史学和历史学是两个完全不同的学科。"口述史学"不是口述的史学，而是"口述史"之学，也即是研究口述历史是个什么东西的学科。那么，口述历史究竟是个什么东西呢？我们又该如何来思考这个问题呢？口述史学的思考起点应该在哪里呢？

口述史学的基本问题是：谁在说？对谁说？说什么？怎么说？有什么意义和价值？如果一个人在研究口述史学，或者自称为口述史学家，那就一定要对上述 5 个问题有自己的见解，否则，他就不能算是一个真正的口述史学家。他有可能是一个优秀的历史学家或优秀的社会学家、社会史学家，但不是口述史家。

上述 5 个问题，可以合并为 3 组，第一组是谁在说、对谁说，这涉及什么问题？涉及社会学、传播学；第二组是说什么、如何说，这涉及心理学、传播学和语言学；第三组是有什么意义和价值，这就涉及更广了：音乐人口述历史不仅涉及音乐的历史、音乐人，同时还涉及音乐学；同样，法官的口述史不仅涉及法学史、法学社会史、法律人，同时也涉及法律学自身。这就是说，口述历史的意义和价值不仅包括历史价值，更包括社会科学价值，还包括教育学价值。

我们可以换一个角度思考：假如我们要创建一个口述历史专业，要开设哪些课程？为什么要开设这些课程？首先是采访学、采访技术和访谈研究；其次，是传播学；其次，是语言学，语言文字学；其次，是心理学；其次，是伦理学；其次，是社会学；其次，是历史学；其次，是档案学；其次，统计学，尤其是统计分析。我在《口述史学是什么学》一文中对这些做了较为详细的说明，这篇文章收入了我的《口述历史杂谈》一书，有兴趣者可以参考，当然也希望批评，然后大家一起来完善这个非常重要的课题。在这里，我只想证明一点，那就是大学里的口述历史课程，肯定不能只是历史学一门，还要有更多的社会科学知识。

口述史学的核心问题是什么？

口述史学的核心问题，就是个人记忆的价值问题。我们知道，所谓口述历史，无非是通过访谈形式采集和收藏个人记忆。如果口述史学要成为一门科学专业，那就必须建立自己的假说：即：世界上每个人的记忆都是有价值的，都值得采集和收藏。口述史学理论最重要的课题，就是要证明这条假说能够成立。

步骤一，证明记忆是有价值的。

步骤二，证明有一部分人的记忆是有价值的。

步骤三，证明所有个人的记忆都是有价值的。

口述史学家是否需要万事通？

既然口述历史专业需要那么多的课程和知识，是否意味着口述史学专家需要"万事通"？这个问题的答案：个人不可能万事通，但口述历史可以通万事。

不知道大家是否注意到，美国等发达国家的口述历史专业，不仅在历史系，更多的其实不在历史系，而是在诸如新闻系、传播系、社会学系、心理学系以及档案学系和图书馆系。这说明什么呢？这说明，口述历史这一块尚未完全开垦的园地，具有极其广阔的沃野，可以从不同的"入口"和不同的路径去开拓。

为了更进一步说明问题，我要引进几个概念：知识公园、知识公寓、知识路径。

口述历史与自传、回忆录有何不同？

自传，是指一个人书写自己的人生故事和成长经历，传记的主人公就是传记作者本人。回忆录，回忆并叙述某一段历史故事、某些社会事件以及某些公众人物或一般人物。回忆录与自传的区别是，回忆录叙述的主要对像通常不是作者本人，而是与作者相关的其他人物或事件。

自传中当然也会涉及时代背景、社会关系网络、与他人的交往并接受他人的影响等等内容，但传主即自传作者本人是这一作品的社会关系网络的中心结点。而回忆录中虽然也会说及自己，说及自己的身份，甚至会说及自己的一些人生经历，但说这些的主要目的通常是为了更好地说明自己与所回忆的历史事件、社会问题、公众人物或其他相关人事的关系。也就是说，回忆录的作者并不是回忆录的主人公，而是回忆录中的社会事件亲历者或见证人、他人故事及焦点事件的关系人。口述历史是通过访谈，让受访人讲述自己的生平记忆、人生故事及其所见所闻所思。

口述历史与自传、回忆录的差异，首先是口述历史的内容常常包含自传和回忆录二者，即以受访陈述人的个人经历及人生故事作为一条基本轴线，而以他的历史视野、社会关系及对某些重要事件或人物的所见所闻所思作为另一条轴线。其次是口述历史是口述的，而自传和回忆录则是书写的：一般人很少关注：口头语言和书面文字之间是有差异的，语言和文字是两种大不相同的媒介，各有各的形式、形态和话语逻辑；它们也分属两种不同的文化，口语文化和书面文化。

有两个例子，一是《大国学：季羡林口述历史》，一是《胡风集团案始末：法官王文正口述》。

从档案学角度思考口述历史有何不同？

我们做档案型口述历史，还有一个好处，那就是从档案学角度思考口述历史。我们把口述历史的录音、录像、原始抄本当作一种新型档案。请注意档案和史料这两个概念的细微差别，后面我们还要讨论。过去人们将口述历史当作"史料"，也就是历史学的原材料，甚至将所有档案都作为史料，我们认为，档案就是档案。

　　档案是人类历史活动的原始记录。档案的概念，也在不断扩大。我们都知道，最早的档案，只限于官方活动的记录，尤其是皇帝及重量级官员活动的记录；后来进步了，不光是帝王将相、政治军事和外交事件能够进入档案，一些重要的社会活动，例如经济、贸易、科技、教育和文化活动，也能进入档案馆；再后来，也就是最近，发达国家中开始增设"个人档案"收藏部分，当然主要是指个人的日记、书信、笔记、重要单据和个人物品等等。最新的发展是：口述历史也作为档案馆的一项特别收藏，当然，其中还有大量的意见分歧。

　　这就要涉及档案和史料二者的微妙不同了：史料是历史学的原料，而档案固然可以是历史学原料，但它的价值更加广泛。我曾经打过一个比方，说口述历史档案相当于石油的原油——经过提炼，它可以产生汽油、煤油、柴油、煤气以及各种各样的石油化工原料。做口述历史采访的人，相当于开采原油的人。

　　我们自诩为"档案型口述历史"，当然是赞同口述历史作为档案，赞同口述历史进入档案学的研究视野。我们认为，口述历史活动本身就是一项社会活动，它的原始记录本身就是档案，而口述历史的内容及其档案性质的思索，或许能给档案学研究乃至档案工作本身带来一次重大变革。太专业的话题，这里不展开。

"人类个体记忆库"这一概念有什么意义？

　　问题一，人类个体记忆库的概念，是建立在对个人记忆的知识价值、信息价值、数据价值的基础之上。现在的口述历史工作，是要为未来的社会科学研究积累大数据资源。未来的人文科学家和社会科学家如何利用人类个体记忆库？如何进行数据挖掘和数据分析？如何从人类个体记忆库的大数据中创造各专门学科的新知识及求知新方法？老老实实地回答：我不知道。我不是社会学家也不是人类学家，不是心理学家也不是信息学家，不是未来学家也没有生活在未来。

问题二，提出人类个体记忆库概念，明确口述历史工作是以个人记忆为对象，并不是要用"口述个人记忆"概念替代已经约定俗成的口述历史概念，也不是要用"人类个体记忆库"概念替代已经专业化的口述历史档案概念。名可名，非常名。提出人类个体记忆库概念，是因为它有助于对口述历史及口述史学做深入思考；这一概念的作用，如同解答几何题时，增加一条有用的辅助线。

问题三，是所谓"人类个体记忆库"，并不是指一个实体的仓库，也不是要国家投资建设一个专门的机构。口述历史当然需要政府资助，但具体的工作及个体记忆库的建设，需要全社会的力量。若一切都由国家包办，国民习惯于事不关己、高高挂起，对口述历史工作只能是有害无益。人类个体记忆库的创建工作，必须有更多人参与，才有望实现。人类个体记忆库是一个虚拟的存在，是一个概念。在如今的网络时代，我们无需将所有口述历史档案堆放在一起，而是可以由从事口述历史访谈及收藏的机构或个人各自保藏，即所谓分布式管理。人类个体记忆库概念，只意味着分散保藏需要有互通的信息搜索及有效的信息链接。

问题四，我曾畅想过，未来的人类社会，很可能将口述历史—人类个体记忆库的建设当作一个常规社会工程，世界上每个人的生平记忆都可能被收入这个记忆库中。但并不是说，我们现在就能做到这一点；更不是说，我们现在就必须做到这一点。无论口述历史工作者多么努力，都不可能在短期内做到采访所有的人，或所有的人都参与口述历史采访。口述历史—人类个体记忆库的建设只能逐步实施，信息及数据汇集只能逐步完善。问题的关键是，我们必须从现在做起。未来的未来在过去，而现在，就是未来的那个过去。真正健全的历史观念，包括历史感知、现实的洞察力、未来前瞻性。不关注未来，就不是健全的历史观。

[作者按：2015 年 6 月 11 日，应邀到中国音乐学院做口述历史主题演讲，演讲 3 小时，上面是演讲提纲。]

口述历史实践：策划、采访与编纂

同学们好！

我是陈墨，来自中国电影资料馆，也叫中国电影艺术研究中心。我做口述历史，在采访、编纂和研究三方面，都做过一些工作。今天要和大家分享的题目是《口述历史实践：策划、采访与编纂》。古人说，观千剑而后识器，操千曲而后晓声，这话可以说是千古不易的求知之道。在座的是音乐学院的同学，我想大家对"操千曲而后晓声"这句话肯定更有体会：这叫作实践出真知。

最近几年，我看了不少国内口述历史研究论文，其中有些论文虽然写得很好，只有真正的内行才能看出，论文作者恐怕没有真正从事过口述历史实践，虽然论文观点正确、逻辑谨严，却有太多正确的空话。当然也有另一种情况，那就是从事过口述历史实践者写出的论文，经验可观、实例丰富，但因过于拘泥自己的操作，视野不够宽广，论文就近乎经验总结报告。前者光说不练，容易流于空谈；后者光练不思，难上理论层次。要从事口述历史工作也许并不难，几乎人人都可以做口述历史，而要做口述历史专家则相当不易，必须理论和实践相结合，即学习、操练和理论思考三者齐头并进，缺一不可。

在开始讲述口述历史实践话题之前，先要讲点理论。只讲一个问题，那就是：什么是口述历史？对这个问题，有诸多不同的回答。不同的答案，表现的是答案提供者对口述历史的不同视野及不同程度的思考和表达。时间有限，我就不转述他人的口述历史概念了，干脆给出我自己的答案，我认为，所谓口述历史，就是通过现代化记录手段，对个人记忆的采集保藏和开发利用。这一答案的基本假设是：人类的记忆是有价值的。进一步的假设是，不仅人世间每个人的记忆都是有价值的，而且每个人的所有记忆和言说都是有价值的。只不过，限于人类既有的物力、人力、财力和知识等多方面的局限，迄今为止，对人类个体记忆的采集收藏和开发利用，尚处于起步阶段。这也意味着，口述历史的前途难以估量。

今天要讲的主题，是怎么做口述历史。有两本书要介绍，一本是美国口述历史大家唐纳德·里奇的《大家来做口述历史》，这本书的第二版已有中文译本，据说第三版也有人翻译了。长期从事口述历史工作的人，这应该是必备参考书。另一本是我写的《口述历史门径：实务手册》，是结合了中国国情以及我自己从事口述历史工作的实际经验写成的，或许也有点参考价值。

由于课程时间有限，恐怕没有多少课堂讨论的机会。不过，若同学们有任何问题要和我讨论，不妨写字条传给我，如果字条不多，我会在课堂上回答；如果比较多，那就只能在课后再进行专门的讨论了。

一、关于选题策划

口述历史实践的第一步，就是要做口述历史选题策划。无论你是要申请课题经费还是自筹经费来做，无论是团队协作还是个人去做，都离不开选题策划。即使你仅仅是口述历史采访团队的一个采访人，按既有的规则去操作，有点选题策划的知识和能力，对你从事实际采访工作应该也是有好处的。

选题策划的关键，是选题思考，要提出并回答这样三个问题：1. 你做口述历史的目的是什么？ 2. 你要做怎样的口述历史？ 3. 你如何确定选题方案？下面我就逐一讲述这三个问题。

1. 你做口述历史的首要目的是什么

口述历史有不同的形式，不同的方法，也有不同的目的。在实际操作中，是由目的决定方法，方法决定形式。做口述历史的首要目的有多种，主要包括：

其一，以采集、积累并保留历史档案为目的。例如我本人从事的"中国电影人口述历史"，就是以此为目的的，因为我供职的单位是中国电影资料馆，也就是中国电影档案馆，档案馆做口述历史当然是要以档案采集和收藏为目的的。我们也出书，但公开发表的部分不过是我们采集档案的冰山一角，而且出书的目的不过是为了便于下次申请经费的方便。总之，档案采集是我们的第一目的。我把为这一目的而做的口述历史，称为档案型口述历史。

其二，以传播为目的。近些年来，电视台开设了诸多口述历史栏目，如央视早年的《东方时空》"让老百姓讲述自己的故事"以及《大师》等栏目，北京电视台的《记忆》栏目，东方卫视的《可凡倾听》栏目等等，举不胜举。崔永元口述历史团队开始做口述历史时，也是以做电视节目为目的的，例如《电影传奇》《抗战老兵》等系列节目就是。当然，崔永元口述历史研究中心也保存其口述历史档案，以便日后进行多种目的的开发利用。只不过，传播是他们的首要目的，所以，我将以此为目的的口述历史称为"传播型口述历史"。

其三，以学术研究为目的。例如，人类学家也做口述历史，他们做口述历史的首要目的，并不是档案或传播，而是学术研究，或是为了某个学术专题寻找有用的史料。其他专业的学者也经常借用口述历史手段获取学术研究资料，例如美国历史学家易社强先生的《战争与革命中的西南联大》一书，就是在采访了170多位当年西南联大的老师和学生的基础上完成的；美国传播学家埃弗雷特·罗杰斯的《传播学史》就是在采访43位传播学领域的学者的基础上完成的。我把这类目的的口述历史称为"学术型口述历史"。

做口述历史还有其他种种首要目的，包括政治目的、社会目的、经济目的等等。政治目的的口述历史包括美国总统口述历史、中国英雄模范口述历史。以社会活动为首要目的的口述历史，包括台湾的社区建设口述历史，尤其是土著社区的口述历史，为的是通过口述历史方式让土著居民获得自信、自尊和自知。经济目的的口述历史，是指那些以经营性口述历史，亦即帮助别人做口述历史，是一门生意，专门给那些有钱但没有时间或没有口述历史专业能力的人做口述历史，包括为亲人长辈做口述历史、家史、村史、个人奋斗史、公司经营史，等等。

不同的首要目的的口述历史有不同的做法。在座诸位而言，如果要做口述历史，应该是以前三者为主，即档案型、传播型、学术型。需要提醒的是，这三种类型的口述历史，不过是首要目的不同而已，它们之间有内在的互相关联，档案型口述历史可以传播、也可以做学术资源；传播型口述历史既可以做档案保留，同时当然也可以做学术资源；学术型口述历史也同时兼备档案价值和传播价值。

2. 你要做怎样的口述历史

前面说过，做口述历史，不仅有不同目的，也有不同形式。不同的目的，决定不同的方法和形式，包括传记形式、专业形式、专题形式。

其一，传记型口述历史。这一类型的口述历史，是让口述历史受访人进行生平讲述，也就是从有记忆的时候开始讲起。我们的"中国电影人口述历史"就是这种类型，在策划我们的课题时，我们提出了"电影专业史、社会经历史、个人成长史"这样三个维度。在采访时，我们希望能够将受访人的所有经历和记忆都采集记录下来，为未来的研究者提供最广泛的研究资源。这种形式的口述历史，是一般意义上的口述历史，也就是说，通常人们做口述历史大多是这个类型。

其二，专题型口述历史。有各种各样的专题，例如人物专题，我们采访过电影人的家属，包括钟惦棐的家属、成荫的家属，都是为了了解已经不在世的电影人。另外就是事件专题，例如大型音乐史诗《东方红》的策划、排练和演出，这是新中国音乐史和社会史上的一件大事，以此为专题展开口述历史采访，那又是一种情况。其他各种专题，与在座诸位关系不大，就不必多说了。

其三，专业型口述历史。这也很好理解，音乐口述历史的主旨，就是要了解音乐创作者和演奏、演唱者的经验、技术、理解和思考方式；语言学口述历史是围绕语言学的学术思路进行；摄影家口述历史，通常是围绕摄影的技术和艺术问题展开采访询问。专业型口述历史，需要专业性知识素养。例如要采访一个电影导演，你要对电影的创作过程以及导演在创作中地位和作用、导演创作的流程有清晰的了解，否则你提不出有专业深度的好问题来。提不出好问题，当然就得不到好答案，作为专业性的口述历史，那就达不到专业水准。

这里要补充一点，大家都是学音乐的，从事口述历史工作多半会与音乐有关，有人称之为"音乐口述史"，也就是说，基本上是以音乐专业知识发掘和整理作为主要目标，算是专业型口述历史的一部分。我也看过一些音乐口述历史，大部分是音乐家谈音乐，这当然是天经地义的。但若以为有关音乐的口述历史就只能限于音乐家，尤其是音乐作家和演奏家，那就未免有点偏狭。实际上，音乐是与人类生活和人类文明关系最为紧密的一门艺术，如果有人愿意且能够做音乐社会学口述历史、音乐人类学口述历史、音乐与风俗口述历史，那么受访人的选择对象就会大大扩展，一个乡村的无名乐师，或者一个无名的音乐爱好者，都可以采访，采访人能够通过这些人讲述自己的音乐人生或音乐因缘，获得有关资源。

3. 如何确定选题方案

确定选题方案，需要根据你的愿望、你所拥有的条件以及你在口述历史团队中的地位等条件，做出平衡性综合选择。你想做什么固然重要，但有时候你想做的事不见得能够做到。例如你想做的采访设想再好，若没有资金支持，没有物力和人力支持，你可能就无法做到。

这样，就要考虑第二个因素，即你能做什么。你能做什么，这不仅决定于你自身的条件，同时还要考虑你能够争取怎样的条件。是否能够申请到经费？是否能够组成一个合适的工作团队？是否有足够的财力、人力和物力支持？

所谓你不得不做什么，是要看你的身份。假如你是一个项目的主持人，达成你的目的的可能性就会比较大；假如你只是团队的一员，而且还是年轻的一员，有时候你的愿望和设想就要排序靠后，只能做你不得不做的事。

做口述历史通常需要团队行动。一个人既当采访人，又当录音师，又当档案管理人，在理论上当然也是可能的。只不过，如果要录像采访，那就需要专门的摄像人员；如果是系列采访，那就最好是有专门的制片人和档案管理人。否则，一个人又当这个、又当那个，耗费太多精力不说，很可能还会影响工作质量。

二、关于口述历史采访

策划目标选定，随之展开的就是采访阶段。有关采访阶段，有几点需要注意。一是口述历史采访流程；二是口述历史采访规范；三是口述历史采访过程中的重要难题，即如何处理受访人的语言偏差、记忆偏差等问题。以下按顺序说。

1. 口述历史采访流程

口述历史采访流程，这很容易说。只要是参加过口述历史采访工作的人都会有这方面的经验，不同团队的采访流程也大同小异。无非是确定受访人—联络受访人（取得对方的同意）—做有关功课—预访受访人—写作采访提纲—将采访提纲送达受访人并约定正式采访的时间与频次—开始正式采访—采访录音录像文件整理归档。大致是这么 8 个阶段。

确定受访人，这是在选题策划阶段就要做的。根据你选定的采访课题的不同，肯定要选择相应的受访人。如果只选一个受访人，那当然很简单。如果像"中国电影人口述历史"这样的大项目，那么选择受访人就是一个非常重要的环节，必须从电影的行业、同一行业中的年龄、性别、受教育程度、主要代表者、相关普通人、意见对立者等不同的因素去综合考虑。

联络受访人。这一环节是必需的，因为没有受访人的同意，你没法进行采访。之所以要把这个简单的行为也列入采访流程中，背后其实还有所以然。如果我们和受访人很熟，当然没有什么问题。假定我们和受访人并不熟悉，联络受访人这一环节以及后面的相关环节就显得非常重要了。取得受访人同意的同时，实际上也开启了受访人的回忆之门，刺激受访人的往事与回想，为后面的工作铺垫。

做有关功课。任何一段口述历史采访，都要做功课，你至少要了解三方面的历史线索：一是社会历史的线索，诸如什么时候解放，什么时候有什么运动，什么时候有什么社会大事件等；二是专业历史线索，即你所采访的这个行业或专业里，数十年间有过哪些重大事件，尤其是与受访人相关的大事件；三是个人历史线索，也就是你要采访的对象的成长、求学、专业经历、专业成就等。做功课的路径有二，一是查阅有关文献资料，二是对相关知情人求教。

预访受访人。这一环节有多个作用，一是向受访人直接询问你所不了解的信息，例如这个受访人是什么时候入团、什么时候入党或加入其他社会团体、什么时候因为什么样的机缘投入这个专业，等等；还有一个作用，是熟悉受访人，并且要评估受访人的记忆能力、表达能力、身体状态、心理状态、个性特点，以便在采访提纲写作和正式采访时能够和他话语投机；第三个作用，就是让受访人熟悉你并接纳你，愿意与你合作，这样在正式采访时就有更好的合作成就。

写作采访提纲。口述历史采访必须有采访提纲，这一点不用多说。采访提纲不仅是采访人在正式采访时的工作台本，也是让受访人准备采访的工作台本。进而，采访提纲也是日后对口述历史档案进行索引标注的参考。最后，采访提纲还是日后检验和评估我们工作的重要依据。采访提纲的写作水准如何，有据可查。

送达提纲并约定采访时间和频次。如果直接送达，那是与受访人又一次接触，多一次熟悉的机会，有利无害。如果路远，无法直接送达，那也没有关系，可以通过快递等形式送达。关键是，送达的同时，还要通过电话或电邮的方式与对方约定正式采访时间和频次。所谓频次，也就是每周采访几次，每次采访多长时间，这与受访人的时间安排、身体状况、工作习惯等因素有关，因而你要了解受访人的这些习惯，你必须与受访人协商，一定要尊重受访人的意见。

正式采访。在正式采访时，要注意几种情况，一是在开始采访时，为避免受访人紧张或不习惯，最好是从闲聊开始。二是，虽然有采访提纲，但在采访过程当中一定要注意追踪新信息，例如受访人在讲述时说到了某些你原来不了解但却很重要的信息线索，那就一定要设法追踪，提出新的问题来。口述历史采访并不是开放性采访，但也不是完全封闭性的采访，最好的采访通常是半开放性的采访。另外，有些受访人不仅话多，而且还信天游，如何抓住适当时机将话题扭转到你所需要的方向上来，这需要有很好的社交能力，既要截住，又要有礼貌。

整理归档。用档案学的术语说，就是档案的前端管理，也就是每次采访结束之后，趁你对采访内容还很熟悉、记忆犹新的时候，将这一次采访的录音、录像、照片等文件都进行准确标注，以便以后编纂、研究时能够顺利查找。如果没有标注，让你在采访的一个月以后再来找受访人的某段话，就如大海捞针。如果你的采访已有数百小时，那么你要找一段话的难度就更加不可设想。所以，要有档案管理意识。此外，及时转录到电脑硬盘上，理由很简单，是为了更好的保存。

2. 口述历史采访规范

口述历史采访有一系列的规范，其中包括伦理规范和工作技术规范。唐纳德·里奇的《大家来做口述历史》一书中附录了美国口述历史协会的伦理原则，大家可以去参考。无论口述历史项目大小，都要有规范。这里只说几点。

最重要的是，做口述历史采访，你必须要有录音，或者是录像兼录音，即必须有可靠的记录方式。现代口述历史与此前的口述历史最大的不同，就在于有录音或录像。过去也有口述历史，最早的口述历史是口传心记，后来的口述历史是口传笔录，现代的口述历史是必须有录音或录像记录，确保口述记录的精准性。伯克利加州大学的口述历史专家曾经做过一个实验，让几十个人去整理同一份口述历史录音，结果整理出来的文本并不是一模一样，而是各不相同。这个实验揭示了一个重要事实真相，那就是每个人对同一段话的理解重点会有所不同。

第二个重要规范，是要有档案的前端管理。在做口述历史采访时，不仅要记录采访的内容，同时还要记录采访进程本身。比如说，你要有与受访人的现场合影。在录音开始时最好是说明采访的时间、地点、受访人姓名、对话主题或主要内容。这样做的好处，一是为口述历史留下可查证的证据，二是可以为自己的档案管理留下线索。与此相关的是，每次采访结束之后，最好是将当天的采访录音和录像储存在电脑硬盘里，并做出必要的标注：包括时间、地点、受访人、采访主题及其要点线索、关键词，等等。这样，以后你编纂和查证就方便了。凡是做口述历史或做纪录片的人都有这方面的经验，如果你不及时对当天当次的采访记录做出必要而清晰的标注，过一段时间你想去找受访人说的某段话，会让你如同大海捞针一般困难。采访素材越多，寻找的困难就越大，所以要随时标注。

第三，是采访人和受访人要建立平等合作关系。口述历史是采访人和受访人合作的产物，并不是受访人想说什么就说什么、想怎么说就怎么说，当然也不是采访人就可以操作一切，甚至操纵一切。口述历史是通过采访人与受访人的对话，对受访人的记忆进行有目的且有效率的发掘和记录。有一本书叫《大国学：季羡林口述历史》，那其实不是口述历史，而是季羡林先生自说自话，记录者不过是当秘书记录员而已，没有真正的对话，没有真正的采访人。所以，那本书的话题非常凌乱，而且主题也不明确，缺乏真正的学术深度。在采访过程中，存在另一种情况，那就是采访人"操纵"受访人，甚至用诱导方式获得答案，这种情况是违背口述历史规范的。当年参加"武训历史调查"的人最近撰文说，当年的调查有行政干部参加诱导，某一个老人说"武训是个好人呐！"而且还说如何好，当晚就有大队干部到他家去做工作，说现在不能说武训好，于是后来老人家就不说话了。另一些人则改变了自己的说法。口述历史采访人是知识和信息的探索者，而不能结论在先，尤其不能通过弄虚作假的方式去制造证据。

第四，是要尊重受访人。尊重的前提，是要了解受访人的经历以及受访人的个性和心态，我采访过的许多老人，由于经历过反右等政治运动，尤其是经历过"文革"，有各种各样的心理创伤，有各种各样的痛点，甚至有各种各样的忌讳。你如果不了解这种情况，胡乱地提出问题，你以为是不得不提的一般性问题，有时候就会不知不觉间触及受访人的痛点，从而让老人受伤。尊重受访人，是无论如何都不能意气用事，不能和受访人争吵，更不能明示或暗示受访人故意说谎话——即使受访人所说确实有记忆不准确的问题，你也不能那么说，甚至不能那么想。人的心理比我们想象的要复杂得多。还有一种情况是，张三和李四有矛盾，你曾采访过张三，然后去采访李四，你不能先入为主，也不能将张三所说的话告诉李四，每个受访人都应该得到同等尊重。你可以说，为口述历史受访人保密，是口述历史的规范和纪律，甚至可以说是口述历史采访人的工作伦理。做口述历史采访人的一个要点，是只采访记录，不作判断评说。专心采访，不违规传播。

3. 采访中的核心问题

现代口述历史不过 70 年时间，我国开展口述历史的时间更晚，因而它的规范，甚至人们对它的认知都还不够成熟。口述历史经常被人诟病，说口述历史根本不靠谱，主要理由有两条，一是口述历史讲述人很容易扬长避短，即只说自己过五关斩六将的光荣历史，而回避败走麦城的经历；二是口述历史讲述人的记忆根本不可靠，人们的记忆有太多的误差，无法满足历史真实的需求。这样的诟病听起来的确有理，但从口述历史专业的角度看，这样的外行评述，只不过是对一种自以为是的错误假设进行振振有词的错误批评。

口述历史的假设，并不是说每个人必定是历史真实的提供者，也不会说每个人的记忆完全没有问题。实际上，口述历史工作必须建立在两个可靠的假设上，即，第一，口述历史的受访讲述人很可能存在立场偏见和感情偏见；二，口述历史受访讲述人的记忆很可能有这样或那样的差错和失误。即使存在感情和立场偏见，且存在记忆和表述方面的失误，我们不能假定受访人会说谎，更不能假定受访人必然会说谎。实际上，在我的采访经历中，受访人故意说谎的情况极其少见，常见的只是些人皆有之的立场和感情偏见、记忆和表述错误而已。

这就带来一个问题：既然有偏见，而且还会有记忆错误和表述错误，那么口述历史有什么用？我的回答是：口述历史采访如同开采石油，你不能将石油原油当成汽油或柴油直接使用，要用汽油或柴油或其他化工原料，你必须对原油进行必要的提炼程序。用学术语言说，口述历史实际上是对人类记忆进行心灵考古：我们面对的，不仅只有一个受访人的记忆即心理事实是否与客观历史事实相符问题，实际上还有一个受访人陈述的语言事实与他的记忆即心理事实是否完全相符的问题。我们知道，在美国的法庭上，证人要宣誓，说：发誓要说真话，全部的真话，除了真话什么也不说。这个誓词很有讲究，发誓要说真话，并不等于全部的真话，一个故事里有六个场景，他只说三个场景，他说了真话，但没有说全部的真话。进而，说真话，也不等于除了真话什么也不说。实际上，在作证或做口述历史陈述的时候，人们会不知不觉地对自己所经历的真实场景做自己的剪辑加工，并且还配上画外音，对场景做出对自己有利的解释。口述历史所记录的，只不过是口述人的语言事实，这些语言事实是不是他的全部的心理事实？这些心理事实即口述人的记忆和言说是不是可靠的历史事实？这就是口述历史采访人要做的"心灵考古"的工作主题。有关口述历史的真实性和心灵考古理论研究，我写过几篇论文，最近的一篇发表在《西南大学学报》哲学社会科学版 2017 年第 3 期上，对这一话题感兴趣的同学可以去看。

由于时间和主题所限，这里不便就理论问题做过多解说，只能简化成一个非常实际的问题，即在口述历史采访中，我们如何理解并处置语言事实、心理事实和历史事实三者的差异问题，甚至要进一步简化成在口述历史采访中我们如何辨析受访人记忆错误或表述错误。大致上说，有三种方法可以甄别记忆错误和表述错误，一是文献比对，二是逻辑推演，三是多方求证。

文献比对，就是采访前要做足功课，对你要采访的主题尽量熟悉，尽量多些必要的知识，这样，一旦受访人在讲述中出现了记忆或表述的错误，你就立即能够辨别出来。举个简单的例子，我采访过一位新中国开国大典时在天安门广场拍摄电影的老人，他说开国大典的时间是上午 10 点，而我知道真实的时间是下午 3 点。于是在他说话的间隙，我就提出，我记得开国大典的时间是下午 3 点开始的，他仍然坚持说是上午 10 点。在采访结束时，我与他继续讨论这个话题，结果发现他是将后来拍摄的一部电影《国庆10点钟》错记为开国大典的时间了。

逻辑推演。即在采访过程中必须集中精力，口述历史中的错误记忆，有时候是记忆的错误，有时是表述错误，当然有时候很难分清到底是记忆错误还是表述错误，好在采访继续进行，受访人会说出另一个答案。这时就要抓住线索，当场求证。我采访过一个著名导演，说他在土改中的一段经历，这是我不熟悉的经历，但在叙述中他提及了"大队书记"，这引起了我的注意，土改时怎么会有大队书记？生产大队是1958年成立人民公社的时候才有的呀，就问老人家是怎么回事。他一开始还说自己的记忆没有错，但我追问大队书记从何而来？他才想起，是把1964年参加"四清"的经历与1950年参加土改的经历混淆了。类似的混淆并不少见，有些老人将1942年的大饥荒与1960年的大饥荒记错，遇到这样的情况时，我们只能从其叙述的有关社会环境的线索中去发现问题，尽可能当场求证。

三是多方求证。有时候，在采访前没有文献可考，采访中也无法进行逻辑推演或实际求证，那就只有采取第三种方式，即采访后的多方比对。有个老人说自己在抗敌演剧队的事，其中有一件听起来不大靠谱，有些匪夷所思。怎么办呢？只能去找当年参加过演剧队的老人咨询，咨询了4个人，其中有3个人记得这件事，但所说的版本与口述人不一样，而那3个人所说都差不多，那就可以证明，我的受访人对这件事的记忆有误。采访同一单位或同一行业或同一时期的老人越多，可以比对的信息资源也就越丰富，只要有心，最终总能比对出事实真相。

最后，要提醒一点，无论是文献比对，还是逻辑推演，还是多方求证，如果受访人坚持自己的记忆和表述没有错，就要适可而止。最多是提高声调，对这段采访对话做出标注，说明此段陈述有疑问。如果不顾老人家的坚持而硬要与他求证，一种可能是耽误了他的其他陈述，影响他回忆和叙述的顺畅性；还有一种可能是让老人家生气，觉得你不信任他，那就更糟了。毕竟，考据是采访人的事，求证固然重要，但让受访人心情舒畅地继续陈述则更为重要。

三、关于口述历史编纂

口述历史编纂，实际上是一个专门的学问。在这里只能选几个要点，长话短说。只讲三点，一是编纂的法律和伦理问题；二是三种不同的编纂思路；三是不同记录介质的编纂以及再加工。

1. 口述历史编纂的法律和伦理问题

这里实际上包括两方面的问题：一是法律问题，一是伦理问题。

法律问题主要是指著作权、著作权的使用权以及著作权人身份等问题。

著作权问题：口述历史的著作权应属于采访项目投资人和口述受访人双方共同拥有。这也就意味着，如果要将口述历史抄本编纂出版，那就要征得受访人的知情同意，最好是取得正式授权，即受访人愿意将著作权的使用权授予口述历史项目组，让项目组决定什么时候以什么形式出版。

这里有一个特殊情况，那就是口述历史著作如果不是以口述历史抄本形式出版，而是由采访人兼撰稿人采取非虚构写作的形式出版，那么著作权就会完全属于采访人兼撰稿人。口述人只是提供了这一著作的原料而已，当然要出版口述人的故事，也必须征得口述人的同意，那是另一种权益，即个人隐私保护权。

表述中，有受访人的权益，而没有提及采访人，那是因为采访人可能拥有著作权，也可能不拥有著作权。比如我自己，由于我是中国电影资料馆的工作人员，我做口述历史工作是受电影资料馆指派，并且是以电影资料馆的名义申请到项目资金，因此我本人虽然是采访人，却不能拥有著作权。

口述历史采访和编纂中，有多种伦理问题，这里只说一种最主要的伦理冲突，那就是科学伦理和社会伦理的冲突。从科学伦理出发，探索事实真相及科学真理是所有从事科学学术工作者的最高目的，口述历史的伦理就是要深入人的内心世界，深入人的生活细微之处，对不对？可是，在科学伦理之外，还有社会伦理，而社会伦理的重要原则，是要保护人的隐私权。科学伦理要探索人类隐秘，而社会伦理要保护人的秘密和隐私，二者之间有明显的冲突。怎么办？这需要我们去解决，解决的办法，是在尊重受访人的前提下，尽量与之协商，划定个人隐私的边界。不同文化对隐私的理解是不一样的，更重要的是，每个人对隐私的理解也是不一样的。有的人觉得你打听我的收入就是侵犯隐私，但对口述历史工作者而言，打听你的收入变化，是要采集经济史、生活史的实际数据。因为每个人对隐私的理解不一样，所以采访人要与每个受访人协商。实际上，协商在采访开始之前就要进行，最后的处理方式，是分层设限，即在采访时和编纂时有不同的边界。采访时的隐私边界相对较宽，而在编纂时的边界较窄。无论宽与窄，都需要你和受访人协商，如果没有协商，是口述历史工作者失职；不加协商地将受访人的隐私做无限制的传播，则是违背了普遍的社会伦理。

2. 三种不同的编纂方式

三种不同的编纂方式，是档案编纂、非虚构写作、学术引用。

档案编纂是口述历史最重要的编纂方式。中国电影资料馆编纂出版的两大系列"中国电影人口述历史丛书"，就是采取这种编纂方式。所谓档案编纂，是最大限度地接近口述历史原始档案的编纂方式。它的编纂原则，是最大限度保持口述历史采访录音所具有的真切性、口语化、现场感。口述历史的原始档案，专业术语是原始抄本，原始抄本是按照录音或录像内容，不加任何修改地抄录成文字稿。原始抄本需要一式两份，一份用来存档，与录音、录像文件有同等价值，且要与录音和录像的讲述内容完全一样。另一份用来制作编辑抄本，编辑抄本是供人阅读的，需要有阅读的畅顺性及可读性。例如，原始抄本中受访人说话，一连说了 8 次"这个，这个……"，在制作编纂抄本时，显然没有必要如此。原始抄本中经常会有"半句跳跃现象"，也就是受访人只说半句话，就跳跃到下一句话上去了，例如"那天的天气，哎呀，我们都冻坏了！"如果觉得读者难以理解，你就要补齐句子，不过要用括号形式，即"那天的天气（相当冷）"。采用这种编纂方式，最大的好处是与口述历史最为接近，读者不仅可以了解叙述的内容，且能够最大限度接近口述人的语气、语调的现场感和口语化，从而不仅能为历史研究和社会科学研究提供宝贵资源，也能为口述历史研究、采访研究、语言学、叙事研究提供资源。对某些人来说，这样的文本更有质感，也更有味道，更有个性。

第二种编纂方式是非虚构写作方式，采取这种方式编纂的口述历史文本很多，甚至可以说是一种普遍通行的编纂方式，例如美国哥伦比亚大学的唐德刚教授编纂的《李宗仁回忆录》就是采取这种方式，台湾"中央研究院"近代史所的口述历史丛书也是采取这种编纂方式，音乐口述史著作如杨晓博士采编的《蜀中琴人口述历史》等等，也都是采取这种编纂方式。所谓非虚构写作，就是将口述历史采访的原始抄本，转换成采访编纂者的语言进行重新书写。所以，它是一种写作，而不是单纯的编纂；同时，这种写作与其他写作不同，它不能自由发挥，必须有根据，根据就是口述历史采访录音录像或原始抄本，你不能编造，更不能虚构。这样的编纂或写作方式，在阅读上肯定会更畅顺，而在历史事实方面的错误和缺漏肯定更少，因为在非虚构写作过程中，写作者将口述者在实际采访时所说的错误信息都根据相关史料文献加以订正了。这样做也有缺点，那就是人们很难分清，《李宗仁回忆录》到底是李宗仁的回忆录还是唐德刚的历史著作？谁是这部口述历史著作的真正作者？李宗仁回忆录中如果看不到李宗仁的记忆特点和语气特点，那叫什么口述历史呢？档案编纂形式，如果受访人说错了话，是要按照他的原话呈现，然后再加以注释，说受访人此处记忆有误或表述有误，真实的情况是如何如何。当然，说《李宗仁回忆录》不是口述历史，那也说不过去。因为它确实是根据李宗仁的口述进行加工的，只不过是唐德刚教授采用了非虚构写作的方式呈现而已。

第三种方式，是学术引用方式。这是一种特殊的编纂方式，不是根据口述历史本身编纂成卷，而是根据研究者的叙述线索去引用口述历史材料。一部书中经常出现，某某人怎么说，某某人怎么说，或者是在一段话后面加上注释，说这句话是谁说的。还有一种更极端但并非少见的情况，那就是在学术著作正文中完全不出现口述历史受访人的名字，引述的内容也不加引号。例如美国历史学家易社强（Jhon Israel）教授的《战争与革命中的西南联大》，就是在采访了170多位当年西南联大的学生和老师的基础上写成的。美国传播学家艾弗里特·罗杰斯的著作《传播学史》，则是根据他采访了43

位传播学领域最早的学生和老师后写成的，这部书还有一个副标题，全称叫作《传播学史：一种传记的角度》。这种编纂或写作方式是否还是口述历史编纂？大家可以讨论，它与口述历史的关联性是毋庸置疑的。

3. 不同介质的编纂及再加工

三是视频编纂、音频编纂、图书编纂。

以上我们说的口述历史编纂，都还只限于口述历史图书或文字的编纂。实际上，口述历史还有其他多种介质的编纂，例如口述历史视频编纂或口述历史音频编纂，也就是将口述历史的录像文件或录音文件按照某种功能目标进行编纂。这种编纂，也可以分为档案型编纂和传播型编纂、学术引用型编纂。档案型编纂，只是将原始录音或录像按照时间或主题编纂在一起。而传播型编纂，则是要按照节目类型进行编纂，有的专题节目或系列专题节目，有的是专题片，还可以编成纪录片。专题节目、专题片、纪录片的编纂，相当于非虚构写作，它肯定是要减除一些素材，增加一些素材，要符合节目类型特点，同时展现编导的特殊思路。

如何编纂口述历史视频和音频，我们虽然讨论过，但没有真正尝试过，因此我缺乏实际操作经验，不宜多说。要了解这方面的知识或技术，可以去看有关节目。中国传媒大学每年都举办"家春秋系列口述历史纪录片大赛"，有兴趣的同学不妨参与这个活动。

此外，据唐纳德·里奇的《大家来做口述历史》介绍，口述历史不仅可以作为学术研究的资源，同时还可以作为艺术创作的资源，也就是利用口述历史故事内容编写成话剧、舞剧、电视剧、电影等多种多样的形式。这当然已经完全超出了口述历史编纂的话题，而是将口述历史当成了一种艺术创作的素材。对此，我所见不多，只能给大家介绍到这里。

我的讲座到此结束。谢谢大家！

[作者按：这是在中国音乐学院硕士、博士研究生选修课"口述历史系列讲座"之一，演讲的时间是 2017 年 9 月 28 日。]

口述史学是什么学？

各位好！

我来自中国电影资料馆。电影资料馆是征集、收藏并开发利用电影资料和电影人记忆的档案馆。从 2007 年起，我们研究室有一批人开始了"中国电影人口述历史"工作，在采访、编纂出版和学术研究三方面，做了一些工作。今天我来这里，是与大家分享我对口述史学问题的思考。大家应该注意到了，我讲的题目是"口述史学是什么学？"这是一个问号，也就是说，它还是一个有待思考和讨论的问题。也就是说，你要问我：口述史学是什么学？我恐怕也给不出标准答案。只要注意"口述史学是什么学"还是问题，今天讲座的目标就达到了一半。

口述史学是什么学，之所以成为一个问题，原因很简单，因为它是一个新学科，而且还是一个跨学科的新学科。口述史学跨哪些学科？这就是问题。今天我要从三个方面来讨论：第一，口述史学是历史学的一个分支吗？为什么？第二，为什么说口述历史工作是心灵考古：考什么？如何考？第三，人类个体记忆库是什么？有什么用？

口述史学是历史学的一个分支吗？

如果让我回答这个问题，我会说：是，也不是，即不完全是。

说它是历史学的一个分支，有几个理由。其一，现代口述历史主要是由一些具有学术远见的历史学家开创的，例如哥伦比亚大学口述历史研究室，例如台湾"中央研究院"近代历史研究所口述历史项目，唐德刚教授和他的老师郭廷以教授，就是历史学家兼口述历史的开创者，口述历史人永远也不该忘记这些历史学界前辈的开创之功。第二个理由，多数口述历史人继承了口述史学是历史学分支这个传统，继续在历史学的地盘上建设口述历史的大厦，以历史学的方法营养着口述历史。国内的一些著名的口述历史专家，例如定宜庄教授、左玉河教授、杨祥银博士以及传媒大学的王宇英博士等等，都是历史学专业背景，这些历史学家对中国口述历史工作和口述历史研究做出了重大贡献。国外的情况也是如此，我相信杨祥银博士曾经在这里介绍过，不再多说。其三，说口述历史是历史学的一个分支，有一个巨大的好处，那就是无须论证它的合理性与合法性，只要说口述历史的亲爹或亲妈是历史学，申报课题经费、申请学术户口就相对容易。

下面要说"不是"，即口述史不是历史学的分支，这要做点说明。口述历史仍然可以为历史学家所用，但不完全属于历史学，更不能把它当作历史学的一个分支来看。理由也有几个，其一，是除了历史学家之外，还有人类学家、社会学家、民族学家、民俗学家、心理学家、传播专业人士、档案人士等等，也都在做口述历史。若说这些人都是历史学的分支，怎么说得通？国内的情况也是这样，据我所知，中华女子学院口述历史项目，主要就不是做历史学研究，而是做女性研究。大连大学李小江教授做口述历史是在做社会学研究；天津大学冯骥才文学艺术学院成立了中国传承人口述历史研究所，主要研究内容恐怕也不是历史，而是非物质文化遗产研究；外交部档案馆口述历史项目、中国音乐学院口述历史项目、张宜教授的《当代语言学的口述历史》等等，也是各有所归。其二，我们知道，口述历史是出身于历史学门下，曾经得到过一些历史学家的悉心栽培，但也曾经得到过另一些历史学家的酷评，以至于口述历史的日子很不好过。我曾经开玩笑说：口述历史已经成年，应该结束寄人篱下的日子，应该自立门户了。历史学家的酷评，主要集中于一个问题：口述历史不可信。实际上，是说个人记忆不可全信，这方面的例子非常多，我们当然不能回避，而是要面对这个问题，并且解决这个问题，否则，口述历史就不可能得到真正的学术资格和成长空间。口述历史的先行者曾试图回答这个问题，回答的思路是：1.承认口述历史有不准确的成分；2.试图说明严肃的史书之中、正经的档案之中、可信的史料之中，也有不准确的记录。例如《史记》中说汉高祖刘邦的母亲与龙交配，然后生了刘邦；例如1958年的《人民日报》上明确记载一亩田可产万斤乃至10万斤粮食，而且还配有照片，有著名人物站在稻子上！这种辩护，是一种消极辩护，试图说明口述历史的不准确性，是一件无奈的事。

在这种消极辩护之外，我想，应该还有一种积极的辩护方式，也就是我要说的辩护方式，那就是口述历史的正确记忆有价值，错误记忆同样也有价值，或许还有更重要的价值，也就是我要说的社会科学资源价值。下面我必须证明这一点。在口述历史中，经常会出错——在这个世界上，谁能担保自己的记忆不出错呢？有许多例子，为公平起见，我举两个别人的例子，再举两个我自己采访中遇到的例子。别人的例子，一是傅光明教授的一本书《口述历史下的老舍之死》中提及的，老舍先生于1966年8月24日在北京太平湖投水自杀，傅光明教授采访老舍之死，居然有3个人都说自己单独打捞了老舍先生的遗体！请注意，这3个人并不是一起打捞的，而是说只有自己一个人打捞的，那么，至少其中有2个人说了假话，甚至，3个人都说了假话。另一个例子，是一个叫黄章晋的人发表了一篇博文，主题是《为何抗战老兵记忆不靠谱？》大意是说，日本老兵的口述大多是准确的，国民党抗战老兵的记忆就不大靠谱，甚至连自己的部队番号都说不准确，有些人的有些抗战纪念章甚至是从旧货市场上买来的。我自己遇到的例子有很多，这里只说两个例子。其一，是著名电影导演吴天明家的例子，我采访过吴天明导演，吴导演逝世后，为了编纂《天明故事》这本书，我又采访了吴天明导演的家人，其中有这么一件事，"文革"时，吴导的父亲吴曰聪老先生是安康地区副专员，曾险些被造反派枪毙！这段经历，吴天明和他的两个弟弟，三个人的说法，竟然有三个版本，一是说法院判了死刑，有一个干警说这位大人物不能这么简单从事，因而在最后关头救了他；一个版本说，是公安局拉去枪毙，是一个行署的干部觉得这样不行，从而去救了他；第三个版本，是说一群农民造反派把他抓住了，以为他是对立派的幕后黑手，威胁要枪毙他，结果被同一造反派组织内部的一个认识吴曰聪的干部把他救了，说让他到公社去写检查材料。还有一个例子，是我为我的导师陈骏涛先生——他是中国社会科学院文学研究所研究员，退休前是《文学评论》杂志的编辑部主任、副社长——80寿辰，做了一本口述历史，书名就叫《陈骏涛口述历史》，是人民文学出版社今年8月份出版的。我老师在接受采访时说，他哥哥比他要大20来岁！实际上，他哥哥只比他大9岁。

面对口述历史的记忆不大靠谱的情况，历史学家怎么办呢？当然是去查档案资料，以便校正口述历史的错误或不足。华人历史学家唐德刚教授就是这么做的。我们都知道，美国哥伦比亚大学口述历史工作室是全世界最早的口述历史工作发源地，唐德刚教授在那里工作过多年，做过胡适、顾维钧、李宗仁、张学良等人的口述历史。他可谓是口述历史的开拓者之一，至少是在中国民国精英人物口述历史方面的鼻祖。唐德刚先生对口述历史的不准确性深有体会，说最好的口述历史受访人，也只有50%的内容可取，而一般的受访人陈述，可取之处则更少。例如《李宗仁回忆录》这是一部非常有名的口述历史学著作，但这本书只有40%来自李宗仁的口述，60%来自唐先生的查证和研究，而且在这部书中我们也看不到李宗仁的原话——所有文字都是唐先生书写的。唐先生还专门指出，凡是李宗仁先生说得不合语法规范的地方，他都给删掉了。如今，谁都知道，《李宗仁回忆录》不仅是一部重要的史书，也是一部口述历史的名著。现在，我要提两个问题：其一，《李宗仁回忆录》是一部优秀的口述历史著作吗？其二，唐德刚先生是一个优秀的口述史家吗？我的回答是：《李宗仁回忆录》是一部优秀的历史著作，但不是一部优秀的口述历史著作；唐先生是一个优秀的历史学家，但不是一个优秀的口述史家。唐先生不是优秀口述史家，正因为他是一个优秀的历史学家，因此具有历史学的"所知障"，也就是只重视"历史"，而轻视"口述"，这导致他无法容忍李宗仁回忆和口述时记错事、说错话。他压根儿就没有想过：这些记忆错误或表述错误，也许正是李宗仁口述历史中最有价值的部分——那些被认为没有"史学价值"的信息，也许具有更为重要的社会科学价值。

为什么说口述历史是心灵考古？考什么？如何考？

当我说唐先生是一个好历史学家，而不见得是一个好口述史家的时候，可能有人想不通：一个好的历史学家不就是好的口述史家吗？问题就在这里：我们通常将"口述历史"和"口述史学"这两个概念混淆了。细心的人会注意到，"口述史学"这个概念中多了一个"学"字，口述史学不等于口述历史，而是专门研究口述历史这个东西的学科学问，也就是研究口述历史是什么？有什么特点？口述历史资源有什么价值？从这里深入追问下去，就能追问到口述史学的究竟。口述史学不是"口述"的"史学"，而是"口述史"之"学"，也就是研究口述历史采访、记录、收藏、开发、利用的学科、学问。大多数人都不假思索地认为口述史学等于口述历史，而且口述历史作为口述的历史又等同于历史学。

把口述史学与口述历史混淆起来，是一个误解；而把口述历史简单地理解为口述直接出"历史"，也是进一步掩盖了口述史学的真问题。那么，什么是口述史学需要思考和研究的真问题呢？无论口述历史有多少种功能，无论有多少个专业的人在做口述历史，人们面临的是同一个问题，即：口述历史是通过采访对话，去发掘和收集个人的记忆。亦即：口述史学问题，是如何开发利用个人记忆的问题。由此可见，口述史学不是历史学的分支，因为它要考虑的问题超出了历史学的研究范围。口述历史工作基于个人记忆，我们要考虑三个问题：首先，个人记忆包含哪些内容？其次，个人记忆有什么特点？再次，我们应该如何开发利用个人记忆资源？这三个问题，都没有什么标准答案，需要口述史学去探究。

第一，个人记忆包含哪些内容？我们都知道，个人记忆是个人生命历程的档案库，也是个人生活经历、经验、知识和想象的图书馆——所以非洲有一句谚语：一个老人去世，就是一座图书馆坍塌。也有人说，个人记忆如同一部百科全书。档案库、图书馆及百科全书这三种比喻或许都不是很贴切，但也都能说明一个问题，那就是个人记忆的内容，肯定不只是历史学的史料，而是包含了生命、生活、人生、专业工作、社会经历和社会阅历等丰富信息，包含了多种社会科学资源。

第二，个人记忆有哪些特点？个人记忆的最大特点之一，是它通常没有分类和编目。我们说，个人记忆如同档案库、图书馆或百科全书，但绝大部分人的记忆都是没有整理、著录、编目的，绝大部分人的记忆世界是一片混沌的世界，如同通常的大学生宿舍，所有东西都是随手丢，要用的时候需要花时间去找。特点之二，每个人的记忆都不是完整的，也不可能是完整的，个人记忆的所谓档案库、图书馆或百科全书，大多只是断简残篇，且大多数都还无法查找、也就无法提取。因为人类有"选择性记忆"和"选择性遗忘"两大生理或心理特点，这一点我们每个人都有经验。每个人查看前几年的日记或照片，对日记或照片中的信息很可能就有所遗忘，通常的情况是，时间越久，遗忘的当然也就越多。"选择性的记忆"和"选择性的遗忘"的原理很简单，我们的记忆能力有限，要是什么都记下来的话，我们的记忆库存放不下，只有选择一些东西记下了，而将其他的一些东西遗忘掉，如此才有足够的空间容纳新的生活记忆。选择性记忆有哪些特点？我们还不全部知道。选择性记忆和选择性遗忘，是不是一物两面？也不清楚。进而，个人记忆还有一个更大的特点，那就是每个人的记忆能力、记忆方式和记忆内容都是不同的，这一点很容易验证，今天的讲座结束之后，让大家去回忆这次讲座的环境、参加人数、讲座内容要点，肯定会各有不同；如果过一个月再让大家回忆，不同点肯定会更多；如果过三年五载再让大家回忆，肯定会有更妙的答案；甚至有人会说：我听过陈墨这个人的讲座吗？他讲了什么？我什么都不记得了！

第三，如何开发利用个人记忆？这就是口述史学要探讨的问题。开发利用是两个概念，我们也要分开来说。先说开发，也就是口述历史采访。前些年我写过一篇论文，叫《心灵考古：口述历史的方法与模式探索》，发表在《当代电影》杂志上，后来被编入中国电影人口述研究论文集《倾听心灵》中，是我的同事启之先生主编的。在那篇论文中，我讨论了个人记忆的特点及做口述历史工作的一些问题，这里就不重复了。"心灵考古"当然是一个比喻性的说法，考什么？如何考？自然也是比喻。真正的问题是：就是如何开发个人记忆？我们如何做口述历史采访？这是口述史学的基本问题：谁在说？对谁说？说什么？怎么说？研究口述史学，首先就是要面对这几个问题。下面我们就说说这几个问题。

谁在说？这是社会学的问题，也是心理学的问题。说它是社会学的问题，是每一个采访对象都有其不同的社会身份。这有两点意义，第一，我们采访一个人，通常就是冲着他的社会身份去的，比如我们要采访重大历史事件，肯定要去采访这一事件的亲历者，我们要采访抗日战争，当然就要去采访抗战老兵；如果我们是要采访少数民族的风俗习惯，或者采访一个非物质文化遗产的传承，那就要去采访相应的人。要采访音乐的发展情况，肯定要去找音乐家，而不会去找画家。第二，我们要知道，不同的社会身份，通常有不同的教养，不同的思维习惯和讲话习惯，极端的例子是某些职业被称为说谎的职业，有些社会身份习惯于居高临下，而有些则习惯于奉承迎合、你想听什么就对你说什么。说谁在说是心理学问题，这是因为，每一个人其实都有不同的自我，心理学家威廉·詹姆斯区分出生物性自我、社会性自我、精神性自我，弗洛伊德的说法大同小异，即区分出本我、超我和自我，这三者当然是一种理论性的区分，让我们了解自己有多复杂。真的要让我们去分辨某一段话到底是本我在说、超我在说还是自我在说，几乎不大可能。要研究口述历史，恐怕还要更进一步区分：经验的自我和记忆的自我，今天我们在一起讨论口述历史问题，都是经验自我在参与；过了若干时间，当我们再回忆这个讨论活动，那就是记忆自我在说话。记忆自我与经验自我至少有两点不同：第一，记忆自我不可能完全重现经验自我，总有一些东西要被遗忘，前面我们说过，人有选择性的记忆和选择性的遗忘；第二，记忆自我还会"改写"人的经验自我，也就是说，由于某种原因，我们的记忆会在不知不觉间被自己所改写。在这里，我提醒诸位，记忆这个东西，不是笔记，也不是录音，而是有活动性乃至建构性的。我采访过一个老人，1949 年 10 月 1 日开国大典时，他就在现场拍摄纪录片《中国人民的胜利》，但老人家将开国大典的时间记错了，开国大典的时间是当天下午 3 点才开始，但他说是上午 10 点钟。为什么会出错呢? 是因为他在 1956 年看了一部电影叫《国庆十点钟》! 他把电影的故事和自己的记忆串联起来了,于是出现了记忆错误。记忆自我改变经验自我的情况很普遍,其中到底有多少奥秘,我们还不尽知,至少有两大力量导致经验自我的改变,一种是外在的社会记忆的力量,也就是通常所说的"众口铄金",大家都这么说,久而久之,就会变成我们的记忆;另一种是自我期许的力量,也就是我们的理想自我有时候会"篡权",将自己打扮成记忆自我,甚至将自己打扮成经验自我!

对谁说? 这是传播学的问题。谁对谁说? 也就是传播的主体和对象之间,建立了怎样的关系,这是做口述历史的关键,也是口述历史采访与其他的采访不一样的采访。社会学的调查,新闻记者的采访,通常都不会问谁在说,更不会问谁对谁说,但口述历史采访则必须问这两个问题。因为在采访人和被采访人见面之初,就会形成氛围传播,我们知道,不同的传播氛围,肯定会影响传播的方式和内容。这里我介绍两个假说——这两个假说都是我提炼出来的——第一个假说是巴特利特假说,专门研究过回忆的英国心理学家巴特利特说:"回忆就像是需要技巧的比赛中的一次击球,每一次我们做出了它,它都有着它自身的特征。"人的回忆并非如去仓库取出事先存放之物,不同情境下做出的回忆,其信息数量、信息质量、记忆深度甚至话语形式都会有所不同。从传播角度看,回忆需要经过自我传播或人际传播,在不同的传播情境中,被传播的回忆肯定有所不同。这一说法的真确性及普遍性,尚需心理学家和传播学家进一步研究求证。第二个假说我称之为"肖斯塔克假说",是美国人类学家玛乔丽·肖斯塔克提出的,她说她的田野民族志名著《尼萨——一个昆人妇女的生活与诉说》"反映了 50 岁的尼萨与 24 岁的肖斯塔克之间的限定性对照;任何其他的组合,都必然会导致不同的结果",因为"访谈是两个人之间的互动,处于特定生命时段、具有独特人格特质和兴趣取向的一个人,回答由另一个处于特定生命时段、具有独特人格特征和兴趣取向的人所提的一组特殊的问题。"不同的采访人和不同的受访人的不同组合,必然会有不同的访谈结果。此说同样有待传播学研究的进一步证实。了解这两个假说有什么好处呢? 它让我们明白,在采访过程中,不同的采访人的采访结果是不同的。采访人面对受访人应该设法建立良好的传播氛围，并寻找合适的采访方式。更普遍的意义在于，我们如何培养合格及合适的采访人。

说什么？这是学科分工的问题，也是传播学问题。所谓说什么，取决于两个方面，一是采访人问什么，才谈得上说什么。你是历史学家，自有一套历史学的提问方法；你是社会学家，又有社会学家的提问方法；人类学家、民俗学家、心理学家、语言学家各自都有其专业提问方法和具体的问题组合，正是由于不同的提问方法和问题组合，才决定了采访人与受访人的对话基础，并确定"说什么"的话题。上面已经说及，个人记忆是百科全书或图书馆，你要查阅哪一部分内容？你要在这图书馆中找寻哪个专业的信息？这取决于查阅者、访问人。由于做口述历史的专业取向不同，对此问题很容易有不同的回答。历史学家最早想到采集个人记忆，并将这一工作命名为"口述历史"，这个名称一直沿用至今。实际上，口述的只不过是个人记忆的某个方面而已，并不是历史，当然也不是社会学，只是历史或社会学、人类学的某种信息资源。在我们讨论"说什么"这个问题的时候，我们也要注意到，说什么这个问题，还包括自我传播的问题，也就是要考虑说话人的言语和他的心灵的关系问题，不是所有人都能够如愿地表达自己的心里所想，汉语中有"口是心非""口不应心"等成语，就是指这种情况。只有测量了言语和心灵的关系，才能大致明白所言与现实的关系。极端的例子，是分不清真实和想象的边界，也就是分不清真实和愿望的边界。

如何说？这是语言学问题，也是传播学问题。说它是语言学问题，包括多个方面，一方面是口语和书面语的不同。很多人思考口述历史，只注重了"历史"而往往忽略"口述"，所有的口述历史都是基于个人记忆，同样，所有的口述历史都是对个人记忆的口述，因此，口语的问题就是口述历史家必须重视的问题。首先是要面对口语和书面语的不同，例如语言学界有一个经典性的例子："小于不会唱戏"这句话，在书面语中看起来只有一个意义：即小于这个人不会唱戏。在实际的口语中，根据重音的不同，就有以下多种意思：1.小于不会唱戏（小李会唱）；2.小于不会唱戏（谁说他会唱？）；3.小于不会唱戏（不是不肯唱）；4. 小于不会唱戏（他只会看戏）；5. 小于不会唱戏（他会唱歌）。这就是口头语和书面语的不同之处，需要听话听音。进而，在说话过程中，所有的口头禅、习惯乃至表情、动作、姿态和停顿，都有信息价值，而在书面语中我们往往看不到这些，这也是口头语和书面语的不同。进而，口语中还存在方言问题、专业术语问题、社会方言问题，同一个音节组合在不同的语境下可能是完全不同的意思，当然也可能相反，同一个意思有不同的表达形式，例如"不知道"，有的地方就说"知不道"。进而，怎么说也取决于受访人的决定，这牵涉到传播学问题，且涉及多种传播形式：自我传播、人际传播和大众传播。在自我传播中，存在自我传播能力的问题，有些人对自己的某些经历无法用准确的语言表达出来；在人际传播中，存在"内在把关人"的问题，也就是受访人存在"选择性的陈述"，它的另一面，当然就是选择性的回避——回避的最好方法，是说"我不记得了"，其实很可能是记得的，只是不愿对你说。此外，在人际传播和大众传播过程中，存在内在把关人，且存在自我审查和自动编辑问题。

现在我们就将上述理论付诸实践，举例说明所谓"心灵考古"的实际情况。上面的这 4 个例子，都是个人记忆不靠谱的例子，也就是口述历史不靠谱的例子。我要怎么才能为这种记忆不靠谱现象辩护呢？先从最后一个例子说，一个人对哥哥年龄的记忆为何相差那么大？记不住哥哥的年龄并不稀奇，差异这么大才稀奇。这个问题其实很好考证：知道哥哥是什么时候去世的，去世时候的年龄是多大，我们就能算出哥哥出生的大致年月。通过对话，我们很快就考证出：哥哥出生于 1927 年，比受访人只大 9 岁左右，而不是大 20 岁！问题是：为什么会出现这样的情况呢？这才是我关注的重点：我了解的情况是，这个哥哥很早就离开了家乡去上海当了国民党的警察，且还加入了国民党特务组织军统，新中国成立后被捕入狱，刑满后也未能回上海、也未能回福建老家，而是在江苏南京附近的一个砖瓦场做工，直到晚年才因病回到故乡。也就是说，我老师从记事时起，就与他哥哥不在一起生活，加上他哥哥是国民党警察、特务，而他是追求进步、一心要加入中国共产党的进步青年，所以对哥哥的生日缺乏准确记忆几乎是必然的。但这还不是最深刻的解释，因为他哥哥是 1982 年才去世的，而且他还写了一篇纪念哥哥的文章，按道理，他应该去询问和查证哥哥的生日，退一万步说，也能根据哥哥去世时的年龄反推出他的生年，从而得出相对准确的结论，至少不会差得如此离谱。是什么原因导致了他始终不记得且不愿意去查证其挚爱的哥哥的生日呢？这里面还有更深刻的原因，那就是，他对哥哥始终有一份无法排遣的内疚。他哥哥一生坎坷，但对父母亲尽到了儿子的职责，50 多岁时回到父母身边，给父母送终，我老师却在母亲去世、哥哥去世、父亲去世时都没有回家奔丧！那时候已经是 80 年代，经济问题已经不能作为一个借口，政治问题更不能作为一个借口，真正能够解释这一行为的是他工作太忙，要把过去耽误的 14 年时间抢回来。然而这一内疚始终无法消除，压抑在心理无意识之中，以至于在无意识中构建了哥哥比自己大 20 多岁的信息，这一信息的真正意思是，哥哥年龄越大、弟弟的年龄就越小，而年龄小，正是可以原谅的理由！这，才是我老师记不清唯一的哥哥的年龄的真正原因。我之所以要从这点开始说，是因为，我把我的这些解释，也写入了《陈骏涛口述历史》中，并且得到了我老师的默认，因为这部书稿最终是由他审定的，假如他觉得我的解释和分析荒唐离谱，肯定会指出来，并且做出自己的正确解释。他没有指出来，表明他至少接受一部分。顺便做一下广告，《陈骏涛口述历史》这部书的与众不同之处，就在于每个章节后面都有一段或数段有标题的"采编人杂记"，也就是我的分析和研究。

　　下面再就是吴天明导演的那个传奇，事实的原始真相实际上是可以调查的，为什么兄弟三人的说法会有如此之大的不同呢？原因是他们都不是现场亲历者，而是听他们的父亲事后转述的，这里面就牵涉到社会、历史、心理和传播的问题。有意思的是，在三个版本中，最不靠谱的是吴天明导演的说法，原因其实很简单，因为他是一个电影导演，对父亲那段惊险的经历进行了戏剧性的加工。我们知道，我们的记忆和我们的思想活动是有联系的，有时候，我们的想象或联想会影响到我们的记忆，甚至会"改写"我们的记忆。吴导的大弟弟吴继明先生的版本没有那么传奇，有一些合乎当时情景的细节，但故事的框架与事实真相也还是有很大的距离。有意思的是，我在采访他的时候，他也意识到了这一点，他说他愿意放弃自己的版本，所以在那部书中看不到他的版本了。吴导演的三弟吴伟利先生的说法离事实真相最近，这有几个原因，第一个原因，是他当时在父母身边，而他的两个哥哥都已经参加工作了；第二个原因，他当时年纪比较小，听说这个故事的时间也比较早，因而记忆比较清晰；第三个原因，在这三兄弟中，这个弟弟离文学、艺术工作较远，是一个工厂的厂长，他的记忆也较少加工的成分。他们父亲的那段经历，当然只有一个真相，其余的两个版本当然没有历史价值，但却并非什么价值也没有，相反，我们从中可以发现社会学、心理学和传播学的信息，我们发现一个人的职业习惯和个性特点是如何编辑和修订自己的记忆的。在某种意义上说，这三个版本可以作为考察三个人的文学才能的考试题。

接着再说其他两个例子。关于抗战老兵记忆不靠谱的问题，我们不难理解，要知道，国民党军队老兵的抗战经历，在 2005 年之前，非但不是一个光荣的标记，反而是一种耻辱的根源，因为他们是国民党的老兵，因而在新中国大部分是作为"历史反革命"对待的，所以，这些人无不饱受压抑和煎熬，尤其是在"文化大革命"中，这种历史反革命的身份会让他们随时随地受辱。出于自我保护的本能，他们会下意识地作"选择性的遗忘"，至少，也是将这段经历埋在记忆的最深处，从不会告诉家里的人，不告诉任何人。这样，时间长了，记忆自然会模糊不清，而且支离破碎。2005 年以后，有一些人，像崔永元老师这样的人，为了抵抗遗忘、记住历史，去采访这些抗战老兵，让这些老兵再世为人——此前他们是"历史反革命"，是社会的另册，不是堂堂正正的社会公民——让他们讲述自己的抗战故事，自然会出现这样或那样不靠谱的情况。记忆的不靠谱，除了刚才所说的在巨大的社会压力下为了保护自己的心灵平衡和健康而做下意识的选择性遗忘之外，还要注意两点，一是要知道这些老兵中有许多文盲，不识字，在部队中的视野有限，对自己的部队番号不是那么在意，甚至不是那么有知识，他有可能记住自己战友的名字和家庭情况，当然也能记住自己的连长、排长、班长的名字，因为这些人天天跟他们在一起，但对营长、团长、师长的名字以及部队番号恐怕就没有那么关注了。为什么八路军老兵对自己的部队番号记得更加准确呢？原因非常简单，那就是他们的经历被认为是光荣的经历、革命的经历，经常要填表，甚至经常要给人讲述，不断地讲述，有时候还会有老战友的聚会，从而他们的记忆就更加深刻也更加清晰。不可忽视的另一点是，这些国民党的抗战老兵，由于知识水平有限，对历史的理解能力有限，只知道原来不能说、现在能说了，他们说的故事，难免会带有传奇色彩，因为他们对历史的理解有符合其知识水准的传奇性框架。第三点，黄章晋先生的博文中说，有些老兵身上的部分纪念章也不太靠谱，这也是有可能的，因为再世为人的兴奋与过去选择性的遗忘相加，使得他们的历史记忆早已支离破碎，只是按照自己的意愿去选择性地重新建构自己的历史，因而将不是自己部队的经历也当作自己的经历进行纪念和讲述。在这些老兵的讲述中，我们可以找到人类"神话"的起源——人类的早期神话就是这么来的。因此，这些不靠谱的老兵记忆，包含了社会压力、历史背景和神话心理学的丰富信息。

再看"老舍之死"，居然有 3 个人说自己打捞了老舍。前面说过，其中至少有两个人是虚构的，甚至 3 个人都可能是虚构的。由于傅光明教授没有将那 3 个人的口述历史原原本本地记录在他的书中，我们无法具体分析，到底是谁在说假话？到底为什么会说假话？在这里，我只能做两点推测，推测之一，是被采访对象，也就是当年太平湖上的捞尸人，大多出自社会底层，受教育程度不高，有些甚至从没有上过学，因而他们不知道老舍是谁，只记得某年夏天曾经在太平湖上打捞过尸体，他们当然不会有日记，也不会想到自己的行为涉及老舍之死这样的重大历史事件，当记者或学者去采访他们的时候，他们就把自己打捞的事情讲述出来了，他们不见得说了假话，更不见得是故意说假话，只不过他们将自己的经历张冠李戴了。推测之二，我们知道，社会学和心理学都有一个理论，叫作"社会角色扮演"，每个人都在扮演自己的社会角色，每个人的言语行动都是按照社会规范所编制好的"剧本"进行自己的表演，如此就有一种可能，那就是每个人都会不自觉地希望自己能够在"历史的大戏"中扮演一个角色，许多人一生都没有参与"历史大戏"的机会，然而打捞老舍的遗体这件事，却让他们有机会，他们曾经打捞过尸体，有的人可能还不止一次地打捞过——那个年代投水自杀的人不在少数，尤其是地理位置相对偏僻的太平湖这个地方——那么，他们是不是也有可能打捞过老舍的遗体呢？这个念头冒出来，经过内心的激动、想象、演绎，在一些人的心中很可能就变得活灵活现，这样的想象就"变"成了他们的记忆！我的推测到此为止，我说过，我没有掌握第一手材料，无法做实际研究和分析。

上面的几个例子足以说明，个人记忆确实可能出错，口述历史中确实可能有虚假不实的信息，但这些信息非但不能作为口述历史没有价值的证据，相反，这些不真实的信息恰恰反映了人类心灵的真相，反映了人类的记忆是如何被生产出来、如何被社会的价值观所修订、如何被个人的自我认知或社会认同所改写，因此，这样的信息具有非常重要的社会科学研究价值。《史记》中说刘邦母亲和龙交配，这当然不是历史事实，但这样的错误记载，却有其心理和文化的真实性。它说明，在司马迁的时代，人们有这样的传言；同时也有人相信刘邦是"真命天子"，而天子当然不是凡人能够生育出来，"龙"的角色就这样被想象和创造出来了，因为人们相信它、想象它、需要它。《人民日报》的亩产万斤的例子，当然也不是客观真实，但这一信息同样意义重大：第一，它说明，当年的《人民日报》曾经刊载过错误信息；第二，之所以会刊载如此荒唐的错误信息，那是因为《人民日报》的身份，首先是党的宣传喉舌，其次才是新闻报纸；第三，《人民日报》刊载错误消息，说明当时有人弄虚作假，有假消息，还有假图片；第四，当时人们作假，是有原因的，这原因就是上级号召"大跃进"，所谓大跃进，就是"人有多大胆，地有多大产"，也就是说人们可以、甚至必须用自己的想象去替代客观事实；第五，那个年代有着巨大的政治压力，使得人们不仅不敢说真话，甚至也不敢相信自己的眼睛，更不敢相信自己的良知——我就采访过一个老人，是北京电影制片厂的前副厂长高汉先生，他就是因为在 1958 年下放到江苏省兴化县劳动一年，发现大跃进的浮夸风，回来讲述了自己的所见所闻，结果是什么呢？在 1959 年被批判了 60 天！而到"文革"期间，又被抓起来，坐了 7 年牢。这一事实可以说明，那个年代的报纸发表虚假消息，是有政治和社会原因的，通过上面的分析，再来评判亩产万斤或 10 万斤的消息，是符合不符合历史真实呢？

上面列举的几个例子，都是我们能够解释的例子。解释得对不对，还需要进一步的讨论和质证。更不用说，在口述历史中，还有更多的例子我们还不能解释。上述举例，只不过是想要说明，口述历史的个人记忆是容易出错的，但错误的信息非但不会减少口述历史的价值，反而会增加它的价值，增加的部分不是历史的价值，而是社会科学资源价值。也就是说，口述历史不仅有历史学价值，同时还有社会科学资源价值。这意味着，无论是作为历史学史料，还是作为社会科学资源，口述历史的信息都要经过辨别、分析和提炼，才能够成为历史或科学的可用信息。在这一意义上说，口述历史有点像石油，是炼油的原料，你不能拿刚刚开采出来的石油来直接做燃料，而是必须经过炼油，练出汽油、煤油、柴油以及其他的化工原料来。口述历史也是如此，它的价值必须经过科学的提炼。

人类个体记忆库是什么？有什么用？

口述历史有什么价值？如何利用口述历史资源？这个问题是一个非常实际的问题，也是一个非常大的问题。对这个问题，我们现在还不能说出确切的答案。因为口述历史工作是一个新兴的工作，到目前为止才不过六七十年的历史，而在我国则不过二三十年的历史。全世界都在开展口述历史工作，中国也有不少人在做这个工作，但到目前为止，仍不过是小打小闹而已。

未来如何开发利用个人记忆？我写过一篇论文，题目是《口述历史：个人记忆与人类个体记忆库》，这篇论文影响很小，好像没什么人注意。不过，我还是要说说这一论文的构想，这篇文章可以用一句话来概括，那就是将人类个体的一切记忆归档，进而，将人类的一切个体记忆归档。这就是我的口述历史理想，也是我的口述历史观念。我之所以有这个理想，是因为我在中国电影资料馆工作，电影资料馆也就是电影档案馆，也就是贮存电影档案记忆的地方。作为档案人，我们知道，在 20 世纪初，阿尔伯特·卡恩就提出一个雄心勃勃的"星球档案"计划，要"将世界归档"（Archiving the World），即用摄影来进行详细记录 20 世纪初的地球世界，这一计划遗惠后人。我的同事说"记忆库"设想是"痴心妄想"，其实是误会了，我提出"人类个体记忆库"概念，并不是说立即就能将全人类的个体记忆归档，而是提出这一理念模式，从我做起，从现在做起，从点滴做起；也就是说，这是希望所有从事口述历史工作的人，无论你是从事研究工作，从事传播工作，哪怕你是在给你爷爷过生日、记录他讲述的生平故事，都应该将自己的口述历史录音录像存档。这总能做到吧？其实也应该做到，凡是从事学术工作的人做口述历史，你也必须保留档案，以便他人查证。学术引用，你总不能说这是你采访记录的，但没有保留证据吧，对不对？这是科学工作的伦理要求。

我提出建设人类个体记忆库概念，还有几个更重要的理由。

其一，我们可以假设，每个人的记忆都是有价值的，都值得研究，因而都值得归档进入记忆库。因为每个人的记忆都包含了这个人的生活和生命信息，而这些生活和生命信息具有普遍的"人学"价值。"人学"是一切人文科学和社会科学的基础，也是人文和社会科学的奥秘所在，但除了哲学中有专门的人性论领域外，世界上并无"人学"专业，这是因为，人是一个极其复杂的研究对象，必须分工研究，才能逐步搞清楚人的真相。例如生物遗传、生理学、心理学、社会学、经济学、传播学、语言学、历史学，人类学等等。而所有这些学科的焦点，就是人，也就是说，每个人都是生物人、社会人、心理人、经济人、传播人、语言人和历史人，同时也是职业人、专业人，凭常识就能做出判断。每个人的生命信息都具有不可取代的人学价值，每个人的生命历程都是一份人学的宝贵证据，因而人类个体记忆库也就是这些相关科学的宝贵资源库。

其二，过去我们没有这个技术能力、当然更没有这个意识，要去收集人性的或人学的具体证据，有了口述历史，人类有了方便记录和复制的技术，我们终于可以做这项工作了。二次世界大战期间，罗斯福总统曾让一些从军服务的美国社会科学家拿着大录音机跟随作战部队，在战斗结束之后进行现场采访，以研究美军的作战心理、作战行为及战争创伤。在我看来，这件事，是美国的社会科学在二战之后突飞猛进、领导全球的象征性事件之一。钟少华先生说，他在 20 世纪 80 年代做口述历史时，一部录音机的价格超出他工资多少倍，而经常出现受访人兴致勃勃地讲述，而他带去的录音磁带用完了的尴尬情况；因为录音带的价格也是他当年承受不起的消费。而今，这些多不成问题了，手机都能录音、拍照、摄像，专门的录音笔、手提摄像机的价格，很多人都能承受得起。

其三，我提出人类个体记忆库概念，还因为我们要迎接"大数据时代"的挑战，以便于将来的数据科学家能够大规模利用这一记忆库，从而有可能改变社会科学的研究方式，甚至能够概念社会科学的研究方向。这是什么意思呢？此前一切与人有关的科学，都只研究抽象的人、复数的人，而少研究具体的人、个体的人，这是迄今为止人类科学的一个普遍现象。固然是受到研究理念和研究方法的局限，同时也是受技术手段的局限：过去的社会科学家很难获得、也无力处理真正的大数据，除了人口统计资料外，社会科学家所使用的样本通常都不过 3000，我们中国的社会科学家所使用的样本通常会更小，我就看到过拿两三个样本说事的所谓社会科学研究！而未来的社会科学家借助电子技术，肯定可以处理真正的大数据，不仅能够进行大规模的量化研究，且有望进行"量子化"的研究——所谓量子化的研究，是指基于个人的社会科学研究，每个人都是社会和历史的一个"基本粒子"。社会科学的基本粒子即个人，与自然科学的基本粒子最大的不同点，是因为每个人又都是自成一个小世界、小宇宙，也就是说，社会科学的基本粒子要比自然科学的基本粒子要复杂无数倍。大数据时代的数据科学家当然要建立全新的研究模型，并且摸索全新的研究方法。

如果我说我知道未来的社会科学家如何工作，那就太狂妄自大啦！正是因为我们不知道，且承认自己不知道，不能自以为是。将人类个体记忆归档，建立人类个体记忆库，就是要给已经来临的大数据时代提供所需科学数据资源。

　　未来学家有一个非常妙的说法，即过去的未来在未来，现在的未来在现在，未来的未来在过去。中间一句，现在的未来在现在，意思是，现在正是通向未来的起点，现在我们所做的一切，都决定我们的未来是怎么样的。口述历史的现在是什么样的，是口述历史未来发展的基础。我们思考口述史学是什么学，提出借助口述历史建立人类个体记忆库，不仅是要将人类个体记忆归档，同时也要研究个体记忆的开发利用方式：这不是一个人能够完成的任务，我们不妨互相学习，看看历史学家是怎样做口述历史的，人类学家是怎样做口述历史的，社会学家是怎样做口述历史的，心理学家和语言学家对口述历史有怎样的观点和方法，传播学家和传播人又是怎样做的，将这些知识和技术综合起来，或许能够逐渐摸索出如何开发利用人类个体记忆的某些普遍性原则、方法、技术和知识。

　　假如我们对口述历史感兴趣，假如我们不但做口述历史采访和研究，而且还做口述史学的思考和研究，总有些问题是需要我们思考的，总有些事是我们可以做的。最近几年，我做了一件事，就是思考和讨论口述史学是什么学这个问题，一共发表了若干篇长论文，综合成一本书《口述史学研究：多学科视角》，是从人类个体记忆库、档案学、历史学、社会学、心理学、传播学、语言学和教育学等不同学科视角，考察口述史学是什么学这个问题。这本书最近，也就是今年8月份，由人民出版社出版了，我希望这本书有助于对这个问题的思考。

　　我就讲到这里。谢谢大家！

　　[作者按：这是2015年10月15日在中国传媒大学崔永元口述历史研究中心所作的专题演讲讲稿。]

口述史学与人类个体记忆库

女士们、先生们：大家好！

我叫陈墨，来自中国电影资料馆。一个多月以前，也就是 10 月 15 日，我曾来这里讲过一次，题目是《口述史学是什么学》。今天是命题作文，要讲的是《口述史学与人类个体记忆库》，此前我曾写过一份讲稿，与我要在几天后的口述史学研讨会上的发言主题相近，林卉老师建议我不要按照纯粹理论思索的例子，最好是多举一些例子，来说明一些理论问题，也就是要理论和实践相结合，所以我又修改了讲稿，尽量从实际出发。

今天要讲的内容，分四个部分：一，人们是怎样做口述历史的；二，个人记忆有哪些特点；三，"人类个体记忆库"是什么；四，口述史学研究的路径与方法。我大约要讲两小时左右，中间休息过后，将有一段讨论时间，希望大家对我的讲述提出质疑、批评和讨论。我们都知道，未经充分质疑的知识，不是真正可靠的知识。我相信大家都赞同这一点。下面就开始讲第一个问题。

一、人们是怎样做口述历史的

这个问题对从事口述历史工作的人来说，恐怕是一些常识，我尽量简单说一下。人们是怎样做口述历史的？这包括两个方面。第一方面，是说口述历史有不同的形态，具体包括口耳相传、口传笔记、口传录音、口传录像与录音。

做口述历史的人都认同一点，那就是 1948 年美国哥伦比亚大学口述历史工作室的成立，是现代口述历史诞生的标志。但口述历史这个东西，确实是自古就有了。在有语言而没有文字的时代，人类的经历和经验只能用通过口耳相传的方式传递和保存，我们的原始人祖先都是这样干的，现在的一些没有文字的原始部落还是这么干，这么干的最著名的经典，西方有《荷马史诗》，我国也有藏族的《格萨尔王》等等，我把这种情况称为口述历史的自然形式。

在有文字的时代，也还有一些人从事口述历史工作，例如希腊史学家希罗多德的《历史》和中国史学家司马迁的《史记》中，都有明显的口述采访资料，而且他们也曾提及这一点。他们的采访比过去进步了，别人口述，他们笔记。这样的工作一直到近代也还有，例如 1951 年发表的《武训历史调查》，就是由人民日报社和文化部组团到武训的故乡去采访的，也是口述、笔记的形式。不过，把这样的调查称为口述历史，我有点犹豫，因为当年的那次所谓调查，实际上是"有罪推定"的结果，即调查者的目的就是要把武训这个人剥皮示众。所以，在这次调查中出现了这样的情况，在第一次开会时，受访人大多是说武训的好话，当天晚上村支部书记不得不去给当地农民打招呼，不许他们说武训的好话。当然，在形式上，这也是口述历史，我把这种形式称为口述历史的自发形式。

随着科技的发展，录音机问世，口述历史进入了新时代。早在哥伦比亚大学的专家们发明口述历史这个词之前，罗斯福总统就已经命令一些人带着大录音机跟随美军作战部队，采访记录美军战士们参战经历和体验。哥伦比亚大学开创了口述历史的新时代，用录音机记录口述历史，最大的不同就是有了口述历史确切的档案证据。录音档案，比个人的笔记显然要真确得多。我们知道，同一个人说话由不同的人记录，很可能会大大的不同，而有录音机则能产生真正原始的和真实的档案记录，我把这种形式称为口述历史的自觉形式。

随着科技的进一步发展，口述历史工作者也鸟枪换炮。不仅用小小录音笔代替了笨重的录音机，而且还发展到可以用录像方式记录口述历史采访现场。我们知道，录像方式所记录的信息远远比录音记录的信息丰富和全面得多。它不仅记录受访人的谈话，同时还记录受访人的表情、动作、姿态，语言学把这些称为"副语言"，副语言传达的信息有时候要比语言本身丰富得多。我把这种形式称为口述历史的自我更新形式。

以上所说，就是口述历史的简史。我们现在所说的口述历史，是指用录音笔或摄像机记录的、可以保留原始证据的规范化的口述历史。但回顾一下口述历史的历史也有好处，从中能够获得口述历史思想资源，后面我们会专门讨论。

除了形态不同之外，口述历史还有许多不同的做法，主要是根据其工作目标的不同，而采取不同的方法做口述历史。具体包括：档案型口述历史、研究型口述历史、传播型口述历史、教学型口述历史，此外还有纪念性口述历史、经营型口述历史，后二者的方法之"型"没有明显不同，只是功能性质有所不同。

档案型口述历史

现代口述历史最早的范型，是档案型，即是以保留口述历史档案作为工作目标的。美国哥伦比亚大学巴特勒图书馆收藏，台湾"中央研究院"近代史研究所的口述历史，英国皇家战争博物馆收藏的大量口述历史等等，都是档案型的口述历史。有人甚至说，口述历史在一定程度上可以说是"一场档案运动"。我所在的中国电影资料馆开展的"中国电影人口述历史"，就是对老电影人进行口述历史采访，并保留其录音录像档案。第一期是对 80 岁以上老电影人进行抢救性采访；第二期我们将受访人年龄降到 75 岁。档案型口述历史当然也有各种不同的做法。我们采取的做法是，让口述人做比较全面的"生平讲述"，也就是让口述人讲述自己一生的故事。顺便提一下，我们的口述历史项目名称不是"电影口述史"而是"中国电影人口述历史"，其中多了一个"人"字，是要以人为中心，以人为目的；因此，我们的口述历史不仅记录口述人的专业经历，同时还记录他们的社会经历和心灵成长经历，与一般口述历史相比，我们有更多的维度和更丰富的内容。这样的设计，当然是基于我们对口述历史的理解，后面会具体谈及。

研究型口述历史

现代口述历史的另一个主要范型，是研究型，即利用口述历史采访所得，编写出专门的学术研究著作。例如弗吉尼亚大学荣休教授易社强先生写《战争与革命中的西南联大》，采访了 170 多位西南联大校友；新墨西哥大学传播学家罗杰斯写《传播学史：一种传记的方法》，也采访过 40 多位威尔伯·斯拉姆的同事和学生；加州大学周锡瑞教授的《叶：百年动荡中的一个中国家庭》，采访了他夫人叶娃教授及其家人。哥伦比亚大学唐德刚先生的《胡适口述自传》《李宗仁回忆录》，大连大学李小江教授的《20 世纪（中国）妇女口述史》、现代文学馆傅光明的《口述历史下的老舍之死》等。研究型著作千姿百态，基本特征是不同的作者有不同的研究目标，因而其著作也就呈现出不同的特色。

传播型口述历史

另一个主要范型，是传播型口述历史，亦即以传播为工作目标的口述历史。这一类型也有不同的做法，主要有两种，一种是传记型，一种是专题型。传记型的口述历史是以某个人物的生平讲述为主，例如《舒芜自述》《大国学：季羡林口述历史》等。专题型口述历史，是指以某个特定专题为采访目标的口述历史，例如冯骥才的《100 个人的 10 年》、刘小萌的《中国知青口述史》，电视专题方面则有崔永元团队制作的《我的抗战》《电影传奇》等。外国的口述历史专题片，我印象最深的是最近在中国电视上播出的《追击本·拉登》，美国现任总统奥巴马、总统安全顾问、海豹突击队高级指挥官等人讲述寻找和击毙本·拉登的过程，其情节精彩曲折、充满悬念，紧张程度不亚于故事片。专题型的口述历史作品极多，这里不能尽说，专题传播型口述历史是特别值得注意的一种形式。

以上三种可以说是口述历史的主要范型。其余的几种，只是因为其工作目标不同，方法上也有所不同，对这些我也简单地说一说。

教学型口述历史

所谓"教学型口述历史"，是指大中小学生的口述历史，根据唐纳德·里奇的《大家来做口述历史》一书的介绍，美国的中小学生中开展口述历史的情况比较常见，中小学生自己编辑的口述历史杂志例如《狐火》等等，影响还不小。我对这一点非常羡慕，因为让小学生和中学生去做口述历史，是非常值得推荐的一种教学方式，目前中国似乎还没听说有，我急切地希望有。好在，我们已经有了大学生口述历史项目，例如"'家·春秋'大学生口述历史影像记录计划"，我已经看到了这一计划的部分成果，令人非常惊喜，也值得继续期待。

纪念型口述历史

所谓纪念型口述历史，顾名思义，是要用口述历史形式记录某个人或某个社会团体——尤其是家庭或家族的口述历史——以作为永久纪念。中国古代就有修家谱、族谱的传统，现在，我们可以让健在的老人讲述家庭乃至家族的故事，用录音笔甚至手机记录下来，保存在网络空间中，可以使长者的音容、笑貌、故事得以永久保存，岂不是好？我以为，这是特别值得推荐的一种形式，我自己就曾为我的导师陈骏涛先生做了一个口述历史，书名就叫《陈骏涛口述历史》，由人民文学出版社出版，庆贺老人家的80诞辰，有关录音、录像可以永久保存。

经营型口述历史

所谓经营型口述历史，顾名思义，是把口述历史当作一项生意来做。据我所知，已经有人在这样做了，有人成立了专门的公司，专门替人做口述历史。这项生意以后肯定会发达，原因是，随着精神生活的活跃和发达，肯定有许多成功人士希望替自己或自己的长辈留下口述历史，而他们自身或者没有时间做，或者没有能力做，所以要请人来做口述历史。我之所以对这一型感兴趣，是希望有更多的人做口述历史，而通过市场经营，或许能够使口述历史事业更加兴旺发达。

混合型口述历史

我们将口述历史分成不同的型，因为目标不同，途径也就不同，方法也就有所不同。当然，其中也有多种型混合的情况，例如"'家·春秋'大学生口述历史影像记录计划"的作品中，有许多作品就是让自己的爷爷奶奶讲述自己的故事，例如《小木箱　钻石婚》和《往先》等等，既是教学型，也是传播型，同时也有纪念性质；其中也有一些作品，除了教学、传播的意义之外，还有一定的研究价值，例如有一部叫《春官》的作品，记录"送老皇历"的3位陕北农村艺人的一段行程，这就具有民俗学的研究价值。最后，所有这些作品及其原有素材都可以作为档案保存，留下我们这个时代的记录见证。

口述历史的发展坐标及其启示

上面讲的这些，想必大家都知道。之所以要重复这些大家都知道的内容，有一个具体的目的，那就是上述有关口述历史的不同形态、不同类型，可以组成一个完整的坐标系，即一条是时间的轴，也就是口述历史这个事物在不同时间点上随着记录技术的变化而变化；另一条是同一空间的轴，也就是在同一时间做口述历史的人随着其工作目标的变化而变化。这一坐标轴有助于我们认识口述历史、思考口述历史，同时也可以相互借鉴口述历史经验。如何借鉴呢？我们要知道，口述历史中包含了非常丰富的内容，最早的口述历史不仅包含了部落的历史、部落领袖的传奇、讲述者个人的记忆，还包含了生产和生活的各种经验知识和技术传统，从今天的立场看，这种原始的口述历史也有值得我们借鉴的地方。

简单说，今天的口述历史，包含了人生故事，也包含了历史信息，包含科学资源，以及人性密码。人生故事、历史信息、科学资源和人性密码，是四个东西，但也是一个东西。这是说，个人故事里面包含了历史信息、科学资源和人性密码。只不过，在实际的采访过程中，由于我们的工作目的不同，因而各取所需，搞得好像是不同的东西。如此，我们就可以拓展自己的思路，例如在前面提及的大学生口述历史影像记录计划中的一些讲述爷爷、奶奶的人生故事的作品中，如果有意识地增加一些有关公共历史的提问，例如有关抗日战争、国共内战、新中国成立、土地改革、镇压反革命、"三反五反"、肃清反革命、反右派运动、大跃进运动、反右倾运动、"四清"运动、"文化大革命"、打倒"四人帮"、承包责任制、国营企业改造……这些内容也都是与爷爷奶奶的生活相关的，如果其中有一部分这样的公共历史内容，那么作品的分量就会显得更重，质量也就更高。

另一方面，针对专门做历史研究的采访者，也可以借鉴前者，即在具体的历史内容之中，尽可能增加一些人生故事的信息。这里有一个非常好的例子，日本大作家村上春树专门采访了1995年东京地铁沙林毒气事件，出版了访谈录《地下》，这部书是专门采集地铁毒气事件发生时的信息。但受访人说着说着有时候就"走题"了，例如一个中毒身亡男子的母亲，不仅说到了他儿子死亡的情况，而且还说到了这个青年出生时的情况。按理说，有关孩子出生时的情况，与地铁毒气事件无关，村上春树是一个作家，敏感到这些不相干的内容——也就是人生故事的信息，而非常规性的历史信息——具有感染人的文学价值，因而予以保留。他的这一选择，实际上是一种启示：在常规的历史信息中包含人生故事，能够大大提升历史信息的文学性、感染力，也能够增加历史的质感。

指出口述历史中的人生故事、历史信息、科学资源和人性密码的四位一体，是想说口述历史的广度和深度，比我们现在出于各自目的去做口述历史的人所想的要大得多。每个人的人生故事中，都有丰富的人文和社会科学资源，否则，那些从事社会科学研究的人就不会去做口述历史了。至于"人性密码"，这可以说是口述历史工作的终极目标，只不过并不是所有做口述历史的人都对此有明确的意识而已。下面我会谈到我对这方面的思考。

二、个人记忆有哪些特点

在说这个问题之前，要先说一下：人们怎样思考口述历史的？

没有做过口述历史的人，通常会把口述历史想得非常简单，觉得口述历史采访像是进图书馆借书那么简单，不就是你去问一个人或一些人，他或他们给你回答吗？这有什么值得思考的呢？

亲自做过口述历史的人才知道，这工作其实不那么简单。有太多的东西需要我们思考和探索。对口述史学的思考和研究，明显地分为两条不同的路径，一条是基于口述的学问，另一条是关于口述的学问。基于口述历史的学问，与关于口述的学问，相互有密切关联，却是两种不同的学问。下面分别说。

基于口述的学问

是把"口述史学"与"口述历史"这两个概念基本等同起来，把口述历史理解为"口述的历史"，而把口述史学理解为"口述的史学"，在一些人的表述中，这二者没有多大的区别，对应于同一个英语词组 Oral History，即基于口述史料的历史叙述和历史研究。最经典的例子，是唐德刚先生的《李宗仁回忆录》，在采访李宗仁以前，唐先生就查找了大量相关资料；在采访完成之后，唐先生将李宗仁讲述中的所有错误记忆、错误表述全部删除，甚至将李宗仁口述的习惯语等表达形式也给删除了，又根据他所查证的资料将李宗仁讲述中的缺漏补上，从而形成最终的非常真实可靠的历史叙述。在历史学的规范下，他这样做正当而且合理。可是口述史学的规范呢？这部书既然只用了李宗仁 40% 的回忆和讲述，删除了全部的记忆错误和讲述错误，甚至删除了口述形式及大量的口语习惯用语，它还是李宗仁回忆录吗？还是李宗仁的口述历史吗？为了解决争端，我们给此类著作一个概念，那就是基于口述历史的历史学著作。

我使用"基于口述的学问"这个概念，而没有简单地说"基于口述的史学"，是因为基于口述资料，还可以做出史学之外的学问，也就是口述采访作为一种求知的方法途径，可以扩展成钟少华先生所说的口述的社会学、口述的民族学、口述的民俗学等等。例如张宜教授的《中国当代语言学口述历史》，就是一部基于口述资料的语言学研究的著作。更好的例子也许是"'家·春秋'大学生口述历史影像记录计划"，每个参与计划的人，首先当然要考虑选题，其次是要去采访，但需要考虑的重点，是如何把口述历史的采访变成一个可看且好看的电视节目。从摄像的清晰度、灯光照明的合理布置，到故事的讲述方式、是用画外音解说还是用字幕解说、是否要用音乐？如果要用的话，用怎样的音乐？等等。

关于口述的学问

首先是将口述历史和口述史学这两个概念区分开来，也就是对"口述史学"的另一种解读，即"口述史之学"，它要回答的问题是：口述历史是什么？它有什么价值？哪些问题需要研究？如何研究？它要思考的首要问题是口述历史的概念是什么呢？口述历史就是对个人记忆的开发和利用。如果说，基于口述的学问重点在口述历史的"出产"即如何利用部分，简单说，就是如何把口述历史的原料做成自己想要的一桌菜，那么，关于口述的学问则关注口述历史这一工作的全过程，从它的源头也就是个人记忆，到口述历史采访过程即开发，一直到口述历史资源的合理利用，最后一个环节，其实也就是基于口述的学问。也就是说，关于口述的学问包含了基于口述的学问，而基于口述的学问则并非如此。

上面的说法有点绕口，我们还是直面问题的要害吧——有人认为口述历史纯粹是个人的主观产物，完全由口述人胡思乱想或胡说八道，压根儿就不可信，不过是一堆混乱的垃圾。如果是一般人这么质疑也就罢了，不理睬它也就是了。问题是，这样严重的质疑是由严肃的历史学家提出的，我们就不能不做出回应。

回应的路径有两种，一是试图说明严肃的史书、正经的档案之中、可信的史料之中，也有不准确的记录。例如《史记》中说汉高祖刘邦的母亲与龙交配，然后生了刘邦；例如海湾战争之前，美国和英国都振振有词地说，伊拉克存在大规模杀伤性武器，而且这些信息都被记录在案；例如1958年的《人民日报》上明确记载一亩田可产万斤乃至10万斤粮食，而且还配有照片，有著名人物站在稻子上！这种辩护，可谓消极辩护。

还有一种积极辩护，那就是把口述历史中出现的记忆错误、表述错误也当作是一种有意义的信息，保尔·汤普逊的《过去的声音：口述史》中就曾专门论及口述历史中存在两种事实：一种"社会事实"，或历史的真实；还有一种则是"心理事实"，即虽然不是历史事实，即从未真正发生过，但对于口述者来说，他曾信以为真，并且根据自己的信念说出来，它也有重要的意义。

无论是消极的辩护，还是积极的辩护，都只是辩护而已，虽然能够指引我们的工作思路，但还不能直接指导我们的工作。口述史学的首要问题就是要了解和研究个人记忆的特点，因为口述历史就是对个人记忆的开发和利用，若不了解和理解个人记忆的特点，我们的工作就必然会不断受到质疑。

个人记忆有哪些特点？个人记忆的最大特点之一，是它通常没有分类和编目，绝大部分人的记忆世界是一片混沌的世界，如同通常的大学生宿舍，所有东西都是随手丢，要用的时候需要花时间去找，有时候能找到，有时候费九牛二虎之力也无法找到。特点之二，每个人的记忆都不是完整的，也不可能是完整的，大多只是断简残篇，且其中大多数都还无法查找、也就无法提取。进而，个人记忆还有一个更大的特点，那就是每个人的记忆能力、记忆方式和记忆内容都是不同的，这一点很容易验证。今天的讲座结束之后，让大家去回忆这次讲座的环境、参加人数、讲座内容要点，肯定会各有不同；如果过一个月再让大家回忆，不同点肯定会更多；如果过三年五载再让大家回忆，肯定会有更妙的答案，甚至有人会说：我听过陈墨这个人的讲座吗？他讲了什么？我什么都不记得了！

下面，我想对个人记忆的特点及其种种"不靠谱"情况做些详细解说。

经验自我与记忆自我

要说个人记忆的特点，首先要了解：每个人都有经验自我和记忆自我。现在我们在一起讨论口述历史问题，这是经验的自我，我相信大家都在积极地理解和消化我的发言。可是过一段时间，尤其是较长的一段时间，比如三年五载之后，我们对这次讨论的内容还能记得多少？那就因人而异了，因为每个人的记忆自我的个性和能力不同。人类的经历和经验，注定只有一部分、甚至只有一小部分能够转化为个人记忆，也就是说，个人的记忆自我只有一部分与经验自我同一。人类个体的经历和经验的大部分，注定要消失，无法被记忆所保留。原因很简单，一是人类的记忆容量有限，当然每个人的记忆容量是不同的，但无论怎样不同，总体的容量都是有限的；还有一个原因，那就是在相同的容量空间内，因为每个人利用记忆空间的条理性不同，所以能够记忆的量也就有所不同。如果没有遗忘，我们的大脑就没法有效地工作，正如一栋房子里若是堆满了过多的杂物，我们就没法在这一空间里生活。这一点应该不难理解。

记忆自我与"约哈里窗口"

有两个心理学家，也就是约和哈里，共同提出了一个关于记忆自我的理论模型，叫作"约哈里窗口"。这个模型把人的记忆分成 4 个区域，即公共区域、私密区域、盲目区域、潜隐区域。公共区域，指的是本人知道、别人也知道的记忆信息区域，这很容易理解，凡是在"百度"或"谷歌"上能够搜索到的关于某个人的信息，大多属于这一区域。第二区域是私密区域，指的是本人知道、别人不知道的区域，这也容易理解，每个人都有自己的隐私，只要不告诉别人，别人当然也就不知道。第三个区域是盲目区域，指的是别人知道、本人不知道的区域，这看起来好像有点难懂，怎么会有别人知道而自己不知道的呢？这只要我们回想一下小学同学聚会或中学同学聚会就可以找到例子，在这样的聚会上，肯定会出现某一个同学或一些同学说你当年如何如何，而你自己却一点也不记得了；甚至，如果相隔多年，你与某人曾经同学的事实也会被忘记，这些被忘记的东西，就是你的记忆中的盲目区域。第四区域是潜隐区域，指的是本人不知道、别人也不知道的信息区域，对本人而言，这一区域与盲目区域有一定程度的相似性，即都是个人记忆被遗忘或被"沉埋"的区域，不同的是，这个第四区别人也不知道。这是个人记忆自我中最深沉的区域，更加难以"打捞"。当然，这只是心理学家提出的关于个人记忆结构模型，这一模型，对口述历史工作而言，是一种非常重要的指引，也是一种很好的评价标准。我们知道，口述历史工作不能满足于公共区域的信息采集，而是要把公共信息区域作为口述历史采访工作的起点或基地，通过采访人和受访人的信息交换，交流盲目区域和私密区域的信息；通过双方的合作，最终抵达潜隐区域，并努力采集到更多的个人记忆。

记忆自我的"峰终定律"

"峰"是高峰的峰，"终"是终点的终。所谓"峰终定律"，是说个人记忆通常是把人生的高峰和结果（终点）作为记忆的重点对象，这不难理解。人生高峰时刻肯定是一个人的"高光"时刻，自然是难以忘怀，例如三国时的关羽诛颜良、斩文丑以及后来过五关、斩六将，就是他一生的第一和第二个高峰，这些很容易被记住。而通往高峰的路径，则不那么容易被记住。成就终点记忆当然也很清晰，但通往终点的过程则肯定会有许多东西被记忆所遗弃。人生的高峰通常并不在暮年，所以高峰记忆不仅会影响高峰前的记忆，同时也会影响高峰后的记忆。例如有些人的人生得意时期是在"文革"期间，由于家庭成分好等因素得到重用，十分风光，而在打倒"四人帮"后受到审查，在改革开放新时期则显得不适，以至于对新时期的记忆变得模糊而扭曲，甚至有相当负面的评价。在知青口述史中，我们就发现一种值得注意的情形：后来成为社会精英的那部分知青，回忆起下乡插队时的经历，大多有"天降大任于斯人也，必先苦其心志、劳其筋骨、饿其体肤、空乏其身，增益其所不能"因而"青春无悔""感谢这段经历"的倾向；而那些后来不怎么成功的人士回忆起知青经历，却只是简单的受难史、控诉书，是"该上学时去下乡、该工作时下了岗"的苦难故事的起点。这就是"峰终定律"的一个很好的例证。当然，人是复杂的，个体的差异是巨大的，在不同的个体记忆中，峰终定律的曲线是不同的，这就需要口述历史采访人去辨析勘探。有一部书值得推荐，那就是历史学家叶维迎和社会学家马笑冬的口述历史《动荡的青春：红色大院的女儿们》，是由叶维迎撰述定稿的。这两位成长在新中国机关大院的女性，后来的留美博士，在对话口述中如何避开"峰终定律"的局限，反思自己的成长和成才的过程，其中有不少观点和思路都值得口述历史工作者借鉴。

选择性记忆和选择性遗忘

我有一个姓李的年轻朋友拍摄了一部基于口述历史的纪录片，名为《李家往事》，就是拍摄他爷爷和奶奶的故事。他爷爷是南昌铁路局工务段的技术负责人兼副段长，奶奶是一所小学校长，这两个老人在"文革"中都算是走资派，当然都要受到冲击，也就是要受到批判、关牛棚、挨斗甚至挨打。李家的爷爷已经于1989年去世了，所以有关爷爷的故事都是由别人讲述的，有意思的是，当孙子问奶奶"爷爷在'文革'中是否挨过斗、挨过打"时，奶奶非常坚决地说：没有。奶奶说爷爷没有挨斗、挨打，是一个错误的记忆。因为编导后来采访了爷爷的同事，也是在同时挨斗和挨打的人，那个老人还说了一段非常感人的故事：李家爷爷在挨斗的同时，还告诫这个同事"一定要挺住，千万不能死！若是死了，就什么都说不清了！"那是一段非常感人的镜头。我感兴趣的是：奶奶为什么不记得她丈夫挨斗、挨打的事了呢？我们可能猜测，因为当时的走资派都被关押在单位里，不能每天回家，因而在爷爷挨打的时候，奶奶不在身边，所以不知道。但后来奶奶的儿子、女儿证实，爷爷挨打、挨斗的事他们都知道且都记得。那么，问题就变成了：奶奶应该是知道爷爷挨斗和挨打的事，为什么不记得了呢？难道她老人家会对自己的孙子说谎？在这件事上，她没有说谎的必要啊。纪录片中出现了一段非常有意思的镜头，当这个编导也就是奶奶的孙子将爷爷同事的证词告诉奶奶的时候，奶奶离开了座椅，转身朝向窗外，一边吃香蕉、一边回答孙子的提问："你爷爷从未告诉我他挨打的事，我怎么知道？"接着是一大段沉默，我们从奶奶的表情中能够看到老人极度尴尬和内疚，这时候我们终于知道，对于爷爷的早逝，奶奶怀有极为深刻的内疚，因为在往昔的婚姻生活中，奶奶非常强势，在家里说一不二，且因忙于工作，而对丈夫缺少关心和温情，丈夫郁闷而死，让奶奶的生活和心灵成为一个巨大的空洞。为了继续生活下去，奶奶的自我保护本能发挥了重大作用，作用之一，就是选择性的遗忘：所以她不记得丈夫在"文革"中受苦受难的事情，也不记得丈夫在生活中的大部分不快。选择性记忆和选择性遗忘，是我们心理活动中最常见的现象之一，人们通常会记得自己的"高光时刻"即非常有成就感的事实，而往往会忘记那些不快的事。

受到意识形态和社会压力的影响

一是我曾采访过一个老电影人，曾经当过八路军，在他的讲述中不断说他们的部队"受到国民党军队的骚扰"，让我感到非常纳闷，经过多次询问及专门的查证，我才知道，原来他说的骚扰者其实是伪军即所谓皇协军，也就是属于汪精卫汉奸政府、由日本军队直接指挥的队伍。这位老人之所以总是将皇协军记忆成国民党军队，原因其实很简单，那是因为他所接触到的文件、资料，都说"国民党军队不抗日，经常与共产党八路军制造摩擦"，这一概念深深地印在了老人的脑子里，并且在不知不觉间改变了他的原始记忆。

受到其他社会信息的影响

我采访过一个老人，1949 年 10 月 1 日开国大典时，他就在现场拍摄纪录片《中国人民的胜利》，但老人家将开国大典的时间记错了，他说开国大典是当日上午 10 点钟开始的。采访时我曾提醒过他，说开国大典的时间应该是下午 3 点钟开始，而不是上午 10 点。他坚持说是上午 10 点，我和他说了几个回合，老人家仍然坚持说是上午 10 点钟。我当然不会与他争执。有意思的是，到第二次采访时，他仍然坚持这个说法，说我肯定是错了，因为他就在开国大典的现场。这事让我感到非常奇怪，当时在现场的老人为什么会出错呢？后来他自己说出了证据，说开国大典的时间可以拿电影《国庆十点钟》为证！《国庆十点钟》这部电影是 1956 年上映，说的是 1953 年国庆节前夕的故事，与 1949 年的开国大典没有关系。老人家是把电影的故事和自己的记忆串联起来了，电影改写了个人的记忆，于是出现了记忆错误。这样的例子不在少数，我在采访中常常能够感觉到受访人最近一段时间看过哪些书籍、文章、电影或电视剧，因为这些信息常常会参与受访人的记忆建构，并在采访中有所表现。事情的复杂性在于，一部 1956 年的电影改变了一个人对于 1949 年开国大典的记忆，若不是他自己把这件事作为重要证据提出，采访人几乎不可能知道究竟。只不过，采访多了，我们就有了经验，知道我们的记忆并不是纯客观的，而是非常主观的，是容易受到当事人在生活中所接受的各种传播信息的影响的。

受到主观愿望和理想自我的影响

我们的记忆不仅会受到各种外在信息的影响，也会受到自我内在信息的影响。所谓"自我内在信息"，是指个人的自我期许和自我想象。有些人心思活泛，想象力丰富，常常将 1 分信息说到 8 分、9 分、10 分，甚至 12 分，甚至能无中生有。例如有一个人在某个场合遇到了一个大名人，就说是崔永元吧，他见到了崔永元，要求与崔永元合影，崔永元答应了，但两人并不认识，但又有合影照片，自我期许甚高而想象力丰富的人，很可能会编造出与崔永元如何结识、如何哥们的故事来，久而久之，连他本人也相信了，因为这些想象变成了他的记忆。

　　我说这个，是想试图解决《口述历史下的老舍之死》一书中提出的问题。老舍先生于 1966 年 8 月 24 日在北京太平湖投水自杀，傅光明教授采访老舍之死，居然有 3 个人都说自己单独打捞了老舍先生的遗体！请注意，这 3 个人并不是一起打捞的，而是说只有自己一个人打捞的，那么，至少其中有 2 个人说了假话，甚至，3 个人都说了假话。由于傅光明教授没有将那 3 个人的口述历史原原本本地记录在他的书中，我们无法具体分析，到底是谁在说假话？到底为什么会说假话？在这里，我只能作两点推测，推测之一，是被采访对象，也就是当年太平湖上的捞尸人，大多出自社会底层，受教育程度不高，有些甚至从没有上过学，因而他们不知道老舍是谁，只记得某年夏天曾经在太平湖上打捞过尸体，他们当然不会有日记，也不会想到自己的行为涉及老舍之死这样的重大历史事件，当记者或学者去采访他们的时候，他们就把自己打捞的事情讲述出来了，他们不见得说了假话，更不见得是故意说假话，只不过他们将自己的经历张冠李戴了。推测之二，我们知道，社会学和心理学都有一个理论，叫作"社会角色扮演"，每个人都在扮演自己的社会角色，每个人的言语行动都是按照社会规范所编制好的"剧本"进行自己的表演，如此就有一种可能，那就是每个人都会不自觉地希望自己能够在"历史的大戏"中扮演一个相对重要的角色，许多人一生都没有参与"历史大戏"的机会，然而打捞老舍的遗体这件事，却让他们有机会，他们曾经打捞过尸体，有的人可能还不止一次地打捞过——那个年代投水自杀的人不在少数，尤其是地理位置相对偏僻的太平湖这个地方——那么，他们是不是也有可能打捞过老舍的遗体呢？这个念头冒出来，经过内心的激动、想象、演绎，在一些人的心中很可能就变得活灵活现，这样的想象就"变"成了他们的记忆！我的推测到此为止，我说过，我没有掌握第一手材料，无法做实际研究和分析。

受到思想活动和艺术创作的影响

　　吴天明导演逝世后，为了编纂《天明故事》这本书，我又采访了吴天明导演的家人，包括他的两个弟弟。他们的父亲吴曰聪老先生是陕西省安康地区副专员，"文革"时曾险些被枪毙！这段经历，吴天明和他的两个弟弟，三个人有三个不同的版本。这就意味着，三人中至少有两个人的记忆和表述是错误的，当然也可能三个人全错了。吴天明导演的说法是：在"文革"动乱中，他父亲曾被公安局押解到刑场去，要执行死刑，结果是被安康地委的一个干部救下了，因为这个地委干部不仅认识副专员、同情副专员，而且还懂得政策，不能随便枪毙人，所以在最后关头，劝止了执行法警，终于将吴导的父亲从刑场上救了回来。吴导的大弟弟吴继明先生的版本没有那么传奇，有一些合乎当时情景的细节，但故事的框架与事实真相也还是有很大的距离。因为时间有限，我就不详细介绍他的版本了。第三个版本是吴天明导演的三弟吴伟利先生说的：是在安康武斗最激烈的时候，周总理亲自下令让安康武斗的两派领导人到北京来谈判，并且让安康地区的领导人，也就是吴导的父亲，作为第三方陪同前往。当时安康地区的武斗两派，城里被一派占领，城外被另一派占领，城里一派的谈判代表和地区领导人过汉江的时候，被城外的一派抓住了。因为在武斗中双方都死了不少人，城外一派的主要骨干是农民，这些农民造反派当然要抓住城里的对敌派报仇，因而要枪毙他们，吴导的父亲也被当作城里派的军师，也在要枪毙的对象之列。当地有一个干部，曾经去地区开过会，认识吴曰聪副专员，因而劝说那些农民造反派不要枪毙吴曰聪，理由很简单，吴曰聪不是普通的造反派，而是一个副专员，随便杀死一个副专员，绝对不是一件小事。最终造反派同意了这个干部的说法，让吴曰聪到公社去写检查，留下了一条命。按理说，吴天明导演的版本应该最接近事实才对，因为他的年纪最大，生活经验也最为丰富，但事实上恰恰相反，吴天明导演的版本最不靠谱。其中的破绽很明显，因为在"文革"动乱之际，公安局、检察院、法院系统都瘫痪了，直到后来"革命委员会"成立，才将公、检、法三家合成一家，叫作"人民保卫组"。只要我们熟悉那一段历史，就不难发现其中的破绽，并且提出质疑。经过调查核实，吴导演的三弟吴伟利先生的说法离事实真相最近，因为在武斗最激烈的时候，两派之间的仇恨很大，抓到对方的人就处死的事并不那么稀奇。我更感兴趣的是，为什么吴天明导演的版本最不靠谱？原因其实也很简单，因为他是一个电影导演，对父亲那段惊险的经历进行了戏剧性的加工。不知道大家是否看过吴天明导演的影片《人生》？如果看过，当记得其中有一场戏，即周里京扮演的主人公高加林的叔叔平反之后回家，家里高朋满座的情形，就是吴天明导演的父亲被释放回家时的情景再现！他父亲坐牢的时候，家里门可罗雀，连最近的亲戚也不来往；而当他父亲被平反释放之后，则所有的亲戚、朋友、甚至一些不相干的人都来了，车水马龙，与以前的景象成了鲜明的对比，吴导经常说这件事，人情冷暖，对比鲜明。有关父亲险些被枪毙这件事，自然有千百次在吴导的心头流转，他在有意无意之间，按照电影的戏剧性规则，把当年所听到的原始版本加工成了自己所说的版本，久而久之，自己也被自己的加工所迷惑，并且把自己的艺术想象和自己的历史记忆混淆起来了。这就证明，我们的记忆和我们的思想活动是有联系的，有时候，我们的想象或联想会影响到我们的记忆，甚至会"改写"我们的记忆。

受到社会和心理综合性因素的影响

还有一个例子，是一个老人将他唯一的哥哥的年龄记错了，而且错得比较离谱，哥哥只比他大 9 岁，而他说哥哥比他大 20 岁！要发现这个记忆错误并不困难，因为老人的哥哥是 1981 年去世的，终年 56 岁，有了这两个已知数，加上跨年、虚岁的因素，只要学过小学算术的人，就能推算出哥哥的具体生年来。在采访过程中，我就将这个计算方法和计算结果告诉了老人家，老人家也认账，但是不知道自己为什么会出现这样的记忆错误。我也一直在想这个问题。有几个情况值得注意，其一，是口述人的家庭情况，他是家里的老小，上面有 4 个姐姐、一个哥哥，因其乳名为"宝弟"，我将这种不记得哥哥生日的现象称为"宝弟综合征"，即从小得到太多关爱的人，不仅对关爱习以为常，而且还不习惯于关爱别人；更何况，口述人之所以不记得哥哥的生年，是因为哥哥从中学毕业后就辍学谋生，那时候口述人年纪还非常小，所以，弟弟不记得哥哥的生年也就不是什么稀奇的事。其二，是社会身份的差异，哥哥是新中国成立前就去上海跟他们的二姐夫当了国民党的警察，且还加入了国民党特务组织军统，新中国成立后作为历史反革命被捕入狱，刑满释放后也未能回上海、也未能回福建老家，而是在江苏南京附近的一个劳改队办的砖瓦场就业，直到晚年才因病回到故乡。口述人与他哥哥不仅不在一起生活，而且口述人是追求进步、一心要加入中国共产党的进步青年，所以对哥哥不仅有地理上的距离，更有心理上的距离，家里有这么一个历史反革命的哥哥，对每一个青年来说都肯定是一种巨大的心理压力，哥哥多半是弟弟想努力忘却的存在物，对其生年缺乏准确记忆几乎是必然的。其三，上面的解释还不是最深刻的解释，为什么这个口述人明明记得哥哥去世的年份，也知道哥哥的终年多少岁，却没有推算出哥哥的生年呢？是什么原因导致了他始终不记得且不愿意去查证其挚爱的哥哥的生日呢？其内在原因恐怕口述人自己也无法清楚，那就是，他对哥哥始终有一份无法排遣的内疚。原因之一，是1964年，口述人从复旦大学研究生毕业分配到中国科学院哲学社会科学部工作，途经南京去见了他哥哥一次，那次见面，他用当时的时尚观点教训他哥哥要"老老实实地改造思想"。原因之二，他哥哥一生坎坷，但对父母亲尽到了儿子的职责，50多岁时回到父母身边，给父母送终，他本人却在母亲去世、哥哥去世、父亲去世时都没有回家奔丧！原因是他工作太忙，要把过去耽误的14年时间抢回来。然而这一内疚始终无法消除，压抑在心理无意识之中，以至于在无意识中构建了哥哥比自己大20多岁的信息，这一信息的真正意思是，哥哥和弟弟的年龄相差越大，弟弟就显得越小，也就可以找到原谅的理由！这，才是唯一的老人家不清楚哥哥的年龄的真正原因。我之所以要举这个例子，是因为我的这些研究是经过口述人本人的审查，而且这些报告作为《采编人杂记》随着《陈骏涛口述历史》这部书已经由人民文学出版社出版了。假如口述人觉得我的分析研究荒唐离谱，肯定会指出来，并且做出自己的解释。对不对？他没有说这些，也没有对我的分析提出任何不同意见，表明他至少接受一部分。

关于个人记忆问题的小结

下面我要对口述史学的第一大问题，即个人记忆问题，做几点总结。

首先，上面说了这么多，是否说尽了个人记忆的所有特点？我相信还没有，因为我的知识有限，经验也有限，同时还有经验和知识不配套的情况：有些经验得不到解释；而有些在心理学书中看到的知识又没有实际经验支持。所以，我只能说上面的列举还只是个人记忆的一些普通的情况。

其次，我们面对的是具体的个人。每个人的记忆能力、记忆方式、记忆习惯、提取记忆的路径、记忆被改写的情况都是不同的。这是对口述历史工作最大的挑战。上述情况，并不是在每个人身上都会发生的，当然也可能有更多的并发症。

再次，实际上，对个人记忆的错误信息，我们也不是全都能够及时发现，所以，口述历史工作始终要面临信息"不靠谱"的危险。假如某个人说自己富有采访经验，能够准确地辨析出所有受访人口述中的虚假信息，那才是不靠谱。

又次，上面我们对一些记忆错误进行了分析，好像还有一些道理，但这并不表明我们能够对所有的不靠谱的信息都能做出合理的、科学的解释。假如某人说他能对所有个人记忆中的虚假信息或"心理真实"做出解释，那才是不靠谱。

最后，总而言之，我们必须承认，我们对个人记忆的真确性和不真确性、可靠性和不可靠性，还缺乏知识，更缺乏辨别区分的手段。有太多的问题，我们还不知道。尤其是，面对具体个人的千变万化，其复杂的程度可能超乎我们的想象。承认这一点，可能会导致两种结论，一是消极的结论：既然口述历史所面对的个人记忆有如此之多的不可靠和未知情况，那不就进一步证明了口述历史不靠谱？还要做口述历史干什么？与此同时，也可能得出乐观的结论，那就是：虽然我们现在还不能对个人记忆中的种种建构和改写情况做出合乎科学的解释，但这并不表明这些现象是不可解释的，我们相信，任何心理现象或心理现实，总是有某种未知的原因。找出这些原因，不正是科学研究的目标所在吗？面对这么多的未知，不也正是口述历史工作的意义和价值所在吗？不更说明它值得研究和探索吗？

三、"人类个体记忆库"有什么意义

下面要说"人类个体记忆库"。这个概念，意思是希望将尽可能多的人类个体的一切记忆采集归档，并以此作为我们口述历史工作的理想目标，也可以算是口述历史的一个新观念。之所以有这个理想，首先是因为我在中国电影资料馆工作，电影资料馆也就是电影档案馆，我们的"中国电影人口述历史"从一开始，就确定了收集电影人的专业记忆、社会记忆和个体心灵成长记忆，并归档保藏的工作目标。作为在档案单位工作的人，我们觉得这样做是天经地义的。

可是，我们也发现，并不是所有从事口述历史工作的人都有同样的观念和目标，不少口述历史工作者一旦自己的研究或出版工作完成，其原始录音或录像档案就随便丢弃了。作为档案人，我们觉得有必要提醒全体口述历史工作同行：其一，所有做口述历史的人，尽可能将其口述历史录音、录像及相关文件作为档案保存。不仅是为了有案可查，也是为了档案资源的重复利用。发达国家的口述历史工作者大多是这么做的，我们也应该这么做。口述历史资源与自然资源的最大不同点，就在于它并非一次性消费品，而是可以重复开发利用的。对同一份口述历史证据，不同的人可能会有不同的理解，甚至找到完全不同的用途。其二，美国口述史家唐纳德·里奇的呼吁值得听取，口述史家做口述历史，须问得更多、问得更广，并尽可能问得更深，以丰富我们的个体记忆档案。其三，所有从事口述历史工作的人，都应该努力将更多的个人记忆采集归档，同时希望更多人从事口述历史工作，并让口述历史工作更为普及。这是因为人类个体记忆资源与自然资源有另一个本质性差异，那就是，未被开发的自然资源永远都在，而人类个体记忆资源若不及时采集开发，会随着个体的死亡而永远消失！

我之所以提出"人类个体记忆库"这一概念，首先是受到阿尔伯特·卡恩的影响，这位成功的银行家在 20 世纪初提出雄心勃勃的"星球档案"计划，要"将世界归档"（Archiving the World），即用摄影来进行详细记录 20 世纪初的地球世界，派出摄影队深入全球 50 多个国家，拍摄了 100 多个小时的电影和 72000 幅照片，都成了宝贵的影像史料，他的思想更加值得继承。其次，之所以不用"口述历史档案"这个现成的概念，而使用"人类个体记忆库"，则是为了避免"口述历史录音、录像材料可以复制，不具备唯一性，算不算档案"之类的专业争讼，弄不好就什么事也做不成。其三，提出"人类个体记忆库"是干脆另辟蹊径，同时也是让口述历史档案的人类个体记忆本性充分彰显。为此，我写过一篇论文，题目是《口述历史：个人记忆与人类个体记忆库》，这篇论文最初发表在《当代电影》杂志上。后来又经过修订，发表在杨祥银主编的《口述史研究》第一辑。我写这篇论文的思路，是基于下面的几条假说。

假说一，一切人类个体的记忆都是有价值的信息资源。

这一假说听起来似乎有些惊人，但却有充足的理由：首先是，每个人的记忆都是一份独特的生命档案，个人的经历见闻、感受和思考，有其个体独特性，有其丰富的人文价值。进而，口述历史的实际工作也能证实：那些党政军要人、商业和文化名流、社会各界精英成为口述历史重点追逐对象，是因为他们是社会的支柱，并作为历史的创造者和亲历者而受重视；而那些无名的大众人物被欧洲的口述历史家所重视，则是因为他们作为"沉默的大多数"，可以通过口述历史留下自己的声音和证词，从而将人类的历史视域扩展到社会史、生活史的宽广度，更加意义重大。人类学家和民俗学家也更喜欢采访那些相对不发达地区的人士，以完成其专业研究项目。因此，在抽象层面说，口述历史应该覆盖一切人类个体，无论是 somebody 还是 nobody，其个体记忆都有其独特价值。这一假说的意义，不仅能够让我们找到口述历史工作的真正源头，也是各不同专业口述历史工作的对话基础。

假说二，人类个体的一切记忆都是有价值的信息资源。

这一假说听起来似乎更加让人吃惊，但同样有其理由。一是个人记忆丰富多彩，如人生的百科全书，如关乎个人、社会和历史的微型资料馆。正因如此，不同专业、不同目的、不同路径的口述历史工作者才会走进这块园地，从事口述历史的采集。以传播为目的的口述历史工作者，或采访抗战老兵，只限于他们当兵抗战的经历；若采访下乡知识青年，那就只限于他们下乡插队劳动直至上学或招工回城这一段，这样做当然无可非议。但我相信，这些老兵当兵前的经历，例如家里有多少人，如何谋生，是否上过学，为什么要当兵，是否有恋人或妻子等等；以及他们在抗战后，尤其是新中国成立后的人生经历，例如在何处结婚成家、是否被定为"历史反革命"、如何努力淡忘和回避参加国民党军队的经历、在肃反或"文革"中是否被批斗或关押、在 2005 年以后如何重新回忆起当年、在 2015 年又如何领到国家发放的抗战老兵津贴……这些记忆的意义和价值同样是不言而喻的，甚至比抗战本身的意义更加重大。在知识青年的专题采访中，如果了解他们各自所属的社会阶层、家庭教养，尤其是了解到他们在下乡之后的求学或工作经历、他们的社会身份，无疑会让我们获得更加丰富而充实的信息，且能够让我们对其上山下乡的经历有更深刻的理解：通过前者，我们能够理解他们对下乡的不同体会；通过后者，即他们的社会身份的变化，我们能够理解他们对往事回忆的不同态度以及由不同态度而来的不同视角、不同信息。进而，一切记忆不仅包含正确的记忆，同时也包含错误的记忆，他们的记忆是如何被错误地建构的？前面已经分析过，它也同样有重要的信息价值。进而，有意义的记忆的价值不必多说，即便是那些听起来似乎没有什么意义的记忆，例如某些个人对家人、邻居、工作伙伴的怨恨记忆，也同样是心理和社会的一份宝贵的科学证据。有些记忆的价值或许我们现在还无法理解，甚至也无法分析，但这也并不证明它就是没有价值的。若我们不局限于自己的工作范围，就不难理解这一点。这正是来自不同专业的口述历史工作者分享经验、相互交流的原因和意义所在。这一假说的意义，让我们能进行多学科对话，且有利于我们对人类的个体记忆有更加全面而深入的理解。

假说三，人类个体记忆不仅具有史料价值，还具有广泛的社会科学资源价值。

这一假说的理由是，个人记忆作为个体人生档案，个人生平的经验记忆如百科全书或微型图书馆，其中自然就包含丰富的社会科学资源。个人是历史的参与者和见证人，也是社会化产物，是专业人、心理人、语言人、传播人、经济人、伦理人多位一体。这就是为什么不同专业人都从事口述历史工作的原因。口述史学的建立，必须在心理学、传播学、语言学、社会学、历史学、档案学乃至教育学等专业的交叉地带，修建一条容纳多学科视野的新的求知通道。因为个人记忆的采集和利用，需要多专业学科协同工作。口述历史工作首先是采集个人记忆，要面对个人心理；口述历史要通过采访对话完成，要通过语言传播；口述历史的信息内容，涉及个人生活、工作专业及社会与历史等多个方面；口述历史档案，需用现代科技手段记录并保藏；口述史学的发展，有待大学中培养出真正的口述史学专业人才。理解口述信息需要多专业的合作，而相关口述信息也就能为多学科专业所用。这一假说的意义，不仅让我们找到口述历史的正确途径，也能找出口述史学这一新学科的专业领地：它要在多学科的边缘建立其独立的工作疆域。

假说四，建立"人类个体记忆库"，会推动大数据时代社会科学变革和进步。

这一假说的理由是，个人是一切人文和社会科学的实际结点和最终焦点，而过去的社会科学中的人，从来都是复数的人、假设的人、标准化的人，而非实际的生命个体。通常的社会科学调查，也大多是把个人当作信息提供者，而其自身却较少受到真切关注。口述历史工作，是人类有史以来第一次全面调查认知并评估研究一切个体记忆。建立"人类个体记忆库"，真正的意义不仅在于记忆，更在于它是个体记忆形成的大数据，借助数据科学，人文和社会科学有可能在真实个体有效信息的基础之上，创建出人文和社会科学领域的"量子化"工作模型。所谓量子化，是指建立在真实而具体的个人基础之上的人文和社会科学研究。人文和社会科学与自然科学的最大不同之处，是自然科学的物质结构和化学成分及其普遍规则一经测定，就能够成为普遍真理，自然科学家能从一滴水测量一片水域的化学成分，而社会科学家面对人类个体则各不相同，甚至不能对其差异进行科学分类。心理学家埃里希·弗罗姆指出："一个个体代表着人性。他是人类的一个特殊范例，他即是他，而又是全部；他以其特殊性而是一个个体，在此意义上他独一无二；同时，他又是人类一切特征的代表。"历史学家阿诺德·汤因比进一步指出："'有多少人，就有多少种思想。'每一个人都必须为自己辩护。"在过去的漫长岁月中，人类不敢有从个体出发研究人类全体的思想观念，因为人类的技术能力远远无法提供研究所需；而今，人类已经进入信息时代，已具备处理大数据的技术能力，从个体出发研究人类全体的研究路径有可能开通，这将是人类的人文和社会科学史上的一次伟大变革和飞跃。信息时代不仅有国际化的数据分享，更有国家间数据竞争。建立大规模的"人类个体记忆库"，也是应对数据竞争所需，这样的数据竞争，有助于整个人类的自我认知。未来学提出"现在的未来在现在"这一重要假说，让我们知道，现在就是为未来科学变革做好充分准备的时候。

如果上述假说能够成立，那么我们的口述历史就将在更加开阔的学术视野下工作，我们的口述史学也将由此而获得更加深远且更加明晰的学术目标。

四、口述史学研究：路径与方法

仅有上面的几条假说，只不过是口述史学工程的第一步；口述史学能够成为一个真正自立的学科专业，还需要有具体而且独特的方法路径证实上述假说。具体而特别的路径和方法不落实，任何美妙的设计理想都会落空。实际上，口述史学到底是一种方法还是一个新学科？甚至，到底有没有必要为口述史学创建一个新学科？至今还是一个问题。我有一个从事口述历史工作的同事，就不赞同口述史学作为学科自立。在她看来，口述历史只不过是一种方法，各学科专家通过这一方法途径获得研究资料，为何还要建立新学科？她的理由是：已经有心理学、语言学、传播学、社会学等学科，口述历史要掺和那些干什么？她相信相关学科的专家随时能够给出答案。我相信，在座诸位中肯定也有人这样想。

若果真如此，那么口述史学确实没有单独立业的需要。但实情却并不是我们想象的那么简单。每门现代科学都有其特定的边界，其边界的确立，并不是依据本学科中的问题，更不是依据人们的意愿，而是依据本学科的方法路径即可能性与可操作性而决定。诺贝尔奖获奖者皮特·梅达沃说过：科学是"关于可解决的问题的艺术"。意思是说，每门科学都受到其相关研究条件或技术限制，有其可操作性边界，对那些"不可解决的问题"，相关科学就无能为力。对此，我有非常深切的体会。我认识中国科学院心理学研究所前所长张侃研究员，有一次与他同行，我向他请教过许多有关记忆心理学问题，尤其是有关老人记忆力衰退的基本规律，90岁、80岁、70岁、60岁的人的记忆力有何变化？不同的身份地位对各自的记忆方式有怎样的影响？不同性别、不同职业、不同教育背景的人对其记忆内容、记忆方式和表述方式会有哪些不同？这些问题都应该是专业口述历史工作者应该掌握的，我以为可以从这位心理学专家那里获得明确答案，结果却没有获得任何答案。原因是，张先生是工程心理学家，对老年记忆问题没有做过专门研究，更重要的是，张先生说："凡是不能被科学实验所证明的问题，我们都无法回答，也不会予以考虑。"这是一个科学家诚实的回答。心理学家当然也研究记忆问题，但只能在可实验的范围内做研究，如著名的艾宾浩斯遗忘曲线，只不过研究了6天的记忆规律而已；而且，这一研究，也只是专门针对记忆的生理特性，而口述历史所涉及的个人记忆能力和记忆方式，不仅涉及对90或80岁人的生理性遗忘，还涉及基于社会压力、集体记忆及意识形态的被迫遗忘，还涉及基于心理性精神活动等原因的选择性遗忘；还涉及习惯性遗忘过程中的记忆建构。更重要的是，遗忘和记忆的实际情况往往因人而异，有的采访对象记忆力超群，而且编目清晰，让人惊叹；而有些采访对象则记忆力较差，几乎没有编目，甚至没有自我意识、社会意识和基本历史感。总之，对人类个体记忆规律问题，心理学家暂时还都无法给出回答。类似的经历还有，有一次我向一位出版过《语言学概论》的著名语言学家请教：用普通话采访和用方言采访会有不同吗？在双语环境中，用哪一种语言采访效果更好？这位语言学家的回答与那位心理学家的回答几乎相同，第一，这个问题他没有研究过，所以不能回答；第二，这个问题若没有实验样本，谁也回答不了。其他的例子就不多说了，总而言之，要想解决口述历史工作中出现的问题，有时候口述史家须自谋生路，即必须进行专门的实证研究，专门设计的有关实验，提出自己的假设，用实验方法证实或证伪。

口述史学研究什么？这个问题在前面已经提及，即口述史学是研究如何开发和利用人类的个体记忆。其中包含两个研究重点，一是如何采集个人记忆？即对口述历史采访工作的理论思考和科学分析，努力知其然也知其所以然。一是如何利用个人记忆，这包括如何利用口述历史资源，且包括如何将口述历史这一新学科作为人文和社会科学研究的一条新路径。下面分别说。

路径一：外向型口述历史研究

外向型研究，也就是前面说及的基于口述历史的研究，是我们熟悉的研究路径，大家做口述历史，大多有自己的常规路径，尤其是研究型口述历史，业已出现不同专业研究的典范性作品。它的基本特征，就是把口述历史采访作为一种收集资料信息的技术方法，且大多会忽略口述历史采访中出现的各种问题，而将思考和研究的重点放在各自专业的研究上。其他类型口述历史也如此，不必多说。

路径二：内向型口述史学研究

内向型研究，也就是前面提及的关于口述史学的研究，这是对口述历史工作本身的研究，即利用现有的社会科学知识和方法，研究口述历史的采访、收藏和开发过程中出现的问题。前面也曾提及，研究口述历史，有谁在说、对谁说、说什么、如何说等问题，涉及历史学、社会学、心理学、传播学、语言学、档案学和教育学等多个学科。要回答"口述历史为何物"的问题，须具有多学科视野。

我在这方面做了一些尝试性工作，出版了《口述史学研究：多学科视野》这部书，这是2015年8月由人民出版社出版的。如果说现在就能提出一套完整的口述史学研究路径、原则、方法和规范，那就未免过于狂妄无知。实际上，正是因为我们对这一新兴的跨学科专业所知不多，有太多的问题得不到清晰的答案，才需要我们在一起讨论摸索。另一方面，我们也不能妄自菲薄，以为自己一无所知，至少，我们知道口述史学是一个跨学科的新专业，我们知道，历史学家、社会学家、人类学家、民族学家、民俗学家、传播学家、语言学家、档案学家等不同专业人士在基于口述的学问方面已经做出了不可忽视的成绩。探索口述史学的路径和规则，至少有几个可走的步骤。

其一，是观察和研究不同类型的口述历史如何工作，例如档案型口述历史如何收集档案信息、研究型口述历史如何做研究、传播型口述历史如何做传播，这能够回答"口述历史有什么价值"以及"口述历史的价值如何实现"等问题。进而，我们还可以进一步观察和思索，基于口述历史的不同研究方向是如何工作的，观察基于口述的学问和关于口述的学问自由发展，看看我们能够得到些什么。

其二，我们还可以让不同专业的口述历史工作者相互学习，并召集不同专业学者在一起讨论，分享各自的经验和思考。进而，还可以专门召集历史学家、社会学家、心理学家、传播学家、语言学家、档案学家及教育学家协同工作，看看基于口述的学问和关于口述的学问能够如何交融。

其三，培养口述史学专门人才，让有志于此的年轻人学习历史学、社会学、心理学、传播学、语言学、档案学、数据科学等多学科知识，由此建立跨学科专业人才队伍。顺便说一说，口述史学专业首先由哪个学科门下率先设立，是设立在历史学门下、心理学门下、传播学门下、社会学门下，还是设立在档案学门下、图书馆学门下、语言学门下、信息管理学门下，其实都不重要。美国麻省理工学院的心理学专业曾一度在经济学系中存身，听起来有些不可思议，但实情就是如此。真正重要的是，创建口述史学新专业的学院中必须有那种视野开阔、学养丰富、思想敏锐的合格导师，能够培养出富有创新精神且有创新能力的口述史学专业人才。我是说，从哪里开始并不重要，重要的是，口述史学能够修成正果。

路径三：双向型口述史学研究

所谓双向型口述史学研究，是指将外向型研究和内向型研究相结合，也即把基于口述历史研究和关于口述历史研究相结合，这才是口述史学研究的宽广路径。口述史学研究路径是十分开阔的，不仅可容纳多学科专车并行，且还有被我们所忽略的双向车道——通过个人的口述历史不仅可以了解人类事务的信息，也即历史学和相关社会科学资源；同时，在另一侧还可以逆向行驶：通过人类事务信息了解和分析人类本性——人类事务与人类本性从来就不曾分开，只有人类本性才能回答人类事务中最关键的"为什么"。通过个人记忆的口述采集，不仅能获得人类个体人生故事、集体活动信息，同时还能获得人类本性的信息。

　　历史学家汤因比有一个重要观点："必须将人类事务作为一个整体而非一堆杂乱无章的小木片来研究。当人类事务被历史、诗歌、宗教、心理学、人类学、社会学等等不透水的密封舱分裂成许多彼此隔绝的'准则'时，其研究就会有偏差。"可是我们知道，人类的科学研究，本身就是朝着精细分工的方向发展的，科学分工越来越细，知识生产的碎片化几乎不可避免，不仅在各学科之间往往存在"鸡犬之声相闻，老死不相往来"的情况，即便是同一学科，也因为大家的专长和专业兴趣不同，而形成同一专业内"铁路警察，各管一段"的情况，一个近代史专家不懂得古代史、外国史的某些专业知识是正常的，甚至治近代金融史的人不懂得近代交通史，也很正常。这是典型的只见树木、不见森林。如何能够既见树木、又见森林？口述史学或许就是一条可行的路径——口述史学双向研究，有一个极其重要的"交通枢纽"，那就是它的"人学"（Science of Men）核心，口述历史工作的起点、焦点和特点，是要面对个人。做口述历史，就是面对个人，采访个人故事，聆听个人心声，搜集个人记忆，通过个人记忆了解人类行为及其人类事务，并通过个人传记信息探索个人的人性特征。这是一个前所未有的工作，基于一个前所未有的想法：即每个人及其记忆都有其不可替代的价值。

　　史学家司马迁有《报任安书》，说他写《史记》是"欲以究天人之际，通古今之变，成一家之言"，这应该是所有社会科学工作者的共同理想；古希腊神庙上有"认识你自己，是人类最大的智慧"的伟大箴言，这应该是所有人文和社会科学的终极目标。遗憾的是，许多人文和社会科学专家在各自的研究中逐渐失去了"认识你自己"的科学初心，忘却了"知人论世"和"知人论史"的伟大古训，迷失在各自科学规则与方法细节之中，离"人学"越来越远。而口述史学研究，则是向古老却永恒的"人学"究竟的路线回归。也就是说，一切社会科学问题，其实也就是"人学"的问题；口述史学需要社会科学的帮助，也能够通过"知人"而对社会科学做极大的回馈，这才是口述史学的真正价值所在。

　　当然，口述史学研究不仅需要明确自己的研究路径，且需要有行之有效的方法。一厢情愿的空想不能解决任何问题。下面就简单地说说口述史学研究方法。

方法一，访谈中的实境研究

口述历史采访过程，同时也可以是口述历史研究过程，其方法原理，就是知人论事、知人论世、知人论史。亦即：口述史学研究的起点，在了解你的受访人。

完全不关注采访对象的口述历史工作者是不存在的。具体说，最低程度，采访人在采访工作开始之前至少要知道采访对象的一些最起码的信息，例如姓名、职业、性别、年龄、教育背景及教育程度等等，有心的采访人或许还会将这些信息记录在案。进而，责任心更强的采访人，在上述信息记录之外，或许还会关注采访对象的记忆能力、表达能力、记忆方式、表达方式，因为这些都会在采访过程中具体地显露出来，有一部分采访人也会将这些信息记录在案，而有些工作团队则要求把这些信息记录在案作为采访工作的一般规则。进而，还有一些采访人在正式采访开始之前、结束之后，也会与受访人进行一些普通的人际交流，例如询问受访人的一些基本的生活状况，例如家里有几个人，家庭生活情况如何、父母亲的情况如何、孩子的情况如何、经济情况如何、工作情况如何、对自己的生活是否感到满意等等，这些就是对采访对象的更进一步的了解了。探讨关于口述的学问的人，采访对象的上述信息是必须关注的，原因很简单：假如我们对采访对象没有起码的了解，你如何能理解、辨析、利用他的记忆呢？假如我们完全不了解其记忆的建构方式，又怎能评估其记忆信息的价值呢？甚至，我们怎么知道他所说的信息是真是假？

用心思索口述史学的人，会将每次口述历史采访，都当作口述史学的实境研究，即了解对象、认识对象、理解对象，也就是所谓"人学"的个体性研究的过程。这样说，并不是要在口述历史工作的基本目标任务之外再增加另外一个目标任务，更不是要彻底颠覆既有的口述历史工作目标即史料和社会科学资源的收集和利用，而是对口述历史工作的路径本身的特点所决定的——只不过人们通常对这一特点未加思索，从而未加理会。口述历史工作中有一些被我们忽视的特点：

首先，口述历史所提供的历史资料或社会科学信息，都是来自个人记忆，不同的个体对许多人共同经历的同一历史事件或社会事件的记忆和讲述或多或少会有所不同，这种差异，表面上是个人记忆能力和记忆方式的差异，实际上是个人的心智水平、心理活力和精神活动方式的差异，也就是个性差异的重要表征。一个人注意什么、记住什么，是与他的价值观念、心智运动方式、记忆习惯有关，比较个人对同一件事记忆信息的不同，就能够找出信息提供者的个体差异。

其次，个人作为历史的亲历者讲述历史信息和社会信息，实际上也包含了个体讲述者的个人经历、参与方式、行为方式、体验方式、记忆方式，其中包含了几乎等量的个人信息。例如前面讲到过的那位口述人在"文革"中从狂热到消沉的经历，不仅是提供了关于"文革"的历史细节和社会信息，实际上也同时提供了这个口述者个人的心理变化和行为方式的变化，从这些心理和行为方式的变化中，不难探索这个口述人的心理和性格特征。

有关质性访谈的具体方法，这里就不多说了，有专门的著作可以学习。

方法二，样本统计分析

想要知道不同年龄、身份、性别、学历、职业的人的记忆力变化规律吗？实验心理学家几乎无法回答这个问题，因为这个问题太复杂，不仅包含上述变量，而且还包括生理原因、心理原因、社会原因等，但口述史学却有可能找到解决问题的路径，那就是对大量口述历史样本进行统计分析。在口述史学的内向型、外向型、双向型研究路径中，还有无数的问题，都可以通过足够的样本进行分析研究。当然，要获得合格的样本，口述史学研究者必须设计相关问题，我们"中国电影人口述历史"项目，就设计了一个"常规问题200问"，对每一个老人的采访中，无论提出多少问题，都要包含那200个问题。例如"你是如何获得1937年7月7日卢沟桥事变的信息的？""1945年8月15日，你在哪里？如何获得日本投降的消息的？有哪些活动？""1949年10月1日，你是怎么过的？""你在上中学的时候，最喜欢的课程有哪些？最喜欢的书籍是哪些？"这些问题，不仅是历史资料调查，同时也能通过这些问题获得个人记忆力、社会化程度乃至个人兴趣爱好的重要信息。

方法三，科学实验研究

口述史学也可以进行专门的实验研究，提出假设，用实验方法证实或证伪。由于时间的关系，这里只能举一个极小的例子。很多人相信，摄像机的存在会严重影响受访人，要么亢奋表演，要么紧张呆滞。海森堡的测不准原理，在口述历史领域同样适用。根据我的观察和经验：1. 摄像机并非对所有受访人都有影响——当然我采访的是电影人，或许不足为据，这需要口述史同行进行其他的实验研究。2. 在采访前布置好的摄像现场，可以缓解受访人的兴奋或紧张。3. 随着采访时间流逝和熟悉程度增加，摄像机的影响会因习以为常而逐渐减小乃至消退。4. 采访人的介入，影响力超过录音话筒、摄像机及灯光，应该有办法减少摄像机、灯光、话筒的影响。实情究竟如何，必须有一系列实验。

最后，我要说明，因为我个人的社会科学知识与技能有限，上面所说的口述史学研究路径和方法，或许不那么全面、不那么准确，甚至不那么靠谱，因此希望得到行家的批评指正。我衷心希望，口述史学能够联系更多的学科，开辟出更多的并行研究路径；同时还能够将个人记忆、人类事务和人类本性的研究纳入同一交通网络，从而在"认识你自己"和"究天人之际"的大道上向前迈进。

[作者按：这是 2015 年 12 月 9 日在中国传媒大学崔永元口述历史研究中心主办的"口述历史工作坊"授课的讲稿]

口述历史与心灵考古

大家好！

我是陈墨。今天与大家分享的题目是：《口述历史与心灵考古》。

"心灵考古"这一概念不是我生造的，而是借用的，来自英国精神分析专家乔治·弗兰克尔的一部著作，名字就叫《心灵考古：潜意识的社会史》，这部书的中文译本已由国际文化出版公司于 2006 年 12 月出版。这部书是建立在弗兰克尔本人提出的一个假设之上：人类的文化和社会都是心灵的产物，所以，早期历史的考古人类学的发现，应该能够了解到人类心灵的历程。我要讲的内容，与弗兰克尔的主题无关，只是借用了他的一个概念而已。我觉得，把口述历史与心灵考古联系起来，是我们思考口述历史的一种有效的辅助手段。

我曾以"心灵考古"为题做过两篇研究论文，一篇是 6 年前发表在《当代电影》杂志上的，题目是《心灵考古：口述历史方法与模式探索》，另一篇论文是今年刚刚完成的，题目是《再论口述历史与心灵考古》，之所以要"再论"，当然是因为有了一些新的证据和新的思路。请大家放心，我不会在这里宣读论文，实际上，在今天与大家分享和讨论之前，我已经对这个问题做了进一步的梳理，我会尽可能少引用别人的话，尽量多说自己的思考和研究，尽可能地用通俗易懂的言语做表述和讲解。我要说这个问题，也因为我今年接受过一家专业媒体采访，主题是关于口述历史，第一个问题是：有人认为口述历史是史料，有人认为口述历史是史学，你对此怎么看？这个问题让我有点无语。想一想，也难怪，因为在口述历史领域，绝大多数人都在历史学的范围内转悠。而我认为，无论是把口述历史当作史料还是把它当作史学，恐怕都无法概括口述历史的本质。理由是，您把口述历史当作什么，是一回事；而口述历史本身是什么，那是另一回事。

下面我们进入正题：口述历史与心灵考古。这个题目要分两部分说：

1. 口述历史是什么？为什么口述历史要做心灵考古？

2. 为什么说口述历史是心灵考古？如何做心灵考古？

先讲第一小节：口述历史是什么？为什么说口述历史需要做心灵考古？

要回答为什么说口述历史与心灵考古有关的问题，首先要思考：口述历史是什么呢？这很容易回答：口述历史是说出来、并且被记录下来的个人记忆。我们做口述历史工作，虽然有不同的动机、不同的目的、不同的形式，例如有研究型口述历史（人类学家、社会学家、历史学家的工作），档案型的口述历史（档案馆人、图书馆人的工作），传播型口述历史（电视人、电影人、出版人的工作），还有经营型口述历史（也就是代人做口述历史并且变成书籍或视频，把口述历史当作商品），教学型口述历史（是大学或研究机构培训计划的一部分），纪念型口述历史（例如要为某个重要人物——包括家人——做一个纪念集，让大家都来说这个人）等等，无论出于什么目的，在本质上都有相通或相同之处，那就是，所有的口述历史工作，无非是对个人记忆的采集收藏和开发利用。

[提问：大家对我给口述历史所下的定义是否有不同看法？]

好，如果再没有不同的看法，我就继续往下说。既然口述历史是对个人记忆的采集收藏和开发利用，那么，个人记忆和个人记忆的陈述，就应该是我们思考口述历史的起点。想要说明口述历史是什么东西，就必须了解两个要点，一是：个人记忆有什么特点？二是，陈述个人记忆时又有哪些问题呢？

总体上说，个人记忆极其丰富，有人说它是百科全书，甚至有人说，一个人的记忆就相当于一座图书馆。另一方面，它又极其复杂。说个人记忆是百科全书或信息图书馆，这是因为，个人记忆里有生命知觉、成长经验、文化习得、专业知识和社会生活的百科全书，或者说是图书馆。只不过，这一说法只是一方面，另一方面是：个人记忆的百科全书，通常是无分卷，无章节，也无索引，内容混沌模糊，信息真伪难辨，且多断简残篇。如果说个人记忆是图书馆的话，那么，这个图书馆很像是大学里的男生宿舍，杂乱无章，没有著录，没有编目，没有信息存放规则，你要找的东西常常找不到，而不要找的东西却总在眼前。

个人记忆的第一个特点，是记忆中存在大量的遗失和残缺。

关于遗失和残缺，这很容易理解，我们都会遗忘，在座的有谁还记得去年的今天你有过什么样的经历，你是如何度过那一天的 24 小时的？我想，大部分人都不会记得，我自己就记不得。如果有人记得，那多半是因为那一天发生了什么特殊的事。我们都会遗忘，这又要区分为永久性的遗忘和暂时性的遗忘，或者，要分为生理性的遗忘即某些记忆神经细胞坏死导致记忆的永久性遗忘；心理性的遗忘则更复杂，有时候是记忆太多了自然要淘汰某些不重要或不被关注的记忆，有时候却是因为我们缺乏记忆的训练，记忆没有归档，因而有时会难以提取。

让我说得稍稍详细一些。个人记忆中常常会有选择性记忆的情况，与之相伴的，就是选择性遗忘。最典型的情况就是心理学家发现的"峰终定律"——峰是高峰的峰，终是终点的终，峰终定律，是说我们的记忆很容易记住那些高光时刻，是说我们的记忆一般不会将一个完整的事件全部都记忆下来，而只能记住这个事件的高峰时段和终点时段。其他的部分，就不见得能够清晰地记忆了。选择性的记忆当然不仅存在峰终定律，还有其他情绪和心理因素参与，强烈的情绪和顽固的意识，也会让我们的记忆有选择性。例如，我先后采访过两位老人，当年都被打成了右派，两人曾经历过同一次右派批斗会，有一个领导曾在批斗会上发言，分别批判这两个人。在采访之前，我看过当年的批判材料。有意思的是，一个人在回忆这段经历的时候，说那位领导对他进行了"人格侮辱"并制造了"假证据"，从而对那位批判他的领导非常痛恨，觉得这位领导是一个墙头草、王八蛋；而另一个老人回忆这段往事的时候，则是轻描淡写，说那位领导批判的具体内容他不大记得了，无非例行公事，但那是没有办法，换过来，如果他变成了右派，而让我批判他，我也会那么干！后来我了解到，在右派平反时，前者从此以后就没有与那位领导见过面，而后者却被那位领导提拔了。瞧，这就是情感偏向不同，对当年经历的记忆和评价就有如此的不同。与选择性记忆相关的，是有选择性的遗忘，最典型的例子是，有些经历强烈痛苦伴随不可抵挡的强烈刺激的人，往往不记得自己的痛苦经历。太大的痛苦让人难以忍受，有时候只有将记忆彻底埋藏起来才能过下去，这就变成了选择性的遗忘。欧洲和美国的犹太人口述历史中，有不少经历过集中营的犹太人已经记不起那时候的经历和遭遇，其原因就是这个。

除了上面所说的情况外，还有一种比较普遍的情况，是有许多记忆无法有效提取。也就是说，有些人、有些事、有些场景，我们明明记得，但却无法回忆起来。最典型的例子是，上了年纪的人，包括像我这么个年纪的人，有时会突然记不起某个人的名字，我们在脑子里还记得那个人的形象以及有关的情况，但就是想不起这个人的名字。事后，我们会很快想起来，但也不一定，有时候要过很长的时间才想起来，有时候甚至再也想不起来。其中的关键，我们汉语的"记忆"这个词，其实已经做了最好的诠释和提示，现代汉语的"记忆"是一个词，而在古代汉语中，"记忆"其实是两个词，一个是记、一个是忆，这实际上是相互联系的两件事，前者是我们经历过或见闻过的事情被我们的大脑记录下来；后者是过了若干年后我们要从大脑中把此前的那段记录提取出来。由于我们对自己的记录没有登记，也没有索引，所以就会出现上面所说的那种情况，有时候我们无法回忆起来。对这种现象，英国心理学家弗雷德里克·查尔斯·巴特利特在他的研究专著《回忆》中有一个说法，他说："回忆就像需要技巧的比赛中的一次击球，每一次我们做出了它，它都有着它自身的特征。"这也就是说，回忆不是到仓库里去取档案，口述历史采访也不是到图书馆里去借书，而是，你明明知道记忆里有那份档案或图书，但你不见得能够找到它，有时候很容易找到并且提取出来，有时候却是想破脑袋也找不到、根本无法提取出来。

个人记忆的第二个特点，是很容易被增删和改写。

个人记忆不是板上钉钉，更不是雕版印刷，而是活动的信息，从而经常会被自觉或不自觉地增删和改写。这一特征，很可能与我们以为的不一样。我们的个人记忆到底有多少是属于集体记忆、公共记忆，有多少属于纯粹的个人记忆？这是一个非常复杂的问题。我们只能从原理上说，我们的个人记忆，总需要有记忆框架，而这个记忆框架，并不是我们自己生产制造的，而是我们的社会和文化制造的。人类学家认为，人都是按照其文化的框架记忆某些信息的。

美国口述历史专家唐纳德·里奇的《大家来做口述历史》中，说到过一个有关记忆的词组，叫"回想增长率"，什么意思呢？是说人到晚年回忆起自己年轻时候的经历，往往会随着岁月的流逝而被淘洗，留下的记忆常常会比真实的经历更加有价值、更加浪漫、更加有趣。我经常听到老人们回忆年轻时参加革命的经历，无论是在抗日战争中去延安、去抗战前线或是在前线和后方之间做巡回演出，所说经历总是相当浪漫，有些甚至像是童话故事。我们这一代人也有这种情况，有些人谈起往事，在"青春无悔"的主题下，把"文化大革命"中停课闹革命的经历或上山下乡的经历，说得浪漫无比，他们的记忆中充满了青春激情，青春激情改写了自己的记忆。而真实的经历，却不见得像他们所记忆的那样。

记忆被改写，有时候匪夷所思，某一不相干的信息，也能改写我们的记忆。有一个典型的例子，我采访过北京电影制片厂的副厂长高汉老人——他的口述历史即将由电影出版社出版，所以这个信息可以公开说——他在1949年10月1日开国大典那天，是作为《中国人民的胜利》这部中苏合拍的纪录片的中方制片人，就在天安门广场上。但是，他老人家居然记错了开国大典的时间，他说开国大典是那天上午10点钟开始的。我说不对吧？应该是下午3点开始。他坚持说是上午10点。采访的时候坚持，到要出书的时候仍然在坚持，我怎么也说服不了他，只好把有关历史记载给他看。后来才知道，他老人家之所以将开国大典的时间记错了，原因竟然是他受了电影《国庆十点钟》的影响！完全没有意识到，《国庆十点钟》这部电影拍摄于1956年，是一部反特故事片，与1949年开国大典毫无关系。在采访的时候，我经常遇到此类事，以至于我从一些老人的讲述中，几乎能猜出他头天晚上看了什么电视节目或看了那一类的书籍或报纸。

个人记忆的第三个特点，是错简现象。

所谓错简现象，是指一块记载正确信息的竹简被安错了地方。在个人记忆中，这种现象也可以称之为"信息错嵌"或"信息漂移"。在现实生活中，我们常常会有这样的经验，我们清晰地记得曾经历过某些场景，但这一场景发生的时间却不记得了。"文革"期间，我听说过一个故事，是说有一个老人家被人请到一个大会上去做"忆苦思甜"报告（忆苦思甜，就是回忆并讲述旧社会的苦、进而讲述新社会的甜），这个老人家讲述一家饿死好几个人的情况，讲述得非常精彩。大家听得入神，不断呼口号，但最后老人家说了一句话，吓了主持人一跳，他说"到了 62、63 年的时候，就不饿啦!"原来，叫他忆苦思甜，他却说了发生在新中国 1959 至 1961 年三年大饥荒的事。他若不是贫农，肯定会被打成反革命。

在采访中，我还遇到过更有趣的现象，有一个著名的电影编剧，说他去探访陈荒煤（曾担任文化部副部长，后来是中国电影艺术研究中心主任），场景极为动人，说荒煤老人当时很沮丧，细节毕肖。问题是，他在几个不同的时段说法不一：一是陈荒煤因为电影资料馆放映法国影片《火之战》时去看他；二是陈荒煤卸任即不再担任文化部副部长的时候去看他；三是陈荒煤落选中国电影家协会主席的时候去看他。看陈荒煤的场景多半是事实，但到底是哪一年，他自己也说不清!

个人记忆的第四个特点，是冗余和想象。

我们的记忆不仅会有遗忘和缺失，同时也会有冗余和想象。这一点，也与我们以为的很不一样。有经验的口述历史采访人都懂得，遇到那些因遗忘和缺失记忆而挤牙膏式讲述的受访人固然是一个问题，而有时候，遇到那些讲述得太顺畅、太完整、太精彩的受访人，那就需要警惕了，受访人会在不知不觉间将自己的想象和推理也纳入自己的讲述中，把自己的想象和推理也当作自己的记忆! 某些抗战老兵的讲述中有不大合理的地方，往往是将自己的想象或某部很不靠谱的电影电视剧的内容嫁接到自己的记忆中去了，以至于在网上有人说，有些老兵说的不是历史，而是神话。还有一个极端的例子，是傅光明《口述历史下的老舍之死》中提及的案例，是有三个人都说是自己单独打捞了老舍的遗体！按照逻辑推断，这三个人中，至少有两个人没有说真话，甚至有可能三个人都没有说真话。是他们中有人在说谎？还是三个人都在说谎？这只是一种可能性，实际上，还有一种可能性，那就是，这三个人的记忆中掺杂了他们的想象，或者是错误的推理。

上面是个人记忆的几个特点。让我重复一下：口述历史作为个人记忆，内容丰富但又非常芜杂，相互粘连，纠缠不清，记和忆不相匹配。个人记忆的特点或难点包括：一是个人记忆有大量遗漏和缺失现象，原因很多；二是个人记忆中存在增删和被改写的情况，岁月会改变人们的记忆，有关的新信息也会改变人们的记忆；三是个人记忆存在某种错简现象，记忆的片断有时候会自动漂移，并且自动安装在另一个时间、另一个场景中。四是个人记忆中还存在冗余情况，有些是因为我们的想象掺入了记忆，有些是我们的错误推理造成了记忆的冗余。

面对如此头大的情况，我们会本能地想到，能不能向心理学求助？答案是，能，但不完全能。我的这点有关记忆的知识，大部分是从心理学中学到的。但是心理学并不能帮助我解决所有的问题。弗洛伊德有一本书叫《日常生活中的精神病理学》，其中说："若有人敢高估我们目前对人类精神世界的了解，那只要请他多想想有关记忆的解释，就能使他陡然谦虚起来了。迄今为止，还没有哪一种心理学理论可以成功地解释'记忆'和'遗忘'的根本现象。"

心理学家为什么不能彻底解决记忆和遗忘的问题？有两个原因，一个原因是心理学对记忆的研究，尤其是对长期记忆的研究，受制于研究条件，因为不大可能有一个研究项目，从一个人的出生或记事开始，一直追踪研究到这个人生病和死亡。实际上，心理学中的所谓"长期记忆"最多也不过是几分钟的记忆长度而已，如果一个研究能够达到几个月或几年的时间，那可就是破纪录的研究了。

心理学家不能彻底解决记忆和遗忘的问题，还有一个更重要的原因，或者说是更大的困难，那就是，有关记忆的情况，会因人而异！当我们说

"个人记忆"这个词组的时候，大部分人的注意重点是记忆，而容易忽略它"个人"这个前缀。实际上，个人这个前缀才是更要命的因素，每个人的记忆和遗忘情况是不一样的，就像每个人的指纹不一样。心理学和物理学的最大不同，是物理学的规律通常对所有的同类现象都是有效的，而心理学上的一些规律，却并不是对所有人都是有效的。原因很简单，是因为每个人都是不一样的，每个人都有自己的成长路径和心智特点。例如，心理学上有一个重要的概念，叫作"回想增长率"，是说一个老年人在回想往事的时候，很容易将过去的事情的价值作增值处理，这也是普希金的诗句"过去了的一切，都会变成亲切的怀念"，在老年人的怀念中，过去的事物都会更有价值。这一规律对很多的人都是有效的，但并不是对所有的人都有效。一些人怨天尤人，以为从他出生开始就遭到了环境的阴谋陷害！所有的东西都与他作对。对这个人，所谓的"回想增长率"就是一个无效的规律。一些心理学的发现对哪些人有效、哪些人无效？这本身又会成为一个很大的难题。一个心理学家再有雄心壮志，都不可能将全世界所有的人的个体记忆和遗忘纳入自己的研究范围，对不对？有一个科学家说，科学是针对"能够解决的问题的艺术"。什么意思呢？就是科学受到研究条件、研究方法和技术的限制，凡是能够做实验的才是能够解决的问题，凡是不能够做实验的就是不能够解决的问题。对于不能够解决的问题，科学家也无能为力。

面对这些情况，大家更头大了，是不是？但这还不算完。口述历史不仅与个人记忆的特点有关，还与个人的口述有关，所谓口述历史，是一定要受访人讲述自己的记忆。于是，我们就要面对更加复杂的情况：在口述历史采访时，受访人的陈述，记得多少、记得哪些是一个问题，而对记得的东西说多少、说哪些不说哪些、怎么说，是另一个问题。这也就是说，口述历史陈述，不仅会受到受访人的记忆的限制，同时还要受记忆之外的因素的限制。

有哪些因素，导致哪些情况呢？下面我重点说说几种普遍情况。

影响口述的因素之一，是传播学意义上的"内在把关人"。

新闻传播领域的媒介把关人是图书、杂志、报纸、电视节目、网络板块的编辑或总编辑，总之是对这个节目负责任的人。实际上，在日常生活中，我们每一个人都有自己的"把关人"——如果某个人说话太过随便，我们就会说这个人"口里没有把门的"——在口述历史采访时，我们常常要与个体把关人打交道。在口述历史工作中，我们肯定会遇到这种情况。口述人由于社会压力、文化禁忌及隐私顾虑等多种原因，或不说，或少说，或敷衍了事，甚至言不由衷。

社会压力造成口述者严格把关的例子很多。只要想一想，我们若是到朝鲜去做口述历史，会遇到什么情况？——别说朝鲜，还是说我们自己吧：40 年前，有人来大陆采访国民党抗战老兵，会遇到什么情况？大家可想而知，那些老兵即使保存了完整的抗战记忆，也不敢轻易和人说，要么是躲避不见采访人，要么是见了也不会多说话，只说已经忘记了。这是政治压力，社会压力还包括伦理压力、习俗压力等等，每一种压力都会让人们非常谨慎，口述时多少会有保留。

文化禁忌造成口述人严格把关的情况，也不难想象。我今年夏天曾去拉萨，为"翻身农奴口述历史"项目做项目策划并培训采访人。我们知道，藏族是全民信教的，藏族同胞的宗教信仰十分虔诚。我们的采访主题涉及藏族的宗教信仰，因而有一定的文化禁忌。这就成了一个问题，暂且卖个关子，后面再说这个问题是如何解决的。

隐私顾虑造成口述人严格把关的例子，这也很容易理解。每个人都有自己的隐私，隐私是受法律保护的，同时实际上也受伦理保护，从而成为一个人的核心机密。但是口述历史有时候又必须探讨某些历史真相，要涉及个人隐私。问题是，每个人对隐私的理解不同，从而个人隐私边界不同，有不少人将个人的不那么光彩的一面全都当成了隐私，凛然不可侵犯。例如在"文化大革命"中，有批斗走资派的事、写大字报的事、打人的事、抄家的事，那些被侵犯的人多半会说自己的亲身遭遇；而那些侵犯他人的人，虽然也有一些人公开忏悔，或者在私下里说出来，但多数人会将这些事当成自己的隐私藏匿起来，不对他人说。我在采访中就遇到过很多这样的例子，采访一个单位的某些受害者，知道这个单位里有哪些人是积极的造反派，但当我去采访这些当年的造反派的时候，真实说出当年的行为的人的比例，不超过30%。还有一个例子，一个非常有名的女电影人，新中国成立前参加革命的，在革命队伍中曾遭到她的上级强奸。我听说过这件事，这件事虽然涉及受访人的隐私，但也是革命队伍历史的一部分，因而在采访时会小心翼翼地提出问题，结果如何呢？大家不妨猜猜看，她说不说？如何说这一段经历？

影响口述的因素之二，是个人情感偏向和立场偏见。

我们知道，每个人都是有感情的，这是人之为人的根本。可是，个人的感情有时候会有明显的偏向，喜欢什么人、不喜欢什么人，喜欢什么事、不喜欢什么事等等，都有个人的特点。情感偏向的例子有很多，如果我们有机会去做关公的口述历史，他老人家说起过五关、斩六将的经历时肯定会眉飞色舞，情节起伏跌宕，细节精彩丰富，而讲到败走麦城那一段经历时，恐怕就没有那么大的兴致了。虽然我们都知道这也是他老人家的经历，但他老人家或者是不愿多说，不想多说，甚至有可能会将这件不那么光彩的经历彻底遗忘了！情感偏向的例子还有：你的一个熟人恋爱了，然后失恋了，在恋爱时和失恋时对对方的记忆肯定会大不一样，虽然是同一个对象，先前可能是天使，过后却成了魔鬼，原因在于当事人的情感偏向变了。岳父和岳母或公公与婆婆就更是如此啦：如果自己儿子女儿和他们的妻子或丈夫处得好，那么他们就是天使；若是他们闹离婚，立即变成了魔鬼。

记忆受个人偏见的影响，不仅来自个人情感，有时候也会来自社会身份和立场的影响，这就是所谓社会性偏见。我们的社会身份，包括我们的性别、阶级、民族、年龄、职业、社会地位等等，这些都会对我们的记忆产生影响。针对同一个人的同一件事，社会身份不同的人会有不同的记忆和评价。最典型的例子，是抗日战争的历史，大陆和台湾会有政治党派的立场偏见。还有阶级的立场偏见，我采访过土改工作队员，也采访过家里是地主且有人被镇压者，半个世纪之后，他们对土改这件事的记忆和叙述，有很大的差别。穷人觉得土改是革命，好极了；而家里是地主的人则说其父母亲被扫地出门时的窘况，让人同情。还有性别偏见的例子，我在北影采访时，遇到过这么一件事，北影有个著名演员很风流，很花——我当然不能说他的名字——有个男性制片人说：这个人乐于助人，尤其是乐于帮助女同志，也很得女同志的欢心，这家伙有一套！而一个女演员则说，这个人呐，有一样不好，见到女的就走不动路，不论漂亮的还是不漂亮的，他都要套近乎，挨挨蹭蹭、摸摸捏捏的，那家伙就是一个流氓！总之，对同一件事，立场不同会有不同的叙述。

影响口述的因素之三，是特定社会角色的特定剧本和特定台词。

人是社会的产物，具体说，是社会化的产物，个人的成长就是一个社会化的过程。每个人都是在社会互动中知觉自我，了解自己和他人的差异，了解自己和他人的社会关系，并且了解自己对他人的社会责任。这些社会责任伦理成了每一个社会角色的伦理，最终塑造了我们的社会角色。这不难理解，我们每一个人，都是爷爷奶奶的孙子孙女、父亲母亲的儿子女儿、老师的学生、上司的部下，后来都会成为儿女的父亲和母亲、孙辈的祖父和祖母、学生的老师、部下的上司。这些就是我们的社会角色。社会学家进一步指出，每个人都在扮演一定的社会角色，并且任何一个文明社会都会为每个社会角色准备完整的剧本，并且规定了具体情境中的具体台词。做口述历史的人要了解这个理论，因为这个理论中所说的要点，在口述历史实际采访中会遇到与此相关的问题。有几种不同情况。

比较普遍的一种情况是，人们对采访有一个普遍的误会，那就是接受采访的时候要说"正确的话"，而不是说"真实的话"。所谓正确的话，当然都是按照时下流行的、符合政策的话，也就是西方人所谓政治正确的话。有些人对口述历史采访也这么干，我自己就曾遇到过一个极端的例子，那位老人家是 1965 年从部队转业到电影行业的，按照毛主席的说法，就是当年"掺沙子"掺到电影行业中来的，来到电影行业之后，他一直担任政治部主任，接受采访的时候已经离休多年了。我去采访的时候，老人家接到采访提纲后，对自己前半部分的经历，也就是参军后加入第四野战军从东北打到海南岛的经历说得特别热情、也特别详细，而对转业到电影界之后的经历则说得非常简略；还有一个特点，那就是老人家说话，总要拿着一个文件，有时候甚至照本宣科！虽然我多次提醒，凡是已经发表的文献，只要提及就可以，不必照着念，但老人家还是要照着念。这是极端的例子，不那么极端的例子当然更多，基本上是说套话，很少说自己的真实记忆。以至于我有点怀疑，这个老人，这些老人到底有没有自己的个人记忆？

还有一种情况，是一些经历平凡、工作和生活都很普通的人，也会努力提升自己的社会角色感。他们对口述历史采访有另一种误解，以为凡是接受采访的人都必然是特别重要的人物；所以，有些人拒绝我们的采访，说自己是一个平凡的人，对社会没有多大的贡献，因而没有什么可说的；另一些人则是在接受采访之后，努力将自己的故事说得更有意义、让自己的人生显出更加突出的价值，因此，在叙述自己的经历的时候，会不知不觉地提升自己的重要性。有时候，实际上是在扮演一个他们想象中的更高级的社会角色，并且按照这个社会角色的要求去想象和讲述自己的行为和言语。明明不是他做的事，也说成是他做的；明明不是他说的话，也说成是他说的。我采访过的电影老人中，出现过这样的情况，明明只是一个配角，但在他的陈述中，好像还做了许多导演、编剧和主演的工作，甚至把后来人家对影片的评论也吸收到他的口述中来。还有一些电影人的后代，在他们的陈述中，好像他的父亲或母亲的许多思考、许多行为都是在他的指导下完成的。即使某些事他不在场，也要说得历历在目，好像是自己亲历的那样。我一直怀疑，接受傅光明教授采访的几个人中，恐怕就有这样的心理，就是把打捞老舍先生的遗体当作参演重要历史剧目、扮演重要社会角色的一个重要契机，从而想象出当年的场景和细节。

还有一种情况，是在接受采访时，非常亢奋、也非常紧张。亢奋的原因同上，是觉得自己受到重视，因而希望说出一些正确的话，甚至希望说出漂亮的话，结果说出来的大多是正确、漂亮的空话，完全没有记忆基础。另一种极端的情况是，紧张到几乎不能说一个完整的句子，其中又有几种不同的情况，一是对着摄像机和灯光本能的紧张，因为从来不曾面对过，脑子里一片空白；另一种情况则是——我猜想——是不希望说出正确的、漂亮的套话或空话，可是又没有这方面的训练，从而根本就不习惯于说套话，也不知道怎么说自己的真话，于是就什么话都说不出来了，在采访时只能东扯西拉、支支吾吾，不成句子，更无段落。

还有一种情况，是作家严歌苓所说的"没有概念的人"。严歌苓说她曾在四川与西藏交界处采访过一些女性，发现这些藏族女性大多不懂得采访人说的话，不是说她们不懂得汉语，即使有人翻译，也还是不懂得采访人所说的概念。最早做中国女性口述历史的李小江教授也说过，她采访的女性中，有一些人对历史没有概念。什么意思呢？就是这些人，对新中国历史上的一些政治事件，例如镇压反革命、土改、三反五反、肃反、反右、大跃进、反右倾"四清""文革"等等概念都不清楚，有一些是她们没有经历过，更多则是在她们的记忆词典中压根儿就没有这些概念。更好的例子是，她们压根儿也没有按历史年份记事的习惯，对 1949 年、1957 年、1958 年、1966 年等等这些年份都没有概念，在她们的记忆中，只有她出嫁的那年、第一个孩子出生的那年、第二个孩子出生那年、孩子他爷爷去世那年……她的年代与通常的历史年代不是一套概念。严格说来，她们并不是完全没有概念，而是没有或不懂得流行的概念，其实她们还是有她们社区的一些基本概念。这又分几种情况，一种是"社会方言"不同，社会方言是语言学的一个概念，是说不同社区、不同职业、不同社会阶层乃至不同的社会圈子都有自己的概念和语法。在一定程度上，社会方言与地域方言有一些共同点，北方人到浙江、福建农村去做口述历史恐怕很难顺利，原因是你不懂得对方的地域方言，而对方又不懂得你的普通话。同理，你到一些相对封闭的地方去做口述历史，不仅存在地域方言，同时还存在社会方言，所以难以交流。另一种情况是，有些人没有使用通行概念表达自己的记忆和思想的训练，因而成为"没有概念的人"，所以要对这样一些人做口述历史，就有一定的困难。当然，这种困难并不是不可以解决，想一想，人类学家是如何做的呢？他们遇到的情况，肯定更加困难吧？

影响口述的因素之四，是每个人都有讲述完整故事的偏好。

在前面已经说过，我们的记忆常常是残缺的，我们自己的一些经历在我们的记忆中常常是断简残篇，例如要你讲述你的中学或大学时的生活，你的记忆中肯定都只是一些片断，对吧？你不可能记得从入学的那一天到毕业的那一天所有的事情，只能记得某些老师、某些同学的某些片段，某些课程、某些集体活动的某些片段。另一方面，人类有讲述完整故事的偏好，因此，就会出现这种情况，为了弥补记忆的残缺，讲述者会不知不觉地查缺补漏，以便创造完整的故事。甚至在一个片段中，我们的记忆也有残缺，而我们的讲述却倾向于完整。于是，就会出现讲述中的想象、推理、创作等因素，也就是讲述中的非记忆成分，或者叫作言语的冗余。这种情况是如此普遍，几乎成了口述历史的共同点。

除了上面所说的几种情况之外，我们都明白，受访人的陈述，受到不同的社会身份、教育程度、理解能力、心理活力、勇气和智慧程度等诸多因素的影响。更复杂的问题在于，即使同一类人，因为个性不同，他们的陈述也会不同。

让我们总结一下，受访人的口述，至少存在四种复杂的情况，一是受社会压力、文化禁忌、隐私顾虑的影响而不说或少说；二是每个人的口述都有一定程度的情感偏向和立场偏见；三是一些人按照社会文化剧本规定的角色台词说正确的套话或漂亮的空话；四是人们会不知不觉地用想象和推理去补充记忆的断简残篇，以便让故事更加完整。

上面说了那么多口述中存在的这些非常复杂的情况，以及前面所说的记忆本身的残缺、改写和冗余的复杂情况，能够得出怎样的结论呢？结论是：

1. 根据上述情况，口述历史一般不能直接用作史料。

2. 要想让口述历史"有用"，就必须对口述对话过程及其内容进行必要的考据、甄别、选择、重建和注释。这些工作，我把它叫作"心灵考古"。

下面要说什么是心灵考古，口述历史如何做心灵考古。

英国考古学家弗林德尔·彼特里说，考古学的全部事业，就是重建已经消失的生活。在这一点上说，口述历史的目的与考古学的目的有相似之处，口述历史的目的同样是要重建已经消失的生活。只不过，口述历史与通常意义上的考古学有所不同。首先，口述历史不是在物理现场进行考古发掘，而是在心理和语言的层面进行。其次，口述历史不是依据历史遗迹和遗物进行考古重建，而是要与受访人合作，通过对话获得受访人的生活记忆及其言语陈述。正是由于这两点重要且明显的差异，我们把口述历史工作称为心灵考古。

作为心灵考古的口述历史工作，有三个核心概念，即言语事实、心理事实和生活事实。言语事实是采访人和受访人的对话及受访人的口述，心理事实是口述人的陈述中所涉及的往事记忆和心理呈现，生活事实就是口述历史——心灵考古要重建的关于过去的场景。大家可能注意到了，我没有使用"历史事实"或"历史真实"这样的词组，而是用了生活事实这个词组，是因为生活事实是一个更具包容性且有更广阔的指向性的概念，其中包含了历史事实、社会环境和社会关系及社会压力事实、个人行为事实、个人行为动机等多种因素。如果我们使用历史事实或历史真实的概念，很可能会遮蔽其中的其他因素，从而扭曲我们对口述历史的价值的认知，尤其会忽略口述历史即个人记忆的个体性要素。

对口述历史所知不多的人，通常会不假思索地认为：受访人的言语就是受访人的记忆，而受访人的记忆就是过去的生活。这种简单的假设，实际上是把言语事实、心理事实和生活事实三者完全等同起来。如果是这样，口述历史工作就真的非常简单，而心灵考古也就没有必要，因而不能成立。问题是，通过上面的讲述，我们已经知道，受访人的言语，由于受到社会剧本、自我角色定位、社会压力、个人情感偏向和立场偏见等多方面因素的影响，不可能讲述出全部的心理记忆；而受访人的记忆，由于生理、心理、社会等因素的影响而导致的遗忘和缺失、扭曲和改写、想象和推测等冗余，不等于且不可能等于生活事实。

心灵考古与一般考古学还有一个最大的不同，那就是，在口述历史中，不仅通过心灵考古重建的生活事实是有价值的，而且那些与生活事实不完全一致的心理事实，以及那些与生活事实、心理事实不完全一致的言语事实也同样是有价值的。简单说，口述历史中的错误记忆和对记忆的虚假言说都是有价值的。这一说可能会让人不解，那些错误记忆和虚假言说有什么价值呢？它的价值就在于，这些正确或错误的记忆、这些关于记忆的真实或虚假的言说，正是我们今天生活事实的重要组成部分——它们都是真实存在且真实发生的，不是吗？口述历史的心灵考古是要重建已经消失的生活，那么我们有什么理由忽略正在进行的生活事实呢？我们知道，历史学中有一个著名的假说，即"一切历史都是当代史"。这一假说是主张，历史学家不仅要重视历史讲述的时代，同时要重视讲述历史的时代。口述历史讲述的过去的故事固然重要，而现在进行时的记忆和讲述本身也是同样重要并且有价值的。如果有人对这一说法很难理解，估计是受"口述历史"这个概念的束缚太深，以至于形成了刻板印象，认定只有符合历史真实的才是有价值的，不符合的就是无价值的。如果我们的视野更开阔一些，就会发现，那些不符合历史真实的信息也同样是有价值的。例如，《史记》中说，汉高祖刘邦，是他母亲和一条龙交配的产物，也就是说，刘邦的父亲，不是他母亲的丈夫，而是那条龙。这一记载，肯定是不符合历史事实，对吧？尤其是对现代人而言，只要我们有最基本的常识，就会觉得这是不可能的。那么，《史记》的这一记录是不是没有价值呢？它仍然是有价值的，只不过，并不是历史学价值，而是具有文化人类学的价值，它忠实地记录了书写《史记》时代人们的想象和信仰，那时候的人们相信，能够当皇帝的人肯定不会是凡夫俗子，而是真龙天子。文化人类学家对所有诸如此类的人类想象和精神信仰的信息都会如获至宝，那么，在口述历史工作中，我们有什么理由说记忆及其言说中的缺失、改写和想象是没有价值的呢？这些缺失、改写和想象固然没有历史价值，但它们有文化人类学、社会学、传播学、语言学及人性科学的价值啊。

　　上面的概念、判断和推理，是对口述历史或口述史学进行理论思考的必要步骤。当然，如何做心灵考古，或许是在座诸位最关心的。

　　下面我就讲一讲：在口述历史工作过程中，如何进行心灵考古？

　　像一般考古学一样，心灵考古工作也分为三个阶段：

　　第一阶段是勘测和发掘阶段，也就是口述历史的采访记录阶段。

　　第二阶段是考证和标注阶段，也就是口述历史的编纂注释阶段。

　　第三阶段是研究和阐释阶段，也就是口述历史信息提炼重组阶段。

下面，我就对这三个阶段分别做一些介绍或提示。

心灵考古第一阶段：勘测和发掘。

口述历史的第一阶段，是采访阶段。美国口述历史专家唐纳德·里奇有一本非常有用的书，英文名是《做口述历史》，中文译名变成了《大家来做口述历史》。这样翻译当然也对，因为里奇先生有一个鲜明的观点，那就是做口述历史不需要专业学位，人人都可以做口述历史。这样说当然也对，正如人人都可以打乒乓球，可以健身、可以竞赛、可以娱乐、可以作为一种爱好；但问题是，并非人人都能成为刘国梁、孔令辉、张继科和马龙。打乒乓球的水平有高低之分，也有专业运动员和业余爱好者之别。口述历史工作也是这样，虽然人人都可以做，但是要做好，做到专业水准，却需要有专门的培训，甚至需要多年的专业训练。

做口述历史采访工作，假如每个受访人都乐意接受采访，假如每个接受采访的人的记忆力都非常之好，且都乐意将自己的记忆和盘托出，并且都有很好的语言表达能力，能将自己的记忆用清晰生动的语言讲述出来，那当然人人都可以做口述历史。就像到图书馆去借书，你提出要借什么书，管理员就去书库将那本书找出来借给你，那谁不会呢？问题是，现实中的情况并不尽如人意，有些人不愿意接受采访，而愿意接受采访的人记忆力可能不那么好，或者是有些记忆他不大愿意坦诚说出来，或者愿意说但却没有很好的语言表达能力说。真做口述历史采访的人，经常要面对这些问题。怎么办？需要专门培训，需要有很好的理念，还需要有一套行之有效的方法和技术，当然，也需要在实际工作中积累经验。

为什么要把口述历史采访叫作心灵考古？因为口述历史采访，与考古的勘测和发掘有极大的相似性。我们知道，通常的考古，是在发现一个考古遗址，首先是要对现场进行勘测，然后是按照考古规则进行发掘。口述历史采访也是这样，也要对受访人的心理个性、记忆能力、思维能力、语言表达能力等进行勘测，再作针对性的提问和对话，以便能够最大限度地发掘受访人的个人记忆。我要说，心灵考古比实地考古更困难，原因是我们面对的不是静止的物，而是活动的人。在介绍采访工作的操作程序和操作规则之前，先要介绍这一工作的理论模型。

口述历史心灵考古的理论模型，可以借用心理学的"约哈里之窗"。这一模型是由心理学家约瑟夫·勒夫特（Joseph Luft）和哈里·英哈姆（Harry Ingham）共同创立的，这个名称是两个人名字的组合，即 Joe 和 Harry。约哈里之窗是口述历史心灵考古可循的路径，它把个人记忆划分为四个区域：

1. 公共区（open area），是我们和他人都知道的信息；

2. 盲区（blind area），是别人知道而我们不知道的关于我们的信息；

3. 隐藏区（hidden area），由我们知道的但没有透露给大多数人的信息组成；

4. 未知区（unknown area），是由无论是我们还是他人都不知道的关于我们自身的信息所组成。

在中国心理学界，也有人将"约哈里之窗"译为"乔哈里窗口"，将公共区译解为"公开的我"、盲区译解为"盲目的我"、隐藏区译解为"隐秘的我"、未知区译解为"潜在的我"，当然还可以把它们叫作"公开信息区""信息盲区""隐秘信息区""未知信息区"。所谓公共区或公开信息区，是指采访人的基本身份信息，例如姓名、性别、年龄、职业、社会身份等等，采访人要与受访人合作，就是基于这些信息，而今，有些人的公开信息在网上都能查到。所谓"信息盲区"是针对受访人而言，有些关于受访人的信息，连受访人本人都不知道，例如受访人有记忆以前的信息、受访人已经忘记而知情人却还记得的信息、受访人所不知道的他人对受访人的印象和评价等等，采访人如果认真仔细，在开始采访之前，可以从相关知情人那里了解到一部分。所谓隐秘信息区，是指受访人自己知道但未向社会公开的信息，例如他年轻时暗恋过什么人、某件不为人知的经历、创作某个作品时的内心想法等等。所谓未知信息区，是指受访人不记得、采访人也无从打听的信息。对于一个受访人，采访人所知道的信息最多是公开信息和部分受访人所不知道的所谓盲区信息，而受访人则知道公开信息和隐秘信息。口述历史采访工作就是采访人和受访人合作，通过采访对话和信息交流，让受访人讲述自己的部分隐秘信息，并和采访人一起发掘不记得的即所谓未知信息。所以，需要采访人具有取得受访人愿意合作的能力、具有调查公开信息和盲区信息的能力，具有打开受访人隐秘区的能力，和共同探索并发掘未知区信息的能力。

心灵考古的勘测和发掘工作，可以总结出一些重要的标准程序，包括：1.前期功课，主要是确定受访人，并做基本信息调查；2.与受访人联络，也就是让受访人同意接受采访并商量采访的步骤和时间；3.预访，也就是采访人和受访人的采访前见面和交流；4.写作采访提纲，送交受访人审查并听取受访人的意见；5.在取得受访人同意后，开始正式采访；6.正式采访完成后，写出采访总结。上述程序都很重要，必须遵守。其中1、2两个程序，即前期功课和与受访人联络这两个程序的重要性，不必多言。这里说说后面的四个程序。

第3个程序是预访，这是心灵考古勘测工作的开始。预访要做几件事，其一，是要向受访人说明此次采访的目的和方式，包括向受访人说明保护受访人的权益的具体措施，这项工作在电话里似乎也可以谈，但不如面对面谈更能取得对方的信任。其二，要向受访人了解受访人的详细信息，包括受访人受教育的具体经历，详细的工作履历，涨工资、分房子或盖房子的情况，等等。其三，通过对面交流，要对受访人的合作意愿、目前的身体和心理状态、个性和社交倾向、记忆能力、思维能力、语言表达能力等方面做出初步评估，以便在采访提纲写作和正式采访时根据这些情况，提出合适的问题，确定合作方式。

第4个程序是写作采访提纲。采访提纲是采访人的工作台本。如果受访人识字的话，那么提纲还要交给对方审看，不仅是尊重对方，还要进一步激发对方的回忆热情，让对方补充遗漏的问题。提纲写作中有几个问题要注意。其一，提纲的第一部分应该是写给受访人的短信，将预访时所说的采访目的、采访方式和对受访人权益保护措施等等写出来，以便让受访人放心合作，这也是一份档案，同时也是一份法律证词。其二，采访提纲中提出问题的方式，一定要注意，不能违犯对方的文化禁忌、不能增加对方的心理压力、不能冒犯对方的情感。举例说，前面我们曾经说到过，西藏的翻身农奴口述历史中必然要涉及西藏叛乱、达赖出逃等信息调查，但在采访提纲和实际采访过程中可不能出现这样的字眼，采访人必须换一种提问方式，如："1959 年 3 月 20 日，达赖喇嘛出走的时候，你在哪里？你看到什么？"这样中性的提问，不会伤害受访人的宗教感情。假如在采访提纲中出现伤害对方宗教感情的提问方式，受访人就不和你合作了。其三，在采访提纲中最好是包含对受访人童年经历的提问。例如：你的童年在哪里度过的？你是从什么时候开始记事的？你的第一个记忆场景是什么？你当年和你的小伙伴玩过哪些游戏？父母是否经常带你出去玩？等等。为什么要这么做呢？理由很多，一是谈论童年，可以消除受访人的紧张感，让受访人放松，创造良好的传播氛围。二是谈论童年，可以拉近受访人和采访人的心理距离，让双方更加熟悉，从而合作更为顺利。三是心理学家特别关注人的童年，认为童年的经历往往会决定一个人的个性和心理。任何一个口述历史项目，都必须有一些标准化的问题，诸如家庭生活、上学经历、业余爱好、就职情况、工作履历、恋爱婚姻、人生转折，以及一些重要的社会变迁中的经历，如抗日战争、解放战争、新中国成立、大跃进、三年大饥荒、"文化大革命"、改革开放，等等。为什么要这么做呢？一是确保口述历史采访的广度和深度；二是可以测量个人的记忆能力和表述能力，尤其是和其他人对同一问题的回答进行比较，从而确定一些经历的真实程度和个性差异；三是便于档案索引，便于后人对此进行大规模的数据挖掘，从而为进一步的科学研究打下基础。

　　第 5 个程序是正式采访。正式采访，相当于考古的现场发掘。首先，由于口述历史的发掘现场是心理性的，而不是物理性的，所以，让受访人保持良好的情绪和心境最为重要，这要求采访人及整个团队既保持诚恳认真的态度，同时又不能制造任何紧张气氛，有时候一句话、一个表情不到位，让受访人心里不快，那就会严重破坏发掘现场，甚至会让这个工作无法进行下去。其次，口述历史采访要有一定程度的开放性，必须随时追踪有价值的新信息，受访人的陈述中肯定包含了大量新信息，哪些重要、哪些不那么重要，需要采访人做出及时判断，并且在适当的时候追加提问。再次，在一般情况下，采访人除了提问之外，应该少插话，尤其是那些纯粹应对性的话，不打断受访人的陈述，同时也方便后期的视频或音频剪辑，若是有太多的"嗯""啊"插话，剪辑师就麻烦了。但是，有时候，采访人又必须插话，例如在受访人想不起某个人名——这种情况，在采访过程中极为常见，几乎随时都会发生——的时候，采访人及时提醒，可以让受访人的回忆和讲述顺畅地进行。还有一种"注释性插话"，什么意思呢？是受访人说及某个重要事件，但只说了某个日子，但没有说及年份和月份，采访人最好是找机会用提问的方式插话："是不是某年某月？"采访人可以直接说明自己插话的原因，是要在采访录像和录音中做注释。还有一种情况，是受访人的陈述中出现问题，采访人不能确定所说是否符合事实，这时候采访人也要重复对方的陈述要点，询问对方所说是不是某个意思，这实际上也是一种注释，提醒编纂档案或查阅档案的人：此处有疑问。最后，还有一种情况，是受访人的陈述中出现某些明显不合事实或不合逻辑的情况，采访人要找到适当时机提出质疑。

举个例子说，我采访过的许多老人大多曾参加过土地改革，也大多参加过"四清"。其中有一个老人说土改斗地主，说得很生动，还说他自己当时的心理感受，当时有些不忍，但工作队和当地干部都要这么干，也不得不这样。当他说到工作队里的当地干部时，说到了公社干部，这就有疑问了：当时人民公社还没有成立，怎么会有公社干部呢？应该是乡干部啊！于是我就问：那时候怎么会有公社干部？他一开始还没有明白我的问题，反问我：怎么没有公社干部？我说人民公社是 1958 年才成立，土改时还没有人民公社啊，他才意识到问题所在，经过仔细思索，最后才说，他是把土改的记忆和"四清"的记忆给弄串了。

在采访时可以进行现场提问，弄清楚故事发生的正确年代及真实背景。除了利用社会历史的基本线索、基本框架和基本常识外，还要利用逻辑。我采访一个老人，他的家庭出身很好，本人的工作也很积极，人缘也很好，但参加革命工作以后 10 多年后才加入共产党。看起来似乎没有问题，对不对？但我觉得有一个问题不能不问他，为什么参加工作那么长时间才入党？他的回答是：他对政治不敏感。这个答案看起来也不错，对不对？但我觉得这个答案不符合逻辑，那个时代参加工作的人，怎么会对政治不敏感？新中国成立初期，正是政治高于一切的时代，于是就把话说明了：无论敏感不敏感，入党在那时肯定是大家都重视、大家都追求的事吧？他说对。我问他第一份入党申请书是什么时候写的？他说是一参加工作就写了。我说，那怎么10多年后才入党呢？你看啊，你的家庭出身是工人，家里的亲戚也大多是穷苦人，你工作又积极，人缘又好，没有很快入党在逻辑上说不通，有没有特别的原因呢？到这时，他才说，他刚刚参加工作的时候，汽车很少，他特别喜欢开汽车，大卡车，曾经擅自开车出过事。还有，在土改分浮财的时候，有一次少了400块大洋，有人怀疑是他干的。多年后才有人证明，那不是他干的，因为他根本就没有参加那次活动，偷钱的另有其人。因为这几件事，他入党的时间就被大大推迟了。只有这样，在逻辑上才说得通。

我举这几个例子，是想说明，在口述过程中，受访人难免会出现记忆失误或陈述加工的情况，我们若具备相关的常识，并且注意事理逻辑，是能够发现其中某些疑点的。将这些疑点找出来，指出来，是采访人应尽的职责。

第6个程序是写作采访总结或采访手记。这是必不可少的一个程序，采访人必须对此次采访进行认真总结说明，一是要写明采访的时间、地点、每次采访时长和总时长、采访频率等等，作为档案。二是要对采访过程中所遇到的问题进行梳理，并要详细说明受访人的记忆和陈述中存在哪些疑点，以便将来档案编纂者和档案使用者心里有数，并进行必要的考证落实。三是要说明受访人的身心状况、社交习惯、记忆能力、思维能力、交流能力、语言表达能力等做出说明，让编纂者和档案使用者熟悉受访人并评估受访人。四是要总结此次采访过程中的经验教训，包括采访人本身在采访准备和实际采访过程中有哪些问题、哪些失误或哪些值得说明的经验和成绩，以便让团队成员相互交流和相互学习，共同进步。

心灵考古第二阶段：考证和标注。

上面所说的6个程序，还只是口述历史心灵考古工作的第一阶段。第二阶段的工作，是要对采访档案进行著录、整理和归档，有些还要进行视频剪辑、音频剪辑或对原始抄本进行整理，形成编纂抄本，在这一过程中，采访人或档案编纂者必须做考据和标注工作，这是口述历史必不可少的一项工作。在口述历史采访中，不可能不出现错误信息，不仅受访人的记忆或陈述会出错，采访人也会出错。我自己就有很多出错的例子，最近就有一个例子，受访人说及导演张军钊拍摄的一部影片，但想不起影片的片名，只记得叫什么"光"，我就试着提示：是不是《逆光》？受访人说，对！就是《逆光》。但是，答案是错误的，《逆光》不是张军钊导演的，而是丁荫楠导演的，张军钊导演的影片是《弧光》。这个例子说明，在口述历史采访中，各式各样的错误信息是在所难免的，采访人也会犯错。

因此需要后期的考证和标注。考证和标注的方法，当然要学习历史学家利用档案文献，也要利用其他口述历史证词进行比对或会商，还要利用我们自己的社会生活常识，当然包括我们的逻辑推理能力。大部分信息错误都不难考证查实，比如上面说到的《逆光》和《弧光》。但也有一些信息的考证或查实，就要花费较大的工夫。举例说，假如我们采访了一批抗战老兵，他们分别说了自己在抗战中的经历，尤其是杀敌的经历，分别说自己参加过几次战斗、打死过多少个日本鬼子，其中有人说曾用牙咬死 1 个、曾用手榴弹磕死 1 个，对这些说法，我们不能肯定谁说了真话，谁说了不真实的话，对其中的说法，当然要进行查证，包括 1. 当年的战争报道；2. 当年我军的档案；3. 当年敌军的档案；4. 当年相关人的日记、书信或其他证明材料。通过这些工作，我们大致上知道，其中哪些人说的是真确的记忆，哪些人的记忆或口述不是那么真确。无论我们的考证工作做得怎样仔细，肯定还会有一部分我们无法证实、也无法证伪，那就只好存疑。我说这个例子，是想说明，在口述历史中，不能因为某些人说了不真实的信息，就推论说所有的抗战老兵的口述历史都是不靠谱的；这种说法，与说所有老兵的口述历史都是真实的同样成问题。实际的情况是，有些是符合历史事实，有些不符合历史事实但却符合个人的心理事实，有些则连心理事实也不符合。

这一节的标题叫作考证和标注，是有所指的。对口述历史原始抄本进行编纂的时候，我们要进行考证，同时还要进行标注。但有些历史学家却不这么做，例如口述历史的先驱者唐德刚教授的《李宗仁回忆录》，这算得上是口述历史的一部经典著作了，但我却有另外一种看法，或许这是一部优秀的历史著作，但却不是一部优秀的口述历史著作。为什么这么说？理由有三，第一，唐教授说这部著作中李宗仁口述的部分不到一半，另一大半是唐教授查证补充的。这样一来，这本书能不能叫李宗仁回忆录，就成了一个大问题。第二，更大的问题是，唐教授说，李宗仁口述中的错误，全都给抹去了，留下的都是正确的资料信息，对于历史著作而言，这当然是好事，可是对于口述历史著作而言呢？则未必是好事。第三，唐教授说，李宗仁所说的口头禅，那些口语习惯，也全都给删除了，于是我们有质疑：这还算得上是口述历史吗？在这部书中，只有编纂者的考证，但却没有标注，说李宗仁的哪些说法是错误的、不真实的，哪些说法是不通顺的，我们看不到李宗仁口述的痕迹，如何能叫作李宗仁口述历史呢？我自己也曾遇到过这样的情形，我编纂过一部口述历史，有数百个注释，其中有130多个"此处记忆有误"和"此处表述有误"的注释，这就是经过考证之后进行的标注，后来将编纂文本送给本人审查，老人家将其中的130多个"记忆有误"和"表述有误"的注释全部删除，而将自己的说法全部改为考证为真确的说法。这让我哭笑不得，这么一来，这部书就成了历史书，而不是纯粹的口述历史书了。

是的，大家没有听错。我是把历史书和口述历史书当作两个概念，这是两种完全不同的学术文本，口述历史书的一个特点，是要保留口述人的口述原貌，包括口述中的记忆错误和表述错误，也包括编纂者的考证和标注，标注出哪些是生活事实、哪些不符合生活事实但仍然是心理事实、哪些是既不符合生活事实也不符合心理事实但却仍然是言语真实即错误表述。为什么要这么啰嗦呢？这就是理解口述历史的关键，也是理解所谓心灵考古的关键：简单说，清晰地标注出生活事实、心理事实、言语事实的复杂边界，让人们知道其中的差异，并让有关专业的科学家如心理学家、语言学家、传播学家、社会学家和人类学家去思考"为什么会这样"，并由此开拓出口述历史心灵考古的专门路径，这才是口述史学的立身之道。比如说，前面所说的那个老人将"四清"时候的事说成土改时候的事，历史学家也许只要修订这个不真实信息就可以了，然而，这样一来就会掩盖更有价值的问题：他为什么会有这样的错误记忆？其中关键问题，是他对那些被吊打的地主和村干部有深深的内疚！而参加土改时则没有这种内疚，因为那时觉得斗地主、分浮财是天经地义的事。可是在 1964 年就不同了，地主早已被扫地出门，家财散尽，在村里劳动，还要经常挨斗，受访人当时就有些想不通，可是又不能对别人说，因而沉入心底许多年，终于说出来了。记忆被潜意识所改写，具有传播学和社会心理学的意义，这也是口述历史中的具有科学价值的东西。如果有更高的认知复杂度，我们就会认识到，这些看起来不靠谱的记忆错误、言语错误作为心理事实和言语事实，不仅是有重要意义的，而且也是生活事实的一个从来未被重视但却意义重大的一个组成部分。例如宗教里的天堂和地狱，在科学意义上说是不真实的，但几千年来人们需要它，也相信它，离开了这一想象，人们的生活就将是另一种样子。例如前面所说的刘邦母亲和龙交配的信息，在科学的意义上是不真实的，但在心灵意义上却是必要的，因而也是生活事实的一部分。个人的记忆错误和表述错误，虽然不符合客观事实，但却是人类心灵的一部分，也就是人类生活的一部分，因为我们的生活从来就离不开心灵，离不开言语表述。

　　考证和标注不是口述历史研究的终点，实际上，考证和标注工作，只不过是口述历史研究或者说心灵考古工作的中段。这就像是在考古现场，工作人员将真正的古物一一登记，并且区分出哪些是当年的古物，哪些是盗墓者遗留在现场的东西，哪些是自然力量的侵蚀，这只不过是考古工作的准备阶段。

　　心灵考古第三阶段：研究的展开，近景、中景和远景。

　　心灵考古的第三个阶段，是口述历史研究的真正展开阶段。为了说明问题，我要举我自己研究的例子，就是《陈骏涛口述历史》，这部书是由人民文学出版社 2015 年 8 月出版的。这部书有些特别的地方，值得加以讨论。在讨论之前，我要对这部书和他的主人公做些介绍，书中主人公是我的研究生导师，是中国社会科学院文学研究所研究员、社科院研究生院教授、长期担任《文学评论》编辑部主任，也是 20 世纪 80 年代、90 年代非常活跃的

文学评论家，出版过《文学观念与艺术魅力》《在传统和现代之间》《文坛感
应录》《世纪末的回声》《那一片人文风景》《从一而终》等多部评论集，主
编过"跨世纪文丛"63 种、"红辣椒文丛""留学生文丛""文学经典丛书"
等多种。2012 年，我和老师商量，要为他做一部口述历史，2013 年采访，
2014 年编纂，2015 年出版。

　　我刚才说这部书有点特别，特别在什么地方呢？一是陈老师记忆力衰
退得厉害，采访前刚刚做过一个大手术，但他非常坦诚，他是文学研究所第
一张大字报的作者，也是唐弢批判组的负责人，曾两次带人到唐弢先生家开
批判会，在采访时都如实说了。二是为了弥补记忆的缺失，这部书引证了不
少私人档案，包括在复旦大学读书时的成绩单，以及陈老师"文革"时的日
记、书信等。实际上，我还曾做过对陈老师的记忆能力的评估实验和研究。
三是这部书的编纂，是经历过三次，我先编一遍，做了考证和标注，送给陈
老师审读，他也做了补充标注，最后由我定稿。可以说，这本书中，我和陈
老师经过了多层次的对话。真正特别的地方是，在这部书的每个章节后面，
都有我写的"采编人杂记"，有时是一篇杂记，有时是两篇或三篇杂记，最
多的大约有四篇，总共大约有六七万字。这些杂记，可以说是我对陈老师的
心灵考古实践笔记。杂记当然很杂，有的是说口述历史，有的说历史，有的
说文学，有的说社会，有的说政治，有的说智力，有的说个性，有的是精神
分析，等等。

　　让我从一个具体的问题开始说。陈老师是家里的老小，上面有 4 个姐
姐、1 个哥哥，哥哥叫陈骏波。我问他哥哥比他大几岁？他说那要大得多，
至少要大 20 多岁，我问究竟大二十几岁？他说他不知道。这让我非常奇怪，
哥哥大多少岁怎么能不知道？问哥哥是哪一年去世的，终年多少岁？他回答
说是 1981 年去世的，终年 55 岁，这很容易计算啊，1981 年 55 岁，那就是
生于 1926 年，有的地方讲虚岁，那就有可能是生于 1927 年，而陈老师本人
是生于 1936 年，也就是说，哥哥比他最多大 10 岁，甚至可能只大 9 岁。陈
老师为什么记不住哥哥的实际年龄？为什么这么简单的算术题也算不出来？
是他记忆力不好吗？当然不是。是他没有专门去计算过吗？也不对。在这一

切的背后，肯定还有更深刻的原因，那就是陈老师在有意无意地回避哥哥的年龄！为什么要回避呢？这个问题值得研究。

要解答这个问题，需要了解陈老师的家庭背景和他的成长经历。他父亲是国民党军队的少校军需官，后来是盐务警察；舅舅是国民党海军军官，去了台湾；大姐夫是国民党海军军官，去了台湾；二姐夫是国民党上海一个区的警察局长，加入过中统；哥哥跟着二姐夫去上海当了警察，可能也加入了中统。新中国成立后，二姐夫、哥哥两个人都作为历史反革命被抓起来了。在这样一个家庭出生的少年，在1949年面临历史巨变，会有怎样的心态？这一年，他去参加了中国人民解放军，部队还当真接收了他，但在一个多月后，他父亲来部队将他接回了家，让他继续上学。当兵而后被接回家的经历，成了他的心理病症，塑造了他的性格和心灵。他为什么要去当兵？第一个心理动机，是少年追赶时代风尚，要参加革命。在这一心理动机的下一层，是他在家里感到憋闷，不仅是青春期少年的苦闷，更有为生活于这个家庭中的政治心理苦闷。在青春期苦闷和政治苦闷的再下一层，则是为自己家庭出生的政治焦虑——这是一个有太多国民党军人、特务、警察亲戚的家庭。而当兵后被接回家，则使得这一心理焦虑变成了政治和道德的双重焦虑，他觉得自己是一个革命队伍中的逃兵！这一事实并不是我考证出来的，而是他在半个多世纪之后所写的一篇文章《一段尘封的往事》中透露出来的。这种政治和道德的焦虑造成了这个少年的深深的自卑感。这种自卑感伴随他终生，可以解释他后来生活中的许多事。其一，是他想逃离家庭的心理无意识。证据是，他1956年考入上海复旦大学，加上后来上研究生，总共8年时间，只回家一两次。我问他为什么总是不回家？他说是因为没有钱。这当然是事实，但还不是全部的原因，更深的原因是，他想要逃离家庭。其二，是在1964年研究生毕业后被分配到中国科学院哲学社会科学部文学研究所，经过南京时去看了他哥哥，当时他哥哥已经出狱，在江陵砖瓦厂劳教，哥俩已经有15年以上时间没有见面了。我问哥俩见面后说过什么？他说，他要他哥哥好好改造，相信政府相信党！这是当年的时尚语言，没想到他们哥俩见面还真这样说，而且只记得这样一些话。其三，是在"文化大革命"中，他为什么那么积极地造反？我老师和师母说是因为他年轻时喜欢出风头，这只是一个表浅的答案，真正的答案是，他内心深处的政治焦虑导致他比常人更加积极，也比平时更加积极，只有这样，才能被革命队伍接纳。其四，1980 年 2 月、1981 年 1 月、1982 年 1 月，他的母亲、哥哥、父亲在家乡相继逝世，但陈老师都没有回家奔丧。我问他为什么不回家？他说了两条理由，一条是那时候很忙，从 1964 年研究生毕业到 1978 年从事文学评论工作，浪费了 14 年时间，要把浪费的时间抢回来；另一条是说，与其将金钱浪费在路上，不如将这些钱寄回家去补贴家用。这两条理由当然都是成立的，但实际上还有更重要的原因，那就是早年的逃离家庭的心理冲动仍然在起作用，这一情况可以成为革命焦虑症的后遗症。他哥哥在新时期结束了劳改，调回了老家福州，无私地侍奉父母双亲，相比之下，哥哥比弟弟虽然遭遇更惨，但有更健全的人性。

现在我们可以回答那个问题了：陈老师为何会无意识回避自己与哥哥的年龄差距？首先是与哥哥聚少离多，他在上小学时，哥哥就去上海谋生，此后几十年没有见过几次面，所以不记得哥哥的年龄是很正常的。其次，陈老师在家里是老小，有典型的"宝贝弟弟综合征"——这个概念是我杜撰的，陈老师的乳名就叫"宝弟"——"宝弟综合征"是说：从小受到关爱太多的人，往往会自我为中心，不大会关爱他人。比如说，哥哥、姐姐都记得他的生日，而他不记得哥哥姐姐的生日。再次，是革命焦虑症及其后遗症，也就是尽量与自己的"反革命"亲属拉开距离，尽量少来往，以便自己受到影响，从而被革命队伍所轻视。最后，陈老师对他的哥哥怀有极大的愧疚，因为当年曾教训过哥哥，更因为哥哥历尽坎坷，但还是回到故乡侍奉年迈的父母，而他这个有出息的弟弟却只是给家里按月寄钱，却很少想到回家看看，甚至父母去世时也不回家奔丧！这一份巨大的愧疚，使得陈老师无法面对，因而在下意识中篡改了与哥哥的年龄差距，说哥哥比他大 20 岁以上，就可以掩饰这份愧疚，安慰自己的良心，让自己可以平静地做自己的文学评论工作，让自己平静地活下去。假如哥俩年龄差距没有那么大，那么截然不同的表现会让他的愧疚无法释怀，从而无法平静自己的良心。总之，我是按照陈老师的生活经历，研究他的社会化的成长历程，建立了一种个性观察模型，看时代风潮和社会压力是如何改变一个人的心灵，如何决定一个人的行为和心理，这种心理沉淀成无意识之后，又是如何塑造个人的记忆。

我的研究结论对吗？大家当然可以质疑。我发表这些研究报告，是得到我的老师和师母的许可的。前面说过，这部书稿是经过我老师亲自过目的，如果我的研究中的判断和推理有不符合实际的情况，他们肯定会提出来。我告诉过老师，如果有任何他觉得不妥当、不真实或有损他自尊的内容，他可以删除。他没有删除。于是我就有把握说，这份研究报告是得到了陈老师本人的默认。假如这部书对口述历史的心灵考古有所贡献，首先要感谢我的老师，他坦诚地说出自己能够记起来的往事，并且还大度地接受学生晚辈对他老人家的解剖和分析。

我说这部书，是作为心灵考古的例子。这个例子，能得出怎样的结论呢？

结论是：口述历史作为个人记忆的陈述，不只是作为生活事实的部分具有历史学价值，与生活事实不符的心理事实，以及与生活事实和心理事实都不符的言语事实，也都是有价值的，甚至有更重要的价值，具体说，就是具有心理学、语言学、人类学、社会学以及其他相关社会科学信息资源价值。当然心灵考古工作要借用历史学、社会学、心理学、语言学及其他社会科学的知识和方法。

我知道，我的历史学、心理学和其他社会科学知识都还只有入门基础，有些学科甚至还没有入门，因此，我的心灵考古也只有业余水平。所以，有关口述历史心灵考古研究，我说不出更多的路径和方法。但不难推论，真正具有专业水准的心灵考古即口述历史研究将会有怎样令人期待的科学成果！所谓专业水准，是指系统学习过历史学、心理学、社会学、人类学、传播学和语言学等相关社会科学知识，并且接受过融会贯通的心灵考古训练的口述历史专业的硕士、博士的水准。只不过，目前好像还很少有学术单位招收口述历史专业的硕士研究生，没有听说有大学招收这个专业的博士研究生。我们有理由期望未来。

　　口述历史心灵考古研究的未来，可以分为近景、中景、远景。

　　近景是指最近的未来。口述历史研究的现实是八仙过海各显神通，历史学家有历史学的研究路径，人类学家有人类学的研究路径，社会学家和心理学家都有各自的研究路径，传播学和语言学家当然也有各自不同的路子。这种状况，可能还会延续一段时间。但是，这种现实足以让我们提出口述历史心灵考古的假设，即建立更为宽广的口述历史研究视野，将心灵考古作为一个可能的途径。

　　中景是指稍远一点的未来。在更远一点的未来，我们可以期待，随着口述历史心灵考古研究的逐步深入，会有真正的专家出现，因而能够在大学里招收专业研究生，学习多学科知识，然后将它们融会贯通，并在口述历史心灵考古研究中不断训练专业技能，从而出现真正的专业队伍，口述历史心灵考古研究当然会成为一个专业，并且形成一系列的专业路径、专业方法和专业规范。

　　远景是指较远的未来。我有一个梦想，那就是建立并拥有庞大的人类个体记忆库，并且使用大数据研究方法，口述历史心灵考古研究会有真正的质变，迎接人文和社会科学研究的变革，并且成为这一科学变革的推进器。因为我相信，个人记忆的真正价值，不仅在于记忆，更在于它是个人的记忆，而个人记忆是历史及其社会科学的最后奥秘之所在。仅就历史学而言，口述历史个人记忆的价值并没有被历史学家所全部认知：有的历史学家说口述历史可以作为集体记忆或国家记忆的补充，这当然没有问题，实际上，个人记忆还是抵抗遗忘的一支重要力量。现在，有的历史学家说，口述历史的个人记忆可以成为公共史学或公众史学的一个组成部分，这当然更没有问题，社区史、行业史、家族史、社会史、生活史等等，都从个人记忆的口述历史中获得信息，口述历史甚至是这些公共历史的主要信息渠道。但，在集体记忆或国家记忆、公众记忆或社会记忆之外，个人记忆还有其个人性的生活、个人性的记忆特点、个人性的陈述特点等等难题和解决难题的价值，没有被开发，甚至没有被认知。而人类的历史，是由个人所组成的社会的历史，对个人的无知，历史学家如何能够"究天人之际，通古今之变，成一家之言"呢？总之，个人记忆不仅可以充实国家集体记忆和公众社会记忆，而且还有它自己的独特价值。而口述历史心灵考古研究，根本目标就是要把个人记忆的独特价值全部发掘出来，让它成为未来的历史学和社会科学的信息资源和研究动力。由此看来，口述历史心灵考古研究的遥远未来，可谓前途无量！

[作者按：这是 2016 年 11 月某日我在中国传媒大学崔永元口述历史研究中心主办的"口述历史工作访"演讲的讲稿。]

法律和伦理·自传与回忆录

大家好。今天这一讲，有两部分内容。一是口述历史工作中的法律和伦理问题；二是口述历史与自传、回忆录的差异及三者间的关系。

在设计课程的时候，我提出，讲口述史学理论，其中必须有法律和伦理这个题目。口述历史中的法律和伦理问题当然重要，但我要给大家讲述这个题目，还有更重要的原因，那就是希望大家建立法律和伦理意识，并学习法律和伦理思考与推理。这就不仅与口述历史相关，而是与我们以后的工作、生活都密切相关。通过这样的课，我希望大家至少有那么点印象。当然，在座的还有法学专业背景的同学，如果我讲的内容有什么错误，请及时指出来。好不好？

法律和伦理都是人类特定的社会的公共生活的行为规范。二者的不同点是，法律是强制性的行为规范，而伦理则是非强制性的行为规范。伦理规范的贯彻落实，需要个人的道德感，但也需要人的心智参与。所以，我不会在这里进行任何道德说教，而只是希望大家了解：第一，我们的生活离不开法律和伦理，我们需要法律和伦理；第二，我们对法律和伦理的遵从、理解和执行，除了培养我们的道德感外，还要有发达活跃的心智，从而培养我们的工作和生活好习惯。

关于法律和伦理问题，我没有写过正式的论文。只是写过几分与伦理相关的内部文件，哦，还写过一篇《自传、回忆录与口述历史》，好像是发表在《粤海风》杂志上，也收入了我的《口述历史杂谈》一书中。我们口述历史项目的有关法律文书，例如保密协议、授权合同等等，都是请专门的法律专业人士起草的。因为涉及法律问题，不能有疏漏，所以要请法律专业人士起草。当然，在口述历史学习阶段，因为国外的口述史书中总会有专门的章节谈论法律问题和工作伦理问题，所以我自然也对这两方面的问题有了深刻的印象。这不仅对我做口述历史工作确实有很大帮助，同时也使我的知识和意识都有改变。此次讲课之前，我还专门查看了相关的专业论文，包括媒介法方面的专著。

先讲口述历史有关的法律问题

口述历史工作中涉及的法律问题有很多，由于我们还没有专门为口述历史立法，因而口述历史的法律问题，常常要到相关的法律中去寻找。具体说，口述历史涉及多少自然人和法人，涉及多少种权利和义务，也就有多少种法律关系。

大体上说，口述历史工作中，主要会涉及著作权法、合同法、民事和刑事诉讼法中的若干条款。口述历史工作涉及著作权法、涉及合同法，这很容易理解。实际上，这也是口述历史工作中最重要的法律问题。其中最核心的问题是：口述历史的著作权应该归谁所有？例如，我去采访苏叔阳先生，采访后的录音、录像及原始抄本的著作权，应该归谁？是应该归苏叔阳先生？应该归采访人？还是应该归苏叔阳和中国电影资料馆？［提问：大家对这一问题有什么看法？］

不错，我们的口述历史项目的著作权，应该归中国电影资料馆和受访人共同拥有，任何一份口述历史档案，都是由中国电影资料馆出钱、出人、出访问方案、出摄制机器来采访制作的，因此，中国电影资料馆应该拥有版权；与此同时，我们的受访人与采访人合作，谈及他的一生往事，作品的内容主要由受访人提供，因此受访人也应该拥有著作权。我这个采访人为什么没有著作权呢？这是因为，我是中国电影资料馆职工，我是受中国电影资料馆委派去做这一工作，且是利用电影资料馆的资源去做这一工作，所以算是职务创作，因而不能拥有著作权，著作权只能是归电影资料馆。不过，职务创作有两种情况，一种叫作"一般性职务创作"，也就是对苏叔阳先生的采访及我所做的 99.9% 的采访都是这种情况。但也还有另一种情况，那就是"特殊性职务创作"，那就是我不是受电影资料馆指派且没有利用电影资料馆的资源去做口述历史，虽然我仍然是电影资料馆的职工，按规定在我任职期间的工作都应该归于职务创作，但后一种情况，属于特殊性的职务创作。在这种情况下，按著作权法的规定，著作权就应该属于我本人，我所在的中国电影资料馆只能拥有两年内的优先使用权。

这里又牵涉另一个概念，即口述历史的著作使用权。我们的口述历史项目中，每做完一个人的采访，都要求受访人签署一项《授权协议》，要对方授权给中国电影资料馆来使用其口述历史制作出口述历史书籍、光盘、视频节目、音频档案等等延伸作品。[提问：请问这一授权书所授的是什么权利呢？]

是的，授权书所授的并不是著作权，而是作为著作权的拥有者将其著作权的使用权授予某个单位或个人，让这个单位或个人使用其作品进行制作、创作或改编。有的人并不懂得这一层关系，因而担心签署了授权书就觉得自己是从此失去了著作权；另一方面，我们的一些同事也错误地认为只要是授权予我们，我们中国电影资料馆就拥有了全部的著作权。这都是错误的认识。当然，也还有一种情况，著作权人有权利处置自己的著作权，包括将自己的著作权无条件或有条件地让渡给另一个单位或个人。我所做的《陈骏涛口述历史》就是一个例子。刚才说过，这部口述历史是我利用业余时间采访的，所以是属于特殊性的职务创作，它的著作权不属于电影资料馆，而应该属于我和我的老师，也就是受访人陈骏涛先生。因为我是采访人、他是受访人，对他的口述历史是我和他合作完成的，我和我的老师都参加了编纂，我不仅为这部书写了上百条考据注释，还写了大约 6 万字左右的《采编人杂记》。因此，我有权将这部书的著作权让渡给我的老师，作为我献给他的生日礼物。这一授权，在与出版社的合同中写明了。

关于著作权的让渡授予，有很多复杂的情况，关键是合同怎么写。这就涉及合同法了。古龙先生是台湾知名的武侠小说家，在他逝世后，他的著作权并不完全在他的妻儿手里，有一部分在出版商手里，为什么呢？在古龙年轻的时候，对自己的著作权不大在意，只要出版商给钱就行。给更多的钱当然更好，结果有一个出版商给他好几倍的钱，将他的若干部作品的著作权买断了——请注意，一般的出版合同都只设计著作权的使用权，通常只能有几年时间（具体使用时间可以由双方约定），而这家出版商的合同上写的却是将作者的著作权永久授予出版商。所以，后来人们出版《古龙全集》的时候，就惹出了一连串的官司。

关于著作权和著作使用权，在实际工作中，还有很多很复杂的情况。我们的案例比较简单，有些人做口述历史，并非职务创作，而是受雇于某一个单位或某一家公司，同时，口述历史的档案又会送到另一个档案单位，因而其中有非常复杂的著作权益问题。而且，若是有人要改编口述历史，或根据口述历史的故事素材重新创作其他形式的作品，那又会有新的著作权使用权和新的著作权产生，情况就更加复杂。大家若是有兴趣，不妨自己给自己出个题目去思考。

口述历史工作有时候也涉及刑法，这是因为口述历史的受访人有时会谈及别人的故事，弄不好就会被认为是侵犯人权、侮辱人格、造谣中伤。台湾"中央研究院"采集的温哈熊蒋军的口述历史发表后，蒋孝章夫妇就将他的口述人告上法庭。这是一个非常出名的案例。我们的口述历史工作中，到现在还没有遇到过这类的案例。所以，在这方面我们没有实际案例和实际经验。

[提问：没有法律官司，是不是绝对是一件好事呢？]

实际上，答案是不一定。一种可能是，没有官司，或许是由于我们的工作做得比较到位，以至于没有人与我们打官司；另一种可能是，或许恰恰是因为我们过于谨慎，将应该公之于众的重要信息给删除了，这就不见得是好事，因为我们违背了口述历史探索历史真相的科学伦理和道德良知。还有一种可能，那就是我们国人的自我权益保护意识不够，我们的文化传统就是尽量避免官司，这在传统社会中可能是一件好事，而在现代社会中则不见得是好事。为什么？我在《媒介法研究》这部书中看到，美国的社会变迁和观念进步，都是因为这个或那个官司推动的。要知道，有一个社会学规律，就是社会冲突引发社会变迁。

总之，口述历史工作中的法律问题，是这样的，工作越细致、水准越高，涉及法律问题就越复杂，引发官司的可能性也就越大。现在的美国，好像还有另一类案例，那就是有某个检察官要将某个恐怖分子的口述历史作为犯罪证据，遭到了美国口述历史协会的抗议，目前，案子好像还没有了结。

[提问：利用犯罪分子的口述历史作为本人或其他人犯罪证据是否合理？]

下面说口述历史中的伦理问题。

我重视、学习和思考伦理学，有几个具体的原因。其一，是我不知道在什么地方读到，有人问丰子恺：你对你的老师弘一法师为什么那么尊敬？丰子恺回答说，"他活得像一个人！"这话让我大吃一惊，丰子恺这么说他的老师，也就是在说，我们其他的许多人都活得不像是一个人。丰子恺先生并没有解释，他为什么说他的老师活得像一个人，更没有解释活得像一个人需要具备怎样的条件，但我在震惊之余，也有点朦胧的意识，那就是，我们在生理上长得像一个人，那还不能算是活得像个人；只有当我们的心理、我们的行为都像一个人的时候，才能说活得像一个人。于是我开始学习伦理学，例如斯宾诺莎的《伦理学》，蔡元培的《中国伦理学史》等等。这些书，我读得似懂非懂，现在也不敢说我真的读懂了。好在我并不专门研究伦理学，只是开始有了伦理意识。

其二，我在国外有过几次这样的经历。在欧洲乘火车旅行，总有人问：你是日本人？你是韩国人？你是（中国）台湾人？几乎没有一个人猜测我是中国大陆人。这让我非常不自在，甚至有些愤怒和悲哀。为什么那些人认不出我是中国大陆人呢？原因当然很多。一是当时中国的经济还没有完全起飞，大陆人还较少去西方旅行；而中国代表团总是一色的新西服，习惯于集体行动，而且大多数都是表情严肃，隔一条街都能认出来。因此，西方人产生了一种刻板印象，只有这样的代表团才是中国大陆人，不这样的，就不是。到21世纪之后，这样的事继续发生，那就不仅仅是经济不够发达或刻板印象的问题了，其中还有我们的行为规范问题。凡是尊重自己也尊重环境的人，都可能被误认为是日本人、韩国人或（中国）台湾人，而只有那些在公共场合大声喧哗、肆无忌惮、不讲规则的人才会被指认为中国（大陆）人。也就是说，我们在国外的名声不大好。最让我震惊的是，浙江大学的一个名教授——我不能说他的名字——说，他出国和归国都尽量不乘坐中国民航以及中国人多的航班。他本人也是地地道道的中国人啊。联想到，100多年前，中国的官人和文人毫不犹豫地说中国的道德水准世界最高，而今成了这个样子，不能不让人感慨唏嘘。感慨之余，当然要进一步思考。当我读到马克斯·韦伯的《新教伦理与资本主义精神》之后，想得更多：我们中国文明是建立在儒家伦理的基础之上，曾经是这个世界上最讲伦理精神的，如今成了这样，为啥呢？

其三，当我看到国外的各个学术团体，比如说口述历史学会、文化人类学会等等，无不有自己的协会规则，其中伦理规则占了非常之大的比例。这些学会中都有自己的道德伦理委员会，专门审理涉及违犯学术伦理和职业道德的案件。实际上，美国的学校或学区，都有类似的道德伦理委员会。民国时期，我国也曾有过道德促进会之类的组织，但这些组织统统被进步势力嘲弄，说他们是"满嘴仁义道德，满肚子男盗女娼"，以至于道德和伦理也成了嘲弄的对象。尤其是"文化大革命"中，正常的社会伦理和个人道德都被摧毁殆尽，我们成了伦理精神萎靡不振、道德水准不怎么高的一群人。这群人现在还很有钱，这让世界不安。

下面言归正传，说口述历史工作中的伦理问题。

在口述历史工作中，伦理关系很复杂，包括采访人与项目单位之间，采访人与受访人之间，采访档案与档案保护单位之间，采访人、项目组或档案保管单位与出版传播者之间，采访人、项目组、档案保护单位、传播者与社会公众之间，存在着多层次的伦理关系。对此，我不准备一一细说，大家可以去看《美国口述历史协会的原则和标准》，中文文本可以在唐纳德·里奇的《大家来做口述历史》一书的第261页至264页找到。这一原则和标准包括三个方面，即1.《对受访者应尽的责任》共10条；2.《对于公众与专业本身应尽的责任》，共 14 条；3.《赞助机构与档案机构应尽的责任》，共 7 条。总共是 31 条。

我不准备对这 31 条做逐条解释，也不准备念它们。我不希望大家把这个当作标准答案。实际上，这里也没有什么标准答案。虽然号称是原则标准，实际上只不过是一系列的行为规范而已。为什么没有标准答案呢？我来讲这个问题，或许对大家更有意义。前面说过，伦理准则是我们的社会生活行为准则，但在执行这些准则时，我们经常会遇到矛盾冲突，原因很简单，因为一个人有多重社会身份，每一种身份都有一套准则，但不同的身份准则之间往往会产生矛盾冲突。大家肯定听到过那个流行的笑话：你女朋友和你妈妈掉下了水，你会先救女友还是先救妈妈？身为男友，有一定的伦理准则；而身为儿子，更有一套自古相传的伦理准则。在我们所说的这个场景中，这两条准则就发生了冲突。

我讲这个笑话，不需要大家讨论，而是要引出下面的话题，那就是，口述历史工作中始终存在着一个伦理冲突——这实际上也是社会学家、人类学家及多数社会科学家所普遍面临的伦理冲突——那就是，我们是职业人，要服从职业伦理，对不对？与此同时，我们又都是社会人，自然也要服从社会伦理，对吧？而在做口述历史的时候，就遇到职业伦理和社会伦理的冲突。比如说，我们做口述历史的人肯定都希望问题越深入受访人的内心深处就越好，越接近心理真相、生活真相和社会真相就越好；但另一面，我们这样做，又与保护和尊重个人隐私这一社会伦理有明显的矛盾冲突。那么，我们是应该服从职业伦理，对受访人的隐私和心理穷追猛打好呢？还是应该服从社会伦理，在个人生活面前止步不前好？

［提问：大家对这个问题怎么看？有什么好办法吗？］

对啦，没有什么统一的标准答案。我们既不能不服从科学伦理和职业伦理，同时也不能不服从社会伦理，唯一的办法，是在这两者之间找到一个合理的边界，并且在边界之内努力工作。这样做的理由是，每个人对自己隐私的边界的认知或确定是不一样的；另外还有一条，那就是有些人愿意为了科学研究、为了口述历史而稍稍牺牲自己的隐私，也就是扩大隐私的边界，就像一些人愿意在自己死后将自己的遗体捐赠给医院，以便为他人造福，或为医学研究做贡献。我们的口述历史就是在这两种情况下可以展开。展开的前提，是要了解对方的隐私边界，或协商测量对方的隐私边界。这又有两种情况，一种情况是，与对方关系特别好，相互了解，对方也知道你是为了科学工作，因此愿意做出奉献，我对吴天明导演的采访就属于这种情况。在采访中，我提出了许多有关青春期的问题，其中有许多问题是对别的受访人根本不会问及的，对某些人来说，你问他这个问题本身就对他造成了伤害，因为他会把这个当成一种侮辱，以至于别的不那么隐私的问题他也不愿意和你说了。而对吴天明导演，则可以放心地问，当然，在正式访问之前，我会与他商量，在采访中我可能会问些高度隐私的问题，得到他的同意，我才会问。只不过，问的时候，要把摄影的女同学换成男同学。

另一种情况，那就是虽然没有那么熟悉，但可以与对方讲理，说明白为什么要这样问，他理解，并且同意，就可以问，而且他也会答。我对李行导演的采访，就属于这种情况，我问他挨打的经历，是想了解他的行为习惯的来源；我问他撒谎的经历，是想了解他的心智成长的线索——儿童有时候难以区分想象的场景和真实场景，因而将想象的东西说成是自己看见的或经历的东西，成年人以为他是说谎，实际上并不是。

还有第三种情况，那就是关系又近、对方心智和道德水准又高的人，这当然是最理想的采访对象。例如我的老师陈骏涛先生，我在采访之前就得到了他的允诺，即知无不言，而且任我评点。可惜的是，这样一个非常好的采访对象，记忆力又出了问题，非常之不好。可见，这个世界上，很难有十全十美的事。

在实际采访过程中，我遇到的对象当然并不都是这么好。有些受访人非常矜持，有些受访人非常敏感，有些受访人非常脆弱，有些受访人甚至曾经心灵受伤，对这样一些人，要想测量或协商其隐私边界并不是一件容易的事。在一个采访项目中，我肯定要重复说下面这些话，1. 任何您不想说的话，都可以不说，一切建立在您自愿的基础之上。这是我们的工作原则，可以说是第一原则。所以，在采访提纲的前面还会直接写下来，以便让对方放心，在实际采访过程中，我们当然也真的会这么做。对方不说，你只有尊重他，再说你没有任何权力逼迫对方说自己不想说的话。2. 我会对受访人说，即使在采访时说出的话，您也有权决定它是否发表、什么时候发表、以什么形式发表。这也是要说到做到的，因为我们采访的《授权书》有两种，一种是无限制授权，那就是这个受访人无条件地将他的口述历史著作权使用权授予中国电影资料馆；另一种是有条件授权，根据其限制的条件，要分很多种情况，一种情况是受访人决定他的口述历史采访要到若干年后才能发表——目前最长的是 30 年后才能发表。还有一种情况是访谈中的大部分内容都可以发表，只是其中的某一部分（他要在授权书中写明是哪一部分）要到什么时候或在什么条件下才能发表。还有一种情况是，都可以发表，但发表前要经过他本人过目后再确认。实际上，我一般都会建议受访人签署这一条，原因很简单，即使他不签署这一条，我们出书之前，也会送给他过目。

在我们的口述历史工作中，还有一种非常特殊的伦理矛盾，那就是，一方面，我要探索真相，深入提问；另一方面，我又要提醒受访人注意保护他的隐私权。什么意思呢？有些受访人和我熟悉以后，对我比较信任了，接受采访的时候尽量开放他的隐私边界，而且在签署授权书的时候还不加限制。对于前者，我当然十分欣喜，求之不得；但对于后者，我却不免会有所顾虑，这位老人对我如此信任，以为这份授权书是签署给我个人的，实际上，他是要签署给中国电影资料馆，而我到时候就要退休。等到我退休之后，使用这些口述历史档案的同事或研究者能否有这样一种法律认识和伦理情怀呢？我不确定。因此，在那时，我就会提出建议，希望老人家好好想一想，对自己的口述历史档案的使用和发表做些限制。这样做，我以为也是一个口述历史工作者应有的伦理精神。尊重他人的人格尊严和隐私权，并不是一句空话或套话，而是要我们记在心里，落实到行动中去。

口述历史编纂中的伦理问题

此外，我们的工作团队还有一个共识，那就是，采访时需要大胆探索，而发表时则需要小心谨慎。在编纂"中国电影人口述历史丛书"的时候，我起草了《丛书编辑条例》，先让大家讨论，讨论通过之后就按此条例执行。条例的第一部分就是法律和伦理部分，共有 9 条或是 10 条，其中有这样几条：

无论受访人是否授权，都不得编选有损受访人或其他人人格尊严的内容，如有违现行公共道德及有损个人声誉和利益的个人生活私密、心理私密、生理病患私密等，须谨慎处置。分寸的把握，有赖分册主编的理性判断与良知推理。

无论受访人是否授权，都不得编选有可能引起受访人与其他人争讼的内容，如个人间的仇怨、对他人的谩骂或诽谤、受访人无权公开揭露的第三者的生活隐私等，须谨慎处置。分寸的把握，有赖分册主编的理性判断和良知推理。

无论受访人是否授权，在涉及政治问题、社会问题、对他人的道德评价等敏感性内容时，都需谨慎处置，以免危及受访人、口述历史工作及出版社的声誉和利益。分寸的把握，有赖分册主编的理性判断和良知推理。

上面的这几条，都与伦理有关。弄不好，还会涉及法律官司。即使没有法律官司，我们也会自觉地按照上述伦理规则办事。有关保护个人隐私以及谨慎区分历史真实与对第三人的伤害侮辱，这些都难以把握。对这几条要做如下解释。

其一，采访记录是一回事，而公开发表又是另一回事。鉴于伦理和法律方面的原因，我们不能、也不可能将采访到的全部内容都公之于众。理由首先是，不能因为我们的口述历史工作给受访人或第三方造成伤害。

其二，不能完全公之于众的原因，除了要保护受访人和第三方之外，我们也要保护自己，保护口述历史项目的声誉，保护中国电影资料馆的声誉。尤其是，我们的工作开始没有几年时间，一切都还在摸索之中，所以要谨慎从事。

其三，大家肯定注意到了，上面的条例中，每一条都有"分寸的把握，有赖于分册主编的理性判断和良知推理"这句话，这话又牵涉另一个伦理问题——学术团队工作的伦理。

学术团队与其他团队或群体最大的不同在哪里？最大的不同，就在于不能让任何人垄断学术真理和学术裁判权。学术团队里当然要有领导人，也要有学术上的专家或权威，但任何专家和权威都不能垄断真理，尤其是，口述历史的许多工作原则和方法都在探索当中，必须让大家都发挥自己专业独立思考的能力，从而让我们的工作团队充满活力，让我们的学术探索工作取得最大效益。实际上，在口述历史采访和编纂过程中，会遇到各种各样的学术观念、学术方法、学术技术和学术伦理问题，有许多问题都不见得是我们预先能够想到的。因此，发挥每个人的主观能动性是非常必要的。所以，我们的编纂条例中，有这么两条：

我们知道，任何实验探索，有可能成功，也有可能不太成功；为了口述历史工作的推展及学术的自由和尊严，我们必须坚持每个学术同仁进行知识探索和创新的自由权利。因此，除上述须共同遵守的体例外，在编选理念、编辑方法、技术技巧等方面，鼓励分册主编按照自己的思考和认知去探索和创新。

为了保护学术自由，防止任何个人专权，建议由陈墨、黎煜、李镇、张锦、边静、周夏等人组成编纂工作咨询小组。凡有主编与分册主编之间的争端，在协商不成的情况下，分册主编有权要求编纂业务小组开会研讨并裁决，该分册主编参加会议并拥有表决权，小组中若有半数以上票，可否决总主编个人意见。全体分册主编会议的一致表决，则可以同意或推翻编纂工作咨询小组的决定。

上面这两条不难理解。理由就是保护学术自由，学术自由是学术进步和发展繁荣的关键。所以，在我们的团队中建立了这样一个共识：口述历史是什么、应该如何做，都还有太多的未知领域需要探索，有太多的问题需要解决，因此，不允许团队中的任何一个人专权并垄断知识生产方式和路径。所以，我们就在制度上建立一种防范机制，确保每一个独立思考的同事都有机会独立解决问题、发现真理。这一点非常重要，若所有的决定都由一个人做出，很可能会造成专权的危险，这对我们的工作肯定不利。

口述历史受访人的修订权和作品完整性问题

在制订《口述历史编纂条例》的时候，我们没有想到，当我们将口述历史编纂稿送给口述人，让他们审查过目的时候，又会出现新的问题。

新的问题主要有两种，一种是，受访人对采访时说过的话做出删除或修订；一种是，受访人对口述时的言语形式进行大规模的修订。

这两种情况，根据程度的不同，会出现不同的伦理问题。在原则上，我们必须尊重受访人修改自己口述内容和口述形式的权利，因为他和采访人共同享有著作权，而著作权包括对作品的修改，并保持作品的完整性的权利。这是法律规定，同时也是我们要遵守的学术伦理。问题是，我们还有另一条学术伦理，那就是要保持口述历史的学术性，同时还要尽量保持口述历史文本的现场感、口语特征。当我们面对两种学术伦理的冲突的时候，当然还是只能与受访人协商。这种协商，我们仍然处于相对被动的地位，原因之一，是无论如何，我们都要尊重受访人的著作权。原因之二，是无论如何，我们都不能得罪受访人，否则，他说他不出版了，我们就会更加被动。实际上，还有原因之三，那就是我们应该有更多的伦理自觉，应该懂得世界上的事情多半都不会像我们想象或希望的那样。因此，无论协商的结果如何，我们都要接受。协商尽力到何种程度，也只能由采访人、编纂人自己决定。

关于真实性声明的问题

美国口述历史同行，在做口述历史之前，常常要求受访人签署一份《真实性陈述声明》，也就是要受访人承诺，在接受口述历史采访时，只说真话，不说假话。这有点像美国法庭上的宣誓，我们在电影上看到，每一位上法庭作证的人都要先对着《圣经》向法庭宣誓，只说真话，不说假话。我的一些同事对这一做法很感兴趣，希望引进这一做法，也就是让受访人签署这样一个东西。我对此有不同的看法，我以为我们引进这一做法效果不一定好。这里也有伦理问题。

[提问：请大家说说，这种做法好不好？应不应该引进这一做法？]

像我所说的几乎所有问题一样，这同样是一个没有统一的标准答案的问题。这一做法对不对呢？我认为对。这样做可以避免受访人胡说八道，从而可以避免得到不实信息，也避免不少无端的争议、甚至诉讼。如果发生诉讼，口述人也要承担一定责任，这会让他谨慎陈述。接下来的问题是：这样做好不好呢？我认为不大好，至少，我认为在中国不大适宜。理由有几条，一是口述历史毕竟不是法庭作证，一般说来，不至于会因某个人的证词而让另一个人逃脱法网或陷入冤狱，这不是一回事，所以，在口述历史采访中是否要受访人事先宣誓或声明，也可能好，也可能效果不好，这需要商量，当然也需要实践数据证明。第二条理由，是中国的国情与美国的国情不同，中国人上法庭，就没有宣誓这一说，也就是说，中国人不信耶稣，所以就不能对着《圣经》宣誓。实际上，宣誓也没有作用，没有什么效果。而在口述历史采访中，若是让一个受访人宣誓或声明，很可能会惹恼他，他觉得你这样做，是不信任他；甚至会觉得，你这是暗示他会说谎，如此就会被认为是对他人格的侮辱，他就不和你玩。因此，这样做，很可能会因小失大。还有第三条，我一向认为，口述历史有两大缺陷，或者说是两大特点，是难以避免的，是我们必须接受的，否则就不能从事这一工作。这两大特点是，其一，由于口述历史陈述是基于个人记忆，从而其中难免会存在遗忘、缺漏、错误记忆等情况；其二，由于口述历史是基于个人陈述，从而其中难免会存在个人的情感偏向和立场偏见，也就是说，不同的立场上会产生独特的偏见。记忆的错误算不算是假话？个人情感偏向和立场偏见算不算是假话？如果算，那么还让不让受访人说话？如果不算，那么这个口述人又如何能签署真实性声明呢？

要不要让口述人事先签署真实性声明，是基于两种不同的假定。一种是假定，受访人必定会说谎，因而要他在接受采访前签署真实性声明；另一种是相反，即假定受访人除了记忆错误、情感偏向、立场偏见等不可避免的偏差之外，不会故意说谎，从而没有必要事先签署这个真实性声明。当然，无论是否签署声明，在口述历史采访中，我们都会遇到一些说谎者，对此，就要靠采访人的经验和与此相关的洞察力了。至少，在我的采访过程中，很少遇到故意说谎的人。

下面要说自传、回忆录、口述历史之间的差异及相关伦理问题。

[提问：有谁能说说自传、回忆录和口述历史三者的区别吗？]

第一组：自传、回忆录与口述历史。自传，是指一个人书写自己的人生故事和成长经历，传记的主人公就是传记作者本人。回忆录，回忆并叙述某一段历史故事、某些社会事件以及某些公众人物或一般人物。回忆录与自传的区别是，回忆录叙述的主要对象通常不是作者本人，而是与作者相关的其他人物或事件。自传中当然也会涉及时代背景、社会关系网络、与他人的交往并接受他人的影响等等内容，但传主即自传作者本人是这一作品的社会关系网络的中心结点。而回忆录中虽然也会说及自己，说及自己的身份，甚至会说及自己的一些人生经历，但说这些的主要目的通常是为了更好地说明自己与所回忆的历史事件、社会问题、公众人物或其他相关人事的关系。也就是说，回忆录的作者并不是回忆录的主人公，而是回忆录中的社会事件亲历者或见证人、他人故事及焦点事件的关系人。口述历史是通过访谈，让受访人讲述自己的生平记忆、人生故事及其所见所闻所思。口述历史与自传、回忆录的差异，首先是口述历史的内容常常包含自传和回忆录二者，即以受访陈述人的个人经历及人生故事作为一条基本轴线，而以他的历史视野、社会关系及对某些重要事件或人物的所见所闻所思作为另一条轴线。其次是口述历史是口述的，而自传和回忆录则是书写的；一般人很少关注：口头语言和书面文字之间是有差异的，语言和文字是两种大不相同的媒介，各有各的形式、形态和话语逻辑；它们也分属两种不同的文化，口语文化和书面文化。

[提问：有谁能说说口述自传、口述回忆录和口述历史的差异吗？]

第二组：口述自传、口述回忆录与口述历史。口述自传与自传，口述回忆录与回忆录，内涵应该是一样的，不一样的是它们的形式。其主要形式区别在于：前者是口述的，后者是书面的；前者需要助手如文字记录员或录音整理人帮助记录其口述、整理成文字稿，后者则多半是由传主本人及回忆录作者本人独立完成。自传和回忆录作者采取口述形式的原因是多种多样的，或许是因为本人对自己的思考能力和写作能力信心不足，甚而可能因为本人不识字——这种情况现在比较少见，但在我的前辈中却是正常现象，老红军、老八路中就有很多人不识字，他们要作自传或回忆录，就必须找人帮忙，只能是本人口述，由他人记录并整理才行。利用口述完成自传或回忆录者，还有一个可能的原因，或许是因为传主或回忆录作者本人工作忙、没有时间写作，只能抽空口述，许多名人和要人这么做。

口述自传、口述回忆录、口述历史三者都是口述作品，口述历史与前二者是否有区别？区别是什么？这是一个关键性的问题。口述历史与口述自传、口述回忆录的区别在于：1. 口述历史是由采访人与受访人（口述人）合作完成的；采访人与受访人的关系，理论上是平等的合作关系。而口述自传或口述回忆录的讲述人与文字记录员或录音文本整理人的关系却并不是平等的，后者不过是前者的助手，并且要无条件服从前者（口述人）。2. 口述历史的完成要经过口述历史访谈，口述历史产生的知识和信息是采访人对受访人的访谈即对话所得，是二者合作建构的产物。而口述自传、口述回忆录却并不是对话的产物，而是陈述人的个人回忆及自语独白，秘书或记录员只管如实记录。3. 在口述历史访谈中，往往是采访人主导，而不是受访人主导。因为在口述历史访谈中，要由采访人提出访谈提纲，且大多数情况下由访谈人掌控访谈的话题及其走向；要对受访人的记忆进行深度挖掘，访谈人还要不断追踪访谈中出现的新线索，并且对受访人的讲述中出现的疑问进行质疑和考证；最后，口述历史采访人还必须对受访人的记忆错误、缺漏及其种种问题进行注释、提示、分析、研究和评说。而口述自传、口述回忆录的创制过程中，陈述人毫无疑问占有主导地位，说什么、如何说以及怎样记录或修订，都要由陈述人说了算，而非记录员或文稿整理人说了算。

[提问：有谁能说说口述历史与传记之间的关系吗?]

第三组，传记与口述历史。传记有广义和狭义之分，广义的传记包括自传或所谓口述自传，狭义的传记则指他人撰写的某个真实人物的真实的成长经历及其人生故事。传记与口述历史之间的关系非常密切，这一点可想而知。一个传记作者要写作传主的传记，除了要查阅文字档案材料——包括传主本人的日记、笔记、书信等——之外，但凡有可能，肯定要去访问传主的家人、亲友、同学、同事以及其他相关人和知情人。通过口述历史采访所得资料，不仅比一般的档案资料有更多的细节和质感，且能够提供对传主其人多种不同的观察和评价角度，使得传记的内容更加丰富且生动。当然，从口述历史所得资料，有时候会真假难辨，甚至免不了个体立场及情感偏见，这需要传记作者进行判断和甄别。无论口述历史即口碑史料中存在多少问题，传记作者鲜有不去寻访传主人生的知情人和传主故事的见证人。实际上，口碑史料的调查不仅运用于个人传记，甚至还被广泛运用于更大规模的历史写作，例如美国史学家易社强（John Israel），在写作《战争与革命中的西南联大》（饶佳荣译，九州出版社 2012 年版）一书过程中，就曾访问过 100 多位当年西南联大的校友，并将受访人的名字附录于书后。更奇妙的例子是，美国传播学家埃弗里特·M. 罗杰斯《传播学史——一种传记式的方法》（殷晓蓉译，上海译文出版社 2005 年版），用传记式方法写作传播学史的重要前提，就是作者曾访问过 47 位认识传播学早期人物的个人（序言，第 5—6 页）。

　　或许可以这么说：若要写一个近代人的传记，能够采撷并运用口碑史料而不去采访和利用，其传记的质感及生动性肯定会受到很大的局限，很难成为一部顶级的传记作品。另一方面，若仅仅运用传主本人的口述史料，而不去查阅大量可查的文字档案，对传主的人生轨迹和个性成因不做深入的探索研究，也不可能完成一部高质量的人物传记。遗憾的是，我们看到，有些人物故事作品仅仅运用传主个人的口述材料，却标榜为"口述传记"，这样的搞法未免胆大妄为。

　　[提问：自传、回忆录、口述历史与伦理有什么关系呢?]

　　法国学者菲力浦·勒热讷写过一本非常独特而有趣的书，名为《自传契约》（杨国政译，三联书店 2001 年版）。指出："写自传契约（不论其内容如何），就是首先确定调子，选择说话的语气和笔调，确定他的读者，以及希望与他建立的关系。"（第 66 页）——"自传契约"，是指自传作者在其著作的前言或后记中，谈及其著作意图、著作方法、著作目的文字。与法律契约文书不同，所谓"自传契约"并无标准格式，每个人的写法或许都会有所不同。但无论如何，每一部自传中，或多或少都会有类似性质的文字，那就是作者与读者之间的契约。

以此类推，口述历史工作也有其契约，而且是有多重契约，需要遵守。首先，口述历史采访人与受访人之间有契约，且需要有契约，一方面是确保受访人的个人权益及其人格尊严不受采访人有意或无意的损害；另一方面则是要确保受访人能够知情和同意采访人有关历史、社会和人性等多方面知识信息探索工作能够得到受访人的积极合作。其次，口述历史编纂人与出版机构之间应有契约，且通常都订契约，这不必多说。再次，口述历史编纂人或联合作者与读者之间也有契约，且需要有契约——尽管这种契约不见得全都有文字版本——包括：其一，任何标注为口述历史的文字作品都必须有真实访谈作为基础和依据。其二，口述历史作品（编纂抄本）必须有按照录音逐字逐句整理成文字的原始抄本作为依据。其三，在口述历史作品中，凡是非口述资料的使用，例如口述人对口述录音整理的文字修订以及采访人或编纂者使用其他类型文字档案资料，都必须在作品中加以适当的说明或注释。这几条基本规范，即是口述历史作者与读者之间的契约。

遗憾的是，图书市场上的某些口述历史著作，并非全都遵守了上述契约，许多作者（采访人／整理人）甚至完全没有契约意识。对口述历史的误用和乱用现象，即是缺少契约意识的典型例证。更有甚者，是对口述历史之名的滥用。有一些书中，真正从口述历史采访所得资料不足15%，但却要以"某某口述历史"为招牌；有一些书，作者与受访人明明根本就没有什么接触，更谈不上有合乎规范的口述历史访谈，只是将别人报道过的采访资料拿来编辑一通，竟直接标为"某某口述实录"。在一些书中，你甚至很难找到多少"口述"与"实录"的痕迹，但在书名中却照样堂而皇之地以"口述历史"或"口述实录"相标榜。这样的行为，显然严重违背了口述历史、口述实录作品应有的学术规范，也损害了口述历史、口述实录的契约精神。现代社会是契约社会。任何一个社会的形成及运作，都有赖于各式各样有形无形的契约及人们对契约的诚信遵守。在一个特定社会中，从人们的契约意识、契约精神、对契约的态度及契约执行情况，可测量出这个社会的文明程度。任何时代，任何社会，挂羊头卖狗肉，都会被视为违背契约精神的行为，轻则令人不爽，重则令人不齿。完全没有口述历史采访基础依据，或将10% 的口述 +90% 庞杂文字材料汇编而成的所谓口述历史著作，说得严重一点，实际上属于学术及商业欺诈行为。这样的行为，不仅违背了口述与实录的契约，也严重违背最基本的社会伦理、商业伦理、职业伦理和学术伦理。

契约精神实质上是一种伦理精神。没有契约意识及不遵守契约的行为，实质上是一种缺乏伦理意识及逃避伦理义务的行为。自传、回忆录、传记及口述作品市场上的混乱误滥，有知识概念问题，有契约意识问题，更有伦理精神问题。问题的严重性在于：缺少契约精神及伦理精神的人，是不成熟、不健康、不文明的人；契约精神及伦理精神不健全的社会，是不成熟、不健康、不文明的社会。

[作者按：这是中国电影艺术研究中心（中国电影资料馆）研究生课程《口述史学理论》部分的第 4 讲。]

什么是口述历史

大家好！

首先我想做几项调查：1. 在座的同学中，有多少人曾经做过口述历史采访工作？ 2. 在座者有多少人曾经看过口述历史著作或论文？ 3. 在座者有多少人以后想要从事口述历史工作或与口述历史相关工作？

好。谢谢大家！下面我就开始讲。

人类的知识，不仅可以分类，而且可以分层。我们都知道人类知识分类越分越细，过去的文史哲，现在分得更细，仅仅是历史一门，就分了中国历史、世界历史；中国历史又可以分为古代史、近代史、现代史，还可以分为政治史、经济史、法律史、文学史、交通史、金融史等等。这是知识分类。

知识分层是指，知识有不同的层级，最低的层级是知晓性知识，高一级的是操作性知识，更高一级的是原理性知识，更高一级是原理和技艺的再发明，最高级的当然是原创性知识。以口述历史为例，来这里上课的，肯定对口述历史都具有知晓性知识，即知道口述历史这回事，甚至也知道现代口述历史最早诞生于美国，后来才传遍世界。说不定在座诸位中还有人知道哥伦比亚大学口述历史研究室创始人艾伦·内文斯，参与哥伦比亚大学口述历史工作的唐德刚教授，台湾"中央研究院"近代史所口述历史主持人郭廷以教授，等等。这些都是知晓性知识。

仅有知晓性知识显然是不够的。我们还需要操作性知识，即要知道如何去做口述历史，包括如何作选题策划、如何预访、如何作采访提纲、如何采访、如何著录档案索引、如何作采访札记、如何编纂采访档案，以及如何作非虚构写作等。我想，在座诸位都是不满足知晓性知识，而希望学习操作性知识的人。

学习操作性知识的人，其实也有所不同。或许大家都听说过这个故事，有三个人在凿石头，目的是把石头凿平，三人的手艺都很好，只不过见识上略有差别。旁人问第一个人，你在干什么呀？那人说，你没见吗，我在凿石头。旁人问：凿石头干什么呢？那人说：这我可不知道，上面叫我干，我就干，我要知道凿石头做什么用干什么？第二个人就有所不同，旁人问凿石头干什么？那人说：这也不知道？凿石头是为了砌墙呗！旁人追问：砌什么墙？那人就不知道了。第三个人则知道，并且回答说：砌什么墙？我们是要盖一座庙啊。这三个人的知识有所不同，后者比前者拥有更多知识，凿石头的灵活性、主动性和创造性肯定更好。

所以，拥有最好的操作性知识的人，一定是在操作性知识之上还拥有原理性知识的人，这样的人才知道自己所拥有的操作知识做什么用，如何起作用。所以，我们要做好口述历史工作，最好是不仅拥有操作性知识，而且拥有原理性知识。当然最终还是由大家自己选择，你愿意学到哪一地步？至于原理性知识之上的知识再发明，以及最高等级的知识原创及原创性知识，这里就不多说了。

我啰嗦这些，无非是为我要讲的内容铺垫。因为陈捷老师分配给我的题目是讲口述历史理论知识，主要当然是原理性知识，其中也包括操作性知识，甚至还包括知晓性知识，那是我认为做口述历史的人应该具备的基础知识。

这个培训班有一系列讲座，有很多人来讲。分配给我的任务是前面四讲，第一讲的题目是《什么是口述历史》，第二讲是《多学科视野下的口述历史》，第三讲是《口述历史与心灵考古》，第四讲是《艺术类口述历史及其他》。

现在开始第一讲：《什么是口述历史》。这一讲也要分作三个小节：第一小节题目是讲《口述历史的前世今生》，第二节题目是《多种多样的口述历史》，第三节题目是《口述历史与历史学是什么关系》。

一、口述历史的前世今生

全世界的口述历史界，都承认一个基本事实，那就是 1948 年美国哥伦比亚大学艾伦·内文斯先生创办的"口述历史研究室"，标志着现代意义上口述历史的诞生。口述历史的理念和方法从这里传遍世界，无论在世界各地涌现了多少口述历史专家，但大家都要承认，口述历史作为现代学人采掘和记录口碑史料的重要方式，是从这里开始的。这也就是说，哥伦比亚大学的那个口述历史研究室，是口述历史的祖庭所在。我们知道，哥伦比亚大学口述历史研究室成立不久，就聘请了历史学家唐德刚教授担任中国民国人物口述历史项目的采访人，采访并记录了影响中国近现代史的一些重要人物，如胡适、顾维钧、李宗仁、张学良等。

现代口述历史从 1948 年得到正式学术户口，但口述历史本身却不是从 1948 年开始的，口述历史在人类文明发展史上，不仅源远流长，而且居功至伟。我们知道，从人类创造了语言开始，就通过语言信息记忆和传承前辈的历史。人类是从什么时候开始创造发明语言？我们并没有确切答案，有说 180 万年，有说 20 万年，有说 15 万年，有说 10 万年。说 10 万年，算是比较保守的估计。我们就说人类语言有 10 万年历史吧，人类要记忆和传承前辈的经验和故事、记忆和传承部落的起源和历史，显然都要通过语言来传播，这也就是说，人类口述历史的历史，至少也有 10 万年之久了，而人类发明文字则最多不过 6000—8000 年而已。

说人类的历史是通过口述传承的，这不是猜想，而是有证据，从古希腊的《荷马史诗》，到我国西藏的长篇史诗《格萨尔王》，都是口头传承的历史传奇。很多民族都有自己的史诗作品，所有民族的史诗都是口头传承下来，很晚才记录成文字版本。民族历史的口头版本之所以会是史诗形式，原因很简单，那是因为把故事编成押韵的形式，不仅更顺口，也更容易记忆。现代还有很多部落民传递信息时，都要将所传达的信息先编成顺口溜，送信人背熟了再上路，这容易记。

汉民族没有发现史诗，我们先民的历史故事保存在《尚书》中，只剩下了断简残篇，而没有长篇史诗，这是件很奇怪的事。照理，我们也应该有自己先祖的历史故事，是用诗歌形式传承的历史才对。谁也没有见过古代的《三坟》《五典》及《八索》《九丘》，古人见过，并曾提及，那好像也不是史诗形式。如果让我大胆猜测，我想假设3000年前很可能是存在史诗的，由于某种我们无法确定的原因，口传史诗终于失落了。我们不知道是在什么时候失落的，更不知道什么原因导致史诗的失传，是某个史诗的传人突然去世以至于史诗失传吗？是春秋战乱中将传承史诗的人灭失了吗？抑或是其他原因导致口传中断、也没来得及记录成文字？又或是记录成了文字但却在秦始皇焚书坑儒时毁尸灭迹了？

对此，我们不得而知，好在并不影响我们对口述历史传统的追溯。人类口述历史传承超过数万年，至今也还有余绪。现代世界上仍有不少没有文字的原始部落，人类学家告诉我们，有一些部落仍保持了口述历史的传统。有意思的是，口述历史传统不仅是讲述部落的源头和历史，同时还传承部落的政治、法律、规范和习俗，例如婚姻的规定，财产继承的规定，等等。到20世纪90年代，世界档案协会成立口述传承委员会，非洲的代表格外欣喜，因为那里的许多部落需要用口述历史方式将部落的历史、政治、法律、技术、文化等记录下来。这也就是说，古代先民的口述历史并没有在文字出现之后的近几千年内彻底消亡，而是仍存在于世界上的一些相对原始、没有创造和发明文字的部落中。

有了文字的民族，口述传统的重要性慢慢减小了，学者和官员们要了解过去的历史经验，可以去看书。但是，口述历史仍然没有离我们远去，实际上，口述历史一直在我们的生活中扮演教育子弟的重要角色。我们所有人，至少是绝大多数人，都应该听自己的爷爷奶奶、姥姥姥爷、父亲母亲讲述家族过去的故事，那就是口述历史啊！在现代家庭的饭桌上，公园里，旅行路途中，随时随地都有长辈对晚辈讲故事，其中有一部分故事是发生在家族内的真实故事。这些真实故事的讲述和倾听，可不就是口述历史吗？只可惜，发生在我们日常生活中的这一类型的口述历史，既没有被正式记录——很多人不仅不听，而且还不耐烦，只有少数有心人用心记住了一部分——更没有正式命名，但它是存在的。

上面所说，即史前人类的口头传承、原始部落的口头传承、日常生活中的口头传承，都可谓是口述历史的前史或前身。

口述历史还有更近的前身。口述历史这个概念，不是1948年才有的，它至少是从1942年就有了。是一个叫作乔·古尔德的人，人称"海鸥教授"，第一个将口述和历史两个词放在一起使用，并且还大肆宣扬，要用口述历史的形式重新书写城市的历史，当年曾轰动一时。这老兄也发表过口述历史作品，只不过，后来人们发现，这老兄的所谓口述历史作品，并没有采访依据，而是他编造的！

1942年，还有一件重要的事，那就是在美军参加二战之后，罗斯福总统下令，派历史学家带着录音机跟随作战部队，每次战斗之后，让历史学家对参战官兵进行现场采访记录。记录的目的，是要用真实的故事鼓舞美军的勇气。但在实际采访过程中记录下来的故事，可并不都是鼓舞士气的故事，也有很多参战新兵不适应战场、不敢或不愿杀人、害怕枪声炮声乃至吃不下、睡不着的故事，这些故事成了美军历史上最宝贵的战场历史记录。

乔·古尔德的口述历史命名，和美国历史学家带着录音机采访战争中的美军，这两件事，可以说是与现代意义上的口述历史因缘最深的重要事件，前者产生了概念，后者产生了行为及规范。但与口述历史相关的事件，还不止于此。早在19世纪中叶，就有人采访了许多美国历史名人，并将记录抄本保留了下来，后来建立了专门档案馆，再后来捐赠给了加州大学伯克利校区。唐纳德·里奇的《大家来做口述历史》中也说，20世纪20年代，即已有人做了洛克菲勒的口述历史，并完成了1900页的记录抄本。这就是说，在哥伦比亚大学口述历史研究室成立之前，早就有人在从事口述历史工作了。

假如我们把目光放得更宽，还会发现，在历史学家对口述历史正式命名之前，人类学家和社会学家早就采用了口述历史方法进行田野研究，不说别的，就说我国著名社会学家陈达，早在 20 世纪 30 年代，就曾采访记录过华侨的口述历史，采访记录过工人的口述历史，等等。由此看来，口述历史不仅源远流长，而且在学术界也早就有人实践，并且有多种科学面向。

当然，这一切，都不能也不会降低阿兰·内文斯创办哥伦比亚大学口述历史研究室的功劳。此前 10 年，他在《通向历史之路》中就指出，要利用口述历史方式及其所得来重写历史，内文斯的功劳，在于创建了正式机构，并且创建了一系列规章制度，也探索了很多方法途径，让口述历史不仅有了确定概念，且有了完整的制度规章，作为学科方法，登上了大雅之堂。重点是，现代口述历史家对口述历史做出了一个明确界定，我们不妨借用路易斯·斯塔尔的定义，即："口述历史是通过有准备的、以录音机为工具的采访记述人们口述所得的具有保存价值的和迄今尚未得到的原始史料。"

在上述定义中，有四个关键词，一是有准备，二是录音机，三是有价值，四是原始史料。这四个关键词，说及口述历史的四个不同方面。在我国的一些口述历史论文中，经常提及一些大型史料调查活动，如：1951 年由中宣部组织、由袁水拍、钟惦棐、李进（江青）等 13 人组成的调查团进行的"武训历史调查"；1954 年开始的"太平天国起义调查"大型活动；1960年广西壮族自治区通志馆组织的对太平天国史料的大型调查；1960 年山东大学历史系组织部分师生对义和团运动的调查；1958—1960 年，南开大学历史系与天津历史博物馆合作，展开对义和团骨干及支持者的调查；1961年华中师范学院历史系对辛亥革命中的一个学会的历史调查；1957 年扬州师范学院历史系组织师生调查队进行乡土历史资料的收集调查；全国政协文史资料委员会专门组织的历史资料收集活动；还有新时期出现的遍及全国各部委机关及所有省、市、县的"中共党史征集办公室"及其口述史料征集工作。

以上种种，是否都可以算是口述历史？这是一个问题。要回答这一问题其实并不难，按斯塔尔给出的定义，口述历史四条标准中有一条，是以录音机为工具，是区分口述历史的"前世"和"今生"的一个硬指标。按照这一标准，我们可以判断，上述史料调查，不能与严格意义上的口述历史等量齐观。为什么录音机那么重要？理由很简单，因为史料调查是一个创造证据的工作，用笔记的方式记录口述证据，其准确性和真实性没有把握，甚至很难设定标准。在生活中，我们以为笔记已经是一种很好的形式，但加州大学伯克利校区的口述历史家做了一个简单试验，是让几十个人同时听一段10分钟的录音，用笔记下录音的内容，结果大大出乎意料，这几十份笔记中，没有一份能够对录音叙述进行完全准确的记录，且几十份笔记也各不相同。这一试验，我们随时可以重复，就在今天的课堂上，如果要求大家将我的每句话都记录下来，那肯定是不现实的；而对我的讲课内容的记录，也肯定会各有不同。这不难理解，因为说话的速度肯定比笔记的速度要快，而且记笔记的人对所说内容的理解也会有所不同，这些不同，是来自笔记人的思想习惯、知识基础、注意力集中程度等方面的差异。这是人际传播所要研究的重大课题。过去，我们总是假设传播者发出的信息都会不折不扣地被接收者所接受，实际上并不是那么回事，同一段信息，在不同人的耳中会有不同的侧重点，所以各人的笔记也就会有所不同。即使笔记者的文化水平、工作态度都一样，也会出现明显差异，更何况参与调查者的文化水平和工作态度其实并不一样。所以，此类调查所得的笔记证据，在真实性、完整性和有效性方面，都存在一定的问题。这么说吧，在有录音机之前，人们通过笔记来记录口述证据，是口碑史料调查的一种重要方式；而在录音机出现之后，笔记的方式就不再是最好的方式了。所以，口述历史家将是否使用录音机作为是否口述历史的一个判断标准。结论是，上述口碑史料调查工作，不能算是严格意义上的口述历史。当然，这些口碑史料调查工作本身仍然是有重大意义的，是不是口述历史，无关大局。

除开笔记的局限性之外，中国式口碑史料调查还存在另一个问题，那就是有可能结论先行。最典型的例子是1951年的"武训历史调查"。武训是一个真实历史人物，生于1838年，逝于1896年，他一生打工甚至讨饭，办了三所义学，让穷人的孩子上学，最后得到了清朝政府的嘉奖。从清朝政府到民国政府，到抗日期间的共产党政权，对武训其人其事都持正面看法。孙瑜导演拍摄了电影《武训传》，由赵丹主演，这是赵丹演得最好的影片之一。

影片于 1950 年底开始全国公映，一片叫好声。但 1951 年 5 月，毛主席发火了，以为武训不足为训，而那么多的叫好声，也让他老人家更加恼火。于是全国范围内展开了批判电影《武训传》运动，这是新中国电影史上的第一个大规模批判运动。其后不久，中宣部牵头组成了一个"武训历史调查"团，到山东武训老家调查武训的历史，调查结束后有一篇报告即《武训历史调查记》，发表在《人民日报》上，说武训是大地主、大债主、大流氓。在当年的政治历史背景下，武训历史调查得出这样的结论，一点也不稀奇。40 多年后，有当年参加调查的人发表回忆文章，说当年的调查是如何进行的。一开始，调查团召集开会时，有很多人说武训是好人，做好事。当天晚上，当地党组织负责人就分头去找这些农民，给他们打招呼说，现在不允许说武训的好话啦，要说他不好！于是，有些人不再说话了，说自己记性不好，不知道；有些人则跟着调查团的引导去说话，直到调查团得出上述结论。这类的调查，正是"有准备"的调查，但这种准备未免过头，不仅准备了要提出的问题，而且还准备了问题的答案，这样的史料调查，明显是违背了科学中立客观原则，当然很难让人信服。这种结论在先的调查，当然不是真正意义上的口述历史。事实上，这种调查不仅不是口述历史，也算不上是真正有说服力的口碑史料调查。

二、多种多样的口述历史

哥伦比亚大学口述历史，最初是以采访政治、经济、文化、社会各界的重要历史人物为目标的。我们知道，唐德刚教授主持的中国民国历史人物口述历史采访项目的受访人，也都是民国历史上的重要人物。在当时，唐德刚教授本人这样的学界精英本身，都还不能列入正式的采访计划。这不奇怪，因为路易斯·斯塔尔的口述历史概念中所说的"有价值"史料，也就是指重要人物及其重大事件的有关史料。这一界定背后，有一个基本假设，即历史，主要是指重要人物和重大事件的历史。这一历史观念，是数千年来的历史家一直秉持的史学核心。虽然，早在启蒙主义时期，法国思想家伏尔泰就曾抱怨过，说当时的历史只不过是国王、大臣和将军们的历史，他对这种历史很不满；160多年以后，鲁迅先生也说，古代历史只不过是帝王将相的家谱，尽管如此，历史的框架仍未有多大改变。当然，在近百年来，历史也被细化了，除了通史之外，还分出了种种行业或专业的历史，例如政治史、经济史、军事史、科学史、文学史、艺术史、交通史等等。细化之后的历史，仍然是各行各业的大人物即要人和名人的历史。所以，口述历史最初的采访对象，以各行各业的大人物为主，就一点也不稀奇。

口述历史的第一次大变革，是在欧洲进行的。欧洲的口述历史与美国早期的口述历史有所不同，它的主要采访对象并不是各行各业的要人和名人，而是以社会中下层的人物为主。最经典的例子，是英国皇家战争博物馆的口述历史项目，包括伦敦东区的女仆口述历史系列和工人阶级口述历史。欧洲口述历史家有一个基本信念，那就是口述历史在名人和要人之外的社会中下层，不仅有更广阔的发展空间，也有更大的必要性和更重要的意义和价值。之所以有这样一个变化，是与当时欧洲的社会科学反省与整合潮流密切相关。在这一潮流中，历史观念也发生了很大的变化，前面提及的伏尔泰所抱怨的历史仅仅是国王、大臣和将军们的历史，这种情况已经有所改变。具体说，就是欧洲的历史学家与社会学家、人类学家及心理学家合作，创建了新的历史分科，诸如社会史、生活史、情感史、风俗史等等，这类历史的主人，就不再是国王、大臣和将军，甚至也不仅是社会名流和精英，而是包括大多数社会中的普通人。由于社会中下层百姓是"沉默的大多数"，很少被媒体关注，甚至从未被记录和报道过，他们的人生和他们的故事大多是自生自灭，没有进入历史家的视野。如果把口述历史的话筒对准这些人，当然会增加我们对人类的知识，同时也就使得口述历史本身发生了革命性变化。用英国口述历史学家保尔·汤普逊的话说，即"口述历史用人民自己的语言把历史交还给人民。它在展现历史的同时，也帮助人民自己动手建构自己的将来"。这确实是一次了不起的重大变革，使得口述历史出现了一片前所未有的开阔地，具有无限的发展空间。口述历史在欧洲的变革，反馈回美国，又引起了美国口述历史的变化。早期的精英历史视野得到了拓展，普通公民也能够成为口述历史的受访对象，于是出现了大萧条时期的口述历史等等诸多新尝试和新成果。有关美国口述历史的具体情况，温州大学口述历史研究所所长杨祥银教授会有更详细的讲述，我在这里只是做一些简单的介绍而已。

虽然如此，世界各地的口述历史发展并不同步，也不均衡。有意思的是，各国或各地的口述历史，大体上都经历了类似的路径：从精英人物口述历史走向普通群众口述历史。在台湾是如此，在中国大陆也是如此。台湾地区的口述历史开展得比较早，台湾"中央研究院"近代史研究所早在20世纪50年代中后期就获得了美国学术基金的资助，开展了口述历史采集。主持人是近代史所的所长郭廷以教授，他正是唐德刚教授当年在南京中央大学求学时的老师，这对师生都应该进入世界口述历史的名人堂。台湾的口述历史也是从精英口述历史做起的，他们做了几百人，钱用完了，中间停了若干年，后来又继续了。台湾"中央研究院"的口述历史抄本已经出版了很多，大陆的中国大百科出版社曾经引进过几本、九州出版社引进的更多，我收集到的就有好几十本。现在的台湾口述历史当然不止这一家，而且也不仅是做精英人物的口述历史，有关部门领导开展的社区居民口述历史成绩卓著。

大陆口述历史开展得相对较晚，20世纪80年代才开始。有意思的是，大陆的口述历史从一开始就双线并举，既有人做精英口述历史，例如钟少华先生的《留日科学家口述历史》，这是偏重于精英方面；而冯骥才先生的《一百个人的十年》、刘晓萌的《中国知青口述历史》等等，则明显是偏向于普通人。李小江教授、定宜庄教授所领导的口述历史项目，大多也是以普通人作为采访对象。大陆口述历史兴盛，是在21世纪之后，即最近十九年。崔永元团队采访老电影人，算是走精英路线，而他们采访抗战老兵，则是以普通的抗战老兵为采访对象。云南省档案馆与新加坡合作的口述历史项目、中国外交档案馆口述历史项目、中国出版研究院口述历史项目、中国电影资料馆口述历史项目等等，也大多是两条腿走路。之所以如此，我想有多重原因，一是此时世界口述历史潮流早已经转向，从事普通人口述历史工作的意义毋庸置疑；另一方面，则因大陆有特殊国情，那就是做那些大人物的口述历史反而不易，因为我们的大人物纪律严明，有很多规定，是否接受采访，很多人还顾虑重重。还有就是，这些人中，要么是已经被全国政协文史资料团队采访过，要么是被党史征集办公室采访过，该说的似乎都说了——我说"似乎"，是指那种符合近现代史或党史的一般规则的话题，大多说过了。至于口述历史家能够从这些大人物那里挖掘出多少历史资料，因未尝试，不敢妄断。

口述历史有不同的形式，不同的方法，也有不同的目的。在实际操作中，是由目的决定方法，方法决定形式。做口述历史的首要目的有多种，主要包括：

其一，以采集、积累并保留历史档案为目的。口述历史理念发明之初，采集和保存历史档案是主要目的。哥伦比亚大学口述历史研究室的主要目的，就是为了档案采集和收藏；英国皇家战争博物馆的口述历史项目也同样如此；云南省档案馆的口述历史项目、外交部档案馆口述历史项目等，都是以档案收集和保藏为目的。我的同事张锦研究员甚至给口述历史定义说：口述历史就是一场由历史学家发起的档案运动。我本人从事的"中国电影人口述历史"，就是以此为目的的，因为我供职的单位是中国电影资料馆，也就是中国电影档案馆，档案馆做口述历史当然是要以档案采集和收藏为目的。我们也出书，但公开发表的部分不过是我们采集档案的冰山一角，而且出书的目的不过是为了便于下次申请经费的方便。我把为这一目的而做的口述历史，称为档案型口述历史。

其二，以学术研究为目的。大家可能注意到，从事档案型口述历史的大多是博物馆、档案馆、图书馆等单位，但从事口述历史的个人呢，则不见得以采集和收藏档案为目的，而是为了从事学术研究工作，有时候不得不做口述历史工作。例如美国历史学家易社强先生的《战争与革命中的西南联大》一书，就是在采访了 170 多位当年西南联大的老师和学生的基础上完成的；美国传播学家埃弗雷特·罗杰斯的《传播学史》就是在采访了 43 位传播学领域的学者的基础上完成的；人类学家马乔丽·肖斯塔克的《尼萨——一个昆人妇女的生活与诉说》，就是采访一个非洲部落的女性之后完成的民族志著作，大连大学性别研究中心李小江教授的 20 世纪中国妇女口述史项目，主要也是用于学术研究目的，当然还有心理学家，尤其是精神分析学者和医生，在从事实际诊治时，常常也会采用口述历史方式，让求诊者讲述自己的生平经历，尤其是讲述童年的经历。我把这类目的的口述历史称为"学术型口述历史"。大家看到了，从事学术研究为目的的口述历史工作者，不仅有历史学家，也有社会学家、传播学家、人类学家和心理学家，他们做口述历史的首要目的，并不是档案或传播，而是学术研究，或是为了某个学术专题寻找有用的史料和信息。对他们来说，口述历史只是一种获取研究资料的手段。

其三，以传播为目的。中国在这一方面颇为发达，前面所列举的许多口述历史著作，在采访之前就已经确定，目的是要出书，例如《留日科学家口述历史》《一百个人的十年》《中国知青口述历史》《山西抗战口述历史》《抗战老兵口述历史》等等。最近几十年来，电视台开设了诸多广受欢迎的栏目，如央视早年的《东方时空》"让老百姓讲述自己的故事"以及《大师》等栏目，北京电视台的《记忆》栏目，东方卫视的《可凡倾听》栏目等等，举不胜举，大多是以口述历史为基本框架。我将以此为目的的口述历史称为"传播型口述历史"。有一个特殊的例子，是崔永元团队，崔永元说他对口述历史感兴趣，是有感于日本电视台有许多采访录像，并不播出，甚至也不是以播出为目的，这就是口述历史。于是他回来后向中央电视台提出要做口述历史，但央视的传统是采访录像是为播出目的的，不播出，为什么要采访？后来崔永元就自己搭班子做口述历史。有意思的是，为了维护团队的可持续发展，他也不得不制作口述历史节目，例如《电影传奇》《抗战老兵》等系列节目就是。当然，崔永元口述历史研究中心也保存其口述历史档案，以便日后进行多种目的的开发利用。

其四，以政治宣传为目的。这是中国特色的一类口述历史，我小时候曾经历过一个政治活动，叫"忆苦思甜"，就是大家集合起来，请一个贫下中农出身的老人家讲述自己幼年时所经历的苦难生活，听完故事之后还要喊口号，是"牢记阶级哭，不忘血泪仇！"当时没有录音，但也可以说是一种口述历史。到了今天，这类活动当然很少了，但另一类活动却仍然存在，那就是英雄模范口述历史，有两种形式，一种是组建一个宣讲团队巡回演讲某个英雄模范的事迹；另一种形式就是由某个团队申请政府资金，从事英雄模范口述历史采访工作。我就知道有好几个这样的团队，已经完成或正在完成英雄模范口述历史课题。当然他们的工作最终也还是要做大众传播，但这一工作的首要目的，是政治宣传。

其五，以社会活动为目的。有些口述历史团队的首要目的，既不是档案或学术，也不是大众传播，而是把口述历史作为一项社会活动，有其社会目的。这类口述历史开始于美国，原住民口述历史、社区口述历史、美国故事采集等等，大多是以丰富社区文化生活、建立社区集体认同为目的。台湾地区也开展了这样的活动，例如台湾的社区建设口述历史，尤其是土著社区的口述历史，为的是通过口述历史方式让土著居民获得自信、自尊和自知。旨在社会参与的口述历史，还有一类，那就是中学生口述历史，这也是从美国开始的。有一个山区的中学老师为了激发学生的学习兴趣和热情，就让他们去采访家人、邻居和社区内的老人，然后写出记录文章、编辑成杂志，最早的杂志名叫《狐火》。《狐火》确实很火，在口述历史的历史上有一定的地位。我把此类叫作社会活动型口述历史。

其六，以经济为目的。这类口述历史，是指那些以经营性口述历史，亦即帮助别人做口述历史，简单说，就是一门生意。经营这门生意的个人或公司，专门给那些有钱但没有时间或没有口述历史专业能力的人做口述历史，包括为亲人长辈做口述历史、家史、村史、个人奋斗史、公司经营史，等等。国内现在就已经有了这类公司，大家在网络上肯定能找到专门为他人做口述历史。

不同的首要目的的口述历史有不同的做法。但要注意的是，无论档案型、学术型、传播型、宣传型、活动型、经营型，不过是因其首要目的不同而获得命名，并不是说它们之间有多少本质的不同。实际上，各种类型之间有内在互相关联，档案型口述历史可以传播、也可以做学术资源；学术型口述历史也同时兼备档案价值和传播价值。传播型口述历史既可以做档案保留，同时当然也可以做学术资源；同时它们也都可以用作社会活动资源，且有一定的经济收益。

口述历史，不仅有不同目的，也有不同形式。不同的目的，决定不同的方法和形式，包括传记形式、专业形式、专题形式、混合形式。

其一，传记型口述历史。

这一类型的口述历史，是让口述历史受访人进行生平讲述，也就是从有记忆的时候开始讲起。我们的"中国电影人口述历史"就是这种类型，在策划我们的课题时，我们提出了"电影专业史、社会经历史、个人成长史"这样三个维度，在采访时，我们希望能够将受访人的所有经历和记忆都采集记录下来，为未来的研究者提供最广泛的研究资源。这种形式的口述历史，是一般意义上的口述历史，也就是说，通常人们做口述历史大多是这个类型。

其二，专题型口述历史。

有各种各样的专题，例如人物专题，我们采访过电影人的家属，包括钟惦棐的家属、成荫的家属都是为了了解已经不在世的电影人。另外就是事件专题，例如大型音乐史诗《东方红》的策划、排练和演出，这是新中国音乐史和社会史上的一件大事，以此为专题展开口述历史采访，那又是一种情况。其他各种专题，与在座诸位关系不大，就不必多说了。

其三，专业型口述历史。

这也很好理解，音乐口述历史的主旨，就是要了解音乐创作者和演奏、演唱者的经验、技术、理解和思考方式；语言学口述历史是围绕语言学的学术思路进行；摄影家口述历史，通常是围绕摄影的技术和艺术问题展开采访询问。专业型口述历史，需要专业性知识素养。例如要采访一个电影导演，你要对电影的创作过程以及导演在创作中的地位和作用、导演创作的流程有清晰的了解，否则你提不出有专业深度的好问题来。提不出好问题，当然就得不到好答案，作为专业性的口述历史，那就达不到专业水准。

其四，混合型口述历史。

我们将口述历史分成不同的型，因为目标不同，途径也就不同，方法也就有所不同。当然，其中也有多种型式混合的情况，例如"'家·春秋'

大学生口述历史影像记录计划"的作品中，有许多作品就是让自己的爷爷奶奶讲述自己的故事，例如《小木箱　钻石婚》和《往先》等等，既是教学型，也是传播型，同时也有纪念性质；其中也有一些作品，除了教学、传播的意义之外，还有一定的研究价值，例如有一部叫《春官》的作品，记录"送老皇历"的 3 位陕北农村艺人的一段行程，这就具有民俗学的研究价值。最后，所有这些作品及其原有素材都可以作为档案保存，留下我们这个时代的记录见证。

三、口述历史与历史学是什么关系

前面所说，大多是知晓性知识，下面要进入原理性知识的探讨了。原理性知识的思考，是从这样的问题开始：什么是口述历史？口述历史有什么用？对这两个问题的回答是理解口述历史的入门，如何思考这两个问题就成了关键。

谈及口述历史，十个人恐怕就有九个人要从它与历史的关系谈起。口述历史与历史学的关系，就成了思考口述历史问题的一个关键性起点。很多人都把口述历史当作历史学的一种新发明的辅助方法，或者是把它当作历史学的一个分支，例如说口述历史是公共历史学的一个重要的组成部分，等等。对不对呢？我的回答：是，也不是；不是，也是。这不是一个滑头的回答，当然也不是文字游戏。我在《口述历史：人类个体记忆库与历史学》中对这个问题作了比较详细的分析和解释，这篇论文曾单独发表过，后来收入《口述史学研究：多学科视角》中。

认为口述历史与历史学有亲缘关系，第一层答案：是的，口述历史与历史学有非常重要的亲缘关系。通过下列几条，即可以证明这一点。

其一，口述历史是历史学家培育、命名并申报学术户籍的。哥伦比亚大学口述历史研究室就是以历史之名，从事口述历史采集和研究工作的。中文读者了解口述历史，大多是从唐德刚教授所做的工作如《胡适口述自传》《张学良口述历史》《李宗仁回忆录》等开始，而唐先生是历史学家；另一个知识信息源是台湾"中央研究院"近代史研究所所长郭廷以先生（他是唐德刚的大学老师）及其继任者率领的口述历史团队所进行的系列口述历史访谈，访谈者都是历史学家。中国大陆口述历史家中，也有很多历史学家，例如钟少华先生、定宜庄教授、左玉河教授等等，都是历史学家。历史学家所做的工作，当然属于历史学。

其二，历史学家将人们的记忆口述命名为口述历史，即 oral history，其中就有对口述历史的明确期许，而这一命名，又让人望文生义：如果口述历史与历史学没有关系，为什么会叫口述历史？前面所提及的路易斯·斯塔尔对口述历史的定义，也充分说明了这一点，说口述历史是有准备的、用录音机记录的、有价值的和尚未发现的口碑史料，明显就是一个历史学的定义。也就是说，口述历史就是为历史学采集史料的一种路径和方法，并以此为起点，不断生长壮大。

其三，以此为起点，我们思考和谈论口述历史的价值，自然首先是从它的史料价值谈起，而且，也的确能够谈出名堂来。最常见的说法是，口述历史所得资料信息，一是能够弥补官方文献档案的不足，我们知道，官方史料文献并不是什么都会记录归档，总有一些东西是官方不会记录，或记录了也不会归入档案的。例如，一些政治人物的夫妻关系如何，很可能会影响到这些政治人物的心情，甚至可能影响到政治人物的人生观，但官方档案通常不会记录这些事实，只有通过口述历史才能获得这些史料信息。二是口述历史可以丰富历史的细节，例如政治上的某些重大决策的做出，官方档案中当然有文献记录，但在这一重大决策的过程中，总还是有某些细节未被纳入记录档案，比如某个原先投反对票的人，在休会时与一个投赞成票的人交流，被说服了，回头就投了赞成票。这一思想转变过程的诸多细节，官方文献不可能记载，只有在口述历史中才能找到具体细节。三是口述历史能够增加历史的质感，用唐纳德·里奇的话说，就是"其他的史料都只能提供历史上的'人'（Who）、'事'（What）、'时'（When）、'地'（Where），但口述历史访谈却能在'为何'（Why）和'如何'（How）上提供更为丰富的见解和内涵。"四是，前面我们已经提到，口述历史最大的贡献，是记录了社会中下层"沉默的大多数"人的声音，不仅填补了历史记录的大量空白，同时也推动了历史学研究的扩展和进步，如英国口述历史家保尔·汤普生所说，通过口述历史"人们不仅拓宽了原有的领域，还要加上诸如工人阶级史、妇女史、家庭史、种族史、少数民族史以及穷人史和文盲史等这些更新的领域，这完全是一种崭新的历史维度"。

其四，口述历史在起源时就是在历史学门下取得学术户籍，在传到中国之后仍然在历史学门下获得合法身份和相应的话语权。因为历史学是一个人人皆知的传统学科，毋庸讳言，人类或多或少都有"历史价值崇拜"，即使是对历史无知且不感兴趣、没有历史感的人，通常也不敢对历史学和标有历史价值的东西说三道四。而稍有知识的人，听说口述历史可以补充史料空白与不足，仅这一点就能够说服人，如果他是领导，就会给你的选题申请批钱。如果他是大学里的领导，或是教育行政部门的领导，或许就会给你批准口述历史的硕士点、博士点——当然也有前提，那就是国外有过先例——现在国外已经有了先例，哥伦比亚大学已经有了口述历史硕士点。若说口述历史的功能是采集人类生活及其心理信息、具有广泛的社会科学资源价值，只怕反而会让人觉得口述历史"不是东西"。

其五，口述历史还有一个重要特性，那就是亲民性，做口述历史的门槛很低，人人都可以做口述历史采访人，虽然还谈不到人人都是自己的历史学家，但可以说人人都可以是公共历史的信息采集人。前面已经说过，现在国内有各种各样的口述历史，都是寄籍于"历史"门下，获得财力资助就显然相对容易。

以上几点，说明口述历史归入历史学门下的理由相当充分。

为什么说口述历史不是或至少不完全是历史学的一部分呢？

首先，假如我们没有先入为主，即没有在历史学门下形成学术偏见，就很容易看到，学术界对人类记忆的发掘和追寻，其实并不是从历史学界命名的口述历史开始的。早在100多年前，人类学家在其田野研究中就已经广泛使用过类似口述历史的方法，去探索各地土著居民的社会关系结构、文化传统来源和日常生活习俗了。世界档案协会成员中，非洲的成员对口述历史兴趣最大，原因就是现代非洲的许多部落都是靠口述历史来传承生产经验、社会习俗和文化传统。被口述历史学家所熟知的美国人类学家马乔丽·肖斯塔克的《尼萨———一个昆人妇女的生活与诉说》，就是一部人类学民族志名著。不仅人类学家如此，心理学家也早就在做类似口述历史的工作，例如弗洛伊德首创的精神分析学派，假定精神疾病来自童年时期被压抑的欲望或创伤，因而在诊治时总是要让患者讲述自己的童年经历，由此形成的病历，在某种意义上说，也是一种口述历史。人类学的民族志、精神分析的童年故事、犯罪学家对罪犯的访谈记录，都不能说是历史学吧？

其次，更值得注意的是，无论在哪里召开口述历史研讨会，参加研讨会的人，不仅仅有历史学家，而且有人类学家、社会学家、心理学家、语言学家、新闻记者、档案专家以及许多其他专业的人。不同专业的学者是从不同的专业角度从事口述历史工作，并且对口述历史工作的性质与功能也有不同的理解；与此同时，他们也会以不同的专业方法来处理口述历史素材，获得不同的专业知识和信息。中国传媒大学崔永元口述历史研究中心举办的国际研讨会论文，也经常有社会学专业、语言学专业、教育学专业的论文，11月份刚开过的研讨会上，我就看到了多篇这样的论文。这就会出现一个问题，这些人并不是历史学家，他们谈论的问题也并不是纯粹历史学的问题，那么，凭什么将口述历史当作历史学呢？

再次，读过唐纳德·里奇的《大家来做口述历史》的人，肯定记得作者在书中介绍过，在美国的高校中口述历史课程开设的情况，远非历史系的专利。"人类学及其他社会科学有自己的田野调查访谈指导，口述历史也可能出现在图书馆系、新闻系或是历史系的美国研究计划中。"相对而言，"设有口述历史档案馆的大专院校，比较能持续地开设口述历史课程。口述历史档案馆的主管往往就教授这类课程，而课内的计划通常就附属在更大的口述历史收藏计划里。没有口述历史档案馆的学校，要找有兴趣开课的学系和教师，通常会比找学生来选课还困难许多。"既然如此，凭什么说口述历史学是历史学的分支呢？

对于口述历史的功能，我国最早从事口述历史工作的钟少华研究员有一段很有意思的说法："当利用口述史料的人，将之利用到对历史的考证或说明记录，就属于口述史学；将之运用到对社会上人际群体间的描述，就属于口述社会学；将之运用到人种家族内宗族关系的描述，就属于口述人类学或口述民族学；将之运用到人的信仰情感描述，就属于口述宗教学；将之运用到文艺作品中，就属于口述文学；将之运用到时事新闻中，就属于口述新闻；将之运用到法庭上，就属于口述证据，等等。"读了这段话，我们还会说口述历史学仅仅是历史学吗？

让我们换一个角度来提问：若要在大学里开设口述史学专业系科，这个专业系科需要开设哪些课程？可料想到，不同的课程设计者或许会有些不同的想法和安排。但无论如何，肯定有历史学课程，但绝对不会只有历史学课程，而是应该有诸如采访培训、访谈研究、档案管理、非虚构写作、口述历史编纂、传播学、语言学、心理学、有关伦理知识、有关法律专题、统计分析等等。后面这些课程，可都不是历史学啊，凭什么说口述史学是历史学呢？

由此，应该能够证明，口述历史并不完全属于历史学。这也就是说，对于口述历史是什么这个问题，我们还没有找到真正切合实际且能满足未来可持续发展的确切定义，这是口述历史学要研究的基本问题，也是口述历史学研究的起点。要点是，"什么是口述历史"的问题与"口述历史学是什么学"的问题是相互关联的问题。目前，我们对前一个问题，即什么是口述历史，有过一些常识性的回答，但有些回答显然已经不够用了，甚至严重地束缚了口述历史学的发展；而对后一个问题，即口述历史学是什么学，实际上还处在摸索与讨论过程中，目前并没有一个权威性的界说，也就是说目前尚没有标准答案。这一问题还有巨大的未知空间，因此，需要有口述历史工作的热心人去思考和探索。

我曾经发表过一篇短文，题目是《口述史学是什么学?》，标题的后面是一个问号，就是把这个作为一个问题提出来，让口述历史学界同行共同探讨。此前，对这个问题的解答，无非两种路径，一条路径是沿袭旧规，不假思索地认为口述历史学就是历史学，持这一说的，还有一个重要原因，即人们容易望文生义，口述历史的英文是 oral history，即口头的 / 口传的历史，其中有历史二字，于是就很自然地成了历史的一部分了。很少有人想到，"口述历史学"或"口述史学"，这个概念其实有两种大不相同的解读方式。一种是"口述—历史学"或"口述—史学"，即把历史学、史学当成正式后缀，这样解读方式的结论很明显，它是"历史学"。问题是，口述历史学还有另一种读解方式，即"口述历史—学"或"口述史—学"。在我看来，这才是对这个"学"字后缀的正确理解：它是专门研究"口述历史"或"口述史"这个事物的学问。也就是说，口述史学与口述历史，是需要加以区分的两个不同的概念。口述史学是一门新兴的、跨学科的、（需要且必将）独立而且专门的学问，并不仅仅是"历史学"或历史学的一个分支。

口述历史学到底是什么"学"？解题思路应该是：口述历史学是专门研究口述历史这个事物的学科。对它的学科范围，也许我们还不能立即找到一个准确的、能够被大家公认的界说标准，这也不难理解。虽然口述历史访谈是一种非常古老的求知途径，但"口述历史"这一概念即正式命名却是 20 世纪 40 年代末的事，而"口述史学"则更是一个非常年轻且身份未定的新学科——它的学科建设还没有真正完成，学科理论也还在探索过程中。但无论如何，我们不能在历史学的思想圈子里面打转转了，口述史学的真问题，重点并非关乎历史，而是关乎口述。

关乎口述，也有两条思路。一条思路是：基于口述的学问。

我使用"基于口述的学问"这个概念，而没有简单地说"基于口述的史学"，是因为基于口述资料，还可以做出史学之外的学问，也就是口述采访作为一种求知的方法途径，可以扩展成钟少华先生所说的口述的社会学、口述的民族学、口述的民俗学等等。例如张宜教授的《中国当代语言学口述历史》，就是一部基于口述资料的语言学研究的著作。更好的例子也许是"'家·春秋'大学生口述历史影像记录计划"，每个参与计划的人，首先当然要考虑选题，其次是要去采访，但需要考虑的重点，是如何把口述历史的采访变成一个可看且好看的电视节目。从摄像的清晰度、灯光照明的合理布置，到故事的讲述方式、是用画外音解说还是用字幕解说、是否要用音乐？

如果要用的话，用怎样的音乐？等等。

基于口述历史采访所得，内容极其丰富，当然也极其庞杂。简单说，它至少包含了以下几种重要元素，一是生活经验及人生故事，二是历史证据及有关信息，三是社会经验及相关科学资源，四是心理经验及人性密码。人生故事、历史信息、科学资源和人性密码，是四个东西，但也是一个东西，是说，个人故事里面包含了历史信息、科学资源和人性密码。只不过，在实际的采访过程中，由于我们的工作目的不同，因而各取所需。可以肯定地说，这些信息并非只有历史。

另一条思路是，关于口述的学问。

首先是将口述历史和口述史学这两个概念区分开来，也就是对"口述史学"的另一种解读，即"口述史之学"。它要回答的问题是：口述历史是什么？它有什么价值？哪些问题需要研究？如何研究？它要思考的首要问题是口述历史的概念，是什么呢？如果要问口述历史"是"什么，必须先问个体记忆中"有"什么？个人记忆里有什么？这才是思考口述历史首先该问的问题。这问题，少有人仔细追问过，更少有人循此路深入探索。人是历史的创造者、亲历者和见证者，人的记忆中当然会有历史学的信息、资料和线索。与此同时，当口述历史涉及受访人的年龄、性别、种族、家庭、职业、阶级和宗教，这些全都属于社会范畴，个人是社会化产物，且成长于社会中，记忆中自然会包含社会学信息资源。进而，个人成长是身心发育、成熟、停滞、衰老、变化的过程，个人记忆中自有心理学的信息资源，更何况，记忆本身属于心理学研究对象。最后，每个人都有其漫长的职业经历，亦必有对所从事职业的训练、学习、思考、领悟和创造的记忆。总之，个人记忆里有丰富的社会知识和生活信息。据说非洲有句谚语：一个老人死去，就相当于一座图书馆坍塌了。作家卡尔维诺则说："我们是什么？我们中的每一个人又是什么？是经历、信息、知识和幻想的一种组合。每一个人都是一本百科辞典，一个图书馆，一份物品清单，一本包括了各种风格的集锦。"也就是说，个人记忆中不仅有历史信息，而且有百科信息。

思考这个问题的要点是：一个什么样的界说才能将各种不同专业的口述

历史工作全部涵盖起来？也就是：各种不同专业的口述历史工作有什么样的共同点？只有找到这样一个能够涵盖所有口述历史工作的界说，才能真正回答"口述历史是什么"和"口述史学是什么学"这两个最基本也最重要的理论问题。我找到了一个界说，即：口述历史是针对个人记忆的采集、研究、收藏、开发、利用。说得简单一点，即口述历史是对个人记忆的采集收藏和开发利用。

我们知道，要建立一个学科，必须找到这门学科独有的逻辑起点。从关于口述的学问这个问题出发，可以进一步推论，找到这门学问的逻辑起点。这个推论是这样的：口述历史学是关乎口述的学问，那么，口述的内容从何而来？答案非常明确，口述内容是从个人记忆而来。个人记忆是口述历史存在的基础根源和唯一依据，如果没有个人记忆，也就没有口述历史。做任何有关口述历史工作，其实都是在与个人记忆打交道，因此，我们可以说，个人记忆是口述历史学研究的逻辑起点。由此，我们可以给口述历史这个概念作一个新的界说：口述历史是什么？口述历史就是对个人记忆的采集、收藏和开发利用。既然口述史学是专门研究口述历史工作的学科，那就不难说明，口述史学所研究的基本问题包括：如何采集个人记忆、如何收藏个人记忆、如何开发个人记忆、如何利用个人记忆。

建立一门学科，不仅要有逻辑起点，而且还需要有学科的基本假设。口述历史学的基本假设是什么呢？我以为，口述史学是基于下面的几条假说。

假说一，世界上每个人的记忆都是有价值的。这一假说听起来似乎有些惊人，但却不难证明，前面已经说过，口述历史的发展经历了两个阶段，前一个阶段是对历史精英即各行各业的名人和要人进行采访，前提当然是，口述历史工作者认为这些人的记忆是有价值的；第二个阶段，是欧洲口述历史学家对社会中下层的普通人即无名百姓进行采访，采访前提是，他们认为这些人的记忆也是有价值的。既然世界上的名人要人和无名百姓的记忆都有价值，岂不是所有的人的记忆都有其价值？对此，我们还可以进一步论证：每个人的记忆都是一份独特的生命档案，个人的经历见闻、感受和思考，有其个体独特性，有其丰富的人文价值。

假说二，人类个体的一切记忆都是有价值的。这一假说听起来似乎更加让人吃惊，但同样有其理由。一是个人记忆丰富多彩，如人生的百科全书，如关乎个人、社会和历史的微型资料馆。正因如此，不同专业、不同目的、不同路径的口述历史工作者才会走进这块园地，从事口述历史的采集。以传播为目的的口述历史工作者，或采访抗战老兵，只限于他们当兵抗战的经历；若采访下乡知识青年，那就只限于他们下乡插队劳动直至上学或招工回城这一段，这样做当然无可非议。但我相信，这些老兵当兵前的经历，例如家里有多少人，如何谋生，是否上过学，为什么要当兵，是否有恋人或妻子等等；以及他们在抗战后，尤其是新中国成立后的人生经历，例如在何处结婚成家、是否被定为"历史反革命"、如何努力淡忘和回避参加国民党军队的经历、在肃反或"文革"中是否被批斗或关押、在 2005 年以后如何重新回忆起当年、在 2015 年又如何领到国家发放的抗战老兵津贴……这些记忆的意义和价值同样是不言而喻的，甚至比抗战本身的意义更加重大。在知识青年的专题采访中，如果了解他们各自所属的社会阶层、家庭教养，尤其是了解到他们在下乡之后的求学或工作经历、他们的社会身份，无疑会让我们获得更加丰富而充实的信息，且能够让我们对其上山下乡的经历有更深刻的理解：通过前者，我们能够理解他们对下乡的不同体会；通过后者，即他们的社会身份的变化，我们能够理解他们对往事回忆的不同态度以及由不同态度而来的不同视角、不同信息。人类个体记忆不仅有史料价值，还有科学和艺术资源价值。这一假说的理由是，个人记忆作为个体人生档案，个人生平的经验记忆如百科全书或微型图书馆，其中自然就包含丰富的社会科学资源。个人是历史的参与者和见证人，也是社会化产物，是专业人、心理人、语言人、传播人、经济人、伦理人多位一体。这就是为什么不同专业人都从事口述历史工作的原因。

说到这里，我希望把"口述历史是什么"这个问题说清楚了。即：口述历史是对人类个体记忆的采集收藏和开发利用。在我看来，我的这一界定，应该比此前人们对口述历史的界定更加准确，更有助于我们对口述历史真正价值的认识，也更有助于口述历史采集及口述史学研究的可持续发展。当然，和一切科学界说及科学假设一样，我提出的这个界定和假设也要接受学界同行的批评和挑战，它是否站得住脚？需要在经历过严格的质询和批评之后才能见分晓。在这里，我也要请在座诸位对上面所说提出质疑和批评，只有经得住质疑的结论，才站得住。

回到我们这一节的主题上来，口述历史与历史学的关系究竟如何？这个问题可以解释为，人的记忆非常丰富，如同蕴含多种矿石的大山，数万年前乃至数十万年前，人类在山上找到了石头，制作出石器，开始了石器时代，这是一个划时代事件，值得大书特书；然而，若就此得出结论说，这座山上只有石头才有用，那就会阻碍人类文明的进步和人类心智的发展。事实是，在距今一万年左右，人类在山上又发现了铜，后来又发现了铁，再后来又发现了金、银、锡，再后来又发现了各种金属或非金属矿物，包括各种各样的稀有金属和非金属。到现在，已经没有人说，山上只有石头，而没有别的东西了。人的记忆也是这样，70年前，人们觉得个人记忆中有历史信息可以开采，这是一个划时代的重大发现；但若拘泥于这一重大发现，并得出结论说，人类记忆中只有历史信息而没有其他，那显然就不符合实际，若是故步自封，口述历史事业就不能继续扩展和进步了。

最后还有一个问题，为什么说口述历史"不是，又是"历史学？

我们还有一点时间，就来说一说这个问题。说口述历史不是或至少不全是历史学，而是一个可以独立且应该独立的新学科，已经无须多言。说它不是历史学，却又是历史学，关键点不在于口述历史，而在于历史学自身。我的意思是说，假如我们把历史假设为重要人物的故事，或帝王将相的家谱，那么为历史学服务的口述历史当然就只需要去采访所谓"历史人物"即具有"历史价值的人物"，而不需要去采访其他人；假如我们把历史假设成所有人的故事，那么社会中下层的沉默的大多数人就不仅值得采访，而且还要优先采访，因为这些人的故事从未被历史文献档案记录过，如果不能及时采集，随着一代人逝世，这些故事也就随之而永久消亡了。历史学家有多大的视野，决定了口述历史的方向和方法。

假如所有的历史学家都有司马迁那样的雄心壮志，即书写历史和研究历史是要"究天人之际，通古今之变，成一家之言"，那么口述历史就不是历史学，又是历史学了。理由很简单，凡是在时间中存在过的一切人类故事，都是历史故事，都是历史。也就是说，口述历史现在可能还不属于或不全属于历史学，但在未来，它可能甚至可以成为历史学的重要组成部分。为什么不是现在，而是未来？英国大历史学家汤因比爵士也曾有一部口述历史，叫《汤因比论汤因比——汤因比—厄本对话录》，其中说到一个重要观点，"必须将人类事务作为一个整体而非一堆杂乱无章的小木片来研究。当人类事务被历史、诗歌、宗教、心理学、人类学、社会学等等不透水的密封舱分裂成许多彼此隔绝的'准则'时，其研究就会有偏差"。人类知识分工造成的知识密封舱，不仅不利于人类获得确切知识，更难以获得整体性知识。问题是，这种知识分工是必要的，因为人类个体的精力和能力都十分有限，历史学家也是如此，目前的历史学，还没有能力书写和研究全人类的历史，也就是包括每个个体的活动和思想在内的全面而真实的历史。对于历史学家而言，个人还是"不可知的变量"，如历史学家芭芭拉·塔奇曼所言："只要人类还是'不可知的变量'，我不知道他的行为会如何被有效地编入程序并进行量化。"历史学家克罗齐在《历史学的理论和实际》中说得更明白："我们就不谈大历史吧！至少对于一件小历史，姑且不说我们的国家、城镇或家庭的小历史而说我们每一个人自己的最小的历史，我们能不能完全知道呢？一个人（在许多年前或昨天）沉浸在这一或那一热情的动机中，说出这一或那一句话，他当时所要的到底是什么呢？他到底是怎样得出这一或那一特定结论或决定采取某一特定行动的呢？促使他倾向某一特定方向的动机到底是崇高还是卑污的？是道德的还是自私的？是责任感还是虚荣心所鼓舞的？是纯洁的还是不纯的呢？小心谨慎的人知道，这是能够把人弄得晕头转向的，他们愈是想把自己的良知考查得清清楚楚，他们就愈搞得糊里糊涂。"这就是历史学的局限和尴尬。

好在，人类在不断进步，人类获得知识信息和处理信息数据的能力在不断增强，因而总有一天，人类历史学能够涵纳所有个人在内的全部的人类的故事。而口述历史，正在为那样的真正能够"究天人之际，通古今之变"的历史学打基础，到那时，说口述历史的全部信息都是历史学的资源，就不成问题了。

[作者按：这是2017年12月6—9日，在南京艺术学院影视学院主办的"口述历史训练营"的演讲，我的演讲主题仍是《口述史学理论》，共4讲。这是第一讲，第二讲《多学科视野下的口述历史》，和第三讲《口述历史与心灵考古》，与我在别的地方演讲的内容大同小异，因而没有收录在本书中。]

艺术类口述历史及其他

大家好：

今天要讲的题目是《艺术类口述历史及其他》。我知道在座诸位都是要做口述历史，且都是将尝试做艺术类口述历史的人，所以就选择了这个题目来讲。

这一讲也要分为三个部分。第一部分的题目是"艺术类口述历史的不同做法"，第二部分是"口述历史也是艺术资源"，第三部分是"口述历史的伦理和法律问题"。下面先讲第一个问题。

一、艺术类口述历史的不同做法

我把大家要做的口述历史称为"艺术类口述历史"，大家可能会有点奇怪。我要解释一下，因为艺术类包括很多门类，美术是艺术，音乐也是艺术，戏剧也是艺术，电影也是艺术，所以叫作艺术类。我看过一些艺术家的口述历史，当然电影家的口述历史最多，但也看过小说家、诗人、摄影家、书法家、画家、音乐家的口述历史，对此有些感性认识。与此同时，也很关注艺术类口述历史家所撰写的论文，了解他们是如何做口述历史以及为什么要这么做，从中当然也有所收获。说起来，我们都是做艺术类口述历史的。不是吗？更重要的原因是，艺术类口述历史，例如美术家口述历史，或书法家口述历史，内部仍可分类。

艺术类口述历史有不同做法，我把它分为三类，第一类是艺术学口述历史，第二类是艺术家口述历史，第三类是艺术史口述历史。艺术类口述历史之所以有这样几类，是因为采访人对口述历史有不同的理解追求，有不同的目标，不同的问题，希望得到不同的解答。其实，也包含了对艺术理解角度和深度的不同。

艺术学口述历史

艺术学口述历史，很容易理解，是要通过口述历史了解或探索艺术创作的理念、方法、诀窍或秘方。在确定受访人之后，采访人着重提问的肯定是有关艺术创作的问题，包括理论方法之类的问题，当然也会更仔细地询问受访人的部分或所有艺术作品的创作过程、创作方法、创作灵感来由，以及具体的创作技艺等。例如我们要采访一个电影导演，就说吴天明导演吧，针对他导演的作品，从他和滕文骥联合导演的《生活的颤音》《亲缘》——前一部作品是以滕文骥为主，后一部作品是以吴天明为主——《没有航标的河流》《人生》《老井》《变脸》《非常爱情》《首席执行官》《百鸟朝凤》等，撰写采访提纲，每一部作品都有一系列的问题，例如《老井》的创作，要问他是什么时候看到小说原作的，看到小说原作后的第一冲动是什么？什么时候决定要将它搬上银幕的？在决定要拍摄这部影片时，与小说原作者是怎样商谈的？对小说的电影改编有怎样的要求？改编的第一稿、第二稿、第三稿分别是什么情况？成立摄制组是如何选择主创人员的，具体说，其中旺泉这个角色选择了多少人？为什么总是不如意？最后是如何选择张艺谋来演主角？当时是否有反对意见？有怎样的反对意见？张艺谋又要当主演、又要当摄影师，他是如何分配自己的时间和注意力的？每一个角色的选择，对每一个角色表演的指导，以及导演对摄影、美工、录音、化妆、服装、道具等各部门的具体要求是什么？在拍摄过程中出现过什么样的波折？影片的后期制作中存在哪些问题？这些问题是如何得到解决的？自己对这部影片满意度如何？有哪些经验教训？有哪些遗憾？导演是如何评价和分析影片的？等等。

做艺术的口述历史，我相信也是如此。例如要采访一个音乐家，一定要就他的音乐教育背景、音乐创作类型、音乐美学理念、音乐思想及技术方法，提出一系列问题，进而，肯定还要就这位音乐家的所有作品或选定的某些代表性的作品，做进一步的详细追问，包括创作的背景，创作灵感的来源，创作的具体经历，音乐主题是如何确定的，其中的关键乐句是如何形成的，配器追求怎样的效果？演奏或演唱的效果如何，自己对此有怎样的总结和分析等。

此外还要对他的艺术创作的器械之类做出必要的提问，例如采访书法家或画家，除了有关创作主题与技术、艺术构想等主要问题之外，还要问及他对艺术作品的材质有哪些偏好或讲究？用什么样的笔？什么样的纸？什么样的画布或画板？什么样的颜料？什么样的墨？在笔墨纸砚的选择上有什么独门心得，等等。

此外，可能还要问及艺术家创作时有怎样的习惯？对创作环境有怎样的要求？创作通常是在白天进行还是在晚上进行？为什么是白天或晚上？还有些艺术家有各种各样的癖好，甚至怪癖，例如有些作家在写作时，绝对不用电脑，甚至对自己用什么样的笔和纸都有讲究，谁动了他的笔他都会知道，甚至会为此发脾气。音乐家也是，你乱动他的钢琴试试看？有些画家对自己的笔和颜料盘也有诸多忌讳，家人不能随便碰。有的人在创作时会放音乐，有的则会被猫叫所困扰。

艺术家口述历史

艺术家口述历史与艺术学口述历史有关联，简单说，艺术家口述历史包含了艺术学口述历史的大部分问题乃至所有问题，但艺术家口述历史要比艺术学口述历史的提问范围广阔得多。艺术学口述历史的基本目标，是要深入了解艺术创作的理念方法和技艺秘诀，而艺术家口述历史的基本目标则不仅如此，它最大的关切，是要深入了解艺术家是如何炼成的？更准确地说，要了解艺术家的艺术心灵是如何练成的？只有了解艺术心灵是如何练成的，才能了解艺术家和艺术学更深层的奥秘。技进乎艺，艺进乎道，了解艺术创作的技术，是一个层次；了解艺术创作的方法即艺术，是更深的一个层次；了解艺术创作之道，又是更深的层次；而了解艺术心灵如何炼制而成，那当然是更高且更深的层次了。做任何事情其实都是如此，古人说"功夫在诗外"，不仅诗歌创作的根本奥秘在诗歌技艺之外，琴棋书画等各门艺术的根本奥秘也同样在琴棋书画之外，这个外并不是在虚无缥缈间，而是在艺术心灵的培育或炼制，艺术修养和艺术气质的养成。中国的艺术尤其如此，文人字画之所以广受推崇，其原因是那种文人艺术家的气质和风度，是任何只停留在技术训练层面的书匠或画匠无法望其项背的。当然，所有的艺术都需要训练，我们千万不可因为推崇文人字画而轻视技术训练。并非所有文人都能写出好书法、画出好画来，文人字画要想卓然成家，也必须经历必要的技术和艺术训练。只不过，具备一定修养和气质的文人，对训练的理解或许会有所不同，训练的方法也会有所不同，训练的结果更会有所不同。

艺术家的口述历史，提问的范围当然要比艺术学口述历史广泛得多，几乎要涉及艺术家的全部成长史，也就是要让艺术家进行生平讲述。从他小时候开始讲起，什么时候开始识字？什么时候开始上小学？什么时候开始上中学？小学和中学阶段参加过哪些文娱活动？具体到，看过哪些课外书？看过多少电影？喜欢哪些电影演员？喜欢哪一类型的电影？看过多少次戏剧或其他文艺表演？学校里的音乐老师或书法老师或美术老师是怎样的一个人？什么时候开始对艺术感兴趣？开始练习艺术的时候有过哪些难忘的经历？看过哪些画展？听过哪些唱片？哪些人、哪些事对自己有比较重大的影响？什么时候开始第一次创作？创作第一部作品有过哪些经历、哪些苦恼？最终是如何克服困难、完成作品的？第一次发表作品是什么时候？家人或老师、学友对自己的第一部作品有怎样的评价？如果出现负面评价，对自己的心理有怎样的影响？第一场音乐会的经历如何？第一场画展的经历如何？第一次参加影展或电影节的经历如何？这里不可能将针对艺术家的问题全部列出，只是让大家对艺术家口述历史的范围和提问要点有所了解而已。大家对艺术家是如何练成的，肯定也有自己的看法和关切点，在实际采访过程中，不妨按照自己对艺术和艺术家的理解进行提问。

艺术家口述历史与艺术学口述历史相比，有更容易的地方，也有更难的地方。比较容易的地方是，艺术家口述历史有一个时间线索，你肯定要让受访人从小讲到大，从开始记事时讲到他大学毕业或研究生毕业，直到他开始创作并取得业内认同的成就。艺术家口述历史的问题，有许多是相似或相同的，我们可以建立问题库，即针对每个人都提出相似或相同的问题，以便最后能够针对这些同类问题进行比较研究。艺术家口述历史比艺术学口述历史更难的地方，那就是，如果说要探索艺术创作的奥秘不是一件容易事，那么探索艺术心灵养成的奥秘，肯定要困难得多。不说别的，对艺术创作，采访人或许略知一二，若对艺术完全无知你就不会从事艺术学口述历史，而艺术学口述历史团队也不会让你成为采访人。但对艺术心灵的奥秘，我们却所知无多，这是一。还有二，即使我们自己对艺术创作的奥秘所知无多，但我们可以请艺术家本人谈艺术，艺术家对自己的艺术创作肯定有很多话说，而且这些话肯定大多是靠谱的。但，艺术家本人虽然熟悉自己的艺术，但未必知道自己的艺术心灵是如何养成或如何炼成的。这也就是说，采访人和受访人都不完全了解大家探索的领域，未知太多太广阔，当然就难。

对艺术家的成长经历和心灵历史的采访，有一个问题要注意，那就是不能仅限于艺术家所在专业展开提问。例如采访电影人，固然要问及他看电影的经历，但也要问及他年轻时学习或从事其他艺术的经历。我采访过的电影人，90%以上都是在小学和中学时的文艺积极分子，参加过学校里的文艺活动很多，或者是上台演戏，或者是在乐队里演奏，或者是出墙报的写手或画家，总之大多是从小就有艺术的爱好和基本锻炼。小时候的爱好和训练，虽然未必就是长大后所从事的那个专业，但艺术有通感，学习和训练过一门艺术的人，对其他艺术门类的理解肯定要比什么也不懂或什么也不喜欢的人要好得太多。尤其是美术和音乐两门，几乎所有人小时候都喜欢画，也喜欢唱或听别人唱，原因很深奥但也很简单，绘画是人类最早的语言和文字，应该已经进入了人类遗传基因中；而音乐，则更是最神奇的宇宙语言，也是唯一能贯穿自然、人类社会、个人身心的语言，甚至可以说是人类和大自然的共同语言。它不仅作用于我们的心灵，甚至也作用于我们的身体，能够建构乃至改变我们的感应神经结构。即音乐不仅与文化有关，与自然环境也有关，北方音乐阔达苍劲，南方音乐曲折婉转，东方的音乐含蓄简古，西方音乐繁荣丰富，肯定是大自然造就了文化，文化再决定了音乐。而在个人，你从小时候听惯了哪些音乐，对一个人的成长肯定有某些关联，只不过我们对此还缺乏知识和证据而已。所以，在做艺术家口述历史的时候，最好是想得更多，问得更广，以便能够探索到艺术心灵成长的真正奥秘。

艺术史口述历史

艺术家口述历史包含艺术学口述历史，而艺术史口述历史则包含艺术家口述历史和艺术学口述历史。艺术史是一个更大的概念，它是一个行业的历史，一项事业的历史，即不仅包含艺术家和艺术创作活动及其作品的历史，同时还要包括所有艺术活动的历史、艺术潮流的历史、艺术生态的历史，艺术文化的历史。

以中国电影人口述历史为例。在讨论我们的口述历史项目名称的时候，我和我的同事都选择了"中国电影人口述历史"这个项目名称，对这个名称，并不是所有人都明白其中的深意。说起来也很简单，包括这样几个要点，一是，我们的口述历史是以人为本，所以叫电影人口述历史，而不仅仅是电影学口述历史。我们的口述历史采访中当然也同样关注电影学问题，但更关注电影人及其电影艺术性灵的成长历程。二是，我们的口述历史叫电影人口述历史，而不是叫电影家口述历史，是因为电影人包含电影家，但也包含那些不是电影家但却从事电影工作的人，或与电影工作有关的人。也就是说，我们选定的采访对象，不仅包括电影编剧、导演、演员、摄影师、录音师、美术师、服装师、化妆师、道具师、制片人、场记等等，同时也采访电影学院的老师，即从事电影教育的人；采访电影公司的人，即从事电影发行和放映的人；还采访电影器材公司的人、电影洗印厂的人，电影出版社的人，电影研究人员，电影翻译人员，电影报纸杂志的编辑和记者，当然还会采访电影家协会的人，甚至还会采访资深影迷。后面所说的这些人恐怕不能以电影家称呼，但他们从事的工作却与电影密切相关，没有这些人，电影这个行业就不能真正运行。我们出版了"中国电影人口述历史丛书"，第一辑已经出齐，第二辑正在出。在编辑第一辑时，我们不但编辑了艺术卷，而且也编辑了电影事业卷，那就包括了非艺术家的广义的电影人；第二辑编辑的时候，我们曾为谁排在第一本进行商讨，结果我们选择了陕西省长安县女子电影放映队的三位女放映员的口述历史作为第一本，任何人都没有意见，这部书叫《花季放映》。因为这几位老人家，在参加女子农村电影巡回放映队时，年龄都在 15 岁至 18 岁之间，正处在人生花季，所以叫《花季放映》。把电影家的口述历史扩大为电影人的口述历史，不仅是对电影行业的全面检阅，同时也是对电影史的生动概观。我想谁也不敢否定，这些人也是电影史的重要组成部分，没有他们的故事，电影史就是残缺不全的。看不到电影活动，看不到电影生态、潮流和文化全貌。

电影史口述历史是如此，与之相关的艺术史口述历史也是如此。要谈音乐史，当然要谈作曲家、演奏家、歌唱家及其作品，还要关注乐队、合唱队、舞蹈队成员、舞台监督、音乐厅经理，著名音乐制作人、音乐唱片发行商，还应该关注其他与音乐事业有关人员，比如你采访小提琴家吕思清，就不能不谈及他拉过的斯特拉迪瓦里的名琴。中国也有很多很好的制琴师啊，我记得小提琴家盛中国曾推介过一个小提琴制作师。除此之外，还有更多人值得采访，青海的花儿歌手，云南丽江洞经古乐的演奏者，全国各地的那些有名或无名的唱山歌、民歌的人；甚至还有那些乐迷，那些收藏大量唱片及音乐会演出海报的人，这些人对当代音乐活动和音乐事业的了解，往往超过在大学里专门教授音乐史的老师。

同理，你要做美术史口述历史，不仅要采访那些名画家，让他们谈论自己的名画创作和成长经历，同时也应该采访他的启蒙老师、他的笔墨纸砚供应商，他的画作经销商，画展策展人，以及美术出版社的编辑，乃至美术书店的经理，还有那些收藏家，甚至笔、墨、纸、砚的制作人。

艺术史口述历史，不仅是说要扩大采访的范围，别仅仅局限于知名作品创作或知名艺术家的生平的采访，要采访更多的人；实际上，艺术史口述历史的概念是要提醒我们扩大自己的视野，从艺术史乃至社会史的宽广视角来认识和探索一个艺术名作的产生，以及一个知名艺术家的成长。采访一个艺术家，我们都要询问他的创作环境，想知道他的琴房、画室、工作室的具体环境，以及他对环境的要求或癖好；与此同时，我们怎能忽略艺术家生活于其中的大环境？怎么能忽略整个艺术史的生态和潮流？如果忽略艺术作品和艺术家生活的艺术史潮流和具体社会环境，我们就很难完整而全面地了解和理解艺术作品和艺术家的全部真相。所以，在采访艺术家的时候，话题也应该问得更广，尽可能提出更多问题。

还是以电影人口述历史为例，我曾采访过电影资料馆的一个普通工作人员，他经常到电影资料馆的放映厅去帮忙收票，见识过许多电影界的名人，例如张艺谋曾经因为没有票而被他拦在门外，他还记得那天张艺谋穿着一件黄色军大衣，和几个人一道；他还记得陈荒煤、石方禹等文化部和电影局领导经常陪哪些人来看片；尤其可贵的是，他还记得每次放映的是什么影片。这些信息，对于电影艺术史、电影家故事和电影事业史，都是很好的补充。一个电影场记甚至场工，对一些知名电影导演、电影演员或摄影师的记忆，很可能要比他们的同行所记得的要多，而且角度还非常独特，所得信息也就非常重要。音乐学院图书馆或音乐系资料室的一个普通工作人员，对一个作曲家在某段时间经常借阅哪些资料的记忆，很可能比作曲家本人所记得的更清晰，这些信息的重要性也是不言而喻的。如果没有这些信息，电影史或音乐史的拼图，就缺少了几块。

二、口述历史也是艺术资源

前面几讲中，我们说到了口述历史是历史资源，也是社会科学研究资源，口述历史还有一个重要价值，那就是，它可以作为艺术创作资源。

我们对口述历史的界说，是说口述历史是人类对个人记忆的采集收藏和开发利用。把口述历史当作艺术资源进行开发利用，在理论上显然是成立的。我们还可以进一步推导，因为，无论口述历史具有怎样的形式和内容，在根本上，它们都是一些故事而已。既然是故事，那就有开发利用的价值，我们可以将这些故事改编成报告文学、纪实文学或其他形式的非虚构作品，也可以把故事改编为电影、话剧、电视剧，当然也可以改编成歌剧、舞剧、戏曲作品，可以改编成连环画或动画作品，甚至也可以改编成更加抽象的音乐作品。

这些实际上并不只是一种推导，而是有实际证据。唐纳德·里奇的

《大家来做口述历史》中，就有专门的章节，谈论口述历史在艺术方面的开发利用。如果我没有记错的话，这部书中还列举了一些例子。只不过，那些根据口述历史改编的作品大多我们没有见过。但有些作品我们见过，例如2015年诺贝尔文学奖得主斯韦特兰娜·阿列克谢耶维奇，就是以将口述历史档案改编成非虚构文学而取得了举世瞩目的辉煌成就，她的著作有不少都有中文译本。例如《战争的非女性面孔》《切尔诺贝利的回忆：核灾难口述史》和《二手时间》等等。从口述历史资源中能够开发提炼和创造出获得诺贝尔文学奖的作品来，应该能证明什么吧。

还有离我们更近的例子。大家知道崔永元口述历史团队，很可能是从这个团队制作的电视节目《电影传奇》开始的，而这个《电影传奇》就是从电影人口述历史中来。崔永元本人在这个电视节目中，既扮演故事中人，也扮演回忆中人，通过这种形式，将口述历史用艺术改装的形式呈现出来，给人留下深刻印象。《电影传奇》节目的艺术成色如何，有哪些特点，哪些优点或不足，至今也没有得到认真思索和讨论。看电视的人可能不懂口述历史，做口述历史的可能又不懂得电视节目，崔永元团队率先将二者结合起来，缺少行家评说，那是因为没有行家。

另一个例子，是贾樟柯的电影《24城记》，讲述一个三线厂的女工们的往事，就采取了口述历史的形式和内容，给电影观众留下了深刻印象。

还有一个例子，是永源基金会等多家机构赞助的"'家·春秋'口述历史"项目，许多大学生都参与了这个项目，南艺的同学也有参加的吧？这也是将口述历史与电视纪录片、电视传记片、电视专题片等形式结合起来的一种尝试。我看过其中的若干集，有些作品真的让人眼界大开，值得进一步深入探讨研究。除了"家·春秋"项目之外，电视上播出过的有关口述历史的艺术开发事例还有很多。

列举上面这些例子，一是要说明，口述历史确实可以作为艺术资源。二是要说明，口述历史艺术开发的这些先例，尚未得到很好的批评和研究，理由很简单，那就是我们还没有出现既懂得口述历史、又懂得艺术创作的批评和理论行家。

　　我所在的电影资料馆口述历史项目，开始时我们雄心勃勃，不仅有大规模的采访计划，同时也有大规模的研究规划。研究方面，不仅包括理论研究，也包括实验研究。我们做了若干实验规划，其中有一部分规划得到了实现。我和李镇就做了好几个重要实验，例如3人组口述历史、6人组口述历史、9人组口述历史，是想了解人们在小组谈话中口述历史的内容和形式与单独采访时有怎样的不同。实际上，我们最初还有艺术资源开发利用方面的规划，在我们采访时，不仅对受访人的口述历史做了详细的规范，同时还要求采访人和摄像师对受访人居住环境、工作场所、工作状态等等都要进行专门拍摄，对受访人的家庭照相簿也要进行专门拍摄，这些都是为了后期节目制作做准备，并且也想对艺术资源开发做出实际的和理论研究方面的尝试。但我们的目标没有实现，原因很简单，不仅是受到财力所限，更重要的是受到人力所限，几年后团队风流云散，留下的几个人难以成事。毕竟，我们还是要以采访作为第一目标，其他方面就难以顾及了。

　　说这些，是想寄希望于从事口述历史工作的艺术院校了，南京艺术学院从事口述历史工作的同行们对此责无旁贷。口述历史工作包括采访工作、档案工作、编纂工作、研究工作和开发利用等，理论研究、实验性研究、开发利用研究都是其中的重要组成部分。科学资源的开发利用和艺术资源的开发利用是两个不同的方向，而南京艺术学院的口述历史项目组成员若能够将自己的重点放在艺术性开发利用上，能够发挥其艺术之长，结合口述历史的资源开发，应有大好前景。

口述历史的艺术资源：方法与程序

　　既然口述历史作为艺术资源有上面这些实际例证，那么，研究这些例子，从中找出具有启发性的要素，应该成为我们艺术开发研究的工作起点。接下来，就要进行更实际的艺术创作尝试和更深入的理论研究。前面说过，我和我的团队成员对此没有做过太多的研究和尝试，因而不能提供现成的经验或框架，只能对这一问题做一点简单的思索，供有意尝试的同行思考借鉴。

　　把口述历史当作艺术资源开发利用，有两个不同的方向。一个方向是把口述历史的采集和收藏作为其工作起点，把口述历史艺术资源开发利用作为目标，即从口述历史开始，朝着艺术创作方向前进。艺术资源开发利用的方法路径可能有所不同。具体说：

其一，制作口述历史档案的艺术编纂抄本。

我们知道，完成口述历史采访工作之后，要将你的录像、录音按照实际采访顺序保存起来，这就是口述历史的原始档案。大部分口述历史项目，都还要制作出口述历史录音原始抄本，也就是逐字逐句地将录音中的话语变成文字，不得加以任何修改，也不能有任何遗漏。这是任何一个从事口述历史工作的人都必须做到的。录音原始抄本也是原始档案的一部分，与录像和录音的价值相同，只不过媒介形式不同而已。多一些原始档案的好处是，某一种媒介因为某种原因丢失或失效了，我们还有其他原始档案。但原始档案只是档案而已，还不是作品。要把它变成作品，就要对原始档案进行编纂。编纂原始档案的方式有两种，一种是档案型编纂，其目的是为他人提供史料和科学研究资源，它实际上也是口述历史方法和形式的研究资源。"中国电影人口述历史丛书"就是按照这一原则编纂的。口述历史档案编纂还可以有另一种形式，那就是艺术性编纂抄本，也就是按照艺术的标准，而不是按照档案的标准进行编纂。什么是按照艺术标准进行编纂？最重要的一条，就是尽可能让口述历史的故事性更强，或故事更好看，将不好看的部分进行删减，而将故事性强的部分加以强调，这样能获得更好的传播效果。也可以说，这是对口述历史资源开发的一种最基本的形式。

其二，在原始抄本或编纂抄本的基础上，进行非虚构写作。

所谓非虚构写作，是指利用采集到的真实素材进行的艺术写作。这种写作形式的最大特点，就是不拘泥于口述历史的档案形态，而是对口述历史的内容加以提炼加工，并且赋予它以新的形式。例如前面提及的唐德刚先生的《李宗仁回忆录》，就是作者采访过李宗仁先生之后，再结合其他史料写出的一部口述历史著作。再如，杨晓博士所撰写的《蜀中琴人》，就是她采访四川的一批古琴家之后，以自己的语言写出的一部口述历史著作。在原始抄本或编纂抄本基础上，进行半虚构的艺术加工。非虚构写作，是当今艺术写作的一种重要形式，对这一写作形式感兴趣的同学，可以去看相关的著作及相关的理论。视频和音频形式，也存在非虚构创作的情形，创作的基本原则，与文字方面的创作原则近似。

其三，在原始抄本或编纂抄本基础上，进行半虚拟式写作。

所谓半虚拟式写作，有多种形态。一种基本的形态是，用情景再现形式构建历史的真实现场。典型的例子是崔永元的《电影传奇》，我们都知道，这部作品的口述历史主人公也出场，但在另一些场合，是由崔永元来扮演年轻时的主人公。崔永元当然不是那个主人公，但他所表演的是主人公的故事，而且他的扮演能够得到观众的认同。在这个节目中，我们不会把崔永元当作崔永元，而是把他当成他扮演的人物。在他扮演的人物和故事中，不仅人物是虚拟的，场景其实也是虚拟的，只不过，其中的历史情节和历史主题却是真实的。这是一种半虚拟形式。

其四，在原始抄本或编纂抄本基础上，做全虚拟式艺术创作。

所谓全虚拟式创作，有点像新修的古建筑。比如滕王阁、鹳雀楼，从《滕王阁序》和《登鹳雀楼》这样的文学名作中，我们知道历史上曾有这样知名的建筑。只不过，这一历史建筑常常屡屡被毁，又屡屡重建。重建的方式，是按照文学作品、建筑史料中提示的形制进行再创作。有些古建筑的建筑材料和建筑方式都是尽可能按照古代的方式进行制作，但也有一些古建筑的材料和方法是融古法和新法于一炉，只不过是形制或形式上仍然保持知名古建筑的风格样式罢了。具体的例子也有，许鞍华导演的电影《黄金时代》，讲述作家萧红的生平故事，可谓是特殊形式的《萧红传》。所谓特殊形式，是指其中采取了口述历史的形式，与萧红相关的人物，如扮演萧红之友的作家端木蕻良、聂绀弩、骆宾基、丁玲等人的演员，时不时地在电影中来一段"口述历史"，我们知道这些演员并不是那些作家本人，他们所说的话也不见得都有那些作家的口述历史作为依据，但电影中采取这样的形式，还是会产生较为突出的真实感，能够让观众认同。在这部作品中，口述历史实际上全都是虚拟，而艺术创作却是实打实的。

口述历史作为艺术资源，还有一种创作取向，是从一开始就有明确以开发利用口述历史为目标，即做口述历史就是为了把它作为艺术资源。换句话说，做传播型的口述历史节目。这样做，有一套方法程序，由浅入深，分别是：

其一，把一个人的口述历史故事创作成可传播的影视节目。

这应该是最基本的方法了，"'家·春秋'口述历史"节目，大多数就是采取这样的方式。做这样的口述历史艺术资源开发，基本原则是：让老百姓讲述自己的故事，以满足广大观众的好奇心。此种形式能够存在的依据，是每个人的故事都是不同的，不仅地域不同、职业不同、经历不同，更主要的是对地域文化、职业文化和生平经历的理解和记忆不同，所以他们的故事就会有所不同。每一种不同的人生故事，或每个人生的不同的故事片段，都可以成为可记录、可传播的作品。或者是纪录片，或者是传记片，或者是艺术专题片。在制作这些艺术性作品时，制作人一半是口述历史工作者，另一半则是纪录片、传记片、艺术性专题片乃至纪实性故事片的制作人，他们必须二者都懂得，并且在做口述历史采访时，就有制作可传播作品的预谋。不但要拍摄主人公口述历史，同时还要对主人公生活过的场景进行拍摄，包括大量空镜头的拍摄，以便能制做出自己所需要的作品。

其二，选择多个对象然后选择一个人的故事进行改编创作。

在理论上说，每个人的故事都有特殊之处，都值得讲述并传播，但实际上并不是所有人的故事都有相同或相似的感染力。因此，为了制作出或创作出更富有感染力的艺术作品，创作出更能吸引观众的作品，有时候就要进行选择。你要做口述历史，任何人都可以作为你的受访人；但你要拍摄口述历史纪录片，那就要对一群受访人进行考量，而后再做出选择。只有具备一定条件的主人公，才可能入选，这些条件是：1. 他拥有其他人少有的人生经历，或在他的人生经历中有些是别人所没有的，甚至是闻所未闻的。2. 这个主人公的个性突出，记忆力好，而且口才表达能力也很好，由他讲故事拍摄成作品，不仅故事本身好，讲述方式也好。3. 这个人的故事或个性，有进行艺术加工创作的丰足空间。

其三，做多个人的口述历史，然后在其中选择创作资源。

　　这一路径与上一条路径其实是殊途同归，研究多个不同的人的生平经历，从中选择一个人做口述历史故事开发，与做多个不同的人的口述历史，然后选择一个人的口述历史进行加工创作，不过是选择的方式不同。相比之下，后一种方式，即做多个口述历史的方式，可能比前一种方式更靠谱。因为你在研究个人生平经历时，由于没有进行深入采访，很可能有些精彩的内容你还不知道。而做过多人的口述历史中进行选择，即了解了这些人的不同经历和不同的讲述形式后，再做出判断和选择，能够做到有的放矢，所选择的人和故事就有足够的资源保障，能够确保你制作或创作出来的口述历史故事真正地稀有、传奇、吸引人。

　　其四，体验口述历史故事中人的情感，培训艺术心灵。

　　前面所说的三类，都是实用性的或者说是功利性的路径，说口述历史可以作为艺术资源开发利用，还有一条重要路径，那就是把做口述历史采访记录的过程本身当作一种艺术采风、艺术心灵培训的重要方式。我们学过的文艺理论或艺术理论中，大多有一条，说生活是艺术的源泉——我记得的说法是：生活是艺术的唯一源泉——现在看来，这一说法有修订的余地，因为艺术的源泉有多种，生活并非唯一源泉。但生活作为艺术源泉之一，这说法应该没有问题。我们都知道，艺术家常常需要采风，采风的路径，就是到生活中去寻找自己的艺术资源和艺术灵感。做口述历史，是采风的一种深度形式，在做口述历史的过程中，每个学艺术的人不仅在听故事，同时也在体验故事主人公所讲述的他本人所经历的生活，能够经常地在口述历史中体验不同主人公的不同生活和情感，是培育我们的同情心、同理心、投射能力、想象力和洞察力等多种艺术能力的重要路径。学会倾听，并且在倾听中体验复杂微妙且变化多端的人类情感，从而培育我们的心理活力，培育我们的艺术敏感，是艺术心灵的重要特征。假如不具备想象力，不能利用自己的想象力将自己投射到口述历史主人公所讲述的生活经历和生活情境中去，恐怕不宜做艺术家。真正的艺术家都是敏感的人，而优秀的艺术家不仅敏感，而且具有非凡的洞察力和想象力。我做口述历史的摄像和录音都是在读研究生，有些同学能够全神贯注于口述历史的内容，有些则只是把摄像和录音工作当作一件技术活而已，后者恐怕就不适合做艺术家，甚至也不可能成为好的艺术研究人员。

好啦，前面讲述了两条路径，一是从采集收藏出发到开发利用；另一种是从相反的方向出发，即是为了开发利用口述历史才去做口述历史的采访工作。这两个路径各有其具体的方法途径或进程序列，应该都走得通。

口述历史可以作为艺术资源加以开发利用，这一点应该是确凿无疑的。作为理论讲述，只要能够证明这一点，就算完成了任务。至于对口述历史资源如何进行开发利用，当然还会有很多问题没有解决，需要大家去探索和尝试。

[作者按：这一讲的最后部分，是另一个主题，即《口述历史工作中的法律和伦理问题》，内容与我在中国电影艺术研究中心（中国电影资料馆）研究生部选修课的第4讲大同小异，因而在编辑时将这一部分删除了。]

口述历史与相关学科（上）

同学们好！

[提问：上次课程的内容，大家是否有问题要问？]

今天是第三讲，主题是《口述历史与相关学科》。口述历史是对个人记忆和思想的采集、收藏、开发和利用，而个人记忆与人类所有事务都有关联，与人文与社会科学或多或少都有些关联。谈论和研究口述历史，须有多学科视野。

下面的问题就是：我们如何来具体谈论和研究口述历史的多学科性？

2012 年，我们再次获得了国家社科基金资助。我提出了从心理学、语言学、传播学、历史学、社会学、教育学和档案学等多学科维度来研讨口述史学，并且有一个计划，要把国内外口述历史专家都请到电影资料馆来，专门讨论这个问题。我们请了很多人，包括温州大学口述历史研究所所长杨祥银博士，澳门口述历史协会主席林发钦博士，山东大学张士闪教授，山西省社科院丁东研究员，中国青年政治学院邢小群教授，美国圣地亚哥加州大学周锡瑞（Joseph Eshiric）教授，中国社会科学院定宜庄研究员，大连大学李小江教授，中华女子学院刘梦教授，山西省社科院李卫民研究员，中国传媒大学王宇英博士，北京社科院的钟少华研究员，等等。这些专家大多是历史学家，其中也有几位是社会学家，他们都是从各自的专业视角出发理解和谈论口述历史和口述史学，多学科的讨论很难进行。

第二步计划，是希望我们团队成员能够自动认领分课题，结果不尽如人意，也就是没几个人认领。也许是因为大家比较忙，没有时间来做这个课题；也许是大家对我提出的多学科视野中的口述历史与口述史学问题并不认同，总之是没几个人认领。怎么办呢？只好一个人硬着头皮做下去，结果是，三年内发表了8篇论文，每篇论文3—4万字，即《口述历史：个人记忆与人类个体记忆库》《口述历史、人类个体记忆库与档案学》《口述历史与历史学》《口述历史与社会学》《口述历史与心理学》《口述历史与传播学》《口述历史与语言学》和《口述历史与教育学》。大多数论文都发表在《当代电影》杂志上，有两篇发表在《晋阳学刊》，有一篇发表在《西南大学学报》上，最后组合成《口述史学研究：多学科视角》一书，2015年下半年由人民出版社出版。

这个课题完成得并不好。理由很简单，一个人要越界研究这么多学科，本身就是不可思议的事，尤其是在学科细化的当代学术背景下，这么做难逃浮光掠影之讥。更何况，在论文写作中，我还对这些学科的现状发表意见，例如1952年新中国学科调整时将社会学、心理学都取消了，直到1979年才得恢复，这让我感慨多多，这些感慨，都与口述史学没有直接关系，我却议论它，难逃离题的诘难。不过，我并不后悔这样做。通过这几年的学习和研究，我个人收获良多。

书的目录是绪论（即《个体记忆库》）、档案学、历史学、社会学、心理学、传播学、语言学、教育学，这里我们要重新排序。今天的课，我想这样排序：

一、口述历史与心理学

二、口述历史与语言学

三、口述历史与传播学

四、口述历史与历史学

一、口述历史与心理学

上次课我们说了《口述历史与心灵考古》，主要是记忆和心理学方面的内容，其重点是口述历史如何利用心理学的知识，理解口述历史，并在口述历史采访和整理过程中进行心理考察和信息考据。那只是口述历史与心理学的关系的一半，即口述历史学习和利用心理学知识的一半；还有另一半，那就是口述历史对心理学研究有独特的回馈与贡献。下面简述几点，时间关系，大多只能点到为止。

口述历史与记忆研究

上次我们说到过，心理学家不大可能单独解决人类长期记忆的全部奥秘，有两个原因，其一，心理学家要做长达 80 年的实验研究，那实在是太困难了，要么不能做，要么做起来的准确性也会成为问题。其二，人类的记忆并不是一个机械性系统，而是与人的心理运作模式及其人格精神结构密切相关的复杂系统。

口述历史，或许是长时间记忆研究的一种可取路径。这话听起来有些新奇，实际上应该不难理解：因为口述历史工作正是建立在人们的长时间记忆的基础之上。标准程序的口述历史，是让受访人讲述自己的生平经历——例如"中国电影人口述历史"第一期工程的采访对象，年龄须在 80 岁以上，受访人要讲述自己 80 年以上的人生经历——每个人提交的都是有关长时间记忆的鲜活样本。只要口述历史人专心工作，久而久之，自然能不断积累这方面的经验和知识。

通过口述历史研究人类长时间记忆的奥秘，当然不能仅限于个人经验或普通常识，必须有具体而科学的研究方法模式，例如对大规模口述历史文本的大数据进行数据挖掘、统计分析；或是将有关长时间记忆的常识、经验或学术假说，置于合适的理论模式及广泛的统计数据中加以验证（证实或证伪）。

例如：我曾采访过的老电影人中，有很多人都参加了新中国开国大典，对 1949 年 10 月 1 日那一天所发生的一切，每个人的记忆都或多或少有所不同。若我们对那一天的历史事实有详细了解，那么我们就可以对每个人的记忆完整度、清晰度、精细度做出评估并进行分类，对得分高的和得分低的，再按年龄、性别、学历、职业、身体健康程度、心理活跃程度去做更精细的研究分析。在中国电影人口述历史的采访提纲中，每个人都会问及这个问题，若有心理学研究能力加上足够大的样本，或许就能获得有关长期人生记忆的若干知识或信息。

这里，我们只是讲理论可能性，具体研究路径和方法，当然要有专门知识和技能的人去设计并实施。

口述历史与心理研究

如果口述历史作为探索人类记忆的一种有效途径之说能够成立，我们也就可以提出更进一步的问题：口述历史能否作为人学和心理学的一种求知途径？即，"口述史学"是否应该包含人学和心理学研究？

英国作家卡里尔·菲力普斯上大学时想学心理学，他想了解人，他的导师却说：威廉·詹姆斯是哈佛大学的第一位心理学教授，但真正了解人的却是他的弟弟亨利·詹姆斯，即美国著名小说家。言下之意，是文学中的心理学含量比专业的心理学书中更多。理由也很简单，心理学，尤其是实验心理学，受到实验条件的限制，实验科学是"只能解决能够解决的问题的科学"。

精神分析是心理学的一个分支，因为不是做实验科学，而是直接面对真实生活中的人，因而他们的观点就与实验心理学家不一样。乔治·弗兰克尔说："如果说所有的人类文化、社会和文明有一个共同点的话，那就是，它们都是人类心灵的产物。"亦即"所有的社会事实，不论是物质结构，还是规章制度、法律、风俗、传统等，都是归于'文化'或'文明'之下的人造的或唯心的东西。它们是以社会规范和社会体制的形式客观化了的人类自我表达方式。"弗洛伊德说得更绝："老实说，科学只有两种：即心理学，纯理论的及应用的，和自然科学。"

上述说法的要点，是人类行为及其成果，都与人类心理有关。也就是说，从人类行为及其成果之中，也就能获得有关人类心理的信息和知识。例如，经济学如今是一门量化研究的科学，但它与心理学密不可分。经济学家米塞斯，即诺贝尔奖获得者哈耶克的老师，就曾写过一本大部头的《人的行为》。由此可见，在人类活动和人类行为中，追根溯源，你都要找到心理的源头。

这样，通过口述历史研究人类心理，就有比较充足的理由了。广义地说，受访人的人生经历，无非是人类心理成长与变化的外在表现。在人生的某些实际情境——例如"文化大革命"——中，我们就能通过参与者和亲历者的行为做出分类研究，心理学中有行为心理学分支，有大量的研究方法模式可以借鉴。

进而，在近几十年中非常流行的质性访谈研究中，心理学家也通过访谈方法对多个心理学主题进行过研究，并获得了诸多值得欣赏的成果。丹麦心理学家斯丹纳·苟费尔和斯文·布林克曼在《质性访谈研究》中指出："我们自己的领域——心理学——20 世纪 70 年代在丹麦，20 世纪 80 年代在斯堪的纳维亚半岛的一些国家和英国，质性研究成为一种合乎逻辑的研究方法。"普通心理学家把质性研究访谈作为心理学知识建构的一种新途径，确实是合乎逻辑的，既然精神分析能够通过访谈获得人类深层心理的信息，普通心理学家当然也能通过访谈获得人类心理 / 思维的信息，并展开其知识建构。心理学家的质性研究访谈虽然不完全等同于口述历史，但其中包含了人生故事、人生经验内容，其质性研究方法和知识建构技术，显然具有借鉴价值。

进而，通过口述历史研究人类心理，不仅是通过对口述人的人生经历和特定情境中的行为进行分析和研究可以获得信息，还可以通过对口述人的口述行为本身进行分析和研究：选择性遗忘、选择性记忆提取的运行机制及其原理是什么？自我保护本能、社会身份、个人立场、价值观念、情绪偏向等因素影响或改写记忆有哪些规律？社会意识形态、公共记忆模式、公众舆论压力、政治正确期许、社会角色表演形态，对个人记忆的影响方式及影响程度如何？后见之明、回想增长律、观察和思考模式等因素又如何影响记忆？巫术遗存、神话原型、历史意识是如何相互层叠、更替或竞争？这些因素与言不及义、言不由衷、想当然、自以为是等是否有所关联？有何种关联？……如此复杂的专业工作，不大可能由口述历史工作者单独完成，须有真正的心理学家参与或领导。

口述历史与国民性研究

国民性研究曾是人类学的一个重要研究主题，最著名的著作就是露丝·本尼迪克特的《菊花与刀》。在心理学领域，国民性研究相当于民族心理研究或国民心理研究。民族心理或国民心理，也是无法用实验科学的方法来研究的。

国民性研究已经不是文化人类学的常规研究题目，因为人们意识到，任何一个国家都有各种各样的人，而一个国家的人具有共同的国民性这一基本假定不免会以偏概全。但这不过是一种简单的理解，因为一种文化总是有该文化的价值观，而一个社会也有一个社会的行为规范，这种价值观和行为规范塑造出来的国民，自然有某些共同的心理基础和行为方式。国民性并不等于个人的一切，但它可能是存在的，既然存在，那么国民性就有继续研究的价值。

鲁迅先生的作品是国民性研究的一个范例。他笔下的人物，如阿 Q、闰土等等，都是国民性的典型。阿 Q 的"精神胜利法"，其实是心智不全、社会化不充分的表现；而另有高老夫子、吕维甫等读书人，则是社会化固化、缺乏独立性和独立思考能力的人，这些国民性的典型，揭露了这一文化与社会的僵化与疾病。

为什么说口述历史对文化及社会心理研究能有所贡献？理由是：口述历史所说，是人生经历和生命故事，其中有个人心理成长发育的线路图及其方程式——个人与文化/社会的互动模式，因为人是社会化的产物，人的心理构成与特定文化传统及社会环境密切相关。其次，口述历史与一般性社会调查相比，有一个重要优势，是不仅可以听到个人说什么，且通过其叙述发现其做什么及如何做。

通过口述历史，有可能测量并标注"文化与社会心理图谱"。所谓文化与社会心理图谱，并非简单的文化心理学或社会心理学，尤其不是书斋文化心理学或书斋社会心理学；而是需要在广泛的社会心理普查和文化心理测量的基础上绘制。

口述历史与集体无意识研究

日本大作家村上春树，采访了 1995 年 3 月 20 日东京地铁沙林毒气事件的受害者、当事人和见证人，完成了口述历史著作《地下》。他还写了一篇非常重要的文章：《"没有标记的噩梦"——我们将要去哪里呢?》。显然没有满足于了解"1995 年 3 月 20 日的早上，东京地下到底发生了什么"，而是深入追问："我们从那起震撼性事件中学得了怎样的东西，汲取了怎样的教训了呢?"所谓"没有标记的噩梦"，也就是我们所知很少但却实际存在的集体无意识。

村上春树这篇文章的思想价值和启发意义，不可忽视。具体是，它没有满足于对物理的"地下"灾难的调查取证，而是进一步深入到日本和日本人心理——当事人的个人心理无意识和日本社会的集体无意识——"地下"。他没有满足于对这一灾难性事件的简单思维和简单判断，指出这一灾难背后的心理无意识"地下"隐藏着"没有标记的噩梦"。村上春树的工作，是试图通过采访，寻找并标记这些噩梦，以便将它们暴露在公众意识的阳光下。他为口述历史工作做了漂亮的示范性操作：如何通过口述历史去探索个人无意识和集体无意识，以实际行动开拓口述历史的心理面向，进而开拓通往幽暗"地下"的信息隧道——研究无意识心灵所能达到的最深层次，就是这种没有个体区分的人类心灵。

弗洛伊德指出：群体心理是人类最古老的心理；我们分离出来的个体心理，是从古老的群体心理中生长出来并日益突出的。荣格对此做了进一步的区分，人类心理分为三层：第一层是我们的意识，是在地面上，我们自己能感受、观察和表达；地下一层即我们的个体无意识；个体无意识之下还有地下第二层，那就是集体无意识，这种集体无意识即弗洛依德所说的人类最古老的心理，那是一个无比幽暗深邃的世界，人类对此所知极其有限。

通过口述历史，尤其是关于诸如"文化大革命"这样的"集体癫狂"的匪夷所思的历史，我们能够从人类行为中观测到某些集体无意识动机及其表现，这也正是村上春树所说的"没有标注的噩梦"。这一研究路径，值得一探。

二、口述历史与语言学

在一次口述历史研讨会上，主持人要我谈谈自己的"采访经验"，如何做才能保证采访的成功？我不知从何说起。我虽曾做过很多口述历史采访，多少有些经验，当然也有很多教训，面对突如其来的问题，却还是有点愣，不知该怎么说。因为口述历史采访，是要与各种各样的人合作，受访人的社会身份、教育程度、年龄、性别不同，身体状况、心理状况、理解能力和交际能力不同，乃至采访的机遇和具体环境不同，采访的策略和方法也应该有所不同。硬要总括，无非两条：一是见什么人说什么话；二是到什么山上唱什么歌。我的话引起了哄堂大笑，这说法未免太"那个"了，或许有人听明白了，怕也有人以为我在糊弄事。

如何做好口述历史采访？这个问题与传播和传播学有关，也与语言和语言学有关。传播学的话题后面再说，这里专门讨论口述历史与语言和语言学的话题。要想做一个合格的口述历史采访人，必须具备一定的语言知识、语言能力、语言敏感和相应的交际能力，必须学习语言学——包括社会语言学、应用语言学、心理语言学和普通语言学。为什么要在语言能力之外，还要学语言学？

口述历史与语言学的关系，很容易论证。因为口述历史采访，说穿了就是一种会话合作关系，采访人要通过语言来提问，受访人则要通过语言来陈述。这就意味着，采访人要懂得一定的语言知识和语言会话技能。这不难理解吧？

称呼语的知识与技能

如果没有社交语言知识，我们甚至都不知道应该怎样称呼对方。在口述历史采访中，我们通常都称呼对方为老师，这种流行的称呼通常都很管用。过去几十年间，我们通常称呼别人为"师傅"，在老师和师傅这一称呼之外，当然还有其他的称呼。假如我们做其他社区或行业采访，也是不假思索地称呼别人为老师，有时候会碰壁，他会告诉你，"我不是老师，我是杀猪的，你要找老师，到学校找去！"那时候，你怎么办？对受访人的另一种称呼，是小姐、女士、先生，这种称呼在城市里当然很管用，但在前些年，你若贸然称呼一个女士为小姐，很可能会得到白眼甚至怒骂："你妈才是小姐！"因为小姐这个称呼里包含了一些特殊职业的意思。还有第三种称呼，是按照老办法，称呼对方是大爷、大娘，这有城乡差别。假如你遇到一个45岁左右的女性，你该怎样称呼？在城里和乡下，会有很大的不同。若是在乡下，你按照城里的习惯称呼她为大姐或阿姨，肯定会遭到她的白眼，因为在乡下，这个年龄通常都是奶奶辈，你一个20来岁的小青年称呼他为大姐、阿姨而不称呼她是大娘、奶奶，她肯定会非常不高兴，觉得你没有礼貌。可是，回到城里，你若按照乡下的规矩，去尊称对方为大娘，甚至奶奶，你试试看！她若不骂你才怪——"我有那么老吗？你是不是瞎了眼!?"

人际修辞及礼貌原则

社交礼貌是传播学的内容，但语言学家也关注这个问题。语言学家利奇认为，人们的言语行为受"人际修辞"和"语篇修辞"的支配，它们各由一套准则构成。

利奇的"人际修辞"六条准则的具体内容是：1. 得体准则：（1）最小限度使别人受损；（2）最大限度使别人受益。2. 慷慨准则：（1）最小限度使自己得益；（2）最大限度使对方受益。3. 赞誉原则：（1）最小限度地贬低别人；（2）最大限度地赞誉别人。4. 谦虚准则：（1）最小限度地赞誉自己；（2）最大限度地贬低自己。5. 一致准则：（1）使交际双方的分歧减到最小；（2）使交际双方的一致增到最大。6. 同情准则：（1）使对话双方的反感减到最小限度；（2）使对话双方的同情性增到最大限度。得体、慷慨、赞誉、谦逊、一致和同情六个准则，利奇称之为"人际修辞"的"礼貌原则"。

在这六条准则中，言语得体最为重要。语言学家钱冠连解释说："在适当的时间、适当的空间（场合）对适当的人说了适当的话，这便是言语得体。"倘若"说话人在言语交际中使用了符号关系正确的句子，但不自觉地违反了人际规范、社会规约，或者不合时间空间，不看对象，这样性质的错误就叫语用失误。"

同样一个问题的不同提问方式，结果很可能如俗话所说，一句话让人笑，一句话让人跳。假如受访人在"文革"中参加过造反派组织，采访人想就这个问题提问，若问"听说你在'文革'中参加过造反派，是不是？"所得回答"是"，等于没有得到答案；若问"你为什么会参加造反派？难道没有良知？"所得回答很可能是怒目相视，或者因伤害了受访人而干脆让采访泡汤；若问"你参加的那个造反组织叫什么名字，当时是怎样的情形？"所得回答或许就会心平气和而详细周到。

会话合作原则

成功的口述历史采访，无非是采访人与受访人之间的成功对话。社会语言学家对会话即交际活动有不少专门研究，口述历史工作者最好能了解其中关窍。美国语言学家格赖斯（H.P.Grice）提出，会话中说话人和听话人双方都应该遵守"合作原则"。这个原则包含四个准则：1.数量准则，即所提供的信息满足并且不多于会话的要求；2.质量准则，即不说自己相信是错误的事情，不谈缺乏足够证据的事情；3.关联准则，即所说的话必须是相关的；4.方式准则，即说话应简洁，有条理，避免模糊、歧义。这四条中的每一条，都值得口述历史采访人认真揣摩，并在实际采访中加以实践和发挥。口述历史的目的，是要采访、倾听并记录受访人口述生平，采访人遵守"合作原则"并主导对话合作，就显得至关重要。有时候，采访人稍不留意，就做出了违犯合作原则的事。

我本人就有过这方面的教训。例如在写作采访提纲时，为了将话题集中并节省篇幅，将同一话题之下的分支话题都放在一起，例如问及电影摄制组的构成时，我写的是："组建摄制组由谁说了算？导演、制片主任和党支部书记三者谁的权力最大？他们如何分工合作？党支部书记都是专职的吗？党支部书记是否参加创作讨论？在拍摄时是否干预导演的工作？每天都要开党支部会吗？如果导演和党支部书记的意见不一致怎么办？……"这些问题或许都值得提问。问题是，将这些问题写在一起，不合数量准则，往往会让受访人无所适从。

语言与副语言

语言学中将语言分为两种，一种是语言或言语，即发出声音的言语；另一种叫副语言，也叫辅助语言，即不发声的言语。口述出来的当然是语言，其他相关的表情、动作、姿态等等，都是副语言或辅助语言。语言学家统计过，在日常交流中，语言通常只占交流媒介的 35% 左右，而 65%，也就是说大部分交流的方式或媒介，是副语言或非语言。口述历史采访中，语言和副语言的使用比例或许与日常生活中交流的比例有所不同，语言使用量或许较大，但大到多少？那就很难说了，因为要看采访人的能力、受访人的个性和言语水平而定。有一个语言学家研究口述历史语言，直接拿口述历史编纂抄本做样本去进行语言学分析，我跟她说，老师啊，您做的这个工作非常漂亮，但却不是口述历史语言的真实状况啊，您所使用的编纂抄本，也就是经过编辑的抄本，编纂抄本与原始抄本根本不同，一是将原始抄本中所有多余的话、多余的词、多余的声音全部删除干净了，所以它不是口述历史采访中真实会话的语言；更重要的是，编纂抄本中几乎完全没有采访现场的副语言的记录。而在真实采访现场，采访人说的口语很少，但副语言却非常之多。我对那位老师说，一场 3 小时采访，我可能会有一千次点头！原因很简单，我们是在与对方对话，要对对方的话语及时而准确地给出回应，否则对方的说话兴致可能会有所降低，而采访人又不能随时插话——如果插话多了，录音整理起来就会变成灾难，而以后作电视节目、广播音频节目时，甚至都无法剪接。不能出声怎么办？就只能不断点头，不断做手势，不断用眼神呼应对方的话语，这才是口述历史采访人使用语言的奥妙所在。所以，学习口述历史千万不能只看录音编纂抄本，而是要去看录像，最好是到现场亲身体验。做过口述历史的人就知道了。更重要的方面是，不仅采访人会使用副语言，受访人也会使用副语言，受访人表情、姿态、动作中，有非常丰富的信息。

地域方言和社会方言

语言中有普通话，有官话，有方言。南京方言、合肥方言、西安方言、成都方言，这是地域方言。不是所有的方言我们都能听懂，例如浙江南部方言，福建、广东和广西的方言，很多人就听不懂。上海方言也不是所有人都能听懂。我在采访时就遇到过这种情况，有些老人在北京生活了超过 60 年，但还是一口家乡土话，这种人虽然不是很多，但遇上一个也不稀奇。我最近就采访了一位先生，他是浙江人，在北京生活了 50 年，仍然有浓重的浙江口音，怎么办？当然只好随时请教，随时标注，例如当他说他给某个人写了一篇"树言"，我不懂"树言"是什么，那就向他请教，明白他所说的"树言"其实是"序言"后，就用普通话重复一遍，以便录音整理时不会出错。类似的情况很多，这里不多说。

还有另一种方言，语言学家称为"社会方言"。社会方言包括专业术语、职业行话、社交圈内的特殊语词及语句。《智取威虎山》中杨子荣和座山雕那段对暗号的台词：天皇盖地虎，宝塔镇河妖；脸红什么？精神焕发。怎么又黄啦？防冷涂的蜡！这就是社会方言。你要采访音乐家，就要懂得音乐家经常使用的语言；要采访书法家，就要懂得书法家所用的语言；如果连基本的专业术语都听不懂，对职业行话更是莫名其妙，那怎么能与受访人进行有效的交流呢？

表层结构与深层结构

口语又有另一特点，是表达生动而有多义，稍不留神很可能就会将对方的意思领会差了。最简单的例子是"这个兔崽子""那个挨千刀的"，听起来像是骂人话，有时候也确实是骂人话；但在另一些场合，却又可能变成了亲人间的昵称，当一个女性说自己的丈夫是"挨千刀的"时，有时候满脸笑容，深情无限。在口述历史工作中，经常会遇到这样的例子。例如一个老人说其他的同事"他可会演戏啦！"你以为他在夸奖那个同事表演艺术高明？真正的意思可能是说，这个人见人说人话、见鬼说鬼话，在生活中表演扮猪吃老虎的勾当。当然，在另一种语境下，也可能是说，他在批斗会上发言声色俱厉，而在批斗会结束后却换了一副模样，对被批斗的人非常仁厚。"他是个聪明人"或"他可神啦"，都有类似的情况，只有在特定的语境中，根据具体的上下文，才能听出弦外之音。

表层结构和深层结构，是语言学中的重要概念。简单说，表层结构是指言语表达出的——听上去或看上去的——语法及意义结构，即话语形式；而深层结构则是言语未表达出的语义结构，即话语意思。所谓"听话听音"，其中的"话"是表层结构，而"音"则是其深层结构。

对话、暗示与诱导

人的表达能力是不一样的。表达能力怎么衡量？其实是一个值得认真对待的问题：一个说话非常连贯顺畅的人，和一个说话中经常停顿、考虑措辞的人，谁的表达能力更强？这就是一个问题，表达顺畅的人很可能是用一些话语的老套在说话，有些话甚至就变成了老套；而那种说话听起来不怎么顺畅的人，很可能是在寻找更准确的词语来表达自己的意思。相比之下，后者比前者表达能力可能更强。

在口述历史采访中更常见的情况是，很多人不大会用最精确的词语来表达自己的心思。例如有一个采访人，在说及一次批斗会后见到自己的批判对象在那里扫厕所时，原话是"我当时心里……真是……真是……"，说了两个"真是"后面有长时间的停顿，显然是找不到合适的词来表达自己的意思。遇到这样的情况，采访人怎么办？有两个办法，一是静静地等待他找到合适的词，另一种办法是说出一个词或两个词，帮他填空，例如选择"伤感"或"惭愧"，前者是觉得这个批判对象很可怜，后者则是觉得自己批判了对方很不应该，这是两种完全不同的意思。需要警惕的是，如果我们选择的填空词语不合适，很可能就会形成一次诱导，而诱导是采访中需要特别警惕的事。要知道，很多人在对话交流过程中，会不知不觉地迎合对方或不忍拂逆对方的情况，他会顺着你的意思说，而把自己原先想要表达的那种真实的情感或心思暂时放在一边。如果出现这样的情况，在做录音整理之后，这句话就被固定下来了，实际上却并不是受访人的真实言语。

采访人一定要记住，任何采访对话中，大部分人都是很容易受到暗示或诱导的，采访人若没有很好的语言天赋和敏感，最好是别乱开口，宁可等待对方去找到合适的词。实际上，在寻找合适的词的时候，他的表情中也会透露许多信息。有时候，沉默本身也是一种表达，甚至是内容非常丰富的表达，比语言更有力。

双语选择和语料库

口述历史采访的语言问题，还有一种情况，即在少数民族地区采访，该用何种语言？如果受访人只懂得一种语言，即他的本民族语言，那当然没有话说，需要采用他的民族语言，这就需要懂得那个民族语言的人去采访，否则没有办法对话。问题是，少数民族地区有不少双语使用者，既懂得民族语言，也懂得汉语，在这种情况下，我们该使用何种语言？这就是一个值得考虑的问题。

去年我在西藏参加一个口述历史项目，帮助他们去做歌唱家才旦卓玛的预访，带了一个藏语翻译，但才旦卓玛会说汉语，而且要求用汉语采访。这是因为，在谈及新中国的故事时，有许多概念都是汉语，藏语里没有相应的概念；当然，说及她童年时的一些游戏和歌曲时，却又只有藏语概念，汉语中没有相应的概念。最好的办法是：讲童年故事，说藏语；讲新中国故事，说汉语。

我在云南一个县里与当地同行讨论口述历史，他们说，我们这里大多是少数民族，采访时要用什么语言才好？我的回答是：当然要用民族语言！为什么呢？第一，老人们使用自己的民族语言，思索和表达更为自由，而更少污染。第二，每一种语言都是一个人类社群的智慧结晶，每一个词语都有丰富的智慧含量，让老人家用本民族语言说话，表达肯定会更加生动。

口语与文字不一样

活的语言，常常是零碎的、断裂的、跳跃的。常常是很少有完整的句子，有时只有半句话、甚至三分之一句话，两句话之间有很大的断裂带，而且通常是一句话还没有说完，就转到了下一句话，下一句话还没有说完，又转到了下下句话。现在我在讲课，所说的语句子相当完整，可是在对话时却未必如此。如果我们做过口述历史，尤其是做过口述历史原始抄本，也就是按照口述历史的录音忠实地变成文字记录稿，就很容易发现这样的情况：当我们将制作好的编辑抄本送给口述人审查的时候，有的人会大为不满，觉得"这不是我说的话！"实际上，那些全都是他说的话，只不过，受访人像我们许多人一样，对自己的口语实际情况没有太多的知觉。以为自己说的话都是完整的、干净的、连接有序的，实际上并非如此。有意思的是，就连语言学家也不见得知道这个。我看到一篇论文上说，有一次语言学家开会，有的语言学家将这些同行的口语讨论全部录音整理出来，送给语言学家同行看，让这些语言学家大吃一惊！原来口语竟是这样的！当然，他们是语言学家，他们很快就明白，口语之所以如此，是因为在对话现场，可以用——甚至必须用大量的副语言，也就是上面所说的表情、姿态、动作来表达语义，如此，口语的句子成分和口语句子之间的关联，就不会像文字那么整齐了。

还有一种情况，那就是对话者都是聪明人，有时候一个人只说了半句话，对方就理解了，那么你没有说出来的下半句话也就没有必要再说出来，于是就出现上述情况。

语言危机和语言种质库

有许多少数民族语言处于濒危状态。其一，在过去的一个世纪，由于政治、经济、文化、战争、宗教、移民等种种原因，先后已有 1000 多种语言在地球上消亡。据语言学家预计，到 21 世纪末，还将有 50% 甚至多达 90% 的语言不再被使用。其二，语言学家估计，世界上现有 6000 多种语言，在 21 世纪将有大部分语言陆续失去它的交际功能（有人估计将消亡 70%—80%）而让位于国家或地区的官方语言。其三，中国有 120 多种少数民族语言，包括台湾高山族使用的 19 种南岛语系语言。在这 120 多种语言中，有 20 多种语言使用人口不足 1000，基本上处于濒临消亡的边缘。我去过云南、贵州等一些少数民族地区，有些地方的民族语言已经出现了危机迹象，尤其是少数民族与汉族混居地区，这些地方 60 岁以上的人能说能听自己的民族语言，40 岁左右的基本上只能听不能说了，而他们的下一代很可能就只懂得汉语，而不懂得自己的民族语言了。

帕默尔所说："使用一种语言就意味着某种文化承诺，获得一种语言就意味着接受一套概念和价值。"语言不仅仅是一种工具、媒介，它不仅仅是一种声音系统，同时也是概念系统、知识系统和价值系统。

说到语言的危机，总会情不自禁地联想：汉语的前途如何？多年以前，国内出版过一部书，名为《汉语的危机》。从书名可知，编者和作者在忧患汉语前途。其中颇有些值得注意的观点，例如："识字的人越来越多，字却越来越少。"——1987年公布的《常用字表》所列常用字仅为2500个，这2500个常用字对现代出版物的覆盖率高达97.97%！次常用字1000个，覆盖率为1.51%。常用字与次常用字两项合计3500个汉字，覆盖率为99.48%。但真正的语言危机还并不是词语的减少，因为过去的词语减少了，但新的词语在不断增加，这些年的网络新词有很多，就是一个很好的证明。

[提问：有没有人说一说：语言危机的真正原因是什么?]

好。语言危机的真正原因，是使用的人越来越少。进一步的问题是：为什么使用的人越来越少？答案是：工作和生活的需求决定着语言使用的状况。少数民族语言使用者减少，是因为他们上学和找工作都必须用到汉语，在国内，汉语的强势是毫无疑问的。再进一步的问题是：随着全球化的加剧，在国际上，英语的强势，会不会让汉语也成为全球化时代的少数民族语言？现在看来，当然不会。但500年以后呢？1000年以后如何？我们不知道，对不对？那么，是什么因素决定一种语言的命运呢？是这种语言使用者的创造性产品的技术、艺术及其市场占有量，如果大部分产品都是由某一种语言使用者创造的，那么这种语言当然会兴盛；如果一种语言的创新产品根本就没有市场竞争力，那么工作市场的通用语言就绝不会是它们，这一语言的使用者就必须使用强势语言，时间长了，自己的语言就会衰退，就会濒临危机，最坏的情况就是走向灭绝。

汉语的命运如何？实际上是取决于汉语使用者的创造性及其创新能力。无论如何，对口述历史而言，多一次采访，即使不能阻止该语言的灭失，至少能为此保留大量语料，作为语言的种质库。

三、口述历史与传播学

在口述历史工作中，存在着几乎所有已知的传播形式，也就是：1.口述人的自我传播形式；2.采访人和口述人之间的人际传播形式；3.口述历史作品的公开发表，即大众传播形式；4.口述历史工作团队内部及集体采访过程中的小团体传播形式。在某种程度上，我们可以说，口述历史工作中处处都有传播的问题存在。这里只说口述历史采访，这是一种特殊形式的人际传播。

传播学的"劝服"理论和方法

口述历史工作的第一环节，就是要说服选定的受访人接受采访，在传播学上叫作"劝服"。劝服一个人接受口述历史采访，有时候很容易，有时候很难。其中有一个重要的问题，是我们如何对潜在的受访人说明我们的工作？是只说我们工作的意义、好处？还是好处和可能的弊端都同时说？这就是一个需要采访人用心对待的问题。在口述历史采访中，虽然有人希望接受我们的采访，在没有采访到他的时候，他会主动问：什么时候采访我啊？但，也有些人需要劝服才能接受采访，有些人甚至劝服多次，仍然不愿意接受我们的采访。不愿接受采访的原因，是因为经历了太多的政治运动，懂得言多必失，不愿意将自己的往事告诉他人，以免变成靶子，贻害自己或自己的后人。在这种情况下如何劝服对方？这就是一个问题，最好的劝服方法，并不是向他保证绝对不会出现他所担心的事，而是把可能出现的情况都对他说，并且把防止此类情况发生的措施也告诉他，例如，我们的口述历史使用权授权书就有两种，受访人可以选择多少年后才允许公开自己的口述历史。这样，受访人觉得这样的措施比较靠谱，也认识到我们的工作确实很严肃，最终才愿意接受采访。

受访人的"内在把关人"

传播学有一种"把关人"理论，那是指一个传播单位的总编辑、社长一类人物，决定哪些新闻可以上头条，哪些只能在第二版，哪些不能刊登。在口述历史采访中，我们经常会遇到，有些问题，受访人明明记得，却说"我不记得了"，为什么呢？因为每一个受访人的心里，都有一个"把关人"，害怕承担说出事实的风险，或者是不愿意揭开自己已经愈合的伤疤，或者是不愿向陌生人透露太多的个人私密。每个把关人的尺度是不同的，把关的要点也是不同的，这就需要我们针对不同的情况去与受访人协商，或者提出更为合适的问题，这都与我们掌握的传播知识和技能有关。由于我们这一段课程的主要内容是关于口述历史理论的，所以下面侧重于口述历史的理论方面的问题。

记忆假说和访谈假说

下面要说的两个假说，不是我自己的假说，而是我总结出来的两位外国学者的假说，一个是英国心理学家弗雷德里克·查尔斯·巴特利特在他的研究专著《回忆》中提出的，其中说："回忆就像需要技巧的比赛中的一次击球，每一次我们做出了它，它都有着它自身的特征。"这也就是说，回忆不是到仓库里去取档案，口述历史采访也不是到图书馆里去借书，而是要用问题激发口述人的回忆，而不同的问题对口述人回忆的激发程度是不同的，所得回忆也会是不同的。这一点对口述历史采访非常重要，我称它为"巴特利特假说"。

另一个假说是美国人类学家玛乔丽·肖斯塔克提出的，她在非洲做过研究，写过《尼萨——一个昆人妇女的生活与诉说》，还写过一篇文章《什么不会随风而逝?》，明确指出：这个访谈"反映了50岁的尼萨与24岁的肖斯塔克之间的限定性对照；任何其他的组合，都必然会导致不同的结果"，因为"访谈是两个人之间的互动，处于特定生命时段、具有独特人格特质和兴趣取向的一个人，回答由另一个处于特定生命时段、具有独特人格特征和兴趣取向的人所提的一组特殊的问题"。也就是说，换一个人来采访，情况会不一样；甚至，如果同一个采访人面对同一个受访人，换一个时间来采访，情况也会不一样。我把它称为"肖斯塔克假说"。

[提问：请大家说一说：上面这两个假说是否成立？为什么?]

我们看到，在英国心理学家巴特利特和美国人类学家肖斯塔克的假说中，有一个非常突出的共同点，那就是，口述历史的采集，不是像去查阅档案或借书那样简单，有时候你得不到自己想要的东西，而有时候则会有意外之喜。

这两个假说都涉及人际传播的问题。一是提醒采访人如何创造良好的传播氛围，如何找到最有效的关联信息并提出最合适的问题；二是需要理解人际传播关系中的角色，例如玛乔丽在与昆人妇女尼萨的对话中，是一个年轻的女性对一个年长女性两个角色的对话，而不是一个人类学家和一个土著妇女的对话，换一个男性肯定就不一样了，换一种身份设定可能也会大不一样。

资深优势与资浅优势

巴特利特假说和肖斯塔克假说，并没有说哪种情况下记忆会井喷，哪种年龄的组合会得到最佳效果，而只是说记忆的提取是有时间和情境要求的；而采访对话同样也因采访人身份和年龄的不同而有所不同。其中关键，其实不见得是年龄或身份，而是采访情境，亦即人际传播氛围。创造良好的人际传播氛围，是口述历史采访中的头等大事。一般说来，采访人知识渊博、经验丰富当然是一件好事，他懂得如何营造良好的采访情境即传播氛围，但知识渊博和经验丰富不见得总是能够创造出良好的传播氛围，不见得总能让受访人愿意袒露自己的往事心迹。

我经常说一件事，那是我在采访中，一个老人说到摄制组排戏"走地位"的一段往事，突然支支吾吾，不愿意接着往下说，为什么会这样？我不得要领，我当时的摄像师是一个在读女研究生，提出一个听起来很傻的问题："什么是走地位呀？"没想到这位老人竟因此而来了兴致，向她解释说，走地位就是由摄影师划定表演区域，演员不能走出这个区域，即不能走出摄影机的画框，接下来，他又将当时与摄影师之间的不快全都痛快地说了出来。原来，这位演员在那次拍戏时，经常被摄影师批评，说他走出了画框，要他重来，他为此恼火，与摄影师吵架。研究生提出的那个傻问题，他在回答问题时突然意识到当年其实是自己不对，所以就痛痛快快地说出了在摄制组里发生的吵架故事。后来我问这位老人：为什么我提问时他不愿说，而我的摄像师提问他却愿意说？老人说，你那学生提问时，表情像极了他的孙女！瞧，采访人和摄像师的一个表情，有时候也会影响人际交流中的传播氛围。这里还有许多问题值得探索和总结，我发现，带着年轻的研究生去采访，常常会有意想不到的好处，有些老人不愿意同儿女辈说话，但对孙子孙女辈人却是有问必答，不但非常热情，而且体贴周到。这叫年轻优势。

　　还有一种"资浅优势"：对与访谈主题相关的历史、社会及生活缺少知识和经验的"资浅"采访人，有时候会取得比资深采访人更好的访谈效果。原因颇为出人意料：正因为采访者年轻且所知甚少，受访老人爱怜洋溢，说起往事会更加耐心体贴，且详尽无遗。而面对一个所知甚多的采访人，受访的老人常会以"这你知道"打发过去，甚至有人会因为采访人"什么都知道"而谈兴索然！

　　但什么事都不是绝对的。年轻和资浅，对采访老人来说固然有某些优势，但若你总是在不恰当的时候提问，或者提问过多，经常性打断老人的叙述，使得老人的记忆和讲述无法正常进行，那就适得其反。假如你因为年轻资浅而过于无知，对方说什么都是一脸茫然，对方可能就因为你"什么都不知道"而无法继续。

　　那么，怎样才能确保传播氛围和采访情境合宜呢？

"舞伴"技巧与传播氛围

　　采访情境及传播氛围的好坏，固然与受访人的个性、心态及其知识视野有关，但起决定性作用的还是采访人。因为受访人是多种多样的，无论哪一种个性、哪一种心态、哪一种知识视野，采访人都要面对。如果采访人像一个户口调查员，一副公事公办的样子，当然无法创造良好氛围；若采访人像主审法官或刑讯官，机警敏感、言语犀利、样子威严，采访氛围当然会更差。

　　好的采访人如同好的舞伴：虽然是实质上的领舞，但在实际采访过程中不能有领舞者的痕迹，你必须是合作者的身份与对方打交道，把对方当作舞伴，更重要的是，要让对方把你也当作舞伴。真正的好采访人，在正式采访开始之前就把传播氛围营建出来，此后就是以舞伴身份进行工作，在正式采访过程中，采访人甚至还要从舞伴的身份中再退一步，把自己变成"伴舞"，让对方成为主唱。

　　所谓"舞伴"技巧，就是指采访人同时具有领舞—舞伴—伴舞三种身份，且能够在三种身份之间自由切换。采访的技巧，功夫在正式采访之前，一旦正式采访开始，采访人要做的就是从领舞变成舞伴，进而从舞伴变成伴舞。伴舞也并不是简单的事，你的眼睛和表情必须随对方的讲述翩翩起舞。当你专注地倾听，把对方当作这个情境中的唯一主人公——谁不愿成为舞台上的主角呢？——一旦受访人意识到自己是唯一主角，他就觉得自己的重要性大大提升，自己的故事值得倾听，因而受访人就很容易进入角色，做好本色演出。

采访经验与传播学知识

我们知道，口述历史采访，是人际传播的一种特殊形式。只要你懂得社交礼仪，具有良好的社交素养即具有与人沟通交流的能力，你就具备一个采访人的基本素质；而当你具备一定的传播学知识，并掌握人际传播的若干技巧，你就可能成为一个好采访人。当然口述历史采访经验需要总结，同时要知道，口述历史采访本身，实际上也是传播学的一种研究路径，可以考虑下面几种研究方法：一是自我比较与总结，二是小组比较与讨论，三是做适当的"实验性采访"。

第一种研究相对简单：同一采访人与不同的受访人合作，采访效果常常有所不同；甚至同一采访人对同一受访人，在不同时间段，采访效果也会有所不同。对这些不同，需要采访人随时关切并详细记录，进而做出自己的分析和研究，总结经验教训，以便提升自己的采访工作水平。十多年前，我第一次去采访罗艺军老师，采访效果并不好，发现罗老师有些紧张不安。除了初次采访的紧张之外，好像还有什么因素引发了这种紧张，回家后左思右想，忽然想到，是不是因为我的态度过于慎重严肃，西装革履、正襟危坐，影响了罗老师？为了验证这一说法，第二次就穿着日常服饰，且采取闲聊方式，结果果然大不相同。后来学了传播学，知道人际传播，不仅是语言信息的交流和传播，你的服装、表情、坐姿、谈话语调等等，全都传播出某种信息，并且影响到传播氛围，最终影响到传播效果。

第二种研究也不太难，即采访团队分组观看各个采访人的采访录像，对采访过程中的具体问题进行比较评估，从采访人的衣着打扮到语音语调，到提出问题的时机、方式及所提问题本身，每个人提出自己的看法和做法，并对这些看法和做法进行讨论和总结。每个人的采访录像都可以拿出来比较和讨论：今天看这个采访人的，明天看那个采访人的，若能形成定期讨论和比较的制度，肯定能形成不少经验数据，有利于团队的采访工作。

第三种方法，是"实验性采访"，即让不同采访人分别对同一受访人进行采访，也可以让同一采访人对同一受访人进行重复采访（中间相隔一段时间），这些采访可以告知受访人我们在做采访实验、也可以不告知受访人，并对两类受访人进行分组比较和研究。当然，更深入的研究，需专业的传播学家去做。

口述史家要研究这些问题，需要传播学的专业知识，最好是有专业传播学者指点或领导；另一面，口述历史的经验研究，实际上也是传播学研究的路径。

传播研究："罗生门"问题

口述历史是传播学研究的一种特殊路径，因为口述历史采访本身就是一种传播，而口述历史所调查的内容中也可获得有关传播的重要信息。

我们知道，口述历史中也会出现"罗生门"，即对同一历史事件，不同的人有不同的说法。口述历史的"罗生门"与电影《罗生门》有不同之处。最大的不同之处，是口述历史并非刑事询问，受访人并非嫌疑人，因而没有故意说谎的必要。但另一方面，口述历史中又确实存在提供不真实信息的心理动机——我没有说这是"谎言"，而是说不真实信息，需要采访人有本领去面对和辨析。

假话或谎言主要有两种，一是隐瞒真相，一是捏造事实。不真实的信息还可以进一步分类，并由此发现各种具体原因，诸如：记忆差错与表述失误、生理机能性言不由衷（词不达意）、自我保护本能及选择性遗忘、选择性陈述及记忆改写、回想增长率、记忆和表达的想当然、个人立场及情绪偏向、意识形态与公众记忆、后见之明与政治正确、社会角色与表演形态等等。

人有"自利性偏见"（self-serving bias），即我们往往把"坏事情"的责任推卸到外部的、我们无力施加影响的因素上，而所有的"好事情"都是我们个人能力和个人努力的结果。自利性偏见会歪曲我们的感知，使我们过多地将好事情归结于自身的原因，而把处理不当的事情的责任向外推卸。实际上，自利性偏见还有更严重的情况，为了保护自己的私密或面子，有人会隐瞒真相；为了满足自己的自尊心或虚荣心，有人会捏造事实。最低限度是：家丑不可外扬。

自利性偏见是一种心理现象，同时是一种传播现象，人们要保护私密或面子、满足自尊或虚荣，往往都是在传播交流时，这就是口述历史要面对的问题。

人们的自利或自欺，只要没有形成顽固的神经症，总会有迹可循，有经验的采访人，或多或少能够从其言语、表情、姿态、动作、手势中发现不真实信息的痕迹——例如前言与后语不一致、概括性大话与细节性描述不一致，"不自然"的表情和动作，姿态和手势的微妙改变。既然是一种人之常情，采访人要做的是，第一，不能把这种情形当作道德品质问题；第二，不能伤害他人的自尊；第三，要通过恰当提问或陈述，让受访人自觉自愿地讲出事实真相。

我在西安采访时，还有一次值得一说的经历，是采访长安县女子放映队的一个队员，问及她与子女的关系如何，受访人的回答是"关系很好！"但她的表情却暴露了"此言不实"的信息。我读懂了她的表情信息，对方与我母亲是同龄人，我就说自己的经历，从小由外婆带大，妈妈忙于工作，经常见不到人，因而与妈妈关系不亲，对外婆的感情要深得多。这一说，受访人就流泪了，接着说出与子女的关系其实也不亲，以至于到采访时，子女都还在怨恨她当年没有尽到母亲之责！这可以说是那个时代的后遗症，那个时代鼓励人们为工作忽略家庭，甚至牺牲亲情，这一忽略和牺牲，在半个世纪之后，后遗症影响到母子、母女的感情，由个人承担。这段故事收入了《花季放映》一书，当然内容是大大简化了，要保护个人隐私。

传播研究：人性与信息

传播学家威尔伯·施拉姆指出："我们研究传播时，我们也研究人——研究人与人的关系以及他们所属的集团、组织和社会的关系；研究他们怎样相互影响、受影响，告知他人和被告知，教别人和受别人教，娱乐别人和受到娱乐。要了解传播，我们必须了解人是怎样相互建立联系的。"

进化生物学家理查德·道金斯有言：生命即信息。如果你想了解生命，就别去研究那些生机勃勃、动来动去的原生质了，从信息技术的角度想想吧。

信息学家詹姆斯·格雷克说："进化本身正是生物体与环境之间持续不断的信息交换的具体表现。"而"传播这一概念，包括了人与人之间相互影响的全部过程。"亦即"传播是参与者创造并互相分享信息以达到互相理解的过程"，因而"迫使我们研究人际长期关系中的差别、共性、变化。"这些话当然有理。但，人与人之间相互影响的全部过程，起点和终点如何计算？人际长期关系又如何测量、分析和研究？传播在生活中是连续不断的，即"传播是一个过程，这意味着它是正在进行中的，而且一直运行着，在不断向前发展中持续地变化着。因此，很难区分传播究竟从哪里开始，又止于何处……因此，我们无法把传播凝固在任何一个时间里。"

如此，要想了解和研究日常生活中人与人之间——简单如父子之间、夫妻之间、朋友之间——相互影响的不同模式或其全部过程，传播学家必会头疼不已。但对于口述历史而言，这些却不成问题——因为口述历史的提问，通常都会问及下列几类重要问题：

第一类：其父母的身份与个性、与父母的关系、对父母的记忆和评价；与同学、发小、朋友的关系，受到他们哪些影响；与同事的关系，等等。

第二类：读书的经历，什么时候开始课余阅读？课余阅读包括哪些杂志、书籍？这些书籍或文章对自己有哪些影响？

第三类：看电影的经历，是否记得第一次看电影的情形？是否经常看电影？最喜欢的电影有哪些？最喜欢的影星或导演有哪些？为什么？

第四类：在专业学习方面有哪些经历？职业培训对自己有哪些影响？如何看待自己的专业？对自己创作或参与创作的作品是如何思考的？

上面的这些问题，固然都是成长过程的问题，也是人生经历的问题，大家肯定也注意到了，这些其实都是传播与影响的问题。前三类问题有关人际传播、大众传播、小团体传播，后一类问题是独立思考能力，即自我传播问题。通过这些问题，我们不仅了解到这个人的独特经历，也了解到他的成长历史，同时还了解到多种多样的传播方式和信息对具体的个人是如何起作用、有哪些作用。

如果我们认真思索中文里的"聪明"一词，就会惊叹创造这一词语的古人，似乎早已懂得人际信息传播的重要性，以及信息传播与个人心智的关联方式。从这一词语，不仅可以看到个人传播能力的自然标记，进而还能看到个人心智成长和发展的源头及其具体管道。所谓聪明，并不仅是说一个人生理上的耳聪和目明，即不仅是指其生理器官功能完善；更重要的是指其用心观察和用心倾听的主动性、选择能力、专注能力、精神活力及其相应的心智能力——捕捉信息、分析信息、理解信息的能力即学习的能力。古往今来，人们本能地相信，人的聪明是一种天赋，是由遗传而来；从传播学及人类学习潜能角度看，人的聪明，即使有一部分取决于先天性遗传（遗传也是一种传播），其更大且更重要的部分当是由后天的社会环境、具体人际关系及其信息传播过程、经历和模式塑造而成。只不过，迄今我们还不了解，后天人际关系及信息交流模式影响和形塑聪明的确切因素。

由此看来，聪明一词应被看作是传播学中的一个专门概念，甚至应被看作是一个重要的核心概念。聪明的真正含义，在于个体的生理性、心理性、社会性的有效关联，即只有在自我传播方面保持活力，生理性、心理性和社会性之间渠道畅通，才能在人际传播和其他形式的社会传播系统中保持活力及有效传播。从传播学角度研究个体成长过程的社会关系及其传播模式，可以延伸到整个的生平讲述中。因为人的精神自我的成长是一个漫长到终其一生的过程，人可以活到老、学到老或苟日新、日日新，又日新，不似身体的成长和成熟那样有一个大致统一的年限。聪明的基础是耳听八方、眼观六路，升级版则是有选择、有目标且有效率地倾听和观察，聪明在本质上是一种心智能力，只能在持续不断的传播循环中保持并进化。有选择地关闭某些传播渠道，有意识地对一些与自己无关或自己不感兴趣的传播信息视而不见、听而不闻，或许是正常现象；但若对外界信息经常性闭目塞听，那就是聪明发育的停滞，甚至导致聪明的严重衰退。

口述历史对传播学研究的最好反馈就是：通过口述历史访谈及其研究，有望了解后天的社会环境、人际关系及其信息交流模式是如何刺激或抑制个人的聪明程度（即传播能力和心智水准），进而了解聪明的特性，了解在信息传播环境下个人心智成长发育的本质，了解人的个体化及社会化的过程及其本质。

四、口述历史与历史学

我提出"口述历史学是什么学"这个问题，提出口述历史学的核心问题并不是史料或史学之争，而是对人类个体记忆的采集和利用，很多人就以为我是排斥历史学的。这是一个误会，做口述历史的人怎么能不需要历史学的知识呢？在这里，我要专门讲口述历史与历史学的关系。口述历史可以说是历史学的"养子"，受到历史学和历史学家的教养长大，如今将要成年，必须自立门户。自立门户之后的口述历史，不必是历史学的附庸，但也不能与历史学断绝关系。

历史框架与时间维度

口述历史与历史学的关系十分密切。中国电影人口述历史与一般的行业或专业口述历史的不同之处在于，一般的行业或专业口述历史，通常都只采集行业或专业历史信息，而中国电影人口述历史不叫"中国电影口述历史"，其中多了一个"人"，是把电影专业史放在个人成长史及社会经历史的框架之中，也就是说，我们的口述历史有专业史、成长史、社会史三个维度。但无论是哪个维度，都是以历史作为基本框架的，都是以时间维度作为组织问题的线索。

人类学的口述历史，称为个人生活史，也是以时间维度形成生活史的框架，并且在生活史的框架内展开提问，以获得相关信息。

总之，不管我们把口述历史及口述史学当作什么，它与历史和历史学的关系都不能忽略，更不能抹杀。不懂得历史的人，也不大可能是好的口述史家。

先知神话、王侯家谱、精英事迹、平民故事

要深入了解和理解口述历史和历史学的关系，必须先了解史学——人类社会记忆暨讲述自身经历的学科——规范的变化。人类是怎样记忆和讲述自己的历史？人类史学史有怎样的发展变化？史学史的发展变化又有怎样的规律？这值得探讨。问题复杂，但也可以简单说：人类历史记忆和书写，只有寥寥几种基本叙述范型，即先知神话、王侯家谱、精英事迹和凡人故事。

先说先知神话。人类的历史记忆源于何时？那是远古史前史，后人并不确切知晓。要标出大致时间，当是出现在人类语言发明之后，而又出现在文字发明之前，因为人类的最初历史记忆只能通过语言口述即传说的形式代代相传。也就是说，人类最早的历史记忆，正是地道的"口述历史"。只不过，先民口述历史，多数是历史与神话难分，若按真实性原则评判，恐怕只有少部分可算历史，大部分属于神话。如果要给人类先民历史记忆定性并命名，恰当的说法只能是"先知神话"。因为，此种历史记忆除了口头传承特点之外，更有非常明显的神话特征，即人类先祖故事与神话想象水乳交融。如人类学家所说："当我们徜徉在历史的长河中时，从埃及到巴比伦，再到秘鲁，我们看到人类从野蛮进入文明的第一步总是发生在神权的专横统治下，它们的最高统治者都曾要求他的臣民既要把他当成国王来服从，又要把他当成神灵来敬奉。"

再说王侯家谱。这是鲁迅先生的说法，他说中国古代历史无非是帝王将相的家谱。这也很容易理解，因为古人了解和理解历史，总是从政权角度来记忆和表述，而在政权故事中，主角当然是帝王将相，他们的故事也就是历史内容。

再说精英事迹。这是现代历史了，现代历史不仅记录帝王将相的生活，也记录和讲述各个不同行业、专业的历史，于是各个行业与专业的精英人士的事迹，就成了历史的主要内容。例如文学史上的著名作家，电影史上的著名导演、演员、编剧和摄影师、美工师等等。

再说凡人故事。这是与精英事迹相对的一个概念。凡人历史也有两重含义及相应的两个发展阶段。其起始之义，是指与精英相对的凡人——普通

劳动者，即人民大众——的历史。作为对精英传奇模式的反叛，马克思主义的社会学及其唯物史观、人民史观，俄国的民粹主义史观，对历史学产生了明显的影响。但这种影响受到了两种因素的限制，一是因为阶级斗争学说及其意识形态冲突而自我限制：人民的历史固然值得期待，但将人民大众与冒险家、发明家、工业家和资本家等人类精英对立起来，欲简单地取而代之，毕竟不能反映人类历史的全貌和真相。二是人民的历史如何书写，成了问题的关键，概化的人民大众作为历史前进的动力固然可以作为历史思考的一种模式，但在具体的历史书写中要么将人民的代表具体化，从而让人民历史的书写重归精英书写的范型（人民的代表也成了精英）；要么仍然保持人民大众的概念化即继续"无名化"。

凡人故事还有另一种含义，是指包含社会精英和普通大众在内的所有人的历史。即：神圣人文始祖或宗教圣徒、政治领袖、战争英雄、文化精英是当然的"历史人物"；实际上，人类社会中的每一个人都经历并参与了具体的历史进程，本来就是历史中的个人，因而也都是实际的历史人物；既然所有个人都是历史人物，那么所有人的故事也就都是历史故事，都值得历史家叙述和研究。

凡人历史也意味着，所有在"历史的名人堂"内的人类精英也被视为与芸芸众生一样的普通人——如果说精英传奇中多少都保留了神话的痕迹，凡人历史可以说是人的历史的更真版本——在人民史观推动下，历史的视野被进一步扩展，社会史、生活史、情感史等等，成了历史学界的新热门。只是，如何书写凡人历史，仍是历史叙述的一大难题。凡人故事范型还在发展中，有待进一步完善。

国家记忆、社会记忆、群体记忆

历史不过是人类的记忆而已。在座的可能有人读过以色列历史学家尤瓦尔·赫拉利的《人类简史》和《未来简史》两部书，这是近几年世界上影响甚大的著作之一，希伯来语出版后不过两年就有 30 多种文字版本。在这部书中，作者把历史称为"故事"，这就大大增加了历史的亲民性。人们对历史不见得感兴趣，但每个人都喜欢听故事，说历史不过是故事，这就与每个人都相关。

历史故事的版本有多种多样。这是因为，历史记忆和历史讲述的范围不同、主体不同、目标不同。

范围不同，指的是国家记忆是一种较大范围，社会记忆的范围稍小，如行业社会、地域社会；群体记忆的范围更小，例如某个社区、家族乃至家庭等等。

主体不同，主要是指官方记忆与民间记忆，亦即官方历史与民间历史。对于国家记忆、社会记忆和群体记忆，官方和民间的记忆是不同的。在传统社会中，官方记忆占有绝对主导地位，原因很简单，一是因为只有官方才有能力留下历史档案，二是只有官方才有权力利用这些档案进行历史书写。官方记忆的主要特点，是一切都要由当权者说了算，而且多半不容商量，古代是皇帝说了算，将某某人宣付史馆，让史官将他记录下来，那是皇帝的权力。所谓"历史由胜利者书写"云云，就是指这种皇权专制制度下的历史书写惯例。在皇权专制时代，民间修史往往要冒巨大的风险，最典型的例子是清初浙江人庄廷珑主持修撰《明史》，竟演成一场文字狱，凡是参与这部史书编纂的人都卷入文字狱中。

目标不同，主要是指传统社会的历史书写，固然也有记录历史经验以便成为后人镜鉴的目的，如司马光的《资治通鉴》；但更主要的目的，却不是学术，而是政治。官修史书的鉴古知今功能，常常会被道德教化的实用性功能选择所压制，使官修史书成为一部分人的光荣榜和另一部分人的耻辱柱。如此"名人堂效应"，使现实中人把进入官修史书即所谓"青史留名"当作一种光宗耀祖的人生成功标志。其积极的一面，是影响现实人生的道德选择，即"人生自古谁无死，留取丹心照汗青"；它也有明显的负面影响，那就是"历史学家长期被视为某种阴间里的法官，负责向死者分发赞美或责难"。在这样的"历史观"指导下，历史叙述建构并形塑历史记忆，清官与贪官、忠臣与奸臣、良吏与恶吏，常常黑白分明。这种道德评判常常与政治意识形态相结合，有时简单如标签。

在传统社会中，国家历史的书写固然属于权力话语，一般人不能染指；

即便是行业历史、地域历史、单位历史等社会记忆和集团记忆，也都受此影响。

权力史话、历史虚妄症、公共史学

在传统社会中，历史书写是一种政治权力的表征，因而历史记忆也就成了权力史话。这产生了几种情况。一种情况是，官方历史服务于官方，与民间社会无关，因而民间记忆仍有一定的空间。另一种情况是，官方历史不仅服务于官方，而且还要成为全民意识形态教育的课本，在这种情况下，民间社会的历史记忆空间就会大大缩减。民间历史活动没有多少余地，历史记忆也就成了碎片。

权力史话有严重的后果，如历史政治化、知识视野固化、强迫记忆与被迫遗忘，由此又产生历史麻痹症、历史健忘症和历史虚妄症等等。思想家汉娜·阿伦特说："我们处在忘记过去的危险中，而且这样一种遗忘，更别说忘却的内容本身，意味着我们丧失了自身的一个向度，一个在人类存在方面纵深的向度。因为记忆和纵深是同一的，或者说，除非经由记忆之路，人不能达到纵深。"

美国加州大学罗伯特·凯利和韦斯利·约翰逊首创 public history 新学科，是根据美国的实际情况。初始目的，无非是想借新学科的创设，让历史学专业的毕业生在社会上能找到用武之地，更好地为社会服务，说白了就是更容易找工作，以免历史系招生难继，教师下岗，恶性循环。当然，在实用目的之上，他们也有意义更为重大的宏伟目标，那就是，借新学科的创设，扩展历史学的工作领域，让 public history 学人从书斋走向历史实境（field），同时也促进公共领域历史意识加强及公共历史书写水平的提升。公共史学家的用武之地，包括政府机构、商业机构、研究机构、传播机构、历史遗址保护机构、历史协会及博物馆等展览机构、档案机构、教学机构等等，几乎遍及社会公共空间，四面出击，八面威风。更重要的是，按凯利和约翰逊两大创始人的设想，public history 专业学者进入各公共机构，不仅是当历史的书记官，而是要参与实际公共事务决策，促进公共历史进程。这样一来，就将历史学的工作时态，由过去时和现在完成时，变为可兼顾现在完成进行时乃至将来完成进行时；历史家也由传统史学的后见之明，变为即时参与乃至事前干预，写史人也是创造历史的人。亦即：历史家从此不仅记录历史、书写历史，而且参与历史、创造历史。这是现代社会的走向。

在转型社会中，公共历史家参与公共政策及历史创造的可能性很小。只能退一步，主张历史是公共经验与知识遗产，因而必须建立公共历史场域，不同的历史学家或历史记忆者可以在这一公共场域进行相互竞争，谁说的更真实且有证据、有深度，谁的历史书就能畅销。在西方民主国家，历史教科书都不是由中央政府组织人编写的，而是由民间历史学家撰写，学校订购历史教科书，实际上是对历史叙述者的成就的检阅和竞选，这是公共历史记忆。

也有人把公共历史引入中国，变身成"公众历史"，避开了历史与社会的公共性难题。只是强调官方历史与民间历史的二元对立，不加区别地把民众都当作"公众"，在很大程度上，使"公众史学"的身份、目的和原则都有些暧昧不明。

口述历史的史学奉献

概说口述历史的史学价值或对史学的奉献，具体包括三个方面：一是创造史学新史料，二是拓展史学新维度，三是开创史学新形态。

口述历史的史学价值，首先是它能创造新史料。历史和历史学，在英文里其实也有不同的表达方式，一是 THE HISTORY，即人类的记忆来自人类实际经历的历史；另一是 a history，即人类对自身历史的讲述和传承。THE HISTORY 不断流逝，海量人物和事件大多无法进入历史档案文献，注定会杳然无踪；人类只能凭有限记忆，讲述极其简单的 a history。历史学界能够接纳口述历史，社会各界能够理解口述历史，首要原因，正是因为它能够采集创造新史料。史料被"创造"，听起来似乎有点异常，但如唐纳德·里奇所说"这就是做口述历史的理由：问一些从来没有人问过的问题，搜集一些如果再不进行采访便会消失了的记忆"。

其次是拓展史学新维度。口述历史的个人记忆及生平讲述，不仅能够提供具体鲜活的历史信息，同时还能够为历史提供一个新的维度：个人的维度。如此，历史记忆和书写有了个人主体，社会历史有了具体结点，历史运动与人类行为及人性特征就有了更为密切的联系，历史学研究也就有了新的路径。总体而言，口述历史不是历史研究的一个新的分支，而是一种新的方法、一种新维度——保尔·汤普逊说，口述历史将历史的权力还给人民，这句话可以修订为：口述历史把历史书写的权力交还给了每一个个人，也就是所谓"人人都是自己的历史学家"。不仅仅是能够弥补公共活动即集体历史的不足，更重要的是在历史中增加了个人的维度，从而让历史学呈现出前所未有的"多声部"，即呈现出历史的复杂性、多样性和多义性，从而真正改变传统的历史观：凡是在时间中存在过的一切人类故事，都是历史故事，都是历史。只不过，目前的历史学，还没有能力书写和研究全人类的历史，也就是包括每个个体的活动和思想在内的全面而真实的历史，对于历史学家而言，个人还是"不可知的变量"，如历史学家芭芭拉·塔奇曼所言："只要人类还是'不可知的变量'，我不知道他的行为会如何被有效地编入程序并进行量化。"这就是历史学的局限和尴尬。好在，人类在不断进步，人类获得知识信息和处理信息数据的能力在不断增强，因而总有一天，人类历史学能够涵纳所有个人在内的全部的人类的故事。而口述历史，正在为那样的真正能够"究天人之际，通古今之变"的历史学打基础，这一价值决不可忽视。

再次是开创史学新形态。口述历史是个人记忆的档案，但它并不是个人自传或回忆录，而是采访人与受访人之间的对话访谈，这是历史讲述的一种新形式，也是新型历史话语。倘若历史学家学会倾听，就会发现，这些新型的历史话语不仅有新的内容，更有新的形式，其中包含了真实的历史环境背景声，是"历史交响乐"的重要组成部分。实际上，这里有一种趋势，人们并没有把口述话语作为某种史学形态，而是将其视为正史之外解读过去的另一种形式。口述历史不仅是指个人话语，同时也指向个人话语的录音和录像记录与呈现。这种新形态，与海登·怀特提出的影视史学或影像史学（historiophoty）有密切的关联——影像史学改变了传统的文字书写历史的方式，丰富了历史表述的方法。不仅使传统史学的史料视野得到拓展，还引导了历史观念的变化，拓宽了传统史学的研究视野。

口述历史与相关学科（下）

同学们好！

[提问：上次课程的内容，大家是否有问题要问?]

今天是第四讲，主题还是《口述历史与相关学科》。今天要讲的主要内容包括下面几个部分：

一、口述历史与社会学；

二、口述历史与教育学；

三、口述历史与档案学。

一、口述历史与社会学

社会学家罗伯特·帕克说："一个社会学家只不过是一个更准确的、更负责的和更科学的记者。"或许，口述历史家比记者更加接近社会学家。

口述历史与社会学的关系，与它和历史学的关系一样密切。人生活在特定的时空之中，历史学为我们提供了时间的维度，而社会学则为我们提供了空间的维度。要了解人类历史，不能不了解人类社会；同样，要了解人类社会，也不能不了解人类的历史。在现代口述历史的发展过程中，社会学家也有非常突出的贡献。法国历史学家雅克·勒高夫在《历史与记忆》一书中说，在欧洲，"为了探究工人们的集体记忆，历史学家和社会学家进行了通力合作。而在集体记忆的其他领域，历史学家又和人类学家们站到了一起"。由于历史学家和社会学家、人类学家的密切合作，口述历史得到了极大的拓展。显然，口述历史家懂得社会学知识，一方面可以更好地工作，另一方面是可以为社会学研究做出独特贡献。

社会学的抽样模型

口述历史要从社会学中学习的东西很多，最明显的一点，是借鉴社会学抽样调查的方法模型。虽然我们的理想是将所有人都纳入口述历史对象，但实际上这不可能，因为我们不可能有那么多的财力和人力将所有人的个人记忆都采集记录下来，因此，做口述历史的第一步，是要选择适当的受访人。怎么选择呢？借鉴社会学抽样模型。以"中国电影人口述历史"为例，电影人有 50 余万，即使我们将受访人的年龄限定在 80 岁以上，或 75 岁以上，可选择的对象仍然有成千上万。我记得，我们得到的第一份可选名单，仅仅在北京的电影单位及几个大制片厂中 80 岁以上的老人就有 8000 余人。而我们当时的能力，每年最多也只能采访到 80 人左右，按照我们的速度，需要 100 年才能采访完。而在这 100 年中，每年都有人变老，因而符合我们要求的老人会不断增加，我们必须选择。

我们选择的标准有很多条，例如，首先是行业的选择，电影有很多行业，电影制片厂只是其中之一，此外还有电影发行放映、电影器材、电影洗印、电影出版、电影学院、电影资料馆、电影行政管理等等。其次，即使是在电影制片厂中，又有更细的分工，编、导、演、摄、录、美、化、服、道、场工、制片、行政、后勤、保卫等等，在电影资料馆也是如此。进而，我们还要照顾到行政和专业的各个级别，各个性别，各种不同的来源（每一个电影单位如电影制片厂的人都是来自五湖四海）进行选择。我们的选择标准，就是向社会学学习的结果，是社会学中关于社会分工、阶级分层、地域分野等社会观察的抽样方法。

社会学的深度访问法

社会学在其社会调查即田野作业中创造过许多行之有效的方法与技术，积累了丰富的经验，为口述历史工作的后来提供了宝贵的方法及样板，如社会学调查中的访问法，尤其是深度访问法，通过对一般人的个人生活史访问调查，研究个人行为、动机、态度。如美国社会学家 W. 托马斯和 F. 兹那尼茨基所作关于欧洲和美洲的波兰农民的研究，我国社会学家陈达 1946 年对上海 200 多位工人的采访、记录和研究。社会学中的其他调查方法，如客观陈述法、座谈会、无结构式访问等，对口述历史也有启发意义。社会学调查访问的程序与技巧，如访问的准备、进入访问、访问的控制、访问记录，以及访问员的挑选与培训等等，口述历史工作者都应该学习并借鉴。只不过，社会学家并非对每一个受访人的生平讲述都有学术兴趣，受访人的主体信息不一定是访谈的目标，在通常的社会学访谈中，所需要的是回答社会学家所感兴趣的社会问题，而受访人常被当作提供所需情报的信息源。例如一位从事社会学研究的采访人就说："其实（受访人的）姓名并非那么重要，关键是这些人的访谈内容。"

人类学与社会学有所不同。将近 100 年前，美国人类学家保罗·雷丁就开创了一种以个体经验为中心的生活史方法——与日后的口述历史类似（只不过当时没有录音机）——出版了一本关于温尼贝戈（Winnebago）印第安人的自传体作品。其后，美国人类学家奥斯卡·刘易斯 20 世纪 50 年代在墨西哥的一个贫民区做研究，有感于当地穷人不能够代表自己发言，遂把自己看成是穷人的"学生和代言人"，以西班牙文出版了对该地区"贫困文化"研究的成果《桑切斯的孩子们》后，当地政府竟控告他侮辱了墨西哥人的文化。此书特点，是让桑切斯与他的孩子们讲述自己的生活困境和成长经历，以口述历史形式，让人类沉默的大多数发声。

社会化的个人

人和社会的关系，很容易说明，因为人是社会生物，须在社会中生存和发展，人的成长即社会化过程。社会学家乔尔·查农指出，"我们的生存有赖他人，我们学会如何通过观察和学习他人来生存，我们注意通过与他人的社会化来发展我们的个体特质。"也就是说："我们每个人所变成的样子中的多数方面，都可以追溯到我们与他人的互动，因此我们的个体特质在这一意义上确实是社会特质。社会学家重点强调社会化会怎样影响我们的选择、能力、兴趣、价值观、想法和视角——简而言之，我们的生活目标。"

个人成长是在社会化过程中完成的。在实际生活中，我们习得了既有社会的文化风俗、价值观念、行为模式，学会了按照既定的社会剧本表演，在长期的表演中习惯了自己的社会角色。社会有两个部分，一是可见的部分。可见部分被称为首属群体或初级群体——这一概念是社会学家 C.H. 库利提出的——首属群体包括家庭、邻里、伙伴、业界同行，也就是血缘群体、地缘群体、友谊群体、业缘群体。实际上，这四种群体也有亲疏远近之别，血缘家庭与家族是人类最重要的首属群体，伙伴、同学或同行、邻里与乡党等群体则相对次要。首属群体的最大特点，是具有可见性，社会交往是面对面的，所以它的规模相对有限。

社会还有更大规模，即"想象的共同体"，例如党派组织、民族、国家等等。更大规模的社会我们也能接触，但我们能接触到范围的总是有限，更大部分我们无法接触，因而需要想象，才能理解和把握。即使我们无法实际接触的广大社会，也会影响个人的成长和决策，通过普通话，通过公共教育，通过大众传播，有形或无形的影响到我们的生活和成长，影响到我们的人生观和世界观。

既然每个人的成长是社会化的过程，那么，每个人的人生故事也就自然地包含社会信息。口述历史即个人生平记忆的采集，就是一种特殊的社会调查手段。

国家与社会

国家与社会的关系，其实并非一目了然，也非想象的那么简单僵固。按照东方传统观念，社会似乎永远是国家中的社会，必然要受国家掌控或管制；若换个角度看，或许是另一番风景，能看到"社会中的国家"，即，国家与社会不仅相互构成，而且相互改变。社会学家乔尔·S. 米格代尔有一部书，叫《社会中的国家——国家与社会如何相互改变与相互构成》，作者说："'社会中的国家'模型关注的正是国家的这一矛盾性；它要求学习'支配与变革'的学生在观察国家时能够具有双重视角。视角一应把国家视为一种强大的观念，它界定清晰，高度统一，且能够被单一的措辞所言说（例如一个标题性的说明，'以色列接受巴勒斯坦的要求'），就如同国家是一个单独、积极的演员在以高度集中的方式展示其在明确疆域上的统治术；视角二则是将国家视为一系列松散联系的实践碎片，在这里，国家与其他境内外组织之间的边界往往未能清晰界定，且后者常常会创制出相互冲突或直接与国家法律相冲突的规范。所有的理论，如果不能兼顾上述国家矛盾的两面性，则势必要么因将国家能力过度理想化而误将虚夸的言辞当作高效的政策，要么便是将国家视为一群以自我为中心的腐败官僚组织的混合体。"

按此说，国家与社会的关系，像是神奇的莫比乌斯环。从国家角度看，公众社会都是国家管辖的领域，所谓普天之下莫非王土；而在社会角度看，国家／政治亦不过是种种文明社会组织中的一种而已，只是社会结构的一部分。国家与社会，看似两个圈，实为一个整体即可相互联通的复杂曲面。

重新发现社会

1978 年底开始的改革开放新时期，是又一次大规模的社会变迁。这一社会变迁的主要特点，是国家政府的基本国策从政治斗争转为经济建设，为此有政治上的拨乱反正，国门开放，大学恢复招生，国有企业改制，沿海特区建设，人民公社解散，民营企业涌现，农民工进城打工……这些都是社会变迁。

学者熊培云有一部书，名为《重新发现社会》，书中说："任何试图否定改革开放或要求国家重新集权的人，都不可能从根本上推翻这样一个显而易见的事实：即近三十年来中国所取得的举世瞩目的成就，正是拜解放思想与解放社会所赐。今人所谓谋求'新新中国'，即是在中国实现'国家解放'后再谋求中国的'社会解放'，而中国若要'和平崛起'，就必定要请社会'和平出山'。"

此说不无道理。因为 1978 年之后的中国社会，与此前 30 年的中国社会有了很大的变化，但这样的变化还不够，社会公共空间还不够大，例如许多本应属于社会的群体组织实际上仍然是官方组织或半官方组织。社会公共空间的拓展，不能由政府或民间单边划定，而是要由政府和民间博弈和协商。

如果说新中国前30年的政治实验和社会变迁值得记录和研究，那么最近40年的改革开放和社会变迁同样值得研究。口述历史的社会学价值就在于此。

大传统与小传统

人类学家罗伯特·雷德菲尔德，有一部研究农民文化的名著，题为《农民社会与文化：人类学对文明的一种诠释》，书中提出了大传统和小传统的概念。他说："在某一种文明里面，总会存在着两个传统：其一是由一个为数很少的一些善于思考的人们创造出的一种大传统，其二是一个由为数很大的、但基本上是不会思考的人们创造出的小传统。大传统是在学堂或庙堂之内培育出来的，而小传统则是自发地萌发出来的，然后它就在它诞生的那些乡村社区的无知的群众的生活里摸爬滚打挣扎着持续下去。"又说："这两种传统——即大传统和小传统——总是相互依赖的；这两种长期来都是互相影响的，而且今后一直会是如此。"正因如此，雷德菲尔德说："社会有两种，其一是'完全的社会'，其二是'不完全的社会'……社会上所有的人是可以分成两大类的：其一是从事耕种的农民，其二是比农民更具有城市气息的（或说是比农民更具有庄园主气息的）精英阶层。"

雷德菲尔德的思想观念，中国人并不陌生，中国人早已有庙堂与江湖之分，范仲淹的《岳阳楼记》中就说：居庙堂之高则忧其民，处江湖之远则忧其君。官府社会与民间社会，从来就有很大的区别。但人类学家从理论上阐述了两个社会、两种文化、两种传统，使得我们的社会认知有了理论依据。

但这一认知模型，面对当今复杂社会，仍然过于简单了。

社会界面与"社群小气候"

当今社会的复杂性，远远超乎我们的想象。何止于两个社会？前面所说的首属群体，家庭或家族、同学或朋友、同业与同行、邻里与乡党，虽说都是所谓首属群体或初级群体，实际上却属于不同的社会界面，再加上阶级或社会阶层界面、性别界面、年龄界面、党派组织界面、市场界面，这些界面或相交，或相切，或相互联结，或相互分离，组成了复杂的多面体。一个社会有多少界面？这其实是社会学家要面对的问题。说社会界面，有一个小小的实验方式，那就是，统计100个人的微信朋友圈，每个"圈"都是一个小小的界面。

在考虑社会界面的同时，还要考虑随时而变的因素。社会学家诺贝特·伊莱亚斯所说，社会其实是"变化的过程——过去它是一个变化的过程，现在它正在变化着，未来可能处于另一种变化之中"。研究社会静态的结构与功能，显然已经不足以观察和理解真实社会的复杂度及其深度奥妙。

《舒芜口述自传》中提及，在"文革"中，同一幢大楼里有两家出版社，一个出版社造反派打人风气很盛，而相邻出版社却无此习气："所以我很奇怪，隔得那么近……按理说，造反派之间可以互相'取经'嘛，互相也会有些感染嘛，可是没有。这是什么道理，我不知道……每一个小单位都有它的特殊情况，每一个特殊情况内涵都很丰富，都值得研究。"确实，法国国家足球队在2010年南非世界杯赛期间，内讧不断；而在2018年俄罗斯世界杯中，不再内讧，最后夺得冠军：足球队建制结构没有变，法国足球文化也没变，只是换了教练和球员，教练与球员之间、球员与球员之间的关系就有了根本性的变化。

我把这种因人而异的变化，称为"社群小气候"。罗伯特·雷德菲尔德指出："每个社区的这种长期存在而且起十分重要作用的人际关系网络与任何其他一个社区里的这种人际关系网络都是有区别的。我们就把这种网络称之为'社会结构'。"在理论上说，每个人都是社会结构的一部分，因而能影响社区小气候，权力大、地位高、声望隆、能力强者，影响力更大。复杂性在于，1. 权力大的人不见得声望隆，地位高的人不见得能力强，因此社会或社区里的重量级人物的分布并不是简单可见的；2. 影响力大的人不仅有追随者，还有反对者，反对者也同样有其追随者，这就有更加复杂的局面；3. 更加复杂的是，同一个人，在不同的社会网络"圈"中，其重要性和影响力是不同的：一个位高权重的人或许是一个怕老婆的人，回到家里，很可能就是另一种角色，影响力大大减小。

知人论世：口述历史能奉献什么？

前面说过，社会学家的社会调查，往往不注重被调查者是张三还是李四，这在大规模社会调查研究中或许是合理的，也是可行的。社会学家把家庭作为社会的基本单位，当然也有其合理性和可行性。但这种合理性，在面对当今复杂社会和信息时代，可能就会有很大的局限。社会学要继续发展，可能必须将个人当作社会的基本单位，因为个人的活动空间和影响力，远非家庭所能概括。

中国思想家孟子有"知人论世"之说。这一思路可以延伸为：若不懂得个人的具体角色、行为和影响力，就无法获得一个社区及其更大规模社会的精确知识。如果这一假设成立，那么，口述历史作为社会研究的一种路径，就能发挥常规的社会学研究方法无法企及的作用，口述历史就能为社会学研究做出独特贡献。

我不是说口述历史路径可以取代常规的社会学研究，那当然是不可能的。我是说，在小规模社区研究中，口述历史路径可能起到常规社会学研究所不能起到的特殊作用，口述历史能够获得更具深度和精确度的信息与知识。

日本作家村上春树采访东京地铁毒气事件的书，分为两册，上册《地下》，下册是《在约定的场所》，即犯罪嫌疑人的口述历史，这一册书不仅是犯罪心理学的宝贵资料，也是犯罪社会学的重要成果。由此可以推论：1.通过口述历史方式，可以对犯罪社会学研究做出更大贡献。2.通过口述历史，可以对诸如宗教社会学、民族社会学、经济社会学、政治社会学、医疗社会学、教育社会学等领域，做出重要的贡献。这里只说理论，至于具体研究方案，那需要口述史家和社会学家共同研究决定，或者，有赖于懂得口述史学与社会学的人发明创造。

二、口述历史与教育学

我的《口述历史：人类记忆库与教育学》这篇论文发表的时候，一个

"好心"的编辑将这篇论文的题目改成了《试论开展口述历史对教育体制改革的重要意义》，这让我哭笑不得。在出书的时候，当然又改成了《口述历史与教育学》。

《狐火》计划的启示

所谓《狐火》计划，是一项通过口述历史和民俗学作为教学工具，富于开拓性的中学教学计划。通过舞台剧、电视片和《狐火书》，在美国家喻户晓。

据唐纳德·里奇的《大家来做口述历史》介绍，该计划开始于1966年，当时佐治亚阿拉巴契亚社区的拉邦·加普纳乔奇高中的一位老师意识到，他根本无法以口说方式来授课，因为学术缺乏语言技巧，更不能顺畅地以书写来表达自我。于是他问学生："你们愿不愿意抛开教科书，来办一份杂志呢？"学生说愿意，于是老师就教学生聆听、录音、录音整理，并要求他们去自己的社区寻找素材，以口述历史的形式记录下来、整理出来，这就有了《狐火》杂志。学生的学习热情空前，而且学习能力和表达能力也大大提高。这一经验很快被推广。

缅因州肯尼邦克波特（Kennebunkport）和密苏里州莱巴农城（Lebanon）的两种地方性校刊——《盐书》（*Salt Book*，1977）和《甘苦郡》（*Bittersweet County*，1978），就发展成全国性的书刊。加利福尼亚州钟园（Bell Garden）一所中学的学生访谈当地社区成员，编辑了杂志《很久很久以前》（*Long' Long Ago*）；加利福尼亚州北部安德森谷（Anderson Valley）七年级学生出版了《山谷之声》（*Voices of the Valley*）；科罗拉多州利特尔顿（Littleton）的智障学生出版了《阿斯本光辉》（*Aspen Glow*）；在博尔德（Boulder），农耕移民的孩子出版了《农耕》（*El Aguila*）。列居全国最贫困州郡之列的密西西比州霍姆斯郡（Holmes County）也有学生口述历史杂志——《血脉》（*Bloodlines*）。

在《大家来做口述历史》一书中有一专章（第7章）谈《口述历史教学》，本章开宗明义："从小学到研究所阶段，乃至终身学习教育（continuing education）和社区教育计划，包括老年大学等，都有教师在应用口述历史。

访谈技术的传授是可以有教无类的……制作口述历史使学生由教科书中解脱出来，自己动手搜集资讯——自己研究自己学，这是最好的学习方法。"以至于在美国，"口述历史已经成为公认的孩子们流行文化中的一部分"。唐纳德·里奇指出："在许多国家，从小学到研究生阶段的不同教育层次的老师都已经利用口述历史来促进学生的'主动学习'（active learning）能力。"

我在《口述历史门径》一书中，写了"学校师生口述历史"一章，这当然是受了美国大中小学学生口述历史运动的启发。在我看来，中小学学生口述历史运动，无论其开始的原因何在、形式如何、持续时间多久，都值得教育学家和口述历史家观察、思考和研究。《口述历史与教育学》就是这一思考和研究的深化。

提倡中小学生做口述历史，本来是想改变当下中小学生应试教育的弊端，让教育回归理性，回归正确的方向和道路，但却很难，甚至可能是痴心妄想。

[提问：大家觉得提倡中小学生做口述历史是否可能又可行？为什么？]

很难，对不对？为什么很难？大家也能看到，那就是高考压力，也即应试教育的压力。在应试教育的压力之下，任何与应试无关的实验都难以施行。在中国当下，应试教育的弊端几乎人人都知道，很多人反对，但就是难以改变。

[提问：有人能说说为什么我们的应试教育难以改变吗？]

科举制度的幽灵

应试教育制度难以改变，来自传统科举制度的文化心理遗存。科举制度是中华民族的伟大发明，在中国政治、教育和文化历史上有过积极的贡献和辉煌的功绩。在科举制度创建的早期，即隋、唐、宋时代，尤其如是。至明清两代，由于推行标准答案及标准文章格式即八股文，科举考试的积极价值逐渐成为例行公事，应试教育的副作用愈加凸显，读书人多如《儒林外史》中范进般心缺脑残。至1905年，清政府宣布废除科举制度，绵延1300余年的科举制度至此有疾而终。

　　然而，科举制度虽死，其幽灵却一直在中国人心头徘徊，可能已成了我们民族文化心理的集体无意识。"高考状元"一词泛滥，即科举制幽灵存在的明证。

　　中国人对子女教育的重视或许是世界之最，只不过，其中有理性与非理性之分。非理性的家长，不会考虑子女的兴趣、志向、才能及心理承受能力，一门心思强迫子女考大学，且要考名牌大学，以至于强压之下出现各种各样的问题。更大的问题是，这些父母对大学及名牌大学的执着，不见得是对教育的理性选择，更可能是对大学本科毕业文凭（本科文凭、一本文凭、名牌大学文凭）、硕士文凭、博士文凭——即功名标签——的虚荣性执着。台湾学者黄武雄指出，"'升学主义'（亦即学校教育升学挂帅）的根源在于'文凭主义'（亦即人人追求文凭的附加利益，如高待遇的出路等）。"而文凭主义的心理根源，正是历史悠久的读书—科举—做官。于是，中国教育即成买椟还珠故事：买主想要的是漂亮盒子（文凭），而不是盒子里的珠子（教育）。

　　与之形成对比的是，"非常多的美国家庭（甚至在高薪阶层）责问校长（甚至私立学校校长）为什么约翰必须学习对他是那么困难的数学？毕竟我们并不要他成为一个爱因斯坦！"而中国有非常多的疯狂家长则恨不得在孩子上幼儿园时就送进奥林匹克数学训练班。这就是中国的特殊国情。

　　有人把应试教育的弊端，归因于政府设计的教育制度，这当然不无道理，统一高考这一"从外面强加的教育目的"，即来自政府决策。应试教育不过是统一高考的衍生物。如今高考改制及教育改革的决定来自政府，而非来自大学，即可作为反证。从某种意义上说，这也是科举制幽灵存在的证据，统一高考可确保"天下英雄，入吾彀中矣！"但，这只是问题的一个层面，问题还有更深的层次，没有那么简单。近些年来，政府教育部门经常发布减轻学生负担的政策，但结果却难以实现，原因是什么？一是被可以说出的民意（例如追求"分数面前，人人平等"）所绑架，二是被难以说出乃至难以说清的民风（例如文凭主义）所侵蚀。

　　需要说明的是，并非所有的中国家长都是如此，文凭主义只是部分家长的非理性追求，以及更多人的无意识盲从。部分家长对高校文凭的疯狂迷信，影响到中国的应试制度难以根除，此即典型的木桶效应，如埃里克·霍弗所说："一个群体的性格和命运，往往由其最低劣的成员决定。"——当然问题仍不那么简单，一个群体的性格和命运究竟是由精英成员所决定还是由低劣成员决定，取决于哪一部分能够成为"关键多数"（关键多数并不见得是简单多数）。

传统教育与教育转型

由于应试教育的种种弊端，有人就认为中国教育一无是处，甚至有人认为中国教育自古以来就不好，这一说法不仅简单，且并不公平。

中国古代的教育思想和教育实践，有很大的优势，否则，中国文明也不能绵延数千年，并且长时间领先于世界。孔子的教育理念，即有教无类、因材施教，至今仍然是教育学的圭臬，有教无类或许已经实现了，因材施教的目标远远没有实现，不仅中国没有实现，全世界恐怕也没有实现。孔子的教学方式也是非常了不起的，《论语》中记载了一个场景："暮春者，春服既成，冠者五六人，童子六七人，浴乎沂，风乎舞雩，咏而归。"如此美妙情境，任何时候都令人向往。

传统教育分为家教、职业教育、学堂教育三种。大部分人都是由家庭教育，那是在具体的生活和劳作之中的教育。小部分人从小被送往某个师傅那里学习职业技能，没有统编教材，更无统编教法，也是在具体的劳作和生活中接受教育。更小的部分人进入学堂，有官学、也有私塾，接受识字教育。只有最后一部分人与科举制度有关，而科举制度在早期是一个非常合理的制度设计，到后来才慢慢变质。科举制度时代，由于官学和私塾并无统编教材和教法，从而不同的老师可以实践不同的教育理念和教育方法，教育有一定的自由空间，学生的成长和成才有一定的自由环境，并不是我们想象的那样全都是死读书、读死书。

总之一句话，传统教育相对于农业文明来说，是够用的，合理的，甚至是优越的。它的局限，是与现代工商业文明的比较中，才逐步显现出来。因为现代文明的劳作方式、生活方式和知识总量，都发生了极大的变化，传统教育难以发挥作用。最简单的一点，是不识字的人，难以在现代社会中生存。而传统社会中，有 99% 的人都不识字，到新中国成立时，仍然有 80% 以上的人不识字。

1905 年废除科举制度之后，我们开始了从传统教育向现代教育转型。这一转型期，长达 100 余年，至今仍在转型的过程中。新中国的教育有很大的发展，文盲人数极大减少，随着 9 年制义务教育的普及，现在的不识字人口已经小到可以忽略不计。我们的学校数量和教育设施，已经达到了现代教育的水平。这些，都是中国教育的巨大成绩，对这些成绩，无论如何都不能简单予以否定。

只不过，我们的教育，仍然处于从传统教育向现代教育的转型过程中。在"文革"中，也曾有过教育制度的改革——那时候叫"教育革命"——这是根据毛主席的指示，即"学制要缩短，教育要革命"而来的。我上小学 5 年、初中 3 年、高中 2 年，从小学到高中毕业，一共只有 10 年。而上学的文化课负担很小，考试多为开卷，大部分时间是学工、学农、学军。这一教育改革的理想或许很好，但结果显然不如人意，简单说，是喧宾夺主，学习文化的时间太少了。

"文革"结束以后，教育革命也随之结束；随着高考制度的恢复，应试教育也随之恢复，而科举制幽灵不仅死而复生，而且还不断复制。这样的转型，在基础设施方面是向现代教育大踏步前进，而在教育成果方面则不如人意。

现代教育关键词：知人

现代教育至今仍然处在不断的探索和发展过程中。现代教育的特点及关键词，在我看来，无非三点，一是知人，二是成长，三是求学。

媒体评论家尼尔·波兹曼有一部书叫《消逝的童年》，其中有两段话，一段说："童年的理念可能是文艺复兴以来，人类历史上最伟大的发明之一，可能是最具人性的理念。'童年'跟'科学'、'国家'、'宗教自由'一样，同时是一种社会结构，也是一种心理状态，最初起源于 16 世纪，并不断演进至今。"另一段是："童年（childhood）是一个社会制品（social artifact），而非像婴儿期（infancy）般，是一个生物上的分类。"

早在 100 年前，鲁迅先生就写下了《我们现在怎样做父亲》一文，明确指出，"开宗第一，便是理解。往昔的欧洲人对于孩子的误解，是以为成人的预备；中国人的误解是以为缩小的成人。直到近来，经过许多学者的研究，才知道孩子的世界，与成人截然不同。倘不先行理解，一味蛮做，便大碍于孩子的发达。"

在欧洲的启蒙主义时代至今，对儿童及童年的探索就一直未断。洛克的《对教育的一些看法》，将儿童当成一种珍贵的人类资源，并对儿童教育（包括体育）进行了心理学与知识论的初步探讨。卢梭的《爱弥儿》等著作则坚决主张儿童本身的重要性，儿童不是达到某种目的的方法；进而认识到儿童认知与情感生命的重要性和特殊性，充分肯定童年自然状态的可贵。其后，弗洛贝尔、裴斯泰洛齐、蒙特梭利、格塞尔及 A.S. 尼尔等儿童教育家，以及詹姆斯、弗洛伊德、皮亚杰等心理学家，不断研究儿童、丰富童年的理念，最终促成联合国《儿童权利宣言》和《儿童权利公约》的产生。

儿童进入学校，变成学童，其活动世界从此一分为三：日常生活的世界、学校教育即文化知识世界、游戏的世界，这三个世界并无既定的边界，有时又没有链接的端口，许多学生找不到三个世界间的自由通道。在眼下的中国，学生家长常常自觉或被迫成为学校教育的"帮凶"，把学生的日常生活时间和游戏时间挤压成"作业时间"或"学习/补习时间"，从而使学童的世界变得更加狭窄而无趣。如此，游戏世界的诱惑力就变得愈加强大而不可抗拒，有的学童立即会躲入或堕入其中，追求游戏的快乐和满足，反抗成人世界；有的则在获得自由后才堕入或躲入其中，获得延迟的游戏快乐；有的学童老实听话，过早地告别童年而留下终生难以治愈的创伤。如何让学童在日常生活、学校教育、童趣游戏三界间自由而快乐地穿行，是教育学界未完成的设计。

现代教育的关键词：成长

在今年的研究生开学演讲中，我说了"成长、成才、成功"的话题，这应该是现代教育的正确排序，即成长第一，成才第二，成功第三。而当下的教育，在许多家长和老师的心目中，是另一种排序，是成才第一，甚至成才唯一；比这种排序更可怕的是：成功第一，甚至成功唯一，成长被严重忽略了。

成长是教育者（包括家长和老师）知人的一部分。所谓知人，不仅要知道人不仅有生物性面向即生物性自我或本我，有社会性面向即社会性自我或超我，还有第三个维度即精神性自我即个性精神自我。教育的根本目标，是帮助学生了解自己的精神自我、建构自己的精神自我，以便健康成长，并成为更好的自我。

成才导向的最大弊病，是把人当作了知识的载体或智力的工具，而不是把人当作本体，当作主体，当作目的而非手段。结果很可能是，因为自我意识及自我意志匮乏，无法成才；或是虽然学业成绩很好，考试名列前茅，但心理非常幼稚，甚至有许多不良情绪，从而患上神经症。

成功导向的问题更大，让人急功近利，甚至不择手段。如果心理发育不良，没有生物性自我、社会性自我、精神性自我三者的和谐共生，成才肯定困难重重，成长也不可能真正顺利，那就可能为了成功而不择手段，成为可悲的巨婴。

一个例证："父母皆祸害"

家庭教育，或许是一些儿童少年的福音，而对另一些人来说则或许是难以忍受的酷刑——在豆瓣网上有个 anti-parents（反抗父母）讨论小组，其口号竟然是"父母皆祸害"！参与讨论的青年，回顾自己承受的家庭教育经历，如同噩梦。而这些青年的家长，大多是受过教育的成功人士，其中有许多教师。这些父母也许非常重视家庭教育，但他们恐怕不怎么懂得如何进行家庭教育。

2010 年 7 月 8 日《南方周末》第 6 版有《父母皆祸害？》的特稿一整版，专门报道此事。anti-parents 小组成立于 2008 年 1 月，参与网上讨论的成员据称有 7000 人左右（后来网上有人说已达 19000 之众）。小组的话题当然不全是与儿童有关，其中也牵涉到少年、青年与家长的关系。必须注意到，所有的"祸害"肯定都是从童年延伸而来，例如有人说父母把孩子当物而不当人，有人称父母揠苗助长，有人称父母的爱心、爱法有问题，等等，都与各自儿童经验密切相关。也许这个小组并不代表社会主流，也许他们的观点不无偏颇，但这一现象仍然值得所有关心儿童、关心社会、关心未来的人士共同关注。

anti-parents 讨论小组成员的家长们，或许都进过师范学校或师范大学，但肯定没有进过鲁迅先生所期望的"父范学堂"，即不知道"我们现在怎样做父亲（母亲）"——将近 100 年前，鲁迅先生就说过："此后觉醒的人，应该先洗净了东方古传的谬误思想，对于子女，义务思想须加多，而权利思想却大可切实核减，以准备改作幼者本位的道德。"

现代教育的关键词：求学

传统教育的理念，是老师教育学生，即韩愈《师说》中所说："古之学者必有师，师者，所以传道，授业，解惑也。"这话仍然正确，但在现代教育视野下，显然不够全面。更全面的认识是，老师的最大作用，是引导学生求学，点燃学生的求学热情，或是满足学生的好奇心和求知欲。

人是万物之灵，人类最可贵的天赋，就是天生的好奇心和求知欲。每个小孩都有这一天赋，教育的目的，就是让小孩的这一天赋得到满足，得到培育和发挥，成才就是顺理成章之事。而在实际教育中，由于教育者不知人，不懂得每个年龄有每个年龄的心理特点，也不知道每个孩子有每个孩子的不同状况，硬性地按照某种统一模式去塑造人，结果可想而知：学生很痛苦，老师和家长很无奈。

如果我们去访问那些顺利成长和成才的人，所得答案一定是：他的成长和成才是这个人求学与知"道"的自然结果。求学而知"道"，无非是爱其所做，或者是做其所爱；无论是爱其所做或做其所爱，都不过是其成长即自知的产物。若老师和家长知人，了解并且尊重孩子的天赋特点，及时赋权，让孩子自己去求学，成才与成功必定会事半功倍；若是强迫利诱，最好的情况也不过事倍功半。

事倍功半乃至劳而无功的原因，是学生厌学。一个学生从天赋的好奇心和求知欲，居然发展到厌学，即不喜欢求知，那是教育失败的表现。

中小学生口述历史：求知与游戏

上面说了那么多，与我们的课题有什么关系呢？提倡中小学生做口述历史，首要理由，是让学生（尤其是小学生）能够求知于游戏中。口述历史之所以受美国的中小学生的欢迎，原因很简单，是因为口述历史"好玩"。

1. 让小学作文练习变得更有趣一些。如把《我的出生》《我的成长》及《我的父亲》《我的母亲》或《我的祖父》《记一个长辈》之类的作文，变成一次对父亲、母亲、祖父及其他长辈的口述历史采访活动——没有人记得自己是如何出生的，也没有人记得自己婴儿时期——要求学生要对采访进行录音或录像记录，且要对采访素材进行简单的编辑，以及简单的说明。

2. 在更高的年级，则可以尝试中小学生口述历史活动计划的升级版，即在语文课、历史课或社会课中，让学生采访完成《我的家人们》《我的家庭》《我家的历史》及《我的家族关系》，以及《我的朋友》《我的同学》《我朋友的父亲》或《我同学的祖母》等作业，形式上可以是录音剪辑，也可以是录音抄本，也可以是多媒体节目。

中小学生口述历史：求知与训练

口述历史活动改刻板统一的"教／学"模式（其极端形态是单纯的"说教模式"），为丰富多彩的"教学／求知"形态，没有标准答案，需要学生自主探索，这会让学生兴趣盎然，从而勇敢且情绪饱满地踏上求知之途。人类教育的最大误区，是对说教模式的过于信赖，而实际的人生经验告诉我们，不仅道德说教收效甚微，即使是科学教育的说教方式也同样不能尽如人意。原因其实非常简单，只要学生不携带或不打开自己的"信息接收器"，老师和家长喋喋不休的广播信息根本无法进入学生的大脑和心灵。而自主求知，如口述历史等活动中，学生需要装配自己的发送和接收装置，因为他们不得不与求知对象互动交流，其结果必然与被动乃至被迫接受的说教之结果大不相同。

进入中学阶段，当然应该进行口述历史活动的更高升级版，在上述课程中，让学生采访完成《我的左邻右舍》《我的街坊》《我所在村庄的历史》或《我所在街道的历史》等活动作业，形式上可以是录音、录像剪辑或文字抄本，但要求同时提交录音或录像的原始素材，以便对其活动进行有效的评估。

口述历史是一种有价值的求知训练。口述历史也是求知过程，有利于学生的求知训练。

中小学生口述历史：参与生活

准确地说，是让学生参与实际的社会生活。历来对学校教育最大的诟病，或最大的担忧，就是学校教育很容易让学生脱离实际社会生活。

康德说："教育是使人完成所以为人之使命。"

杜威说得更明确："教育是生活的过程，而不是将来生活的预备"，因而"学校科目相互联系的真正中心，不是科学，不是文学，不是历史，不是地理，而是儿童本身的社会活动。"

中国学校教育的最大弊病，恰是个人活动和社会生活的脱节。早在20世纪20年代，林语堂先生就指出："'人情事理'根本不存在于我们的教育范围里……我们的目的是教书而不是教人，我们是教人念书，而不是教人做人。"

中小学生口述历史活动，应是把学童的个人活动与社会生活联结起来的一种可行且有效的方式。通过对父母及其他长辈亲戚、邻里街坊及其他社区成员的口述历史采访活动，不仅可以让学童接触并熟悉真实的社会生活，获得社会知识，积累人生经验；更重要的，当是培养和锻炼他们参与社会生活的能力。

在中学的更高年级，还有更新的口述历史活动的升级版，让学生采访完成《我所在的社区》《所在社区的历史沿革》《所在社区的社会变迁》《所在社区的风俗民情》等作业。如此专题的口述历史，是让学生通过自己的求知实践，对自身的生活环境有更好的了解；与此同时，还能让学生通过口述历史的采访，锻炼学生的策划和思考能力、社交能力、与人对话交流的能力、团队协作能力、写作和视频及音频制作能力。总之，让学生深入地理解生活，从而更好地参与生活。

大学生口述历史：通识教育和专业探讨

大学生口述历史，可以采取通识教育公共选修课或是口述历史讲习营形式进行，大学里的口述历史理论培训和实践项目，可以设立两个不同的目标。

一是通识教育目标。因为通识教育是多种学科汇聚的公共场域，口述历史在此当有较好的存身与发展空间。大学从事高等专业教育，早已为人所知；大学通识教育的重要性，也逐渐成为共识，世界知名大学各有高招。通识教育有不同的观念与模式，在既有的模式中，都还存在一个重大的不足，那就是所有的通识教育都集中在传统经典作品的普及上，基本上与日新月异的社会生活现实无关。

真正的通识教育，不仅要让学生懂得人文与社会科学及自然科学的经典，同时也要让学生懂得现实的社会及实际的生活。经济思想家舒马赫指出："我们的任务——这也是所有教育的任务——就是要了解当今这个世界，这个我们休戚与共的世界，然后做出选择。"口述历史当是一条可选的路径，它让学生通过口述历史课程训练和口述历史的采访实践而得以接触并认识真实社会及其社会中人，了解他们的经历和故事，并通过对这些经历和故事的采访学习及分析思考，获得对自己所在社会的真实数据和鲜活信息，并从中提炼出有用的经验、知识。大学生可以进行各式各样的口述历史实践或实验，从人类学、社会学、民族学的田野调查（采用口述历史方式），到社会史、生活史、经济史的口碑史料收集。

二是专业思想探索目标。即让大学生对自己所在的专业社会的专题性口述历史采访，以便了解和认识更多的专业知识人，通过专业人的生平经验学习"功夫在诗外"的广义专业经验、专业智慧及专业人生活方式。

口述历史在大学教育中，有深远的存在价值和巨大的发展空间。通识教育的真正目的，并不是博学意义上的通才，而是能够适应现代社会并能够自主选择其生活方式的自由人。如此，真正的通识之人，才能迅速成为生活新潮领导者、各行各业的带头人、社会变革的推动者。

大学生口述历史：逐步完善专业建构

口述历史是什么学？需要有人对口述历史的专业行为、专业本质、专业功能、专业价值和专业意义、专业规则、评价方式及其发展前景，进行系统的研究、论证和完善。现在的口述历史或口述史学在世界各大学里，分属于不同的学科门下，真正的口述历史专业，尚需专业人才去进行专业建构。

任何一个新学科的建立，都是在大学里建立口述历史专业试点。口述史学的学科专业建构及完善，当然也不能例外。即让口述史学界具有多学科视野的导师，招收硕士和博士研究生，有意识地招收历史学、社会学、心理学、语言学、传播学、人类学、档案学等不同大学本科专业背景的考生，让不同专业背景的口述历史专业研究生互相交流、碰撞、融汇，探讨口述史学专业的多学科融合的特质，拓展口述史学的广阔前景和具体的发展路径。口述史学的前景，需要专业的硕士和博士去建构，并在发展中逐步完善，这可能是一个长期的任务。

专业建构和专业研究的路径之一，是最大限度扩大视野，把口述历史作为一个与多种传统学科密切相关的新兴学科，需从语言学、心理学、传播学、历史学、社会学、人类学、档案学乃至法学、经济学等多学科中汲取知识营养，对口述历史做出更为全面且更为专业的观察研究和专业评估。

专业建构和专业研究路径之二，是需要有更长远的未来视野，要把口述历史与电子时代、信息时代、大数据时代联系起来，把它与马歇尔·麦克卢汉所说的"古老的口语文化的复兴"联系起来，广泛思索口述历史对人类经验、知识和心智的影响，并重新界定它的本性与潜质。

口述历史作为教育学研究路径

口述历史不仅可以有利于大中小学学生的求知实践和参与生活训练，且能够极大地回馈于教育和教育学的研究与发展。这可以从三方面说。

其一，让大中小学的学生成为口述历史的受访人，让他们谈论自己的学习过程及其感受、经验与思考。人类教育的一大缺陷，就是极少系统地倾听和研究学生的感受和思考，而口述历史能够弥补这一缺陷，从而让大中小学的教育能够知己知彼、有的放矢、改革创新。对学生口述历史，应该有非常宽泛的理解，且应灵活地进行。也就是说，只要是学生讲述与自己有关的话语，包括自己的故事、心理、情感、愿望、困惑、记忆和思考，以及学生与学生之间的关系、学生与老师的关系、学生与家长的关系等等，都应算作学生口述历史的正当内容。

其二，让大中小学老师成为口述历史的受访人。理由很简单，学生只是教育的一方，另一方是老师。因而，对大中小学老师的口述历史采访，是丰富教育学史料的重要路径。除了要抢救中国教育史的资料外，对不同年龄层次的学校老师也应及时进行口述历史采访。其意义是，1. 可以丰富校史，让学校的历史变得真正生动鲜活。2. 可以积累教育史、教育哲学、教育学、心理学等不同学科的研究史料，因为老师在教学岗位上工作多年，总是有自己的教育理念、教育思想、教育方法、教育成绩及缺陷，无论怎样，都有不可忽视的研究价值。3. 在校园里进行老师口述历史采访工作，尤其是，若让部分学生参与其中，可以密切师生之间的关系，活跃校园里的学术气氛和学习气氛。4. 对已经退休的老师进行口述历史采访，可以留下丰富的史料记忆，还可以抚慰人心。

其三，丰富校史并建立校史馆。学校是人类最重要的文化单位。作为一个特殊重要的文化单位，它应该有自己的历史记载及专门收藏历史记载的档案馆即校史馆。校史及校史馆的作用与价值，相当于医院的病历及病历档案室，供后来者学习、研究之用。在我国的大、中、小学，有多少学校有自己的校史？有多少学校建立了自己的校史馆？我有些孤陋寡闻，不知是否有人曾做过有关统计？不知有多少教育行政部门及学校领导对校史及校史馆的重要性与必要性有充分的认知？肯定有一些学校有自己的校史，也有比较完备的校史馆；还有部分学校有自己的校史，虽没有校史馆，却有自己的档案室；恐怕还有不少学校有自己的校史，但既没有校史馆也没有档案室；更多学校，尤其是中小学，既没有校史，更没有校史馆或档案室。这样的情况，显然不利于我国教育事业的发展进步。

三、口述历史与档案学

研究口述史学为什么要涉及档案学？原因有三，一是有许多口述历史项目是由档案馆或图书馆档案室开创的，档案馆开创口述历史工作，自有其充分的理由。二是，正式的口述历史专业协会通常都规定，无论出于何种目的从事口述历史工作，都须将自己的口述历史原始档案保留下来，最好是提交有条件保存的档案馆。三是，口述历史采访过程中，需要建立档案，需要有档案学的知识与技能。

口述历史工作的档案目的

有许多口述历史工程都是由档案馆开创的，例如哥伦比亚大学的口述历史研究室的建立，实际上与哥伦比亚大学巴特勒图书馆有关。"中国电影人口述历史"项目，就是由我们中国电影资料馆开创的。国内有许多档案馆都有口述历史项目，例如外交部档案馆、云南省档案馆等等。所以如此，原因很简单，因为口述历史作为一种口碑史料，具有一定的档案价值。档案馆收藏档案，天经地义。

有必要说明的是，现代的发展趋势是，档案馆、图书馆、博物馆、资料馆（室）有部分功能重叠，现代的档案馆不仅收藏文字档案，也收藏实物，这就与博物馆的功能有所重叠；另一方面，博物馆也收藏档案，例如英国皇家战争博物馆就收藏了伦敦女仆的口述历史档案，这又与档案馆的功能重叠。图书馆藏档案，资料馆也藏档案，因而在一定程度上都有档案收藏功能。我们说的档案馆，是广义的。凡珍藏档案的单位即具有档案珍藏功能的地方，都属广义的档案部门。

即使不是由档案馆牵头，而是由研究单位创办的口述历史项目，例如台湾"中央研究院"近代史所的口述历史项目，其开创这一项目的原因，也是一样的，即为中国近代史搜集或创造口碑史料。因此，它们虽然是一个研究单位，但它们也必须建立口述历史档案部门，专门保管口述历史档案资料。也即是说，台湾近代史所的口述历史档案室，也是一个小型的档案馆。

口述历史档案作为证据和资源

并不是所有的口述历史工作都是由档案馆发起的，许多研究单位、传播机构乃至其他的私人机构等，都从事口述历史。无论是出于何种目的从事口述历史，凡口述历史档案都必须保存，这已成为口述历史工作的一个基本伦理。

是基于学术理由，如美国历史学者霍利·舒尔曼所说："执行访谈时，我们是在创造证据，其他历史学家如果对该题目的另一角度或是解释产生兴趣时，他就应该像我们一样，可以接触到该项访谈。这是历史学的根本法规，否则我就可以私藏证据来避免他人的竞争和抗辩。或者干脆为所欲为，凭空造假，再宣称这些都是真的，是转引自那个我做了却不许别人观看的访谈。换言之，如果我们历史学者处理访谈时不够严谨，就会引发一系列的问题，这些问题就会伤及我们的整个专业。"历史学专业是如此，社会学、人类学等社会科学专业也该如此。

其次，是基于口述历史访谈的资源性质及现代社会的公共伦理。任何一段口述历史访谈，都是一种人类记忆资源。一个电视或电影节目、一篇学术研究论文完成，所利用的口述历史访谈资料的资源价值并未因此而终止，同一资源还可以被不同的人从不同角度以不同的方式方法不断地开发利用。而若访谈者不将它们归档保存，必将会造成明显的资源浪费。

还有两点更需注意：一是，传媒人或研究者所使用的未必是口述历史访谈的全部，总有一些访谈内容暂未被使用，未被使用部分的资源价值难以估量。二是，倘若被访谈人在做完口述历史之后逝世，那么先前所做的口述历史资源就不可再得，从而更加弥足珍贵。现代社会是建立在民有、民享的伦理基础上，无论是自然资源还是人类精神资源都具共有性及共享性。我们都知道，保护自然资源，人人有责；保护人类记忆资源，同样人人有责。传媒人或研究者作为人类文化精英群体，应是保护公共资源的表率，这不是理想，而是一种工作伦理。

口述历史工作需要档案意识、知识和规则

档案意识、档案学知识及其具体规则，对口述历史工作流程及其成果品质具有不可忽视的影响作用。即：一是可以提高口述历史工作效率；二是可以拓展口述历史的采访范围；三是可以改进口述历史的工作方法；四是可以提升口述历史工作及其成果品质；五是可以规范口述历史的编纂方法与形式。以下具体说。

其一，在口述历史工作中，有档案意识及档案学基本知识的人，通常更有工作效率。原因很简单，任何一个长期或经常从事口述历史工作的团队或个人，无论自己的访谈以后是否送交档案部门保存，也都必须建立起自己的访谈资料保管系统，以便保藏、管理和查询，这本身就需要档案意识及档案管理知识。若是将口述历史录像带、光盘、录音带及其他文件随意处置，而不加以必要的著录、鉴定、整理并编制必要的索引查询目录，随着访谈工作的增加，再想要找几年前、几个月以前乃至几天以前收藏的某个录音片断，势必如大海捞针，需耗费大量时间精力，甚至在手忙脚乱之后还一无所获。

其二，档案意识可以拓展口述历史的工作范围，因为档案学中向来强调保密守则等法律、道德观念，而档案人也普遍有良好的保密训练和法律、道德意识。

其三，档案意识能够改变口述历史的工作方法，是因为档案学中有一条重要法则即"尊重来源原则"，可以让采访人端正采访态度，保持中立立场。

其四，档案意识能够提升口述历史工作品质。档案学有"全程管理理论"，大可为口述历史工作借鉴。尤其是其中的过程管理，对口述历史"文件"（包括录音、录像）生成过程及其后的流转、利用、保管等每一项具体管理内容的实施过程进行监控，便于及时发现和纠正失误，调整管理策略，达到通过过程控制实现结果的重要目的。

其五，借鉴档案编纂的经验，可以使口述历史编纂方法和形式更加规范。

前端控制理论及其实施

传统的档案管理，是从档案形成之后才开始的。例如某个重要会议的档案，多半是要等到这个会议开完之后，过上若干时间，才会提交给档案馆。而现代档案学中，有人提出"前端控制理论"，这一理论主张，档案人从档案形成的前端，也就是在会议开始之际，甚至会议文件准备阶段就介入其间，以便更好地进行档案收集、著录和管理。这一理论，改变了档案管理理念和流程，值得重视。

前端控制理论以文件生命周期理论为基础，把文件从形成到永久保存或销毁的不同阶段看作一个完整的过程，在这个过程中，文件的形成是前端，处理、鉴定、整理、编目等具体管理活动是中端，永久保存或销毁是末端。

前端控制理论的核心思想就是在文件的设计与形成之时进行管理与控制，将文件管理系统中的许多中后期阶段的管理与控制手段提到了最前端，以保障文件管理的质量和系统性。需要说明的是，档案学意义上的文件是指一切有可能成为档案的记录信息，包括录像、录音、电子文件。前端控制理论是电子时代的产物，对文件、档案管理有如下几点要求：1. 系统原理的要求；2. 背景保留的要求；3. 即时归档的要求；4. 长期利用的要求；5. 信息安全的要求。这对提高口述历史的工作效率有非常重要的启发意义和实际帮助作用。它让我们想到并做到，在一个口述历史计划开始之前，就开始设计口述历史"文件"的著录、管理和索引查询系统，随时实施，以便在具体工作中能事半功倍。每个采访对象的背景资料、采访提纲、采访人姓名、受访人姓名、采访地点、采访时间、采访总时长、每段采访的主题提示、现场工作照片、摄影师及录音师姓名，乃至对受访人的印象、评价、问题及对策等等，都需要在"文件形成"过程中即采访前、采访中和采访后（不久）分别加以著录，并放到事先规定好的位置。采访过程中的其他问题，包括对受访人及采访过程的分析，也应由采访人及其他参与者随时写出《采访手记》等说明文件，与其他文件一起存放。这样，口述历史的保藏、管理、查询、编纂及研究、利用都会更加方便快捷。

档案观与档案馆的进化简史

口述历史档案管理的规则与技术，张锦老师会有专题讲解。我这里只讲与口述历史相关学科的理论部分，这里简单介绍档案观和档案馆的进化史。

档案学的研究课题，是围绕"什么是档案"这个问题展开的。对什么是档案这个问题的不同回答，决定了档案收藏的范围及其原则。人们的档案观念，是"从'政权武器'、'历史记录和文化遗产'到'社会记忆'，这表明国外对档案价值的理解和认识在不断深化，认识的高度也在不断提升"。这一表述，提示了档案观念的进化路径：档案作为"政权武器"，就不是公益性的，甚至也不是简单的史料性、学术性的，而是政治性的。而作为"历史记录和文化遗产"，就有了明显的公益性和学术性。而档案作为"社会记忆"，则有更为丰富的内涵。

不同的档案观念，会产生不同性质的档案馆；不同性质的档案馆，又会培育不同气质的档案人；不同气质的档案人，又会有不同的档案观念。

三种不同的档案观，产生了三种不同的档案机构，即官方档案库、公共档案馆、社会档案信息活动中心；档案机构的不同性质，又产生和培育三种不同的档案人。三种档案人的档案观念自会截然不同：档案官吏及档案技工多会面向当局、面向上级、面向过去；档案馆管理人和服务者则会面向当局也面向学者、面向现在且服务现实；而档案信息活动中心人，则进一步扩大面向，即面向政府官员和广大学者且面向广大社会公众，面向过去、服务现实、更谋划于面对未来。中国的档案馆属于什么性质？是值得中国档案学人认真思考和研究的重大问题。

了解了档案观、档案馆、档案人的进化简史，我们就能理解，为什么中国档案界，尤其是综合性档案馆，从总体上说，对口述历史事兴趣不大。有人觉得档案馆做这事属于"越俎代庖"，有篇论文叫《国家综合档案馆何必越俎代庖——探讨从事口述历史的合理性》，其中提出了档案馆不做口述历史的主要理由："我们国家档案馆的工作范围是有限的，收集的主体应该是有关公共事务的最重要、最有价值的那部分档案；而且政府没有拨款让档案馆做这件事。"由此可见，部分档案人对档案馆从事口述历史采访或收藏工作不以为然；进而可以看到，中国档案界正处于官方档案库向公共档案馆的进化过程之中，当然也有部分档案馆领先于同行，逐步从公共档案馆向更为现代的社会档案信息活动中心进化。

档案人口述历史计划

口述历史能否对档案学研究有所反馈？口述历史如何反馈于档案学研究？这也是口述史学研究的一个课题，思路是：开展档案人口述历史计划。

国际电影档案馆联合会 2004 年在越南河内举行的年会上，就曾通过了一项"同时记录它自身的历史以及相关于它的成员馆的历史"的口述历史计划。

2008 年开始的中国电影人口述历史，其中就包含了中国电影资料馆人的口述历史，我本人就采访过历届电影资料馆老领导，以及数十位不同岗位、不同年龄及不同时期在岗的电影资料馆人，对中国电影资料馆的历史、体制、传统、人事、业务规则、执行情况、经验、教训、问题及其症结等等，了解颇多。中国若进行资料馆、档案馆全面体制改革，这些资源信息应能够发挥参考和借鉴作用。

电影资料馆人口述历史，可以作为"中国档案人口述历史计划"的理论依据。通过档案人口述历史计划，可以了解档案馆、档案学及档案人的历史记忆，了解档案馆和档案人的经验与教训，了解档案馆发展所遇到的问题及其症结，以及档案人对档案馆及档案事业整体发展的期待、愿望、意见和建议。总之，通过"中国档案人口述历史计划"的实施，采集并研究分析档案人的经历、感受与经验，当能为档案馆体制改革提供数据信息及学术智慧资源。我们必须懂得，档案人口述历史，比档案主管部门召开的改革动员会、研讨会、座谈会、调研会及单独约谈所得，更具全面性、真实性、深刻性和启发性。原因是，许多会议流于形式；由于各种各样的原因，档案人多不愿在公开场合发表自己的观点及内心感受；而口述历史不仅有法律、伦理方面相应的规则保障，进而还有"心灵考古"的效能，能让档案人敞开心扉；更重要的是口述历史把档案人当作独立的专业人，进而当作独立的生命主体。档案观念及档案体制的改革，与档案人的命运休戚相关，且终要由档案人付诸行动。而档案人口述历史，正是听取档案人真实心声的最佳选择；因而听取档案人的意见和建议，是改革研究和改革策划的必由之路。以此为起点，档案人对口述历史必有全新认知与切身感受，从而增加对口述历史的了解和理解，增进对个人记忆库建设的知识与热情；从而使口述历史档案学的学术探索和学科建构，能够顺理成章，逐步成型，创造更好的未来。

人类个体记忆库

人类个体记忆库概念是我在几年前提出的，为此专门写了论文，题目就是《口述历史：个人记忆与人类记忆库》。有关思考，是建立在下面几条假设的基础上。

其一，口述历史的本质，是对个人记忆和思想的采集收藏与开发利用。

其二，一切个人记忆都是有价值的；个人的一切记忆都是有价值的。

其三，一切个人记忆和个人的一切记忆有什么价值呢？我认为，个人记忆不仅具有史料价值，且具有更为广泛的人文和社会科学价值；不仅能够为现有的人文和社会科学提供不可再生的信息资源，而且还可能为现在尚未知的人文和社会科学提供信息资源，并能促进人文和社会科学的发展。

有了上面的三条假设，建立人类个体记忆库的理由就已经具备了。我为什么不用史料或档案的现成概念，而要生造一个"人类个体记忆库"的概念呢？这里要做点解释。我提出这个概念，有下列几个具体原因。

其一，我不使用史料这个概念，是因为这个概念的内涵太窄，不能囊括口述历史信息的全部价值。我没有使用档案这个概念，一方面是由于档案学家是否承认口述历史档案还是一个问题；另一方面则是因为，我们进入了信息时代、数字化时代，记忆库的概念与数据库的概念更容易接轨。数据时代、信息时代，这对我们口述历史工作者意味着什么呢？首先，是记录信息的工具更加先进且更加便宜，从而做口述历史工作变得更加容易也更加普及。手机就有录音、拍照、录像的功能，我相信，未来的手机将更加多功能，而其价格也会更加便宜。总之，记录的工具越来越好，且越来越便宜，因而建立数据库就更加可能。

其二，更重要的是，数据化时代，大数据挖掘和研究成为可能，大数据研究的前景将不可估量，它甚至可能引起人文和社会科学的方法与技术革命。

其三，在大数据时代，存在着两股反向潮流，一方面是大数据的共享，另一方面则是大数据竞争。

其四，为什么要数据竞争？未来学家有一个非常好的说法：过去的未来在未来，现在的未来在现在，未来的未来在过去。此刻，我们正处于现在和未来之间，因而我们的所作所为不仅决定了我们的现在，更决定了我们的未来。

其五，口述历史信息虽然是个人记忆，但它也是历史信息、社会信息和国情信息，从中可以挖掘出文化传承和民心民意的重大数据信息。因此，在事关未来的大数据竞争中，人类个体记忆库很可能会成为数据竞争对象，因而，我们有必要考虑，很可能应该把人类个体记忆库的建设提到一种国家战略的高度。

关于人类个体记忆库，还有几个问题需要说明。

其一，在我提出这个概念的时候，我的同事批评说，这是痴心妄想。我想，这可能是我没有说清楚，建立人类个体记忆库，并且希望能够提高到国家战略高度，并不是希望或要求国家投资来建设一个新的记忆库或档案馆——虽然，若是能够建立这样一个数据库或档案馆也是一件好事——而是对所有参与口述历史工作的人提出一种倡议，要有档案意识，要把自己的口述历史采访文献归档处理，要么是像美国那样，鼓励个人将自己的口述历史资料档案寄存在有保藏档案条件和资质的档案馆、图书馆里；要么是自己保存好，并能设法与大家分享。

其二，所谓人类个体记忆库，并不是指一个实体建筑，也不是指一个专门的保藏机构，而是指一个可以联网的虚拟数据库，可以由天南地北的口述历史工作者共同建设，共同分享，可以进行分布式管理。

其三，所谓建立人类个体记忆库，也并不是说马上就要建成，而是说要从现在做起，从我做起。大家有这样的意识，就不难慢慢形成一定的规模。

其四，对人类个体记忆库的大数据挖掘，也需要有精通数据科技、精通统计学且具有人文科学和社会科学素养的专门人才去做。

这一单元的课就讲到这里，谢谢大家！

[作者按：《口述历史与相关学科》即《多学科视野下的口述历史》，我讲过三次，第一次是 2016 年在中国电影资料馆研究生部的口述历史课上，第二次是 2017 年在南京艺术学院口述历史训练营中，第三次是 2018 年 9 月、10 月在中国电影资料馆研究生部。比较三次讲稿，觉得第三次稍好，于是选择了此次讲稿。]

附录一　唐德刚：历史与乡愁

2009 年 10 月 26 日，89 岁的史学家唐德刚先生逝世了。

在逝世之前，他托人将自己的数千册中外文藏书及部分手稿捐赠给家乡的安徽大学，又嘱咐家人将他的骨灰撒向异国的天空。从此以后，这位诙谐幽默的豁达智者，就只有一种纯粹精神存在。

此老是我家乡先贤、母校师长、行业导师。但我写此文，却并非因此，而是喜欢他的人和书。他一生不摆架子、不重帽子、不装孙子。纪念此老，不必为"大师"还是"大家"这样的俗事烦心。此老率真风趣，有点像老顽童；洒脱智慧，更像是洪七公，一生浪迹天涯，把往事和乡愁深深埋在心里。吃喝歌舞，骨子里仍浩气凛然；嬉笑怒骂，怎么看还是宗师气象。

这样的老人，当然值得怀念和追思。

历史的别样看法与写法

唐先生是历史学家。著作有《中美外交史百年史：1784—1911》《美国民权运动》《中国之惑》《晚清七十年》《袁氏当国》等。更为卓越的贡献，是在口述历史。他不仅是现代口述历史的早期实践者，更是华人口述历史的第一人。其优异成果如《李宗仁回忆录》《顾维钧回忆录》《胡适口述自传》《胡适杂忆》《张学良口述历史》，已成为口述历史的一种典范。

唐先生的口述历史工作，不仅在他的筚路蓝缕之功，更在于他对口述历史的方法、规范及成果形式等所做出的卓越贡献。他做口述历史，不是我问你答而后你说我记之类的简单操作，而是与历史人物一起进行极其复杂艰辛的现场考古发掘。他给胡适先生送上含200多个问题的提纲，深谙史学三昧的胡适先生说自己遇到了"劲敌"，因而不能不认真对待。在对李宗仁先生、顾维钧先生的口述采访中，也都出现过为亲历者纠正史实记忆的有趣情形。即使是未完成的张学良口述历史采访，也显示了历史学家对史实真相的固执、认真求知的热情，且保持了史学及史学家的尊严价值。

口述历史之难，不仅在于向人类的记忆挑战，更在于要随时向不同个性、不同心理乃至不同的情绪挑战。即使优秀人物，也会有人类固有的心理特征，诸如选择性记忆、不自觉的自我防卫、自我辩护乃至自我粉饰。若非准备充分，掌握确切的信息资源，能够阅读对象的心理特征及其活动方式，且能因人设法，就无法真正发掘出精神深海中潜藏的记忆真相。进而，他不仅是提问者、采访者、记录者，更是口述历史工作的主导者、历史文本的阐释者。他把口述历史工作真正提升到了学术的层面，从而为自己赢得了作者身份。例如《胡适口述历史》，竟然是"三分胡说、七分唐言"，甚至要"先看德刚、后看胡适"。

历史学家多矣，历史著作汗牛充栋，唐德刚的史学著作竟然能够成为风靡一时的畅销书，当是因为他对历史有别样的看法与写法。

一是因为他学贯中西，是真正的贯通，而不是传统意义上的博学或遍览。唐先生在出国前讲述《西洋史》，而在美国讲中国史，这就便于他两头贯通。他的历史研究的起步是《中美外交史百年史》，自更需贯通中西历史与文化的海底隧道。一方面，他是一个传统的中国书生，对他乡偶遇的胡适前辈始终尊而敬之，"师之事，弟子服其劳"；另一方面，他却又有"吾爱吾师，更爱真理"这一典型的西方特征。更重要的，当然是他在史学观念和方法上，熔中国历史典籍、文史哲不分，以及世界历史潮流、民主人文价值、逻辑实证方法于一炉。他对历史的讲述，既不像西方人讲述中国那么隔，又不像中国人讲述中国史那么窄。

一是因为他身处海外学府，学术环境纯粹，思想言论自由，不受狭隘政治伦理的拘囿。学术无禁区，更无学术政治化、政治道德化、道德标签化的重重八股节制。不仅能够做到有一份证据说一分话，且能做到知无不言、言无不尽。如是他的历史研究和言说，常常能钩沉发隐，甚至让人闻所未闻；而他对历史的思考与见识，则不仅发人深思，能启人疑窦，且常具明显的启蒙价值。他的《袁氏当国》一书，揭开主人公脸上标签，将他放入历史的大格局中进行合理的评说，并对这一历史人物做知人论世的学术检测，得出的印象和结论出人意表。他的著作，不仅能将读者带入历史的现场，更引入历史的深处。他对胡适这位新文化运动的伟人多有批评，正是他与胡老师进行真正平等深入的讨论对话。

还有不能不说的理由，是他率真个性、活泼心灵和生动文风。其书好看，在于其人好玩，口头能说，笔头能写，其语言大多不拘一格，不论啥馆阁规范，总是勃勃生机引人入胜。夏志清说唐德刚散文别树一帜，可当"唐派"之誉，只怕没人会怀疑。他能够融通古典与白话，联想丰富，比喻生动，机智幽默，个性鲜明，而且快人快语，酣畅淋漓。如说胡适先生是"在纽约的乞丐老和尚"，就是一个别出心裁的出色例证。以至于有人说他是一个"优秀的历史说书人"。

文化乡愁与故国忧思

唐德刚先生的史记文章，也有负面评说。客气的说他不是"正统意义上的历史学家"，是优秀的"历史说书人"；不客气的，说他的史学著作不是正宗的学术著作，而是大众史学或通俗史学。证据是他的著作不见得全都符合学术规范，他的选材不见得都是独特新颖，有时候甚至只是将别人的材料拿来进行自己的论说，且对材料的选择和注释也偶有不十分严谨。问题确实存在。

在这里，恐不适合讨论历史著作的叙述追求及实际规范。真正的问题是：唐先生为什么要这么干？——显然，他对历史学研究的规范非常熟悉也应轻车熟路，他的《中美外交史百年史》就是最好的例证。进而，他成了口述历史领域的经典作者，若延续下去，必能成就更大高峰，而他却又没有继续下去。偏偏无独有偶，另一个华裔历史学家黄仁宇先生也存在类似的情况，其著作在中文世界引起强烈的轰动，而在英文世界有时甚至难以找到出版的机会。

对这一谜题，大可有多种解释。我自己的看法是，所以如此，当出自作者浓重的文化乡愁和深沉的故国忧思。证据是，他自称"乞丐小和尚"，又称"纽约流浪汉"。进而在诗中感叹"莫向故人话故园，神州事已不堪论。十年书剑皆抛却，慢惹扁舟楚客魂"。又自况"一寸丹心半似灰，错随仙子到蓬莱。劝君莫论中原事，且乘歌声舞一回"。显然，无论怎样酣歌狂舞，神州故国的情思，想必总是斩不断理还乱，才下眉头却上心头。如此，对他而言，中国及中国历史，就不大可能只是一门纯粹的学问，可以毫不动情地解剖分析。

若不了解这一代留美学人有家难回、有国难投的心境，不了解他们在多年后回到故园却遭遇"人面不知何处去"或"儿童相见不相识"的尴尬，就难以真正理解他们的著作，更遑论弦外之音。在英文世界中，中文不仅是他们身份的证明，更是他们心灵的家园，中文写作就成了通往精神家园的快乐旅行。只有想象中与中文读者的乡音对话，才能够慰藉其刻骨的相思。中国，中国历史，决不只是简单的学术话题，而是魂牵梦萦的切肤之痛。中国和中国历史，也就成了他安身立命之所，一任自己狂欢或歌哭。如此，唐先生、黄先生等人的热门史学著作，就成了这般模样，无法或无心顾及画眉深浅入时无。

除了史学著作外，唐先生还有《五十年代底尘埃》《战争与爱情》《史学与红学》《书缘与人缘》《第三种美国人》等文史杂著。对此，唐先生也有一个非常特别的解释，那就是文学乃是历史的补充，历史写大人物，文学写小人物，杂著更可写芸芸众生及情思意绪，所有故事都是历史的一部分。与其说这是文史不分家的传统，不如说，所有这些真实与虚构、怀念或梦想，点点滴滴都是游子对家乡故园的片片拼图。而他担任美加安徽老乡会长，担任纽约华人文艺协会主席，并发起亿人签名行动要求日本付清战争赔款，也是很好的证明。

　　如此文化乡愁，决定了他对中国历史的介入方式，也决定了他的历史
著作的写法。文化乡愁凝聚成家国忧思，使他一半是学者，另一半是恋人。
60 年情思关切，把五千年中国历史浓缩成短短三行：一行是封建，一行是
帝制，一行是现代化民主政治进程。进而，他又把庞杂万端的"中国问题"
浓缩为一句：中国不能全盘西化，而是要现代化。最后，他又提出了著名的
"历史三峡理论"，论定 200 年左右该完成中国文明的转换。此吉光片羽，或
可见其"中国学"之一斑。

　　现在，他累了，于是就悄悄走了。

　　　　　　　　　[作者按：本文发表于 2009 年 11 月 6 日《新闻出版报》]

附录二　口述：历史之书、社会之书与人文之书

——读九州出版社"口述历史系列"

所说口述历史系列，是九州出版社重点引进的台湾"'中央研究院'近代史所口述历史系列"的精选集，迄今已出二辑30册。其雄心宏图，令人感佩。

这系列的受访陈述人，是在台军事、政治、文教、经济、社会等各方面要人名流，即标准的历史人物。由这些人讲述其亲身经历的历史事件，有毋庸置疑的历史参考价值。不熟悉口述历史的人，对口述历史的真实可靠性有本能的疑虑。不必讳言，每一份个人记忆和讲述，都会受到政治意识形态的影响，会受其身心状况、记忆能力、知识视野的限制，或多或少存在选择性记忆及选择性陈述现象。但正规的历史文献，也会受到记录者身份立场及形势压力的影响，也存在无意疏漏及有意虚应，同样不能不加辨析地采信。而口述历史的优势是，作为亲历者的证词，回忆并讲述历史事件的过程线索，能表现历史事件背后的人性因素和个体行为动机，还能够呈现生动的细节及历史的质感。例如，辛亥革命亲历者张知本讲述辛亥革命及国民党分裂的掌故，当年北大学生会干事部主席汪崇屏讲述五四运动的背景和秘闻，当年东北陆军独立第七旅620团团长王铁汉讲述"九一八"不抵抗之内情及打响抗日第一枪的缘故，当年国民党王牌军军长丁治磐讲述抗战时期大破冈村宁次的一个旅团及与中共将领徐向前、陈毅交战的失败记忆……就比正史多了个人维度。说它们是"一个人的口述，凝结一个时代的大历史；远去的声

音，回响民国以来沧桑往事"，并非夸大其词。

口述历史已成固定词组，但口述实录不仅是历史之书，也是社会之书。其中不仅有讲述人的历史亲历记，更有大量社会见闻录；不仅有时间与历史中的人和事，也在描画空间与社会人际关系的网络图。从而，它不仅是中国近现代史家的必读参考书，也可以是社会科学的信息资源库。当年曾辅佐张作霖、张学良父子策划并参与中原大战、直奉大战的高级将领戢翼翘讲述的中原及东北往事，当年四川财政厅长、曾辅佐刘湘统一四川的刘航琛讲述蒋介石与刘湘博弈始末及四川风俗民情，"云南王"龙云之子龙绳武讲述相对独立而封闭的云南史话……不仅是军阀割据史，也是省域文化与社会的活地图。关德懋讲述抗战时期中德外交过程，董文琦讲述扬子江水利委员会因果，张宪秋、李崇道等 14 人讲述台湾"土改"及"中国农村复兴联合委员会"的背景和经历，吴修齐讲述台南纺织、统一企业、太子建设三大公司缘起与历程，乃至顾应昌讲述他对大陆改革开放与台湾建设的建言……是中国现代化过程及行业发展史料，也是行业生态及社会变迁的证词。徐启明、郑天杰、黎玉玺、池孟彬等国民党军队高级将领的回忆及《海校学生口述历史》及《孙立人案相关人物访问纪录》等，是军事战争史的记忆，也是军队社会学的宝贵研究资料。汇集众多个人身份、阶级、性别及故乡、家世、婚姻、亲友关系信息，即可成为中国社会转型过程的科学数据信息库。

说它们是人文之书，理由简单，陈述人讲的是自己的人生故事。虽然采访者搜寻的是历史资料，并未把个人生活、成长及心灵个性作为提问重点，但每个人的言说仍带有不可磨灭的个人印记。所谓口述历史，说到底是口述个人记忆，历史资料、社会见闻，都附着于个人生平经历及心灵版图，融经验与智慧，倾诉人生历险传奇及对生命的诠释。说什么、说多说少、说真说假，虽然与环境如白色恐怖压力、采访人提问要求等有关，但只要张口，无论是闲坐说玄宗、渔樵谈今古，或图留取丹心照汗青，总会"你站在桥上看风景，看风景的人在楼上看你"，被后人阅读、思索和评析。往大处说，其中有民国风度及台湾气味；往细处看，各人思想深浅、胸怀宽窄、品格高低，历历分明。即便是《南港学风——郭廷以和中研院近史所的故事》书中的 22 位受访人谈论同一焦点，但还是能感受到，人心不同各如其面，表现在对郭廷以及近代史所往事的追忆和陈述中。把它们当作人文之书看，浅可见金戈铁马而血脉贲张，从前辈的血泪唏嘘中，感受历史的苍凉残酷，和人性的脆弱柔韧；深可在无数的小我故事中拓展"大我"的精神时空疆域，洞悉"中国梦"的源头，知人阅世，把握社会转型中的人生航向。

这一系列，早已成为中外瞩目的口述历史经典。从专业角度说：口述历史整理编纂理念和方法，有些新的发展要求，例如提问线索、采访信息、对受访人印象记录及采访质量评估，不能将口语整成书面，更不能变成文言等，但这都无损于先行者的筚路蓝缕之功。

最后，我想感谢采访编纂者的无量功德，且感谢九州出版社引进出版者的慧眼和用心。

[作者按：本文发表于 2013 年 5 月 3 日《中国新闻出版报》]

附录三　评杨祥银《美国现代口述史学研究》

口述史学在中国推广普及，杨祥银博士功不可没。这部《美国现代口述史学研究》（中国社会科学出版社 2016 年版），又是一座里程碑。美国是现代口述历史发源地，该书追溯现代口述历史的源头，追踪美国口述史学发展实际历程，标示口述史学转折和流向，澄清口述历史诸多理论课题，对我国口述历史工作和口述史学研究，极具参考价值。老话说得好：他山之石，可以攻玉。

一

《美国现代口述史学研究》共 8 章，第一章是导论，即研究缘起和框架说明。第二至第六章分别是：实践起源和学术命名，精英主义的档案实践，口述历史的社会史转向，口述史学的理论转向与反思，数字化革命与美国口述史学。这几章详述美国口述历史的发展历程，按史学史的规范叙述，以编年为经，以代表性事件、观念及其代表性人物为纬，全面详实而又条理分明。第七章是美国口述历史教育的兴起与发展，从"狐火计划"到"狐火效应"，看美国大中学校口述历史的普及过程，演化出教育理念和实践革新。第八章是口述史学的法律和伦理问题，分析案例，说科学探索在与法律和伦理的矛盾冲突中如何立足与践行。

根据创新扩散理论，人类新知，可分为知晓性知识、操作性知识、原理性知识、再发明等不同层级。本书的突出特点，正是它包蕴广富，不仅为读者提供美国口述历史学科的一般知识，且为口述历史实践者提供诸如项目设计、实际采访、考据甄别、档案管理、成品制作、开发利用等多种操作知识；在理论转向章节中，又为口述史学理论研究者提供原理性知识及其探索路径，为学理再发明提供了可靠基础。概而言之，不同层级读者，均可在书中满足各自所需。

本书虽名为《美国现代口述史学研究》，但作者的视野并非以美国为限，在探讨口述历史的社会史转向时，就论及了法国年鉴学派、英国社会史家的影响，始终将欧洲口述史学作为重要参照系，并作跨地域和跨文化描述分析。书中对英国学者乔治·埃文斯、保尔·汤普生、杰里·怀特、伊丽莎白·托金、玛丽·张伯伦、林恩·阿布拉姆斯，及对意大利学者阿利桑乔·波特利、路易莎·帕萨里尼等欧洲口述史家的思考路径和学术观点的介绍和分析，让人印象深刻。

它的另一特点，是具有跨学科视野。作者是历史学博士，在讲述口述史学史时，并不拘泥历史学本位，更不把口述历史当作历史学专利，而是直面口述史学的跨学科问题。口述历史的跨学科性，有两个层面，一是实践层面，作为一种获取资源及实境研究手段，被历史学、文学、人类学、社会学、新闻学、医学、心理学等多学科专家所用；二是学理层面，由于口述历史基于记忆、叙事、会话记录，要解决辨析、甄别、考据、收藏及开发利用等问题，需要心理学、语言学、叙事学、社会学、人类学、历史学、信息科学等多学科知识和技能。

早在 2000 年，作者读大学本科时，就开始留心美国口述历史，并撰文介绍。《美国现代口述史学研究》可谓 16 年磨一剑。令人称羡的是，从事口述史学研究以来，作者竟先后与数百位欧美口述历史专家建立了多渠道联系。本书的又一令人惊叹之处，就是它的信息极其丰富。588 页书中，附录的参考文献、网络资源信息就占了 149 页，再加上上千条注释中提供的信息线索，在正文之外形成了极为宏大精细的信息场，为有心于知识探险者提供路径攻略。

二

我读此书的最大收获，来自第五章，即《美国口述史学的理论转向与反思》。其中介绍的具体理论转向，是对口述史学原理的进一步研讨和深思，美国学人对口述史学的溯源研究，最终找到了口述史学原理性思考的逻辑起点。

口述历史是什么？它是对个人记忆的采集、收藏和开发、利用。什么是口述历史的本质特征？答案是：个人记忆。口述历史的记忆转向，就是提出这一新问题暨真问题。具有常识的人，都知道人的记忆存在遗忘、断简、改写、冗余、错嵌等诸多问题，有人还分不清想象和真实的边界，甚而会有人故意说谎，因此，基于个人记忆的口述历史，必须经过甄别、考据、提炼，才能成为合格的历史档案或社会科学资源。由此，论者就不必再在"口述历史是否真实"这一没有实际意义的伪问题上浪费口舌。说口述历史基于个人记忆，非但不会降低它的史料及史学成色，反而能扩张视野，开发出更加广泛的社会科学资源价值。

口述历史是什么？它是口述人基于记忆的陈述。口述历史的叙事转向，就是提出这一新问题暨真问题。具有常识的人，都知道个人记忆的陈述，会受到政治压力、文化禁忌、隐私顾虑和认知水平等多种因素的影响，说不说？说多少？说什么？如何说？肯定因人而异。要开发利用个人陈述，必须考虑叙事的传播环境、个性心理和言语能力等诸多问题，即要寻找对个人记忆陈述的甄别、考据、提炼的具体方法和路径，懂得言语事实、心理事实和生活事实的差异，并在不同事实层级及其结构中，分离出史学及人文与社会科学原料，进而抵达人性真实。

口述历史是什么？它是采访人对受访人的访谈记录，是人际传播，是会话叙事，也是对记忆、叙事经历乃至心理的质性研究途径。口述史学的共享权威转向，不仅将口述历史从受访人陈述等同于口述历史的误区中解脱出来，将采访人的重要性进行必要的价值重估：鉴于个人记忆和个人陈述的复杂性，口述历史采访人和研究者的工作，实是一种复杂的数据发掘、信息甄别、知识提炼——不妨称之为"心灵考古"。在操作层面上说，标准的口述历史，与个人自传或回忆录有质的不同，因为它要面对采访人的提问、质询、甄别、考据和评估。

口述史学理论的三大转向，实出于同一目的，即找到口述史学研究的逻辑起点，提出科学的真问题，由此建立口述史学作为独立学科的学理基础。因为口述历史基于个人记忆和陈述，口述史家的工作必须跨学科，即只有结合心理学、语言学、社会学、人类学、历史学、考古学、档案学、信息科学等多学科知识技能，才能成为合格的口述史学暨心灵考古专家。在多学科视野中，口述史学有其复杂艰难的学科难题，也有更为广阔诱人的前景，有极大的"再发明"空间。

三

本书博大丰富，却非完美无瑕。例如，第六章第一节《数字化记录》中，对录音设备及技术沿革介绍就稍显冗余。现代口述历史确实与记录技术的进步密切相关，但对既往技术说得过多，对数字化技术及其"革命性"的介绍和讨论就不免减少，从而重点偏移，甚至避重就轻。再如，第五章说理论转向，虽然对迈克尔·弗里斯科、彼得·弗里德兰登、罗纳德·格里等人的学说及其影响的历史描述很清晰，但对他们的理论思路的分析和讨论就稍嫌不足。对记忆转向、叙事转向、共享权威等理论的原理引述和讨论尚不够充分，难免有些让人遗憾。

我对本书如此吹毛求疵，是因为作者如此年轻，如此博学，是温州大学口述历史研究所所长，作为口述史学的领军人物，理应从严挑剔，甚至苛求。

[作者按：本文原名为《攻玉：读〈美国现代口述史学研究〉》，发表于2017 年 5 月 22 日《经济观察报》。]

附录四　人文随笔与口述历史

人眼太低，目光太短，山川形胜非登高远望不可领略。

我心尤浅，情绪尤浮，文史精神不静沉深思难得品尝。

这算是副对联。前一句是作家汤世杰《山川仁德》一文的开头，平实而精彩，下一行是我憋的。以此开头，因我喜与老汤"作对"，也因这话与本文相关。

老汤要我为这套丛书写序，我说我不够资格。但他给出了一个难以谢绝的理由，要我谈谈人文随笔创作，与口述历史工作的关系。这些年，老汤一直在云南大地上行吟，出版过长卷散文《殉情之都》《灵息吹拂》《梦幻高原》《古摇篮》《在高黎贡在》和随笔集《烟霞边地》《冥想云南》。我对老汤充满敬意，敬他行走的谦恭，倾听的虔诚，冥想的寂寞，耕耘的精细，以及对大地、生命和文化的那一份挚爱痴情。70岁的老汤，继续《杖藜拾青》，与万利书的《砚边墨痕》、后亚萍的《绣娘秘语》组成"永仁人文随笔"丛书。我知道，老汤对文化散文或曰人文随笔的写作与思考是极认真的，如今认真也稀有了，不能不以认真相对。此外，我热爱口述历史，又遇上了一个有创意的试题，于是，鸭子权且上架。

口述历史是人类历史记忆的源头，没有文字时，一切历史记忆都只能口口相传。古希腊的《荷马史诗》，彝族的《梅葛》和藏族的《格萨尔王》等，即从口传而来。现代口述历史1948年开始于美国哥伦比亚大学，信念是采访历史的创造者、亲历者和见证人，弥补正式档案文献的不足，为历史提供更多细节与质感。欧洲史学年鉴学派影响下的口述历史运动，将口述历史的范围扩大，既采访要人和名人及其社会生活公共记忆，也采访普通人及其日常生活的个人记忆，目的是让"无声的大多数"发出声音，把历史书写权交还给人民。我们想再进一步，提出人类个体记忆库概念，采集并收藏人类个体记忆，为人文与社会科学研究积累大数据。基于数字技术的迅猛发展，这梦想不仅可能，而且可行。当然它不能一蹴而就，只有做的人多了，假以时日，才能积涓滴小流，成浩瀚江海。

　　人文随笔与口述历史，差异明显。前者是文学，归艺术；后者是史料，归学术，分类不同。前者是随笔创作，后者是口述实录，形态不同。前者是一种创造成型的文化产品，后者是一种档案材料即文化资源，性质不同。前者采风，虽也要与人对话，但还要观察天地山川，倾听自然信息，思索自然与人类的关联；还要翻阅古籍，与文献对话，并做相应的知识考古；更要打开心扉，与自己对话，让思想在不同的时空中随意穿越，在现实、历史、哲学和美学的多维世界中自由飞翔。而后者，只是采访人和受访人的对话并做录音或录像纪录，工作方法不同。前者是文学家即采风人的独立创作，观察及采访都只是创作素材。如这套书的三位作者走遍了永仁所有乡镇，采访了50余人，做了5393分钟的录音，但成型文本是文学家感受和思考后的生动转述，联想翩跹、思绪灵动，直接引语少之又少。后者是采访人和被采访人合作的产物，呈现形式须尽量保持访谈录音的原有形态。二者的工作重点、程序、著作权归属、呈现形式均不同。

　　人文随笔和口述历史间，当然也有关联性和相通处。地域人文随笔创作的第一环节，是实地采风；而采风，正是现代口述历史的重要源头。在采风过程中，少不了要与当地居民对话、倾听并记录，而这也正是现代口述历史工作的三个关键词。这样说来，口述历史也是一种采风，人文采风也有口述历史特性。如此，二者或可共享一些经验和规则，如：1.不把采访对象仅仅当成信息工具，而要当作生命主体。唯先知人，才能观风、论世、谈文化。2.尽可能问得广一点、深一点。个人是文化造物、历史传承者、社会关系结点，且是独立生命个体。若采风人或采访人有更多文化人类学、社会学、民族学和心理学知识，即能提出更多更好的问题，做更近距离和更深层次的交流，获得更真且更具原生态价值的信息，贡献更具生活质感和文化品质的作品。3.无论是人文采风还是口述历史，最好都能将采访录音归档保藏。在人文采风，它是一份证据；在口述历史，它是档案本身。要点是，任何个体记忆，都是不可多得的文化资源。

若打破专业壁垒，超越技术性差异，在更深的层面，人文随笔和口述历史还有更大的同一性：二者都是广义的文化工作，存在于同一世界，服务于同一世界。无论是资源积累，还是材料加工，都要不断激活传统记忆，都要深入人群并活跃当代文化生活，都在为抵抗人类精神荒漠化尽其绵薄之力。无论是创造性的艺术语言，还是回忆生平的日常语言，所含都是人类个体生命信息。万利书的书中有《永仁旁注》一文，或能说明问题：永仁历史和文化是大块文章，需要随笔作者作富有想象力的创造性的"旁注"。史家唐德刚采访记录的《胡适口述自传》，其中也有丰富而精彩的旁注，以至有"先看唐批，再读胡说"之言。无论是采风创作还是采访实录，都是在用心采集、创造并记录生命文化信息，所有信息都值得收藏，并丰富人类记忆库。

老汤说：有人烟的地方就有文化。这是至理箴言。人是社会化产物，无人不被文化所化，文化在人类的生活中。博物馆、图书馆、美术馆及音乐厅里的奇珍，作为文化的符号、标本或复制品，无不源于生活，且归于生活。生活中的饮食男女、衣食住行、劳作歌哭、节庆嬉闹及欲望梦想，是文化的日常景观与本真之相。

汤世杰、万利书、后亚萍三位作家的"永仁人文随笔"所记，正是永仁地域文化的艺术证词。观山川仁德、苴却砚史、民风淳厚，是一个层次。考蜀身毒沧桑古道、诸葛亮史迹遗存、黉学庙社学残碑，又是一个层次；听毕摩古歌、彝家故事、绣娘心语，又是一个层次；记起学惠教书失血、毛志品收藏意绪、李济雁绣房梦想，又是一个层次；为这片土地的文化生活立传作歌、录史成文、忧思惊异、慷慨陈词，又是一个层次。也可重温高原的太阳，看方山的云，浴永仁的风，闻直苴农家苦荞粑粑香，鉴县城名士砚边墨痕，自然与生命交织成的文化景观，不仅可满足你我的好奇心，还拓展你我的精神边境。当来自边疆山野的清风，吹散眼前俗世的浮尘，澄澈心空中飘来乡愁味道，感动之余，总有人心会：作者不仅在引领我们阅读永仁，更在不断指向山峦高处、人文深处。

400 年前，徐霞客曾在中国大地行走，脚印成《徐霞客游记》。当明朝末世，怕没几人关注这兴致勃勃又孤独寂寞的旅人。而今徐霞客的生命信息穿透悠悠数百年时光，变得字字珠玑，似乎步步生莲，你会想到什么呢？

[作者按：本文是云南作家汤世杰主编的"永仁人文随笔丛书"的序言，刊载于 2014 年 7 月 15 日《人民日报》。]

附录五　答《中国社会科学报》记者问

1.有些学者认为口述史是史料，也有学者认为口述史是史学，目前学界对口述史的性质尚无广泛的共识，您是如何理解口述史的性质和意义的？

答：两说都有道理。说口述史是史料，作历史研究的证据，当然没有问题。将口述史直接整理出版，作历史叙述的新形式，突出其公共史学价值，说它是一种可独立的"新史学"，也无不可。两说的共同点，是都只说口述史的功能，而未涉及口述史的本质；是将口述历史与口述史学等同，且将口述史学等同于"口述—史学"，不讨论"口述史—学"，也就无法深入讨论口述史到底是什么。

口述史的本质，是对人类个体记忆的采集、传播、收藏、研究及不断开发利用。个人记忆如同百科全书，只是混沌纠结，多断简残篇，所以要作"心灵考古"。采集它，不仅要借鉴人类学、社会学方法，且涉及心理学、语言学、传播学等多学科知识。而口述史的作用，有史料、史学价值，还有更广泛的人文和社会科学信息资源价值，能为史学及人文社会科学提供新方法和新思路。也就是说，作为新兴边缘学科，口述史学本身就是跨学科的。进而，口述史工作者都认同，每个个体的记忆都有不可替代的信息资源价值，因此，口述史也是跨领域的。

口述史还有更重要的意义，若大家都做口述史，即可活跃精神生活、提振社会活力、促进文化繁荣。若建立我们的"人类个体记忆库"，可以更全面地了解国情信息，应对大数据时代的挑战，迎接由大数据引发的社会科学范式变革。我认为，口述史及其人类个体记忆库工作，应作为国家文化战略的一部分。

2. 当前国内口述史在发展过程中，存在哪些较为明显的问题？

答：对国内口述史的发展历程，我没有做过专门研究，了解信息不够全面，这里只能就我所知，对口述历史工作中的问题，谈几点粗浅印象。

印象之一，一些口述史著作规范性不够。一种情况是口述实录篇幅远远少于根据文献改写部分。例如有一本已故中共领导人的亲属口述历史书，其中第一篇的口述部分只区区 3 页，而由已发表资料组成的"延伸阅读"则多达 20 页。最后一篇的大部分内容是由已出版著作改写而成，虽取得著作权人的授权，但说它是"口述历史"，显然名实不符。另一种情况是，口述史著作中采访人越俎代庖，例如一本参与过胡风案的法官口述中，竟然有对胡风夫妇的心理描写！这既非口述人口述，更非亲历，想来是采写人的"猜写"。还有一种更为普遍的情况，是对口述人的言语进行全面书面化，即全都是书面语，甚至见不到口语痕迹。

印象之二，一些口述史素材档案化程度不够。这要从两个方面说，一方面，是口述史工作者，尤其是以大众传播、专业研究为工作目标的口述史工作者，一旦编辑成书、剪辑成片或研究工作完成，所得素材就随便放弃，他人无法查证，甚至本人也找不到了。我问过一些人如何处理采访原始素材，得到的回答大同小异，即作品出版后，为何还要费心于原始素材？我问为什么不送交一家档案馆永久保存？回答是：档案馆未必可信，再说也没有人愿意接收。这就牵涉另一方面，各级档案馆都是官办，专业前瞻及社会服务意识均不足，对口述史档案价值认识不到位，许多档案馆确实将口述史档案拒之门外。我看到过档案工作者谈论口述史的文章，说他们的工作已经很满，不能、也不必为口述史档案去费力或费心。

印象之三，是一些口述史著作的内容过于狭窄。这种情况，较多出现在一些专业暨专题性的口述史著作中。例如，采访音乐家，只谈音乐，不谈其他；采访科学家，只谈科学研究技术方法和研究过程，而不谈求学经历、思考历程和人生遭遇；采访非物质文化遗产传承人，也只谈与非遗相关的话题，一般不涉及个人的具体生活细节。在口述史研讨会上，我曾就这个问题请教过相关人士，有回答是：课题所限，必须主题鲜明，只能采访专业性的内容，无法顾及受访人的人生经历和生活细节。另有人回答说，他们也重视受访人，可毕竟是专业暨专题采访，对受访人的人生履历，只能点到为止。在不少口述史工作者心里，对专业技术性的重视程度，远远高于对受访人的人生经历和心灵成长过程的关注。

3. 造成这些问题的学理层面的原因是什么？

答：口述史工作中出现的问题是多种多样的，涉及学理层面的原因自然也是多种多样的。针对上述情况，我只能试着谈一谈其中原因。

毋庸讳言，口述史领域中确实存在假冒伪劣，我想是由于专业意识和学术伦理方面的原因造成的。首先是专业意识问题，有些人似乎没有深入思考过自传、回忆录和口述历史三者的区别：自传是自己写自己；回忆录是著作权人回忆自己或他人，可自己写，也可本人口述、别人记录；而口述史则是采访人与受访人就其个人生平记忆的对话音像实录。如果口述史工作者没有专业意识，就会有意无意地模糊三者的边界。另一种情况，涉及学科伦理问题。法国学者菲力浦·勒热讷的《自传契约》（杨国政译，三联书店 2001年版）一书，给我的启发是，每一种体裁形式，不仅有其技术规范，还有与读者间的无形契约，把文字资料摘抄后汇编成口述史著作，是挂羊头卖狗肉，这违背了契约精神，即有违学术伦理。

口述史工作档案化程度不足问题，有两方面的原因。一方面，与学术伦理有关，假如没有可供他人查证的原始素材，如何证明口述史著作准确而真实地反映了口述史采访信息？如何证明其编辑抄本诚实无欺？美国的"海鸥教授"曾编造口述历史而欺世盗名，最后被揭穿，正因没有原始档案。另一方面，归档不足，与学术文化界公共意识不足有关，一些采访人缺乏资源共享意识，而一些档案馆也缺乏与时俱进的公共服务精神，就造成了上述不想存档亦无法存档的情况。

专题口述史内容过于狭窄，涉及专业分工与知识视野的矛盾。英文有两个词，一是 oral tradition，即口头传承，以采集专业知识和技艺为主；一是 oral history，即口述历史，以采集生平经历记忆为主。重视专业技艺传承，自无可厚非，但若不关注受访人的生平，不懂得不同个性、不同成长经历、不同思想方法和不同训练路径，是产生不同的思想或技术成果的原因，是知其然而不知其所以然，就无法达到口述史的目标。进而，专业口述史只重视本专业信息，易陷入汤因比所说的专业"密封舱"，忽略人性、人类事务、人类知识的整体性，窄化口述史的视野和观念，肯定不利于口述史潜能的发掘。我看过一个语言学教授做的语言学家口述历史，只记录语言学家的研究方法，竟完全忽略了口述史采访现场语境，忽略了对采访对话言语现象的思索和研究，实在让人遗憾。最后，口述史也有学科伦理，从事口述史的人，有义务"问得更多，问得更广"，让更多人获益。

4. 如何运用更宽广的视野、更多元的办法、更科学的流程进行口述史实践？

答：这一问题包含了三个要点，我只有逐个回答。

如何运用更宽广的视野进行口述史实践？我以为，首先是要聚焦于个人。你问宽广视野，我说聚焦个人，看似南辕北辙，实是关键所在。古人有"知人论世"之说，论史同样要知人，口述历史工作是采集个体记忆，而个人记忆如社会生活的百科全书，其中有社会、历史、心理及具体个人的工作专业、家庭生活及心灵成长等丰富信息。其次，要走出"专业密封舱"，打破既有"所知障"，才能真正做好跨学科的口述史工作。举例说，中国电影资料馆启动口述历史项目之初，曾专门讨论过项目名称，最终定为"中国电影人口述历史"，要求设计出包含电影从业史、社会生活史、个人成长史三个维度的访谈提纲，目的即扩大视野，问得更多，问得更广，收集更多更广的艺术、人文、历史及社会科学信息资源。

关于更多元的办法——我不知道用"多元"一词是否合适，还是说"多种"吧。口述史采集办法看起来已经多种多样，档案型口述史、传播型口述史、研究型口述史、纪念型口述史，目的不同，采集办法自会不一样。政治家口述史、音乐家口述史、外交家口述史、非物质文化遗产传承人口述史、华侨口述史、父老乡亲口述史，对象不同，采集办法自然也会不同。要做到办法"多元"，首先是要向国内外同行学习，借鉴他山之石，以求触类旁通。更重要的是，要有实验意识，诸如：摄像机、灯光照明对受访人有无影响？有多大影响？一对一采访与一对多或多对一的采访有怎样的不同？隔一段时间的重复采访、不同采访人对同一受访人进行多次同主题采访有多大的不同？这些问题，都要用实验证据说话。最后，落实到具体工作中，需要对不同的受访人采取不同的访谈技术和形式，进而设计出不同的访谈提纲和访谈方案，这样，也许可以叫更多元的方法吧？

关于更科学的流程，有不少人写过经验总结和研究文章，从项目策划、采访要求到文字抄本格式、档案收藏等，都有规范可学、有经验可循。我想谈两点，一是对受访人做个性评估，对其身体和精神状态、社交风格和记忆力、表达能力等做到心里有数，以便按照实际情况，采用合适的采访方式。另一点是，要进行档案前端控制，通俗理解，也就是档案全程管理，从口述史项目策划开始建档，直至采访信息全部归档，都要符合档案标准和管理要求。这要求口述史工作者，一要明白，我们的工作是在创建档案；其二，在口述史工作全程，都要有符合档案规范的记录；其三，每一份与采访有关的文献都应归档，以便长久保藏。

5. 要推动口述史与各个学科及社会生活各个领域的互动，目前重点可以做哪些工作？

答：我认为，有三件事可以做，也必须做。

第一，是加大口述史工作价值的宣传推广力度。从事并热爱口述史工作的人，都有义务在这方面有所贡献，要广而告之，口述史工作人人都可做，现在技术发达，电子记录设备既方便又便宜，给自己的亲友做口述史，可以让他们的音容笑貌、人生故事、生活智慧、个性风采永垂不朽；而做社区或行业成员口述史，可保藏家乡记忆，有利于社区或行业认同。做口述历史的人多了，每个学科、每个领域都动起来，自然就会有各个学科及社会生活各个领域间的互动。

第二，是发挥口述史专业学会的作用，不仅要建立口述史工作的国家规范，更重要的是要创建持续出版的专业刊物。中国社会科学出版社曾出版过几册《口述历史》，那已是 20 年前的事了。温州大学口述历史研究所有一本《口述史研究》杂志，可惜一年只出一册，不能满足发展之需。当下口述史访谈录和相关研究文章，多发表在不同的专业杂志上，缺少口述史的公共平台，不利于多学科口述史工作者的广泛交流与讨论。有专门口述史刊物，多学科互动才能实现。

第三，是在大中学校开展口述史专门教育和普及工作。通过课题组、兴趣俱乐部、社会实践课程等多种方式，让大中学生从事家庭口述史、社区口述史、专业口述史等工作实践，有利于社会生活各个领域间的互动。同时，让大学里多学科专业人士之间相互交流，促进口述史跨学科理论研究及其科学实验的兴盛。总之，学生口述历史工作实践，不仅能训练从事实际工作的基本技能，还能培养出口述史专业的未来学术领袖，如此，口述史事业后继有人，前景光明可期。

[部分内容发表于 2016 年 8 月 2 日的《中国社会科学报》。]

后　记

　　我做口述历史采访、编纂和口述史学研究工作，已有十余年。和其他做口述历史工作的人一样，常常被有关问题包围，简单的问题如，怎么做口述历史？口述历史是否可信？口述历史有什么用？较为复杂深入的问题如：什么是口述历史？什么是口述史学？口述史学该如何发展？这些问题，引领我思考和研究。

　　慢慢懂得，研究口述历史的学问即口述史学，有两条思路，一是基于口述历史（采访所得）的学问思路，二是关于口述历史（采访本身的问题及如何开发利用）的学问思路。不同的思路，对口述史学概念界定会有所不同。我以为：口述历史是对个人记忆与思想的采集、收藏、开发、利用。沿此思路，我提出了一些概念，例如：心灵考古、多学科视野、人类个体记忆库，等等。这些思路和概念，在我以前出版的《口述历史门径》《口述史学研究：多学科视野》和《口述历史杂谈》中都曾有所涉及，出版这个集子，是想把我的思路整理得更加清晰和完整，也希望更加通俗易懂。我给出的答案和思路是深是浅、是对是错，不仅要由读者评说，还要经过学术同行挑剔，更要经过思想市场的理性竞争。

　　我做口述历史，是自觉自愿，也是因缘巧合。2007 年，研究室同事提出"中国电影人口述历史"计划，得到当时中国电影资料馆馆长傅红星的大力支持，他亲自出马申请项目资金；时任电影资料馆党委副书记崔冀中为我们推荐并引介多位老电影人作为采访对象；副馆长兼《当代电影》主编张建勇为口述史学研究和口述历史编纂档案发表大开方便之门；副馆长饶曙光力促"中国电影人口述历史研究"列入国家社科基金重点项目；中国电影资料馆现任馆长孙向辉继续支持口述历史项目,严格规范,加强领导。在此向上述诸位表示衷心感谢!

口述历史工作,也得到了张震钦、刘桂清、李一鸣、朱天纬、李迅、单万里、薛宁、黄德泉、蒙丽静、彭静宜、李琳等同事的支持和帮助,谨在此致谢!

由皇甫宜川、吴迪(启之)、张锦、李镇、黎煜、边静、周夏、李相、苗禾、杜伟、彭琨等同事组成的口述历史工作团队,融洽团结,相互帮助,相互激励,共同创造了充满活力的学术工作氛围,令人怀念,感谢这些队友!

檀秋文、赵晶、王家祥、陈洁、孙波、高蒙、潘笑笑、齐甜甜、吴旖旎、黄民洋、樊昊、钟瀚声、赵沂凡、张琪、李帅等曾在及正在中国电影艺术研究中心研究生部就读的历届研究生,他们曾与我搭档,担任口述历史采访摄像和录音工作,这些同学都为中国电影人口述历史采访做出过贡献,我要感谢诸位!

感谢深圳大学南翔教授、西南大学韩云波教授、中国传媒大学崔永元口述历史中心执行负责人林卉老师、中国音乐学院李旭东博士、南京艺术学院陈捷教授和秦翼教授,以及中国电影艺术研究中心研究生部主任黎煜博士!如果没有上述诸位热情邀约,集子中的若干相关论文和演讲很可能就不会产生。

做口述历史十多年,我妻子朱侠也付出了辛劳。在我外出采访叫不到出租车时,她总会义务开车送我前往采访地;有时她还陪我前往演讲现场,为我引路,兼义务评点人,如果她给出"讲得不错"的评语,我就备受鼓舞。感谢她!

最后,要感谢人民出版社!拙作《口述历史门径》《口述史学研究:多学科视野》及这部《口述历史与心灵考古》全都由人民出版社出版,是我莫大的幸运和荣耀。为此,要特别感谢社长黄书元先生!感谢责任编辑王萍女士为本书付出智慧与辛劳!感谢所有为本书出版及发行付出辛劳的人!

2019 年元月

于北京小西天

责任编辑:宫　共
封面设计:源　源

图书在版编目(CIP)数据

口述史学与心灵考古:论文与演讲集/陈墨 著.—北京:人民出版
　社,2019.2(2022.1 重印)
ISBN 978-7-01-020370-6

Ⅰ.①口…　Ⅱ.①陈…　Ⅲ.①口述历史学-文集　Ⅳ.①K0-53

中国版本图书馆 CIP 数据核字(2019)第 025173 号

口述史学与心灵考古
KOUSHU SHIXUE YU XINLING KAOGU
——论文与演讲集

陈　墨　著

人民出版社 出版发行
(100706　北京市东城区隆福寺街 99 号)

北京兴星伟业印刷有限公司印刷　新华书店经销

2019 年 2 月第 1 版　2022 年 1 月第 2 次印刷
开本:710 毫米×1000 毫米 1/16　印张:25.75　字数:392 千字

ISBN 978-7-01-020370-6　定价:70.00 元

邮购地址 100706　北京市东城区隆福寺街 99 号
人民东方图书销售中心　电话 (010)65250042　65289539